中国粮仓 第二版

世界黑土地　中国压舱石

韩贵清　主编

中国农业出版社
北京

图书在版编目（CIP）数据

中国粮仓 / 韩贵清主编 . —2 版 . —北京：中国
农业出版社，2023.3
　　ISBN 978-7-109-30532-8

　　Ⅰ . ①中… 　Ⅱ . ①韩… 　Ⅲ . ①粮食产区－农业发展－
研究－黑龙江省 　Ⅳ . ①F326.11

中国国家版本馆 CIP 数据核字（2023）第 046752 号

中国粮仓
ZHONGGUO LIANGCANG

中国农业出版社出版
地址：北京市朝阳区麦子店街 18 号楼
邮编：100125
责任编辑：杨桂华　廖　宁
版式设计：杜　然　责任校对：赵　硕
印刷：北京通州皇家印刷厂
版次：2023 年 3 月第 2 版
印次：2023 年 3 月北京第 1 次印刷
发行：新华书店北京发行所
开本：700mm×1000mm　1/16
印张：23　插页：16
字数：355 千字
定价：198.00 元

論文寫在大地上

成果留在農民家

為韓貴洪著作再版題

壬寅三春 范長龍

我热爱的黑土地

杨鹤城　李利锋　韩贵清

我的故乡在这里，
我的家园在这里，
一望无垠的黑土地，
祖祖辈辈在这里繁衍生息。
爱你春天绽放的花朵，
爱你夏季缠绵的细雨，
爱你秋天丰收的硕果，
爱你冬季白雪皑皑的静谧。

我的真情属于你，
我的生命属于你，
一生难忘的黑土地，
长长久久陪伴你生死相依。
爱你山川峰峦的巍峨，
爱你江河湖海的壮丽，
爱你草原花开的芬芳，
爱你森林浩瀚无边的青绿。
啊，多么肥沃的黑土地，
无数生命依赖你的养育。
你就像大熊猫一样珍贵，
让万物生灵护佑在你的怀里。

啊，多么富饶的黑土地，
世界粮食安全仰仗着你。
你用慈母般温暖的胸膛，
把希望的种子孕育在你怀里。

我要把论文写在黑土地上，
把成果留在农民家里。
我要为世界黑土地歌唱，
把黑土地之歌传遍全球大地。

编 写 人 员

主　　编　韩贵清
副 主 编　卢淑雯　胡祥鼎　王恩海　张松岭
　　　　　钟雨亭　李　阳　宋彦忱　王桂森
参　　编　陈凯新　马云宵　郭绍权　孙丽娜
　　　　　王　玮

第一版序

又是一年飘雪时，又是龙江丰收季。2014年的初冬时节，正当龙江人沉浸在粮食丰收的喜悦时刻，黑龙江省人民政府参事韩贵清同志给我送来了《中国粮仓》的书稿，并请我为本书作序。翻着沉甸甸的书稿，我的心情凝重而激动。黑龙江是我的家乡，是生我养我的地方，是我学习、工作并成长进步的地方。多年来，我非常关注家乡的发展变化，特别是家乡农业现代化建设的突出成就。黑龙江承担着维护国家粮食安全的重大使命，粮食增产的每一个捷报都令我欣喜不已。盘点奉献历程，回味黑土情怀，具有别样的深情和感触。

世界黑土地，生态黑龙江。在中国的版图上，黑龙江犹如一只振翅欲飞的天鹅，最早迎接着朝阳。昔日北大荒，今日北大仓。千里沃野，万顷良田。几十年来，为把黑龙江建成国家的重要粮食战略后备基地，中共中央、国务院高度重视，寄予厚望。历代领导人亲临视察，谆谆指教，国家政策强力支撑，各部委倾力相助，社会各界热切关注，全国人民共同瞩目，几代龙江儿女艰苦创业、奋斗不息。如今，这片神奇的黑土地已经成为我国可靠、稳定的大粮仓。

国家统计局公布的数据显示，2014年我国粮食总产量实现"十一连增"。其中，产粮大省黑龙江粮食总产量达到了624.22亿千克，比上年增产23.8亿千克，占全国粮食增产总量的近一半。在全国一些粮食产区因旱情歉收的情况下，黑龙江持续丰产丰收，成为全国人民的可靠大粮仓。

10年前，时任国务院总理的温家宝提出"全国大粮仓，拜托黑龙江"的殷切希望；今天，黑龙江粮食总产量、调出量、商品量跃居全国之首，农业基础地位继续稳固，三农问题有效破解，现代化大农业发展蓄势待发。

20年前，美国学者布朗的断言仿佛还在耳畔："在中国人口增加和耕地减少的情况下，预计2030年，中国不能养活自己，世界也养活不了中国。"进入21世纪以来，黑龙江农业连续11年丰收。特别是2008年以来，粮食总产量以年均近50亿千克的速度增加，粮食产量占全国粮食总产量的1/10，商品量占全国的近1/6，调出量占全国的1/3，均居全国首位。为保障我国粮食需求底线，确保谷物基本自给，口粮绝对安全提供了坚实的保障。

然而，黑龙江人并没有满足。"舌尖上的安全"受到威胁，粮食安全"保卫战"在黑龙江打响。

黑龙江坐拥世界三大寒地黑土带之一，漫长的寒冬减少了病虫越冬，减少了病虫害的发生概率和农药使用量。夏季昼热夜凉，干物质和微量元素积累多，生产出的农产品口味纯正、营养丰富。截至2013年年末，黑龙江省绿色食品种植面积超过全国总面积的1/4，产品抽检合格率达99.3%，成为全国最大的绿色食品生产加工基地和产品质量安全水平最高的省份。从田间到餐桌、从牧场到厨房的食品安全之路越来越畅通。

这些年来，黑龙江一直把发展粮食生产摆在重中之重的战略地位，以实施千亿斤粮食产能工程为载体，积极巩固农业基础地位，不断提高农业发展质量，走出了一条具有中国特色的现代化大农业发展之路，成为全国农业生产的领头羊。中共十八大召开后，尤其是中共十八届三中全会提出全面深化改革的重大战略部署以来，黑龙江积极推进松嫩、三江"两大平原"现代农业综合配套改革试验区建设，再一次走在了深化农村改革、引领现代农业发展的前沿。这里已成为我国重要的商品粮生产基地，也是现代农业综合配套改革的先行区。

经常有家乡的一些老同事、老朋友向我介绍，经过30多年高速发展和提档升级，黑龙江农业站在了新的历史起点，具备了发展现代化大农业的新优势。农村生产力稳步发展，规模经营、集约发展已经成为新时期农业发展的新特点。近年来，黑龙江省农业装备化水平有了较大幅度的提高，机耕、机播和综合机械化程度连续多年保持在全国第一位；积极发展大水利，使农业生产的水利保障能力显著增强；围绕粮食高产创建推进科技创新，实现了良种、良法、良田配套融合，促进了产量、品质、效益稳步提升。农业生产关系不断调整，专业大户、家庭农场、农民合作社、农业企业等多元化农业经营主体蓬勃发展，为引领农业综合配套改革、加快发展现代农业提供了发展动力。

经常从不同的渠道听到家乡人表露的宏伟心愿，保障国家粮食安全是黑龙江的重要使命，任何时候都要把粮食生产和发展现代农业牢牢抓在手上。在抓好粮食安全生产保障能力建设的前提下，促进农民持续增收，也是他们面临的艰巨任务。黑龙江发展现代化大农业，优势在生态，潜力在水利，效率在农机，支撑在产业，保障在科技，活力在改革。相信黑龙江人一定能够以"两大平原"现代农业综合配套改革试验为重点，转变农业发展方式，保护资源、保护环境、保护耕地，发展节水农业、循环农业、高效农业，进一步强化农业基础地位，大力发展新型经营主体，积极推进农业产业化发展，解放和发展农村生产力，解放和释放农村活力，实现农业永续发展。

贵清同志跟我说，黑龙江省委、省政府一直谋划出版一本旨在展现黑龙江粮食生产全貌的书。《中国粮仓》一书，是贵清同志按照省委、省政府领导的要求，在相关委、办、厅、局支持下，完成了编撰工作的。该书以独特的视角、战略的眼光和翔实的资料，对粮食安全、面临的危机及应对措施、黑龙江粮食生产的历史经验及存在问题、发展粮食生产的优势和潜力、发展思路及战略思考等进行了理性的分析和科学的论证。可以说，这是一部集思想性、学术性和知识性于一体的经典之作。

该书主编、省政府参事、教授、研究员、博士生导师韩贵清同志，长期从事并组织农业科学研究和推广工作。近年来，他紧紧围绕发展现代化大农业，组织和实施黑龙江省农业创新工程和农业科技成果转化工程，创造了工程农业柔性管理理论，破解了农业科研与生产脱节和科技成果转化难的瓶颈，使全省优良品种覆盖率由90％提高到98％，农业科技贡献率由48.5％提高到63％，促进粮食产量实现"十一连增"，为保障国家粮食安全作出了突出贡献。这是一位农业科技工作者的经验之谈，包含着一个党员领导干部心系农民、情牵黑土的拳拳之心。他担任黑龙江省农业科学院院长后，在全国率先提出并恪守"论文写在大地上，成果留在农民家"的创新理念，并被写入2013年中央农村工作会议的报告中。通过"院县共建""院村共建"和"专家大院"等形式送科技到田间地头、到农户家门口，深受广大农民欢迎。在本书中，除重点论述粮食生产和粮食安全外，作者还用大量的笔墨阐述了农村经济发展和农民增收问题。因此，本书不仅是破解粮食安全问题的法宝，还是解决整个三农问题的良方。

站在新的历史起点上，黑龙江再次踏上征程。义无反顾，勇往直前。

黑龙江，一个可以深呼吸的地方。

周铁农

2014年11月

前言

　　仓廪实，天下安；稻谷欠，天下乱；食为政首，粮安天下。这些流传千年的古训告诫历代当政者，必须始终把粮食生产作为治国理政的第一要务。

　　时至今日，解决好 14 亿人口的吃饭问题仍然是关系国计民生的头等大事。习近平总书记强调："中国人的饭碗任何时候都要牢牢端在自己手上""我们的饭碗应该主要装中国粮"。

　　黑龙江省是中国粮食安全的"压舱石"，背负着党中央的殷殷嘱托，承载着"中国粮仓"的历史责任。

　　习近平总书记在黑龙江视察农业时指出，黑龙江是农业大省和粮食主产区，要统筹抓好现代农业产业体系、生产体系、经营体系建设，因地制宜推进多种形式规模经营，用规模经营提升农业竞争力，增加农民收入要采取工程、农艺、生物等多种措施，调动农民积极性，共同把黑土地保护好、利用好。

　　中华人民共和国成立以来，黑龙江省作为国家重要的商品粮基地和优质农产品供应基地，为减少饥饿、贫困，为满足几代人的温饱，为共和国建设作出了巨大贡献。

　　党的十八大以来，黑龙江省遵照习近平总书记的要求，按照国家中长期粮食发展规划战略部署，持之以恒地进行现代农业建设，不断完善现代农业生产体系，形成了强大的综合生产能力，争当全国农业现代化建设排头兵。全省的粮食生产保持着面积扩大、结构优化、总产增加的强劲势头。2021 年，黑龙江省粮食产量 7 867.7 万吨。其中，水稻、玉米和大豆分别为 2 913.7 万吨、4 149.2 万吨和 718.8 万吨。黑龙江省农作物总播种面积、粮食播种面积不断增长，为全国守住 18 亿亩耕地红线作出重要贡献。"中国饭碗"端得越来越牢。

黑龙江省农业不仅仅追求数量、产量，而且优先保护农业生态环境，推动现代农业与生态保护、乡村振兴融合发展。采取多项有效措施，用法律制度打造了一条安全、健康、可持续的食品链。在全国率先实施减化肥、减农药、减除草剂行动，不断加快农业面源污染治理步伐，全省主要农产品产地全部实现无害化种植，建成了全国最大的绿色食品生产基地。耕地是农业万世根基，珍视黑土地，保护绿色资源，《黑龙江省耕地保护条例》以立法的形式为黑土地建立起长效保护机制。绿色生态彰显了黑龙江农业最靓的底色。

黑龙江省农业发展如同一部恢弘的史诗，每一个脚印都镌刻着闪光的诗句。

那一望无际的稻海，那堆积如山的玉米、大豆，粮食总产连续实现历史性跨越是怎样得来的？在春旱夏涝、伏旱低温等罕见的多重自然灾害下连年丰收的奇迹是怎样创造的？答案在《中国粮仓》（第二版）这本书中可以窥得端倪。

本书是根据黑龙江省委、省政府领导的要求，在相关委、办、厅、局支持下完成编撰工作的，是集体创作的结晶。在撰写过程中，强调要体现思想性、学术性、知识性相融合的特点。全书用翔实的材料，全方位、多视角记录了黑土地上已经发生和正在发生的宏大叙事，展示了黑龙江省粮食生产全貌。作者用战略的眼光、理性的分析、科学的论证对黑龙江粮食生产的历史经验、存在问题，以及发展优势和潜力、发展思路和战略等进行了深入的解析，对粮食安全、面临的危机及应对措施等进行了比较深刻的阐述。

自本书第一版出版以来的农业发展实践证明，其对黑龙江省农业发展脉络的把握和认知是正确的，其中对基本经验的总结和规律性的概括具有一定的前瞻性。许多篇章今天读来仍不过时，许多独到的见解仍能给人以启迪，也因此一直受到读者的关注和好评。

本次修订再版，根据最新资料，对第一版相关数据进行了必要的更新。增加了第九章至第十二章，其内容包括近年来对相关问题研究的新材料、新成果，以及该书初版时未涉及或未纳入的一些有价值的资料。主要聚焦四个主题：一是科技进步与三农，二是粮食安全与科技，三是黑土保护与利用，四是食物营养与健康。本书再版所关注的视域有了新的拓展，所研究的问题更具针对性。其中一些关于全省国计民生重大和紧迫问题的决策咨询建议，已被黑龙江省委、省政府采纳，在社会实践中发挥了重要作用，有的调研结果得到了时任国务院领导同志的重要批示。

借本书再版机会，对给予本书第一版和第二版大力支持的单位和个人、中国农业出版社负责本书的责任编辑，表示衷心的谢忱！

编　者

2022 年 10 月

目录

第一版序
前言

第一章　餐桌上的危机——粮食安全 ·············· 1

　第一节　国际粮食危机的表现与危害 ·········· 2

　　一、粮食危机的主要表现 ············ 2

　　二、粮食危机的主要危害 ············ 3

　第二节　中国粮食安全状况 ············ 5

　第三节　黑龙江粮食安全现状 ············ 7

第二章　自然的馈赠——黑龙江省资源禀赋 ·········· 10

　第一节　耕地资源 ············ 11

　　一、地形地貌 ············ 11

　　二、黑土 ············ 13

　　三、耕地资源开发利用 ············ 13

　　四、耕地构成与分布 ············ 14

　第二节　林地资源 ············ 15

　　一、森林资源概况 ············ 15

　　二、森林资源历史演变 ············ 17

　　三、"三北"防护林工程建设成就 ············ 19

　　四、生态环境的改善与森林资源开发利用 ············ 19

　第三节　湿地资源 ············ 20

　　一、湿地概况 ············ 20

　　二、湿地发展保护 ···················· 21

第四节　草原资源 ························· 22

　　一、草原资源现状 ···················· 22

　　二、草原的生态功能 ·················· 23

　　三、草原的改良建设情况 ·············· 24

第五节　气象资源 ························· 26

　　一、基本气象特征 ···················· 26

　　二、丰富独特的农作物气候资源 ········ 27

　　三、粮食生产的气候优势 ·············· 28

第六节　水资源 ··························· 30

　　一、江河水系 ······················· 30

　　二、水资源特征 ····················· 30

　　三、水资源量 ······················· 31

　　四、水资源开发利用现状 ·············· 31

第三章　黑龙江农业利器——粮食生产能力 ······· 33

第一节　黑龙江粮食生产能力总览 ·········· 33

　　一、黑龙江粮食发展的历史贡献 ········ 33

　　二、粮食生产能力建设的思路和对策 ···· 35

　　三、粮食生产能力建设的突出成就 ······ 40

第二节　水利基本建设 ···················· 45

　　一、黑龙江水利建设的积累式发展 ······ 45

　　二、水利建设的历史性跨越 ············ 48

第三节　农机装备能力 ···················· 54

　　一、农业机械化水平 ·················· 54

　　二、发展农业机械化的方向和重点 ······ 57

　　三、农业机械化支撑粮食生产的重大作用 ······ 64

第四节　农业科技支撑水平 ················ 66

　　一、农业科技创新与推广 ·············· 66

　　二、农业技术推广体系 ················ 72

　　三、农业技术培训 ···················· 76

第五节　农业综合开发情况 ················ 80

一、农业综合开发的发展历程 …………………………………… 80

二、农业综合开发的主要措施 …………………………………… 83

三、农业综合开发对提高黑龙江省粮食产能的历史性贡献 …… 91

第四章 舌尖上的荣耀——粮食质量安全保障 …………………… 96

第一节 黑龙江绿色食品 …………………………………………… 96

一、绿色食品生产 ………………………………………………… 96

二、绿色食品市场体系建设 ……………………………………… 100

三、黑龙江省绿色食品走向世界 ………………………………… 104

第二节 农产品质量保障体系建设 ………………………………… 109

一、农产品质量保障体系建设先行者——黑龙江垦区 ………… 110

二、农产品质量保障体系建设 …………………………………… 115

三、推进农产品质量认证工作 …………………………………… 120

第三节 粮食管理与流通创新 ……………………………………… 123

一、完善粮食收购保障机制 ……………………………………… 124

二、推进国有粮食购销企业改革 ………………………………… 125

三、完善宏观调控措施 …………………………………………… 126

四、加强粮食市场监管和公共服务 ……………………………… 127

五、推进粮食仓储物流基础设施建设 …………………………… 127

第五章 绝无仅有的优势富集——竞争能力 …………………… 129

第一节 规模化生产优势 …………………………………………… 129

一、规模化的生态系统 …………………………………………… 130

二、规模化的区域布局 …………………………………………… 131

三、规模化的大机械作业 ………………………………………… 133

四、规模化的土地规模经营 ……………………………………… 134

第二节 农产品加工优势 …………………………………………… 139

一、得天独厚的原料优势 ………………………………………… 140

二、举世公认的品质优势 ………………………………………… 141

三、独步天下的品牌优势 ………………………………………… 145

四、规模宏大的加工优势 ………………………………………… 146

第三节 对俄罗斯开放优势 ………………………………………… 148

一、另辟蹊径 ·· 148

二、战略升级 ·· 150

三、战略调整 ·· 152

四、成功之举 ·· 155

五、大路朝阳 ·· 158

第六章　现代化农业大观——黑龙江农垦 ············ 160

第一节　艰苦奋斗的创业之路 ·························· 160

第二节　现代化的黑龙江农垦 ·························· 165

第三节　城乡一体化建设 ······························· 174

第七章　农业改变世界——黑龙江农业发展潜能 ······ 179

第一节　自然资源利用潜能 ···························· 179

一、气候资源的利用潜能 ···························· 179

二、水资源利用潜力 ································· 181

三、土地资源改造潜能 ······························ 184

第二节　种植结构优化潜能 ···························· 186

一、粮食作物增产潜能 ······························ 187

二、经济作物种植潜能 ······························ 187

三、饲用作物发展潜能 ······························ 188

第三节　农业科技带动潜能 ···························· 189

一、创新驱动的潜能 ································· 189

二、建设新型职业农民队伍潜能 ···················· 193

第四节　农业发展改革潜能 ···························· 196

一、农业生产经营体制改革潜能 ···················· 197

二、现代农业产业体系改革潜能 ···················· 198

三、深化土地管理制度改革的潜能 ·················· 199

四、农产品市场流通改革潜能 ······················ 200

第八章　生态黑龙江——粮安中国 ···················· 203

第一节　担负的重任 ·································· 203

一、国家粮食安全战略的提出具有划时代意义 ········ 204

二、黑龙江是维护国家粮食安全的战略力量 ……… 206

三、勇担商品粮生产主力军重任,"五大体系"

助力农业创新 ……………………………………… 209

第二节 黑龙江人的决心 …………………………… 211

一、源于对中国乃至世界粮食安全的科学分析与判断 ……… 211

二、源于得天独厚的自然资源禀赋 …………………… 212

三、源于科学的发展理念和务实的战略部署 ………… 213

四、源于黑龙江多年累积形成的坚实的农业基础 ……… 214

五、源于黑龙江人的无私奉献精神 …………………… 215

第三节 黑龙江农业美好明天 ……………………… 216

一、"大科技"深挖粮食增产潜力 …………………… 216

二、"重基础"支撑中国大粮仓 ……………………… 217

三、"大合作"创新农业经营主体 …………………… 219

四、现代农业试验示范"先行先试" ………………… 219

五、生态保护筑起丰收基石 ………………………… 220

第九章 科技进步与三农 …………………………… 222

开放办院、开放办园,为全省农村经济发展提供科技支撑 …… 222

论文写在大地上 成果留在农民家

——黑龙江省农业科学院科技引领现代

农业发展的创新与实践 …………………………… 227

科技引领现代农业发展 推进新农村建设的理论和实践 ……… 234

发挥农业科技龙头优势 为十弱县脱贫解困提供有力支撑 …… 243

打造农业科技自主创新和成果转化的核心团队 ………… 248

第十章 粮食安全与科技 …………………………… 251

加强农业科研和科技成果转化 为全省粮食

增产提供科技支撑 ………………………………… 251

当好维护国家粮食安全"压舱石" 争当

农业现代化建设排头兵 …………………………… 256

立草为业,树立全球大食物观,为国家粮食安全保驾护航 …… 272

转变农业发展方式　保障国家粮食安全
　　——关于黑龙江省加快发展现代化大农业问题研究 ············· 278

第十一章　黑土保护与利用 ··· 284

保护黑土藏粮于地　向中低产田要效益 ····················· 284

黑龙江省第三次国土调查主要数据公报 ····················· 288

参加世界土壤有机碳大会的考察报告 ························ 291

基于"双碳"目标愿景下的土壤碳汇发展与黑土保护利用 ····· 296

保护黑土投资未来　为国家粮食安全保驾护航 ············· 303

实施"黑土地保护利用"国家战略
　　加快实现东北乡村振兴 ································· 308

黑土地保护与国家粮食安全保障的思考与建议 ············· 313

加快推进黑土富硒产业发展 ································· 320

黑土地为什么是黑色的？ ··································· 325

关于贯彻黑土地保护法加强黑土保护利用保障国家
　　粮食安全的调查与建议 ································· 327

第十二章　食物营养与健康 ··· 335

开展膳食革命、健康生活行动，引领农业和食品
工业调整发展 ··· 335

顺应"绿色、安全、营养、方便"的国民消费需求，把食品
工业建设成为黑龙江省工业的一大支柱产业
　　——关于加快全黑龙江省食品工业发展的建议 ·········· 344

第一章 餐桌上的危机

——粮食安全

　　1981 年 10 月 16 日，首个世界粮食日。其主题"粮食第一"至今仍振聋发聩，它向全世界人民发出警示：粮食问题关乎人类的生存与发展。"粮食第一"不是概念，而应成为全世界人民的共同信念。

　　2014 年 10 月 16 日，第 34 个世界粮食日。其主题"家庭农业：供养世界，关爱地球"。主题有所不同，但宗旨没有丝毫改变。怎样确保粮食安全，已经成为人类面临的一个重大而严肃的课题。

　　目前，全世界的粮食供应处于紧平衡状态，全球气候变化和环境恶化带来的诸多风险也时刻威胁着这个平衡状态。在这种形势下，粮食不再是一种普通的资源，它已成为一种战略物资，甚至是一种武器。

　　截至 2022 年 11 月，世界人口达 80 亿，人口的持续增长必然对全球粮食安全带来严重威胁。根据联合国粮农组织发布的《作物前景与粮食形势》，2021—2022 年度，世界粮食消费量估计为 28.26 亿吨，其中人均粮食食用消费量接近 154 千克，比上年度略有增加，增长主要集中在亚洲。2014 年，国际农业生物技术应用服务组织（ISAAA）在北京发布报告，预计 2050 年全球人口将达 90 亿，每年世界粮食生产增量必须能养活 0.8 亿新增人口。亚洲至少比现在要增加 70% 的粮食供应才能满足需要。

　　目前的粮食安全形势已经岌岌可危。随着时间的延续，世界人口仍呈快速增长之势，而全球粮食生产已出现瓶颈。如果粮食生产能力和增产技术仍没有显著突破的话，届时必然出现粮食危机。因此粮食安全问题已经成为悬在头顶的定时炸弹，亟须我们警醒和深思。

第一节 国际粮食危机的表现与危害

作为一个需要全球共同面对的话题，保障粮食安全、预防粮食危机很早就受到国际社会的广泛关注。1974 年，联合国粮农组织（FAO）在第一次世界粮食首脑会议上首次提出了"食物安全"问题。1983 年，在联合国粮农组织粮食安全委员会上通过了"粮食安全"的概念，并得到联合国粮农组织（FAO）、世界粮食理事会、联合国经济和社会理事会等国际组织的广泛支持。然而就目前而言，粮食危机的阴云仍然存在，局部粮食危机时有发生。地球政策研究所总裁莱斯特·布朗曾经表示，气候变化已不再可靠，对粮食的需求增长如此之快，供不应求的局面不可避免，除非立即采取行动。他还表示："武装侵略不再是人类未来的主要威胁。21 世纪面临的首要威胁是气候变化、人口增长、水资源短缺和粮价上涨。"

一、粮食危机的主要表现

第一，全球粮食供给长期处于紧平衡状态。2012 年，联合国曾发出警告，称世界粮食储备严重不足，受到全球性恶劣气候的影响，美国、俄罗斯、乌克兰等粮食出口大国也常常受到影响，产生不同程度的减产问题，而产粮大国的减产最终导致了全球粮食储备的减少。

"我们的产量一直没有消费的多，储备在不断减少。全球粮食供应目前非常紧张，储备也处在非常低的水平，容不得出现任何突发事件。"联合国粮农组织资深经济学家阿布杜里萨·阿巴辛说。

第二，粮食价格持续走高。由于受到全球粮食需求量增加和大宗资源价格上升的影响，从长期来看，国际市场粮价呈一路上涨之势。虽然 2012 年出现了短时下跌，但由于进口需求的增加和人们对未来气候问题的担忧，2014 年国际粮价重新进入新一轮上涨周期，涨幅达到 4%。

世界经济合作与发展组织（OECD）和联合国粮农组织（FAO）联合发布的《2009—2018 年农业展望》报告中指出，全球粮价总体水平目前远高于 10 年前的平均水平，一些粮食的价格比 1998—2008 年的水平高出了一倍。例如，作为世界基准的泰国大米，当前价格为

614美元/吨，比290美元/吨的10年前平均水平高出一倍还多。不仅如此，联合国粮农组织（FAO）还预测，未来10年农产品价格仍将高于1997—2006年的平均水平。其中，谷物类价格将超出10%～20%，植物油的价格将超出30%，甚至还有可能出现粮食价格飙升的情况。

第三，全球饥饿问题很难解决。粮价的上升和粮食需求的不断增加均导致全球贫困人口更加难以获得食物，饥饿程度进一步恶化。由于粮食供给短缺和消费不足，全球营养不良人数迅速增加，其中低收入国家平均每6秒钟就有一名儿童死于营养不良。

可以说，粮食危机产生的原因是多方面的，既有环境因素又有社会因素。环境因素包括恶劣天气、自然灾害等；社会因素则包括人口数量激增、畜产品消费量的增加、生物能源开发、经济利益驱使等，这些因素无疑大大增加了对粮食需求的依赖。粮食短缺已经产生了大规模移民、暴力事件、动乱等诸多问题，威胁周边地区安全；在一些较发达国家当中，也存在因粮食问题导致的恐慌和骚乱问题。

二、粮食危机的主要危害

第一，产生全球饥荒现象，威胁人类生存。粮食危机的产生直接导致世界粮食价格的普遍高涨，这对于一些经济欠发达国家造成的冲击是危险并致命的。历史上，1973—1974年和2007—2008年，全球均发生了显著的粮食危机事件。1973—1974年，全球小麦、玉米和水稻的价格比上年分别上涨180%、80%和225%，食物匮乏影响了全球14%的人口。2007年3月至2008年3月，小麦、大豆、水稻和玉米的价格分别上涨了130%、74%、87%和31%，主要粮食的价格达到近50年来的最高水平，世界市场的高粮价影响范围超过40个国家和地区。在依赖粮食进口的国家，粮食成本上涨40%；而在非洲地区，粮食成本飞涨74%，人类历史上第一次超过10亿人口挨饿。联合国粮农组织公布2022—2023年全球谷物产量为27.84亿吨，2022—2023年度世界谷物消费量达27.88亿吨，存在着供需缺口。此外，粮价波动导致77个低收入缺粮国2010—2011年度粮食进口费用同比增加8%，同时导致全球饥饿指数上涨。2010年全球饥饿指数

（GHI）显示，全球有约 9.5 亿人口处于饥饿状态。亚太地区的饥饿人口数量最多，其次是撒哈拉以南的非洲地区。特别是，分布在非洲撒哈拉以南和南亚地区的 29 个国家存在惊人的饥饿程度。目前，全球结构性饥饿人口仍在增加。因此，消除粮食危机阴云、抵御饥饿威胁是全世界共同的责任。

第二，导致经济停滞不前，阻碍社会发展。粮食危机与能源危机、金融危机有着千丝万缕的联系，它们中的每一个都对其他两种危机产生联动效应。当粮食危机爆发时，第一产业的生产成本及原料价格相应提高，所增加的相关成本逐步向第二、第三产业转移，导致整个社会经济体系发生深刻变化。2012 年至今，全球主要产粮国粮食普遍减产，许多国家纷纷采取粮食出口限制和粮食价格控制等应对措施，导致粮食供给紧张，进一步加剧粮价上涨。经验表明，粮价上涨会激发本国经济保护主义产生，造成破坏性的乘数效应。粮食资源的垄断必然对经济发展和人类生存产生恶性后果。全球粮食价格的大幅涨价对于粮食进口国产生的经济影响更为深远，进口国对通过市场获得粮食供应产生信心危机，进而产生抢地浪潮。据联合国粮农组织统计，2012 年上半年欠发达国家有近 2 000 万公顷农田被出售或正在协商出售或租赁，韩国、沙特、印度等国出于对粮食安全的担忧而在海外购地。这些举措不仅诱发粮食价格的新一轮增长，也会导致土地价格持续上涨，从而引发整体经济膨胀。膨胀的粮食进口成本给新兴经济体国家带来了通货膨胀隐忧。广大发展中国家特别是非洲国家，经济社会基础相对落后，承受能力较弱，粮食危机不仅影响人民的日常生活，还会带来严重的社会问题。

第三，诱发暴力动荡事件，威胁社会稳定。因粮食危机而导致的暴力事件不胜枚举。例如，2008 年爆发的粮食危机致使国际市场粮价飞速上涨，海地国内的大米和其他生活必需品的价格在当年第一季度就普遍上涨了 1 倍，在某些地区食物价格甚至上涨了 2～3 倍。当地居民陷入饥饿和恐慌之中，一些贫困人口甚至以特有的黄土为主食。2008 年 4 月，海地许多地区相继发生暴力流血事件，广大居民要求海地政府通过调控降低食品价格，以满足低收入者购买食品的需求。随后，大批示威者闯入联合国在当地的办事处，要求联合国维和部队撤离海地。4月8日，冲突继续发酵，饥饿的人群在海地首府太子港街头举行了游行示威活动，并与当地军警、联合国派驻当地的维和人员发生激烈冲突。商业区发生了哄抢事件，很多楼房、汽车等遭到破坏。可以说，粮价飞涨是海地发生暴力骚乱的重要诱因。

在经济普遍欠发达的非洲国家，高度依赖粮食进口。因此，粮食危机造成的社会动荡更为普遍和频繁。贫困的非洲人民对食品的消费通常占日常消费的50%甚至75%，对他们来说，食品价格的上涨即意味着饥饿。埃及、科特迪瓦、塞内加尔、喀麦隆等国均发生过不同程度的骚乱事件。

第二节　中国粮食安全状况

随着全球经济一体化进程的不断推进，中国市场包括粮食市场已经逐步与国际市场接轨，国际粮食市场的波动均会对我国产生重大影响。当中国与国际接轨并积极融入西方主导的世界体系中时，中国的粮食安全存在很大的隐患。而中国国内工业化、城市化进程的不断发展以及土地经济的过度投机进一步加剧了这种隐患，中国粮食安全问题要引起足够的重视。

过去50年，中国在农业发展上取得的成就举世瞩目。中国在为不断增长的人口提供充足的粮食方面所做的努力受到了国际社会的广泛认可。2021年，全国粮食总产量6.8285亿吨，约占世界粮食总产量的24.56%，中国的粮食生产已经基本能够满足本国的粮食需要。然而，人口增长、能源短缺、耕地减少、环境恶化等诸多问题都在威胁着已处于紧平衡状态的粮食供给。任何一个环节的闪失都可能打破该平衡，导致粮食危机，对人类社会产生剧烈打击。在这种趋势下，中国的粮食安全面临的挑战十分严峻。

中国是世界第一人口大国，也是世界第一粮食消费大国，截至2022年，我国的粮食年消费量约为8.121亿吨。同时，随着中国经济的发展，中产阶级人数快速增长。中产阶级人数的增长使中国口粮消费逐渐趋于稳定并呈现下降的趋势，而饲料用粮却增长较快。据《中国至2050年农业科技发展路线图》预测，至2050年中国居民的饲料粮需求将增长1.5～1.6倍。

一方面，中国需要时刻应对粮食的供应紧张局面；另一方面，随着国家工业化和城镇化进程的不断推进，大量的土地被用作非农业用途。作为全球最为活跃的经济增长体，中国在未来相当长的时间内很可能继续占用大量耕地为经济高速发展铺路。据中国科学院农业政策研究中心预测，20世纪50年代至80年代初，依靠开垦等措施来大幅度扩大耕地面积以增加农产品产量已成为历史。即使守住中国1.2亿公顷耕地的红线，在总耕地面积不发生大量减少的情况下，三种主要谷物的总播种面积从20世纪90年代后期以来出现的下降趋势还将持续。

在经济全球化和贸易自由化的大趋势下，中国农产品的总量安全也将面临巨大挑战。我国经济的外贸依存度在2001年加入世界贸易组织（WTO）时为38%，2013年前三个季度，我国外贸依存度为49.3%。每年我国都需要进口大量的玉米、小麦、植物油、棉花、食糖和猪肉等大宗农产品。其中，2014年我国粮食进口创历史新高，同比保持快速增长。数据显示，2014年上半年我国粮食进口达4085万吨，同比增长41.2%。

粮食安全的重要性不仅体现在粮食需求上，更多地体现在农业这一特殊行业对国家经济命脉的掌控上。农业是安定天下的基础产业，而粮食又是基础的基础。农业同其他产业息息相关，农业发展优劣直接影响国民经济发展。农业不仅可以满足在经济发展中不断增长的食物需求，农产品出口还可以赚取外汇、提高收入，农业还能为工业和服务业的扩张提供劳动力和资金、为工业产品提供市场。在我国的现代化工业体系中，以粮食为原料的食品工业、轻化工业已经形成巨大的产业体系，一旦粮食原料供给出了问题，整个产业体系就要被严重摧毁。总体来看，农业可以为其他产业部门及整个经济的发展作出产品贡献、要素贡献、市场贡献和外汇贡献。因此，粮食安全问题同国家整体经济发展息息相关。

粮食问题在经济、政治和战略上的特殊重要性，以及未来将面临的各种严峻挑战，都使得我国政府特别重视粮食安全问题。早在20世纪80年代，邓小平就曾说过，"90年代经济如果出问题，很可能出在农业上；如果农业出了问题，多少年缓不过来，整个经济和社会发展的全局就要受到严重影响。"并提醒我们，要很冷静地考虑一下过去，也要考虑一下未来。习近平总书记也曾深刻指出：抓农业农村工作，首先要抓好粮食生产。中国人的饭碗任何时候都要牢牢端在自己手上，我们的饭碗应该主要装中国粮。

第三节　黑龙江粮食安全现状

粮食安全问题是涉及民生的头等大事，需要引起全社会的重视。从我国粮食生产历史和当前国家为粮食安全所做的各项举措来看，我国东北地区始终处在一个极为重要的战略位置。

东北地区一直是我国重要的商品粮生产、粮食调运和商品粮储备基地，素有中国"大粮仓"和"粮食市场稳压器"之称。2012年，东北三省粮食播种面积达到0.20亿公顷，其中，辽宁、吉林、黑龙江三省分别达到0.04亿公顷、0.05亿公顷和0.11亿公顷。实施东北振兴战略10年来，东北三省粮食产量比2002年0.67亿吨增长68%，占全国比重从14.6%上升到19.0%，2013年，东北地区粮食产量再创历史新高。黑龙江、吉林、辽宁、内蒙古"三省一区"粮食总产达到1.45亿吨，占全国粮食总产的20%以上。

不仅如此，目前在全国13个粮食主产省（自治区）中，只有黑龙江、吉林、内蒙古、河南、安徽、江西6个省（自治区）为净调出省（自治区）。2012年，仅黑龙江垦区的商品粮调出量就已经达到0.2亿吨，可以保障全国1.2亿城镇人口一年的口粮供应。近10年来，黑龙江省粮食调出量常年占全国省际净调出总量的30%以上。

2010年12月，国务院办公厅转发国家发展和改革委员会、农业部关于加快转变东北地区农业发展方式、建设现代农业的指导意见。该文件指出，未来东北地区将被建设成为维护国家粮食安全的战略基地。至2015年，东北地区粮食综合生产能力稳定在1亿吨以上。同时，国务院印发的《全国主体功能区规划》将具备较好农业生产条件的区域设计为国家层面限制开发的农产品主产区，以提供农产品为主体功能。其定位是保障农产品供给安全的重要区域。划定东北平原主产区，建设以优质粳稻为主的水稻产业带，以籽粒与青贮兼用型玉米为主的专用玉米产业带，以高油大豆为主的大豆产业带，以肉牛、奶牛、生猪为主的畜产品产业带。2012年3月4日国务院批复的《东北振兴"十二五"规划》明确提出,"十二五"时期东北振兴的重点任务是以保障国家粮食安全为首要目标,巩固发展现代农业。

东北地区是我国农业资源禀赋最好、粮食增产潜力最大的地区,拥有不可替代的粮食生产优势。东北地区地跨暖温带、中温带和寒温带3个气候地带;全年平均气温多在−5~11℃。水资源充沛,年降水量为400~1 100毫米;境内拥有黑龙江、松花江、辽河、牡丹江等多条江河。东北地区还拥有世界上最肥沃和广阔的耕地资源。在耕地质量上,东北黑土带同美国密西西比河流域黑土带、乌克兰大平原黑土带齐名,被誉为世界上最肥沃的土地。优异的自然条件为"东北粮仓安中国"提供了可靠保证。

而在东北地区,黑龙江的地位则是重中之重。黑龙江省是我国最东北的省份,土地总面积45.4万千米^2,占全国土地总面积的4.9%。省内拥有中国最为肥沃的两大平原——三江平原和松嫩平原,其面积约占黑龙江省总面积的37%。此外,黑龙江省也是中国水资源较丰富的省份之一,有黑龙江、乌苏里江、松花江、嫩江和绥芬河五大水系。现有大小湖泊640个、水面达80多万公顷,总水资源储量为772亿米^3。黑龙江省属温带、寒温带大陆性季风气候。四季分明,夏季高温多雨,冬季寒冷漫长。

2020年,黑龙江省的粮食播种面积达到7 540.8万公顷,约占全国播种面积的12.51%,粮食总产量达到5 223千克/公顷;粮食总产量、商品量和调出量均居全国第一。从2008年起,黑龙江省粮食总产量连续跨越350亿千克、400亿千克、450亿千克、500亿千克、550亿千克、600亿千克6个大的台阶,平均一年跨上一个新台阶,第一产粮大省的地位进一步得到了巩固。值得一提的是,黑龙江省农业科技在全国处于领先地位,通过农业科技成果创新工程和农业科技成果转化工程的实施,黑龙江省农业生产者使用农业科技的水平和生产方式的选择能力大幅度提高,生产的组织化水平得到进一步提升,并且进入良性发展态势。黑龙江省的优良品种覆盖率由2003年的90%提高到2012年的98%;农业科技进步贡献率由48.5%提高到61.5%,高于全国7个百分点,大幅度提高了农业的综合生产能力。

2012年4月20日,《人民日报》头版头条发表长篇通讯,提出了"黑龙江的农业对中国意味着什么?"的设问。2013 年 6 月 19 日,《人民日报》又为黑龙江省"两大平原"试点现代农业改革刊登了专题报道。可以说,黑龙江省保障国家粮食安全的重任在肩。李克强总理在黑龙江省考察现代农业时鼓励黑龙江省两大平原蹚出农业现代化改革新路,他说:"发展现代农业还得靠改革,特别是创新农业生产经营主体,这是关键,是重中之重,是龙头。"

"北大荒精神""铁人精神"激励着勤劳勇敢的黑龙江人为家乡、为祖国努力奋斗。黑龙江省农业战线上的工作者们扎根沃土,创造出了一个又一个的奇迹。在这片广袤富饶的土地上,承载着黑龙江人劳作的汗水,承载着丰收的喜悦,更承载着国家的殷切希望。"东北粮安中国",这是一片神奇的土地——黑龙江!

第二章　自然的馈赠

——黑龙江省资源禀赋

黑龙江省位于中国东北边陲，因中俄边界河流——黑龙江而得名。西部与内蒙古自治区毗邻，南部与吉林省接壤，北部和东部以黑龙江和乌苏里江与俄罗斯为界。水域和陆路与俄罗斯边界线长 3 045千米，是亚洲及太平洋地区陆地通往俄罗斯和欧洲大陆的重要通道。绥芬河、黑河、同江等口岸城市是沟通俄罗斯、东欧乃至整个东北亚地区经济贸易往来的重要窗口。

黑龙江省历史悠久，源远流长。从远古开始，中华民族的祖先就繁衍、生息、劳动、生活在这片神奇的土地上。这里曾是入主中原的鲜卑、女真族的发源地。境内资源十分丰富，生态环境美好独特，农耕狩猎历史较早，自先秦开始就向朝廷纳贡，与中原大地有着广泛的政治、经济、文化交融。辽金以后，黑龙江的行政建制以及黎庶安居粗具规模，形成了稳定的自耕自足的农业生产模式。近代"闯关东""开发北大荒"等大事件，对于黑龙江省的农业发展无疑起到了巨大的推动作用。中华人民共和国成立以来，黑龙江省一直是国家的商品粮基地和粮食战略后备基地。从过去的"棒打狍子瓢舀鱼，野鸡飞到饭锅里"到现在的"中国大粮仓"，黑龙江农业的发展，有黑龙江人辛勤奋斗、勇于拼搏的功劳，也有大自然对黑龙江的恩惠。

黑龙江省总面积47.3万千米^2，下辖1个副省级城市、11个地级市、1个地区，以及58个市（地）辖区、21个县级市、45个县和1个自治县，哈尔滨市为省会（数据来源：黑龙江省统计年鉴2021）。黑龙江省是一个多民族、散杂居的边疆省份，总人口3 171万人，其中农村人口1 090.5万人。域内有53个少数民族，人口近112万人，占黑龙江省总人口的 3.52%。其中，世居本省的有满、朝鲜、蒙古、回、达斡尔、锡伯、赫哲、鄂伦春、鄂温克和柯尔克孜 10 个少数民族。

大自然哺育了生命的奇迹，她为人类提供了世界上最珍贵的礼物——粮食；大自然滋养了生活的美丽，她为人类献出了发展所需的一切资源。大自然如一位艺术家，塑造了无数的生灵。当人们漫步山野，撷取大自然的各个片段时，才会感受到大自然的馈赠。黑龙江，格外受到大自然的偏爱，在这片位于中国东北边陲、神奇的土地上，充满了耕作所需的一切便利条件。

第一节　耕地资源

"民以食为天，食以地为本。"耕地，是人类赖以生存的基本资源和条件，是人类生存和发展的生命线。

黑龙江省是中国北方美丽的"白天鹅"，不仅工业基础雄厚，而且近年来的农业发展更令人惊叹。黑龙江省耕地面积为 1 597.4 万公顷。黑龙江省土质肥沃，自然肥力较高，是世界上三大黑土带之一，被誉为"北大仓"，是我国重要的商品粮基地。

一、地形地貌

黑龙江省地貌受新华夏系的控制，形成以大兴安岭、小兴安岭和东南部山地三大山系，松嫩、三江两大平原及其之间的丘陵漫岗过渡带为主体构成的格局。大兴安岭、小兴安岭、张广才岭、老爷岭山脉绵延起伏，海拔为 500～1 000 米。黑龙江省地势西北、北部和东南部为山地，西南部与东北部为平原。在黑龙江省土地总面积中，山地占 24.7%，丘陵漫岗占 35.8%，平原占 37.0%，水面占2.5%。这种山地、丘陵、平原相间分布的地貌特点为黑龙江省农、林、牧、渔业生产用地提供了有利条件。以上地貌形态，也促进了以大、小兴安岭山区和东部山区为天然生态屏障的"两大平原"黑土带的形成，这些都为黑龙江省粮食主产区的确立提供了先决条件。

1. 松嫩平原　松嫩平原位于黑龙江省中西部，面积占黑龙江省总面积的 1/4。松嫩平原区属第二沉降带，或称松辽断陷。全区可分为山麓平原（又称高平原或漫岗）和冲积平原（又称低平原或平地）两大类型。

山麓平原，位于松嫩平原东部，地形呈波状起伏，其北部有科洛与五大连池火山群分布，起伏更加明显。其中，克山、拜泉和海伦一带由于坳谷的分割，凹凸相间，多冲沟出现，水土流失严重；中部及南部地区则起伏平缓，台面平坦。

冲积平原，位于松嫩平原西部，地形平坦，地貌简单，呈一望无际的草原景观。境内大地形平坦，但微地形复杂；区内水系分布不平衡，嫩江右岸较发育，左岸较不发育。松嫩冲积平原由于侵蚀微弱，水系不发育，加之地形平缓、排水不畅，形成了以安达为中心的闭流区。松嫩平原是黑龙江省黑土分布区，土壤肥力高，是国家重要的商品粮生产基地。

2. 三江平原　三江平原位于黑龙江省东部，面积占黑龙江省总面积的 1/5。区内大地形平坦，微地貌多变，河漫滩、古河道、牛轭湖、碟形洼地等广为分布。流经本区的河流除黑龙江、松花江、乌苏里江外，其他大都具有沼泽性河流的特点，河道弯曲，易于泛滥。该区以完达山为界分为南、北两部，北部为三江冲积平原，南部为兴凯湖平原。

三江冲积平原，北界黑龙江，南抵完达山，东至乌苏里江，西与萝北、鹤岗与小兴安岭相接。该区是由黑龙江、松花江、乌苏里江冲积而成的平原。区域内地层由西向东变厚，西部佳木斯一带土层厚度为 50～100 米，东部富锦、抚远一带土层厚度为 250～300 米。土层最薄的地区为 5～20 米。该区沼泽约占 40%，分布着沼泽化土壤。

兴凯湖平原，东起乌苏里江，西界鸡西，南抵兴凯湖，呈喇叭形。该区系由穆棱河河谷平原与兴凯湖平原构成，土层厚度由西向东增加，地面坡度由西南向东北倾斜。主要河流为穆棱河，河网稀疏，径流滞缓。著名的兴凯湖位于平原南部，是亚洲远东地区最大的淡水湖，在我国境内面积为 1 070 千米²。在兴凯湖北岸有小兴凯湖，面积为 145 千米²。兴凯湖平原大地形平坦，微地形复杂，土地肥沃，雨量充沛，水资源丰富，有一定数量的后备土地资源，是黑龙江省重点农业综合开发区。

二、黑土

黑土是大自然给黑龙江的珍贵礼物，是自然界的奇迹。有地质专家指出，每形成1厘米厚黑土需时200～400年，而北大荒的黑土厚度则达到了100厘米。因此，这里有"捏把黑土冒油花，插双筷子也发芽"的美称。这片被黑龙江、嫩江和松花江包围的土地，在200多年的时间里被满族人视作"龙兴之所"而禁止开垦。

黑龙江省土壤类型丰富，土地肥沃，土壤中有机质和养分储量比全国其他省份平均高出2～5倍。黑土、黑钙土、草甸土等肥沃土壤现已大部分开垦为耕地，根据全国第二次土壤普查结果，黑龙江省土壤面积为4 436.8万公顷，占黑龙江省土地总面积的93%。

所谓黑土，指有机物质平均含量为3%～10%，特别有利于包括水稻、小麦、大豆、玉米等农作物生长的一种特殊土壤。土层较厚，有机质含量丰富，土壤中的水、肥、气、热协调好，肥力高。黑龙江省素以世界三大黑土带之一而称著于世，黑土主要分布在滨北、京哈铁路两侧的缓坡漫岗和地势较高的平地，北起嫩江、讷河、克山、德都、北安一带，南至双城、五常，西与安达、大庆的盐土、碱土接壤，东到三江平原边缘。黑龙江省共有黑土482.5万公顷，占土壤总面积的10.9%。该土类包括黑土、草甸黑土、白浆化黑土、表潜黑土4个亚类。其中，面积最大的是黑土，占该土类的77.9%。黑土的土层一般为30～70厘米，深者可达100厘米以上，自然肥力高，非常有利于种植业的开展。

三、耕地资源开发利用

北方独特的气候特征铸就了黑龙江人坚忍不拔、勇于拼搏的坚强品质。自黑龙江建省以来，一批一批的勤劳人民将青春、热血挥洒在这片肥沃的土地上。黑龙江省耕地变化总的趋势是不断增加，但不同时期增速不同。如1963—1979年，黑龙江省耕地面积稳定增长，1979年比1963年增长27.6%，平均每年增长1.73个百分点；1979—1985年，黑龙江省走上了土地综合开发、山水田林路综合治理、重点开发三江平原的道路，非农建设用地逐年增加，开荒面积虽大，但由于建设占地的增加，使耕地面积增加速度趋缓。

1985年和2009年开展的两次覆盖全国的土地利用现状调查，为土地管理工作构建了坚实基础。据统计，1985—2010年，黑龙江省耕地总体趋势呈增加态势，耕地面积增加了457.65万公顷，增幅40.29%；黑龙江省东部三江平原腹地的佳木斯市、双鸭山市、鸡西市和西部松嫩平原区齐齐哈尔市、绥化市、大庆市，6个地市耕地面积增加占黑龙江省耕地面积增加的51.52%。黑龙江省耕地面积增加最大的是佳木斯市，增加88.99万公顷；其次是黑河市、哈尔滨市，分别增加76.61万公顷、57.21万公顷；耕地面积增加数量最小的是黑龙江省最北部的大兴安岭地区，由于地形和温度受限，大兴安岭仅增加9.16万公顷。

经过长期的开发利用和调整，黑龙江省耕地利用结构和布局逐步趋于合理。但也存在一些问题，主要表现在：

1. 耕地利用尚不充分，总体质量不高 黑龙江省耕地利用粗放，单产水平低；中低产田约占耕地总面积的2/3。土地整理后，增地、增产潜力较大。

2. 建设用地集约利用水平较低，存在一定的粗放浪费现象 农村居民点布局不尽合理，空心村、闲散土地大量存在。建设用地存在低效利用、粗放经营等问题，各类建设项目剧增，土地供需矛盾日益突出。

3. 土地资源遭到一定程度破坏，部分地区土地生态环境较差 由于不合理的耕作方式、森林过度采伐、草原过度放牧和盲目开垦等原因，造成水土流失，土地沙化、盐渍化和退化。松嫩平原西部和北部、三江平原东部、大城市郊区及大型工矿周围是黑龙江省生态环境脆弱区。

四、耕地构成与分布

黑龙江省耕地主要分为水田、水浇地和旱地3个类型。由于各地自然条件和历史发展等因素影响，区域间耕地分布有较大差异。黑龙江省大部分耕地分布在松嫩平原和三江平原，其余一部分分布在北部大、小兴安岭和南部张广才岭、老爷岭的山地丘陵区。平原是黑龙江省耕地集中分布区，也是黑龙江省主要农业生产基地。

黑龙江省旱地是耕地中最大的用地类型，分布广，全省各县（市）均有分布。13个市（地）中，以齐齐哈尔市、黑河市、哈尔滨市、绥化市和佳木斯市面积较大；其余依次是双鸭山市、牡丹江市、大庆市、鸡西市和鹤岗市；面积较少的是七台河市、伊春市和大兴安岭地区。

黑龙江省水田主要分布在三江平原东北地区，松花江、嫩江、呼兰河、蚂蚁河、牡丹江、穆棱河及其各支流沿岸平原地区。其中，佳木斯市、哈尔滨市、鸡西市、绥化市和齐齐哈尔市分布较多，伊春市、七台河市和黑河市水田面积较少，大兴安岭地区由于受气候条件制约，没有水田。黑龙江省水田面积在10万公顷以上的有五常市、抚远市、同江市、富锦市、虎林市和密山市，其中，虎林市水田面积最大。

黑龙江省水浇地较少，集中分布在齐齐哈尔市、哈尔滨市、佳木斯市、牡丹江市和绥化市，其余均为零散分布；在县级行政区范围内，宁安市和富锦市水浇地面积较大，分别占黑龙江省水浇地面积的2.87%、2.24%。

第二节　林地资源

林地资源是黑龙江省的又一重要宝藏。它既为我国生态安全筑起了一道坚固的屏障，也为我国两个重要商品粮基地稳产高产编织了一道生态"保护网"。得天独厚的浩瀚绿海，使黑龙江农业首先享受到了完美独特的生态大餐。

一、森林资源概况

黑龙江省是我国重点林区之一。全省森林覆盖率为46.14%，森林面积、森林总蓄积和木材产量均居全国前列，是国家重要的木材战略储备基地。黑龙江省森林树种丰富，多达100余种，其中材质优良、利用价值较高的有30余种。生态地位十分重要，大兴安岭、小兴安岭林区是我国重要的生态屏障，维系着东北和华北平原的生态安全，为我国两个重要商品粮基地稳产高产提供了重要保障。

黑龙江省有丰富的林地资源，全省的地势大致是南部、北部和中部高，东西部低。西北部为大兴安岭区域，东北部为小兴安岭区域，东南部为张广才岭、老爷岭山地区域，西部为松嫩平原区域，东部为三江平原、兴凯湖平原区域。

黑龙江省划分3个植物区和3个亚区。3个植物区是大兴安岭植物区、小兴安岭-老爷岭植物区、松嫩平原植物区。黑龙江省植物种类丰富，仅高等植物就有2 000多种。其中，乔木树种百余种，材质优良；利用价值高的有30余种，如红松、落叶松、樟子松、云杉、冷杉、水曲柳、黄菠萝、胡桃楸、椴、槭、榆、栎、杨、桦等。

黑龙江省林地主要分布在大兴安岭、小兴安岭、张广才岭、老爷岭等山地丘陵区，平原区较少。黑龙江省林地面积最小的是大庆市，占黑龙江省林地面积的0.75%；漠河林地面积最大，占黑龙江省林地面积的7.70%。

黑龙江省是森林资源大省，全省的森林资源以大兴安岭、小兴安岭闻名全国。林地（森林）面积2 162.3万公顷，未成林地12.73万公顷。全省森林资源地类面积比重见图2-1。

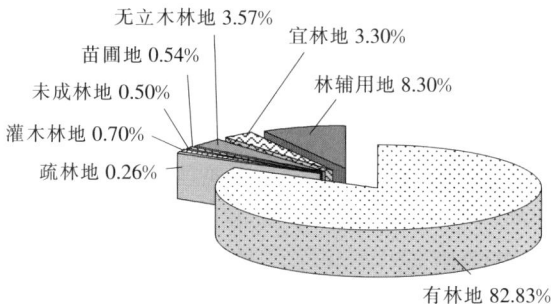

图2-1 黑龙江省森林资源各地类面积比重

黑龙江省森林覆盖率为47.3%，黑龙江省森林蓄积及面积分布见图2-2。

地方 6.09(34%)　　　森工 7.66(43%)　　　　地方 704.5(34%)　　　森工 861.7(41%)

大兴安岭 4.14(23%)　　　　　　　大兴安岭 531.5(25%)

森林蓄积分布图(单位:亿米³)　　　森林面积分布图(单位:万公顷)

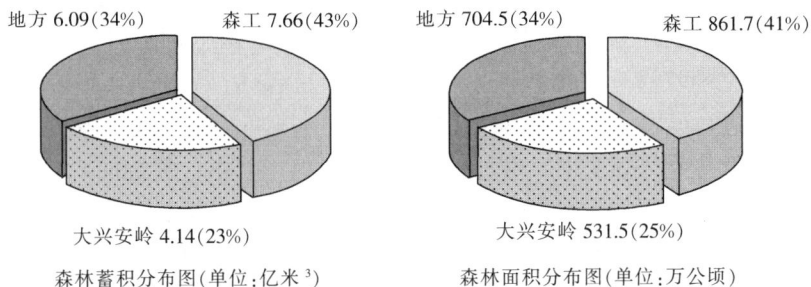

图 2-2　黑龙江省森林蓄积及面积分布图

按起源分，黑龙江省天然林面积 1 758.3 万公顷，占全省森林总面积的 84%；天然林蓄积量 14.85 亿米³，占森林蓄积量的 83%。人工林面积 339.44 万公顷，占森林面积的 16%；人工林蓄积量 3.04 亿米³，占森林蓄积量的 17%。见图 2-3。

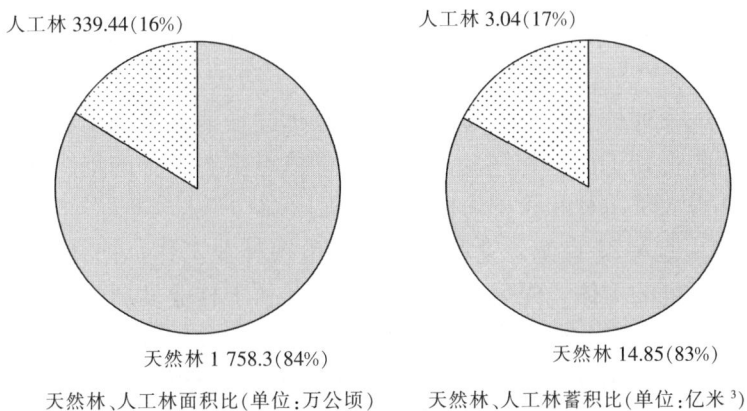

人工林 339.44(16%)　　　　　　　人工林 3.04(17%)

天然林 1 758.3(84%)　　　　　天然林 14.85(83%)

天然林、人工林面积比(单位:万公顷)　　天然林、人工林蓄积比(单位:亿米³)

图 2-3　黑龙江省天然林、人工林面积比和蓄积比

二、森林资源历史演变

据史料记载，1896 年前，黑龙江省（按现行政区划）的森林面积大体为 3 310 万公顷。当时的黑龙江省森林茂密，广布湿地沼泽，农业生产活动极少。到 1903 年，中东铁路建成后，日、俄开始大肆掠夺森林资源，沙皇俄国沿中东铁路线对中国境内森林进行了大量砍伐。日本侵略者也把东北林区作为其木材生产基地，木材加工厂、林

化厂等遍布东北林区。20世纪30—40年代，连年的战争使黑龙江省森林资源遭受严重的破坏，致使森林面积和蓄积急剧下降。1949年以后，党和政府一方面积极培育森林，恢复森林；另一方面积极开发林区，进行营林生产，以满足国民经济对木材的需要。通过坚持不懈地封山育林和人工造林，使遭帝国主义掠夺、破坏、焚烧的森林逐渐恢复成林。由于国家建设的需要，黑龙江省一直承担着全国木材产量45％～65％的生产任务。1962—1986年，共生产木材4.7亿米^3。近40年的过量采伐，加之当时政策原因，林业未能实行依法治林、科学治林，长期重采轻育、采育失调、管理粗放、乱砍滥伐和毁林开荒，造成森林资源锐减、森林质量下降。到1976年，黑龙江省的森林面积降到1 641万公顷，森林蓄积量降到15.8亿米^3，森林覆盖率降到36.3％，公顷平均蓄积量降到96.3米^3。

为了保护森林资源、实现森林资源的可持续利用，1987年，国家开始实行采伐限额制度，按照用材林消耗量低于生长量的原则要求，严格控制森林年采伐量。同时，国家先后组织实施了天然林保护、速生丰产林建设、退耕还林、"三北"防护林建设、野生动植物保护等一系列林业重点生态工程，使森林过量消耗得到了有效遏制，森林资源得到了保护和恢复。随着林业重点生态工程的组织与实施，黑龙江省人工造林和管护力度不断加大，森林资源实现了面积、蓄积双增长。进入21世纪，党和国家高度重视林业工作，把林业作为改善生态环境的主体，先后制定了一系列有利于林业发展的方针政策，林业发展迎来了前所未有的大好时机。1987—2004年，经过17年的培育、保护和建设，黑龙江省森林资源得到了有效恢复。特别是近年来，国家实施了林业重大生态工程，划定了生态保护红线，采取了更加严格的森林资源保护措施。2002—2011年，黑龙江省森林面积增加90万公顷，使全省森林覆盖率达到了46.14％。在国家政策的正确指引下，在黑龙江省委、省政府和相关部门的不懈努力下，用了近30多年的时间终于遏制住了森林下滑的趋势，森林资源正朝恢复的方向发展，森林面积和森林覆盖率基本恢复到中华人民共和国成立初期的水平。从各时期森林面积、蓄积量及森林覆盖率资源变化的情况看，森林资源进入到一个新的增长时期。

三、"三北"防护林工程建设成就

1978 年，中共中央、国务院从中华民族生存和发展的战略高度，作出了在我国风沙危害和水土流失严重的西北、华北北部、东北西部建设防护林体系工程的重大决策，开创了我国生态工程建设的先河。该工程在国际上被誉为"中国的绿色长城""世界生态工程之最"。该项工程规划期为 73 年，分 3 个阶段、8 期工程进行建设。黑龙江省这项工程启动于 1978 年，前 4 期已完成，第五期工程已启动。建设规模从建设初期的 21 个县（市），扩展到 12 个地（市）、70 个县（市、区），1 056 个乡（镇）。随着工程的推进，必将惠及更多的地域，庇护更多的农田，让农业更受益。"两江"平原作为黑龙江省粮食主产区，也是生态脆弱地区，"三北"防护林工程建设 30 多年来，极大地改善了"两江"区域内的生态环境，为保"两江"平原风调雨顺发挥了不可替代的作用。

从"三北"防护林体系工程 30 多年建设的效果看，成效是显著的，对农业的影响是巨大的。主要表现：一是风沙侵害得到了有效遏制。工程实施 30 多年来，"三北"工程建设始终围绕"治沙、保土、蓄水、护农、促牧"的总目标进行，采取造、封、飞、育相结合的方式，森林覆盖率由建设初期的 2.0% 提高到 8.7%，区域防沙、治沙体系的雏形基本形成。工程实施以来，广大农村大力植树造林，见缝插绿，实现了春有绿、夏有花、秋有果、冬有青的农村新面貌，改善了农村生产生活环境和精神面貌，使广大干部和群众明显感受到工程所带来的益处，极大地提高了建设生态，保护生态的热情。

农业获得稳产高产除科学种田、良种培育、兴修水利和机械化作业等因素外，森林在庇护农田免受自然灾害、改善生态环境等方面也发挥了重要作用。正所谓，林茂才能粮丰，健康的森林才能确保国土安全、生态安全和粮食安全。

四、生态环境的改善与森林资源开发利用

中共十八届三中全会将生态文明建设纳入经济建设、政治建设、文化建设、社会建设"五位一体"的建设中来，充分反映了新一届领导集体对生态建设的高度重视，没有好的生态环境就谈不上生态文明。

森林是陆地生态系统的主体，林业在生态文明建设中更大有作为。

生态环境的改进与林业资源开发是一个矛盾的统一体，处理好有利于相互促进，处理不好就会相互影响。林业资源过度开发会造成资源的破坏，进而影响生态环境。有序的资源开发，不但能促进环境的改进，更有利于资源利用的效率；生态环境的改进反作用于资源开发利用，会产生良好的事半功倍的效果。

黑龙江省林下资源丰富，开发潜力很大，仅林下植物就有 2 000多种。其中，经济价值较高的植物有 30 余种，可食植物有 80 余种，经济价值较高的山野菜储量在 1 亿千克以上。另外，还有珍贵的野生中药材。这些林下资源"原始""生态"特征鲜明。除上述植物资源外，还有丰富的野生动物资源。黑龙江省兽类有近 90 种之多，还有鸟类近 400 种。这些资源得天独厚，开发、利用潜力巨大。

多年来，黑龙江省委、省政府为恢复黑龙江省森林资源做了大量的工作，相继实施了防沙治沙工程、天然林保护工程、重点生态林保护工程、"三北"防护林建设工程、退耕还林工程、退耕还湿工程、湿地补水工程等一系列的生态修复工程，极大地改善了生态环境。在经济发展、资源利用与环境改善的矛盾中，不断探寻保护中发展、发展中保护的路子。多年来，一直秉承适度开发、合理利用，把保护环境放在首位。改善生态环境，实施生态修复工程，保护黑龙江这块黑土，实现粮食稳产高产，不但是生态安全和国家粮食安全的需要，更是黑龙江人民的期盼。

第三节　湿地资源

人们常把森林比作地球之肺，而把湿地比作地球之肾，这两大生态系统与农业息息相关。目前，黑龙江省基本形成了湿地保护网络，在保障国家生态安全、粮食安全、国土安全等方面发挥着不可替代的作用。

一、湿地概况

截至 2021 年，黑龙江省有自然湿地 556 万公顷，自然湿地率为11.76%。按类型划分，河流湿地为 74.19 万公顷，湖泊湿地为 35.62

万公顷，沼泽湿地为 427.43 万公顷，人工湿地为 18.95 万公顷。

从分布情况看，黑龙江省湿地主要分布在松嫩、三江两大平原和大、小兴安岭及东部山地沟谷。松嫩平原、三江平原是黑龙江省主要的生产生活区及重要商品粮主产地，是东北经济社会发展的重要地区，分布着我国现存相对完整、生态区位十分重要的湿地，在保障国家生态安全、粮食安全、国土安全等方面发挥着不可替代的作用。截至 2021 年，两大平原已建 63 处湿地自然保护区和 21 处国家湿地公园。黑龙江省有扎龙湿地、兴凯湖湿地、珍宝岛湿地、七星河湿地、洪河湿地、三江湿地、南瓮河湿地、东方红湿地等国际重要湿地，基本形成了湿地保护网络。黑龙江省的淡水资源主要分布在河流湿地、湖泊湿地、沼泽湿地和库塘湿地之中，湿地维持着约 2 600 亿吨淡水，保存了全部可利用淡水资源。湿地是淡水安全的生态保障。

二、湿地发展保护

黑龙江省湿地保护工作始于 20 世纪 90 年代初。特别是随着国家野生动植物保护及自然保护区建设工程、湿地保护恢复建设工程的逐步实施，国家投入了大量资金用于项目建设，使保护区基础设施建设得到了加强。

1998 年 12 月，黑龙江省委、省政府下发了《关于加强湿地保护的决定》，全面停止开垦湿地的行为，抢救性建立湿地自然保护区；实行湿地保护地方政府主要领导负责制，把湿地保护工作纳入当地政府重要的议事日程，对保护黑龙江省湿地具有里程碑意义，湿地逆转的趋势得到了遏制，集中连片的湿地被划入自然保护区得到较好保护。同时，各地加大了对破坏湿地资源案件的查处力度，湿地主管部门和保护区管理机构组织开展专项执法检查，对各类破坏湿地的违法行为进行了严厉打击，使破坏湿地行为得到了有效遏制，保护区内湿地面积有了恢复性增长，重要湿地生态功能得到了提高。

从 1998 年开始，黑龙江省加快了湿地类型自然保护区建设速度，提出开展流域湿地保护理念。结合湿地资源分布特点，在乌苏里江、嫩江、松花江、乌裕尔河、兴凯湖、七星河、挠力河等重要江河源头和沿岸湿地集中分布区，每年划建自然保护区 5～6 处。经过 10 余年的建设，基本形成了黑龙江省以湿地自然保护区和湿地公园为依托的保护网络，有效保护了鸟类繁殖栖息地和迁徙停歇地的安全，维护了湿地的生态功能，保障了国家粮食安全和区域生态安全。

从 2010 年开始，国家实施了湿地生态补助试点工作。扎龙湿地等湿地自然保护区被纳入湿地生态效益补助试点范围，补助资金总额为 9 800 万元，为有效保护这块重要湿地奠定了基础。

随着湿地保护恢复工作的开展，湿地景观和功能不断恢复，湿地生态旅游已经成为朝阳产业，并作为黑龙江省生态建设的名片，名扬海内外。湿地旅游不但树立了黑龙江的生态形象，还带动了经济发展，增加了当地居民的就业和收入。齐齐哈尔市每年举办扎龙观鹤节，双鸭山在宝清县举办七星河观鸟节，大庆、哈尔滨举办湿地文化节，还有兴凯湖、挠力河、珍宝岛、安邦河及白鱼泡国家湿地公园都成为当地生态旅游的热点地区。在教育科研方面，扎龙湿地、三江湿地、兴凯湖湿地组织开展了鸟类环志监测科研工作，掌握鸟类迁徙动态。多个湿地保护区利用宣教馆对中小学生开放，开展了热爱大自然的教育宣传活动。

第四节　草原资源

草原是地球的"皮肤"，是生态环境的天然绿色屏障，具有防风固沙、保持水土、调节气候等重要的生态功能。黑龙江的草原资源对有效调节和改善区域农业生态和气候条件发挥了重要作用。

一、草原资源现状

2021 年，黑龙江省草地面积 118.6 万公顷，占黑龙江省土地总面积的 2.5%。其中，天然牧草地是黑龙江省草地主要利用类型，占黑龙江省草地面积的 51.74%；人工牧草地相对较少，仅占黑龙江省草地面积的 1.76%；其他草地面积占黑龙江省草地面积的 46.50%。

黑龙江省草地主要位于西北部松嫩平原、东部三江平原、东北部大兴安岭以及黑河地区的山区、半山区。黑龙江省天然牧草地主要分布在松嫩平原和三江平原。其中，松嫩平原是全国三大优质草原之一，也是黑龙江省主要的牧业基地。大庆市、黑河市、绥化市和齐齐哈尔市的天然牧草地的面积占黑龙江省天然牧草地面积的96.74％。

从黑龙江省草地空间布局变化情况看,各地(市)草地面积逐步减少,草地分布重心由松嫩平原、小兴安岭和三江平原转移到松嫩平原西部草场;从分布上看,黑龙江省草原主要分布在松嫩平原,三江平原以及北部和东部的山区、半山区。草原植被受气候、地形与土壤等多种因素的影响,呈地带性分布;从类型上看,黑龙江省草原共分干草原、草甸草原、草甸、沼泽草甸和沼泽五大类。干草原和草甸草原属地带性分布,草甸、沼泽草甸和沼泽属非地带性分布。

二、草原的生态功能

黑龙江省草原面积大,草质好,与森林、湿地相得益彰,对发展粮食生产起到了重要的调节平衡庇护作用。

1. 有效地调节和改善了区域农业生态和气候条件 从黑龙江省的情况看,散布于泰来、杜蒙、肇源、富裕、甘南等市(县)的嫩江沙地,对该地区粮食生产构成了巨大威胁,但广袤的松嫩草原有效遏制了嫩江沙地的进一步蔓延,确保了松嫩平原的粮食主产区地位。另外,草原植被通过叶面蒸腾,提高了环境的湿度、云量和降水,减缓了地表温度的变幅,增加了水循环的速度,从而起到了调节气候的作用。大面积的草地与裸地相比,草地上的湿度一般较裸地高20％左右,小面积的草地也比空旷地的湿度高4％～12％。同时,草原还具有改善大气质量、减弱噪声、释放负氧离子、吸附粉尘、去除空气中污染物等的作用。

2. 减少了畜牧养殖业对粮食的消耗,缓解了人畜争粮问题 粮食安全问题在很大程度上是饲料粮短缺问题,而不是口粮问题。我国每年畜牧业饲料用粮接近粮食产量的1/3,其中绝大部分用于猪饲料。每生产1千克猪肉大约需要3千克粮食。2020年,我国口粮需求为2亿吨,而饲料粮消费将增加到近5亿吨,仅猪饲料所消耗粮食就需要8.5亿公顷的耕地。可以说,"人畜争粮"是造成我国粮食安全问题的主要原因。黑龙江省由于草原面积大,为草原型畜牧业发展提供了条件。在饲养结构中,草食畜禽占半壁江山还多,也就是说草原型畜牧业占绝大比例。草原型畜牧业基本属于节粮型畜牧业,良好的草原是草原畜牧业发展的基础。在保证市场畜产品供给的前提下,发展草原畜牧业，提高草食家畜肉类比重，降低了畜牧业对粮食的消耗。草原牧草生产既是饲料生产，也是食物生产，使人粮与畜粮分开，在一定的意义上等于加强了粮食生产。

3. 草业特别是草地农业的发展，优化了黑龙江省农业种植结构
通过引草入田、草田轮作、发展草业生产或实施草地农业制度，从而将牧草或其他饲料作物的生产、利用引入农业生产体系，对于改善耕地土壤结构、提高土壤肥力、增加粮食产量和促进农民增收具有重要意义。通过粮、草、畜有机结合，实现种植业由粮、经二元结构向粮、经、饲三元结构转变，建立起"土地—植物产品—动物产品"生产链条，有效弥补以谷物生产为主体的传统农业生产的缺失环节，是发展生态农业、可持续农业的重要路径。黑龙江省的科学试验表明，耕地实施粮草轮作后，土壤有机质含量可提高 20％左右，氮素每公顷可增加 100～150 千克，粮食产量可提高 10％～18％。

三、草原的改良建设情况

近年来，黑龙江省与其他地方一样，由于自然灾害以及过垦过牧等原因，草原退化日趋严重，推进草原改良成为发展畜牧业和生态建设的一项艰巨任务。

1. 大力推广实用有效的草原改良建设技术 根据草原退化、沙化、盐碱化演替规律，黑龙江省积极组织省内大专院校和科研院所的草原生态保护专家和草业生产技术专家开展草原改良建设实用技术研究，并将多年总结积累的人工种草、浅翻轻耙、松土补播、围栏封育、灭鼠治虫、治沙治碱等建设措施应用到草原改良建设中去。通过召开现场会议、印发宣传资料、举办培训班等方式大力推广，提高了草原改良建设的科技含量。为有效解决田间管理粗放和牧草种植低产、低效的问题，黑龙江省畜牧兽医局聘请省内大专院校、科研院所的 20 多名草业技术专家组成了技术服务团，每年深入到 20 个市（县）进行技术讲座，面对面向农牧民推广草原改良建设、禁牧休牧、青黄贮生产等方面的先进实用技术。各市（县）也都定期举办不同层次的技术培训班，提高从业人员素质。

2. 积极争取和精心组织草原改良建设项目 通过积极争取和精心组织各类草原改良建设项目，成效明显。截至 2013 年，黑龙江省草原改良建设留床面积达到 33.7 万公顷，草原围栏面积达到 14.3 万公顷。

（1）积极开展"三化"草原治理。2001 年以来，在国家发展和改革委员会、农业部、国家农业综合开发办公室等部门的支持下，累计在大庆市、齐齐哈尔市等区域投资 4.4 亿元，治理沙化、碱化、退化草原。其中，龙江、甘南、泰来、肇源、杜蒙等 9 个草原沙化县（市）累计改良种草 20.5 万公顷，占松嫩平原草原面积的 11%。治理后的"三化"草原，植被覆盖率由 40% 左右提高到 85% 以上，优质饲草增加 45% 以上。改良后的草原平均每公顷增产干草 1 500 千克，经济效益、生态效益显著。其中，2003 年国家发展和改革委员会、农业部对黑龙江省松嫩平原杜蒙、富裕、龙江、安达等 8 个县（市）的国家天然草原植被恢复项目给予了倾斜，中央财政共投入项目建设资金 6 150 万元。项目实施后，共建设人工草场 1.12 万公顷，年增产干草 8 400 吨；改良草场 1.41 万公顷，年增产优良禾草 10 600 吨；草场围栏 5.4 万公顷，治虫灭鼠 1.01 万公顷，年增产优良牧草 13 000 吨。

（2）鼓励和扶持苜蓿产业发展。近年来，国家和黑龙江省出台了一系列鼓励苜蓿种植的惠农扶持政策。一是 2012 年出台了苜蓿种植补贴政策，黑龙江省财政投资 5 000 万元鼓励和扶持苜蓿产业发展，给予苜蓿种植者每公顷 750 元种子补贴；对种植规模达到 133.3 公顷以上的，其苜蓿播种、收割、加工等主要机械及种子生产主要机械设备在国家农机购置补贴 30% 的基础上，省级财政增补 20%。2012 年，新种植紫花苜蓿 6.8 万公顷，留床面积 5.8 万公顷。二是实施了国家和省级苜蓿种植示范项目。黑龙江省争取和实施的国家振兴奶业苜蓿发展示范项目已累计投入资金 3 600 万元，完善苜蓿发展示范基地建设 0.4 万公顷。同时，还开展了省级泰来万亩紫花苜蓿生态治沙示范工程项目。

（3）增强草原改良建设所需牧草种子生产供给能力。为改善黑龙江省适宜种植的牧草品种少、产量低、地方品种退化、产量下降、种子生产技术差、经营管理粗放、牧草种子合格率低等不良状况，满足畜牧业发展和草原建设用种需求。2001 年以来，黑龙江省在牧草种子繁育体系建设方面投资近亿元，在青冈、安达、杜蒙、密山、虎林等地建设了羊草、星星草、紫花苜蓿、无芒雀麦等优良牧草种子繁殖基地，建植优良牧草种子生产田 0.5 万公顷。目前每年可生产牧草种子 112 万千克左右，缓解了省内优良牧草种子短缺的矛盾。

（4）实施了草原生态保护补助奖励机制。根据 2011 年 8 月全国牧区工作会议精神，黑龙江省牧区 15 个牧业、半牧业县自 2012 年起开始实施草原生态保护补助奖励机制，对草原禁牧户给予每年 90 元/公顷的禁牧补贴，对符合一定标准的牧户给予每年每户 500 元生产资料综合补贴，对草地改良建设者给予 750 元/公顷种子补贴。

（5）实施了天然草原退牧还草工程。2012—2015 年，杜蒙、泰来 2 个工程实施县投资 793 万元（中央预算投资 673 万元、地方配套 120 万元），完成了围栏建设任务 2 万公顷，牧草补播任务 0.6 万公顷。

第五节　气象资源

四季分明、降水丰沛、光照充足——独特的气候资源不仅使黑龙江成为旅游胜地，更成为农作物生长的天堂。优良的气象资源是大自然对黑龙江儿女的又一厚爱。

一、基本气象特征

黑龙江省位于欧亚大陆东部、太平洋西岸，地处北半球的中纬度带，大部分属于中温带，只有大兴安岭地区的呼玛县、漠河县属于寒温带。冬季在极地大陆气团控制之下，盛行西北风，寒冷干燥；夏季受北太平洋副热带海洋气团的影响，盛行东南风，高温多雨。黑龙江省气候呈明显的大陆性季风气候特征。

黑龙江省太阳辐射量分布，由于受地理纬度和地形的影响，有一定的区域分布规律。总体趋势是西南部最多，向北向东逐渐减少。西南部地区日照资源较为丰富，尤其是龙江、甘南、泰来、肇州一带年日照时数与我国光照资源最丰富的西藏高原西部相近。黑龙江省由于是全国纬度最高、最冷的省份，是气温最低、热量最少的地区，加上地貌形态复杂，所以黑龙江省各地区平均气温差异也较大。如西南部的泰来同北部的漠河年平均气温相差 9.1℃。

黑龙江省降水表现出明显的季风性特征。夏季受东南风影响，雨量充沛，占全年降水量的 60% 左右，为一年一熟作物生长创造了条件。冬季在干冷大陆性气团的控制下，降水都以降雪形式出现，但降水量极小，只占全年降水量的 4%，甚至更少。黑龙江省降水量的年际间变化较大，多水年与少水年的降水量相差可达 1 倍以上。东南部大于西北部。降水的地理分布，等雨量线自东向西逐渐递减。

二、丰富独特的农作物气候资源

1. 四季分明　黑龙江省的气候具有明显的季风气候特征，气候特点是冬长夏短、四季分明。冬季在极地大陆气团控制下，气候寒冷、干燥，盛行西北风；夏季受太平洋副热带气团影响，气候温暖、湿润，盛行东南风。春秋时间短，气候变化强烈；冬季漫长，多冰雪天气；夏季具有雨热同季、日照充足的气候优势，适宜一年生作物生长。主栽作物有玉米、大豆、水稻。近年来，黑龙江省水稻种植面积和产量迅速增长，由于气候适宜，稻米品质高、口感佳，黑龙江省出产的大米受到全国消费者的普遍喜爱。夏季气温较高，正好能满足玉米生长的最佳温度要求。黑河南部则成为大豆的丰收地区。随着农业种植科技的发展，北部漠河、呼玛等地开始发展塑料薄膜育秧。

2. 适宜的热量　农作物生长需要适宜的热量条件，黑龙江省大部分地区热量适宜，秋季昼夜温差大，灌浆时间长，籽粒饱满，作物产量高、品质好。因此，黑龙江的大米因含糖量和蛋白质量都比较高，吃起来口感好。玉米品质好、水分少、质量高。

3. 丰沛的降水　降水量是衡量一个地区降水多少的指标，是影响农作物生长的重要因素之一。黑龙江省的降水对农业生产来说用风调雨顺来形容再恰当不过了。春季天降甘露，一场透雨保证苗齐苗壮；夏季沛雨甘霖，恰是作物生长和需水旺季；秋季艳阳高照，偶有细雨霏霏，为作物灌浆提供了绝佳条件。全年丰沛的降水为农作物生长发育提供了充足的水分供给，是粮食丰产丰收的重要保证。

4. 充足的光照　黑龙江省比南方各省区云量少，光照时间长，而且辐射强度大，植物在生长季节可得到充分的光照。这种光照条件是农作物生长的有利条件，也是以松嫩平原和三江平原为代表的黑龙江成为中国粮仓的重要保障。

三、粮食生产的气候优势

黑龙江省幅员辽阔，土地资源丰富，两大平原地势平坦，土壤肥沃，配以得天独厚的气候资源，对发展农业生产具有明显优势，甚至在黑龙江省北部也能获得高产。许多同纬度欧洲地区不能种植的喜温作物，如玉米、水稻、大豆等在黑龙江省却能获得高产。由于地理位置偏北，热量条件有限，对作物熟型要求较高，偏晚熟的高产品种不能大面积种植。但是，随着气候变暖的发生，从有利的一面来看，气温在逐步升高，热量增加，为黑龙江省解决了作物需求与热量资源之间的矛盾问题，可谓是"天帮忙"。一般来说，黑龙江省很少发生较严重的自然灾害，偶尔有暴雨、冰雹等灾害，但均属短时、局地性，造成的危害较小。黑龙江省已具备了"天时、地利"的条件。

1. 气候变暖优势 种子从播种到成熟都要处于一定的温度环境中，并在每一个生长发育阶段对温度都有苛刻的需求。从小的方面着眼，温度变化不仅影响种子发芽、根系生长、干物质积累，还影响产量和品质等；从大的方面来看，则影响到作物分布、粮食总产波动，甚至是国计民生。

全球变暖已是不可辩驳的事实。地处我国最北端的黑龙江省1961年以来气候资源发生了明显变化，并且带来一系列的"连锁反应"。近20年中，作物生长季的最低气温、最高气温和平均气温较前20年分别升高1.3℃、0.4℃和0.8℃，并且表现出鲜明的特点。如最低气温升高的幅度远大于最高气温，并且近20年的温度上升速度更快。生长季温度明显升高，无疑是喜温作物玉米、水稻种植的福音。温度高可提高植株中各种蛋白酶活性，进一步激发植株的生命活力，能够促进作物早生快发。

气候变暖就像一只无形的手，影响着黑龙江省喜温和喜凉作物的种植与分布。水稻和玉米是受益较大的作物。有数据显示，自20世纪80年代以来，玉米的分布向北推移了约4个纬度，从平原地区逐渐向大兴安岭脚下和伊春地区"挺进"，玉米已成为种植增加最多的粮食作物；水稻在1985年以后的种植北界已达北纬50°，随着高纬度地区培育出优质水稻品种，又让水稻种植技术向前迈出一大步；冬小麦也成功"北移"到北纬 47°，结束了我国寒冷地区不能种植冬小麦的历史。玉米、水稻种植面积不断扩大的同时，品种熟性也在过渡。早熟品种逐渐被中、晚熟品种取代，中、晚熟品种可种植面积不断扩大。在水稻、玉米高产作物种植明显北扩的同时，大豆、小麦等喜凉作物的种植区域向北和高海拔地区收缩。

可见，气温升高是大自然对高寒地区——黑龙江省又一次无私的馈赠。热量增加，积温带北移东扩，不仅有利于农作物耕种范围扩大，使喜温作物种植面积增加，中、晚熟品种的适种区增多，同时无霜期延长，既能充分保障作物安全成熟，并且能增加作物籽粒脱水时间，缓解满贯利用无霜期的现状，能够大幅度提高作物产量和品质；还可适当扩大高产和晚熟作物种植面积，进一步提高产量，这对抑制全国粮食波动有积极作用，为黑龙江省成为我国"第一大粮仓"打下重要基础。近年来，黑龙江省高产作物玉米、水稻种植面积不断扩大，粮食连年丰收，可以说"气候变暖"是其背后最大的自然功臣。

2. 农业气候资源匹配适宜的优势　黑龙江省粮食产量高、质量好，除了土壤、管理等因素外，气候资源匹配适宜也是其主要因子。尤其夏季温度高且雨热同季，对于农业生产的发展具有较大优势；加之昼长夜短、昼夜温差大，不但有利于水稻、玉米获得高产、稳产，且使稻米质量上好、口感极佳。

秋季是玉米、水稻、大豆等主要粮食作物灌浆成熟时期，需要高温、多日照、适宜降水的气候条件，以利于干物质转化。黑龙江省秋季多晴少雨、日照充足，有利于作物养分的积累和运转，提高籽粒的饱满度，进而提高产量和质量。其中，晚秋天气晴朗、日照充分，有利于作物收获、晾晒工作的进行。

黑龙江省夏季昼夜温差平均为 10.8℃，白天温度高，光合作用强烈，生产的有机物多，同时植株蒸腾作用强烈，利于根部吸收土壤中的矿物质；夜晚温度低，呼吸作用弱，消耗的能量少，保留的有机物多。因此，稻米产量高、品质上乘。

3. 少灾轻害的优势　黑龙江省气候冷暖多变，降水时空分布差异悬殊。春季少雨多大风，7 月、8 月降雨集中，多暴雨。干旱、低温冷害、霜冻、洪涝等农业气象灾害时有发生，但多为局地性，对粮食的产量和品质影响较小。

第六节　水　资　源

水是生命之源。自古以来，人类文明因水而兴，也因无水而衰。作为我国北方地区水资源较丰富的省份，水资源为黑龙江省实现由"北大荒"到"北大仓"的华丽转身提供了基本的物质保障。

一、江河水系

黑龙江省境内河流纵横，水系发达，有黑龙江、松花江、嫩江、乌苏里江、绥芬河五大水系。流域面积超过 50 千米^2 的河流 2 881 条，其中超过 1 万千米^2 的河流 21 条。黑龙江省有大兴凯湖、小兴凯湖、镜泊湖、连环湖和五大连池等常年水面面积 1 千米^2 及以上湖泊 253 个，水面面积 3 037 千米^2；其中，兴凯湖为中俄界湖，水面面积为 4 138 千米^2，在中国境内面积为 1 038 千米^2。

黑龙江在我国是仅次于长江、黄河的第三大河流，是中俄界河，在俄罗斯注入鄂霍次克海的鞑靼海峡，在黑龙江省境内长度 1 887 千米；乌苏里江也是中俄界河，在黑龙江省境内面积 5.6 万千米^2，以雨水补给为主；松花江是黑龙江的最大支流，全长 1 927 千米，多年平均径流量 714.60 亿米^3，夏季占 60%～70%，冬季不足 5%，属枯水期；绥芬河是黑龙江省唯一不入黑龙江而直接入海的水系，在符拉迪沃斯托克流入日本海。干流长 246 千米，以雨水补给为主。

此外，黑龙江省还有兴凯湖、镜泊湖、连环湖和五大连池等湖泊、泡沼，是我国北方地区水资源较丰富的省份。

二、水资源特征

黑龙江省水资源丰富，人均拥有本地水资源量 2 173 米^3，与全国水平基本相当，是北方平均水平的 2.5 倍。此外，还有松花江、嫩江入省水资源量及黑龙江、乌苏里江和兴凯湖等丰富的国际界河、界湖水资源量。虽然黑龙江省周边的界河（黑龙江、乌苏里江）和界湖（兴凯湖）过境水资源比较丰富，但是界河、界湖水资源开发利用还要考虑对他国影响，不确定因素比较多。

黑龙江省地域辽阔，各地自然禀赋差异较大，加之降水时空分布不均，水资源呈现"四少四多"的特点。

（1）腹地少，过境多。黑龙江省本地地表水资源量为 686 亿米^3，而过境水量是本地水资源量的 3 倍左右。

（2）春季少，夏秋季多。从年内分配过程来看，黑龙江省降水年内分配极不均匀，呈现春季少、夏秋季多的特点。

（3）平原少，山区、丘陵区多。山区、丘陵区水资源量占黑龙江省的 75%，耕地面积仅占黑龙江省的 20%。

（4）发达地区少，欠发达地区多。哈尔滨、大庆、齐齐哈尔地区水资源量只占黑龙江省的 22%。水资源分布与黑龙江省生产力布局之间的不匹配严重制约了经济社会的发展。

三、水资源量

黑龙江省水资源由地表水和地下水组成，全省多年平均水资源总量 810.33 亿米^3，人均水量 2 160 米^3。黑龙江省入境的地表水量为 2 189.1亿米^3，黑龙江省出境地表水总量为 2 790.5 亿米^3。黑龙江省多年平均地表水资源总量为 686.08 亿米^3，其时空分布趋势与降水基本一致。在年内，5～6 月降水较少，常出现枯水期；7～8 月降水较多，常出现丰水期。在年际之间常出现连丰、连枯、丰枯交替变化的特点。地表水的分配年内分配比较集中，黑龙江省水资源主要分布在山区、丘陵区，流域上主要分布在松花江干流区和黑龙江干流区。

四、水资源开发利用现状

1. 年供水量现状 2019 年，黑龙江省各类供水工程实际供水量为 310.4 亿米^3。其中，地表水供水量为 173.5 亿米^3，占总供水量的 56%；地下水供水量为 135.4 亿米^3，占总供水量的 44%。

嫩江、松花江开发利用率在 40% 左右，乌苏里江开发利用率超过 60%，乌苏里江流域地下水开发利用已经达到极限。呼兰河、蚂蚁河、穆棱河等流域水资源利用程度达到 50%～60%，但由于缺乏控制性工程，取水工程以小水池、小塘坝、小泵站、小水渠等

"五小"工程为主,供水保证率不高;呼玛河、逊别拉河等河流开发利用程度较低,不足 1/10。

2. 年用水量现状 2019 年,黑龙江省各业实际用水量与实际供水量相当,为 310.4 亿米^3。在各业用水量中,农田灌溉用水量最大,占黑龙江省总用水量的 88.3%。在农田灌溉用水量中,水田用水量最大;水浇地、菜田等用水量占农田灌溉用水量甚微。可见,农业生产过程对于水资源的高度依赖。

3. 农业用水情况分析 2019 年,黑龙江省农业实际用水量为 310.4 亿米^3,占黑龙江省总用水量的 88.3%。这些农业用水量保证了一般年份 477.7 万公顷农田、13.3 万公顷鱼塘的用水需求,为黑龙江省作为全国的粮食基地、牧草基地、奶源基地作出了巨大的贡献。水资源不仅是维持生理活动的必需品,更是满足人们多元化食品需求的重要保障,黑龙江农业的发达离不开水,离不开自然对黑龙江的厚爱。

黑龙江省整个版图犹如一只展翅翱翔的天鹅,可谓人杰地灵、资源丰富。每到秋季,一片片金黄的稻田翻滚着如海的波浪,稻穗随风轻舞,美不可言;玉米地一望无际,一棵棵玉米结着一个个硕大的玉米棒儿,甚是喜人。黑龙江省的秋季就是硕果累累的季节,这一切都来自天然的馈赠——丰厚的自然资源加之广袤的黑土地,共同赋予了黑龙江省"中国粮仓"的美称。

第三章　黑龙江农业利器

——粮食生产能力

粮食生产能力，是指在一定地区、一定时期和一定经济条件下，由农业生产的诸多要素综合投入所形成的、可以相对稳定实现的粮食产出水平。黑龙江省是农业大省，也是国家重要的粮食战略后备基地，担负着维护国家粮食安全的重大历史责任。不断提高粮食综合生产能力，是黑龙江省现代农业建设的一项长期的、根本性的战略任务。改革开放前后的几十年，黑龙江人民一直在为跨过一个又一个的新增百亿斤①的台阶而艰苦奋战。从 2008 年开始，黑龙江省制定并实施了千亿斤粮食生产能力战略工程规划，强化基础建设，改善生产条件，各种要素配套组装，加大投入，成效显著。目前，千亿斤产能目标已经实现，到"十四五"末，有望实现 1 600 亿斤产能的发展目标。

第一节　黑龙江粮食生产能力总览

黑龙江省粮食生产能力的提高是一个渐进的过程。它是黑龙江儿女同心携手、共同奋斗谱写的精彩华章。

一、黑龙江粮食发展的历史贡献

黑龙江地区的先民们，在距今 4 000 多年的时代已经学会使用石器和骨器工具砍伐树木、杂草，开荒种地，并已掌握锄耕技术。历经后世长期生产劳动积累的经验和中原等地传入的先进生产技术，到公元前 3 世纪后，黑龙江地区的农业生产已有了明显进步。南北朝时，

---

① 斤为非法定计量单位，1 斤＝500 克。

出现了黑龙江地区历史上最早种植的蔬菜。公元 7 世纪末，农业生产发展到使用畜力犁耕。见于记载的农作物有谷类、大豆、大麻、苘麻、葱和蒜等。辽代，开始有了垄作法，种植粟类等粮食作物，还有豆类和瓜果。金代，随着中原地区先进生产技术的传入以及铁器农具的普遍推广，松嫩平原、三江平原以及黑龙江、牡丹江、绥芬河流域等地相继开发了大面积耕地。农作物种类也相继增多，有小麦、粟、稷、稗子、菽类和麻；蔬菜有葱、蒜、韭等类，还有西瓜、桃、李等。粮食产量达到了较高水平，不仅满足社会消费，而且有大量储备。在元、明时期，黑龙江地区农业生产长期处于停滞状况。直到清朝末期和民国初期，随着移民大量迁入，开发土地的规模逐渐扩大，播种面积日益增加。20 世纪 30 年代初，日本帝国主义侵略者侵入黑龙江地区，农业生产遭受严重摧残。1945 年 8 月以后，黑龙江地区各族人民在中国共产党的领导下，彻底摧毁封建土地制度，解放了生产力，农业生产得到迅速恢复。1949 年以后，各级党组织和人民政府在领导建设社会主义农业经济制度的同时，把发展农业生产作为首要任务。从黑龙江省实际情况出发，实行扩大耕地面积和提高单位面积产量并举，以生产粮食为主，相应提高经济作物比重。采取扩垦荒地、调整生产布局、建立商品粮生产基地、发展农业机械化、推广运用现代科研成果、开展农田基本建设和加强防治自然灾害等措施，使农业生产力迅速提高，农业生产得到全面发展。1978 年以来，黑龙江省粮食种植面积大幅度增加，由 1978 年的 713.4 万公顷发展到 2021 年的 9 141 万亩，年平均增加 18.7 万公顷；粮食总产先后跨越了 150 亿千克、200 亿千克、250 亿千克、300 亿千克、350 亿千克、400 亿千克、450 亿千克、500 亿千克、550 亿千克和 600 亿千克 10 个大的台阶。2010 年以来，黑龙江省粮食生产连续获得丰收，总产获得"十连增"、农民收入实现"十连快"，特别是 2021 年，在遭受严重春涝和秋季洪涝灾害的情况下，总产超过 750 亿千克，再创历史新高。黑龙江省粮食生产概括为"五最"：一是粮食总产量全国最大。2021 年，黑龙江粮食总产量达 786.75 亿千克，占全国粮食总产量的 1/10。二是粮食商品量全国最多。2020 年，黑龙江省粮食的商品量达到全国的 1/8。三是粮食调出量全国最高，占全国的 1/3。2013 年，黑龙江省调出粮食 300 亿千克，占全国跨省调出量的 33%。四是粮食商品率全国最高。2013 年，黑龙江省粮食商品率达到 81.5%。
五是粮食增产潜力最大。黑龙江省中低产田面积超过 0.07 亿公顷，
改造提升空间巨大，加之种植结构调整和先进农业科学技术的应用，
粮食增产潜力可进一步释放。

2013 年全国粮食产量前十省份粮食产出情况见表 3－1。

表 3－1 2013 年全国粮食产量前十省份粮食产出情况

地　区	总产量（万吨）	全国位次
黑 龙 江	7 867.7	1
河　　南	6 544.2	2
山　　东	5 500.7	3
安　　徽	4 087.6	4
吉　　林	4 039.2	5
内 蒙 古	3 840.3	6
河　　北	3 825.1	7
江　　苏	3 746.1	8
四　　川	3 582.1	9
湖　　南	3 074.4	10

二、粮食生产能力建设的思路和对策

多年来，黑龙江省委、省政府认真贯彻落实中央关于发展粮食生
产的重大决策和支持粮食生产的一系列政策，紧紧抓住粮食生产这一
优势，把发展粮食生产与增加农民收入紧密结合起来，不断加强商品
粮基地建设，坚持走"优化结构、提高单产、改善品质、降低成本、
增加效益"的路子，坚持工程措施、生物措施与技术措施相结合，促
进了粮食综合生产能力的稳步提升，实现了农民收入持续增长。

1. 认真落实惠农富民政策，充分调动农民的生产积极性 始终把粮食生产作为三农工作的重中之重，举黑龙江全省之力推进。黑龙江省委、省政府先后制定实施了《黑龙江省千亿斤粮食产能工程规划》《黑龙江省农业机械化战略工程规划》，全力支持粮食生产发展。黑龙江省委、省政府将粮食生产情况纳入市（地）领导班子考核目标体系，形成了整体推进合力。省财政拿出专项资金，投向农民合作社、农田水利工程、水稻智能催芽车间、育秧大棚、培肥地力等粮食生产重点领域和关键环节。各市（县）还在土地流转、规模经营、抗旱水源、水稻育秧大棚建设、统一防虫灭病等方面加大政策支持和资金投入，持续调动了农民发展生产的积极性。中央不断加大强农惠农政策力度，有力地促进了粮食生产的健康发展。归纳起来，中央惠农政策主要有以下 3 项：良种补贴政策、粮食补贴政策和农机购置补贴政策。一是落实良种补贴政策。2002—2013 年，国家共拨付黑龙江省良种补贴资金 1 492 431.73 万元。2002 年，黑龙江省良种补贴总额度为 5 700 万元，其中，农村 3 000 万元、农垦 2 700 万元；到 2012 年，黑龙江省良种补贴总额度达到 236 411.17 万元，其中，农村 183 519.7 万元、农垦 52 891.47 万元。二是落实粮食补贴政策。黑龙江省农资综合直补的范围和对象与粮食直补一致。根据国家有关政策和全省实际，黑龙江省粮食补贴的基本原则是"有税有补、无税不补"；补贴对象为原农业税纳税主体；补贴范围为 2003 年农业税计税土地和享受政策性减免农业税的计税土地。由于补贴面积小，为了解决纳税黑地和具有土地承包性质的国有农、林场职工工资田未纳入补贴，而导致农民反映强烈的问题，2005 年和 2006 年，黑龙江省将未享受补贴的农民纳税黑地、国有农场等职工工资田等 4 类耕地 134.7 万公顷纳入补贴范围。2011 年，借着国家新增农资综合补贴的有利条件，将农民反映比较多的问题，如外出打工农民、新生儿和婚入人员新分未享受粮食补贴的二轮承包田及国有农、林场单位职工新分未享受粮食补贴的职工工资田 3 类耕地 67.5 万公顷纳入粮食补贴范围。目前，黑龙江省粮食补贴的范围为各类纳税耕地、二轮土地承包地和国有农、林场职工工资田。2004—2014 年，黑龙江省共发放粮食补贴资金 881.64 亿元。粮食补贴面积达到 1 189.7 万公顷，年补贴资金 125.05 亿元，平均每公顷补贴 1 050 元。三是落实农机购置补贴政策。2004—2013 年，国家共拨付黑龙江省农机购置补贴资金 88.66 亿元，其中，农村 68.26 亿元、农垦 20.4 亿元。农村用于农民单机补贴 35.15 亿元，用于现代农机合作社建设 33.11 亿元。单机补贴共吸引农民自筹资金 102.4 亿元，补贴购置农机装备 231 708 台（套）。其中，大中型拖拉机 80 562 台，大中型配套农具 68 455 台，联合收获机 31 604 台，水稻插秧机 51 087 台，直接享受国家购机补贴的农户 18.8 万户。

2. 调整种植结构，努力扩大优质粮食生产规模 坚持以市场为导向，以效益为中心，加快种植结构调整步伐，积极扩大优质高效粮食作物面积，不断提高土地配置效率，实现增产增收。一是增加粮食作物种植面积。紧紧抓住市场粮价恢复性上涨、种粮效益增加、农民生产积极性高涨的机遇，认真贯彻落实国家扶持粮食生产和促进农民增收的各项政策措施，引导农民扩大优质粮食生产面积。2006 年，黑龙江省粮食作物播种面积达到 1 017.5 万公顷，比 2003 年增加 62.4 万公顷，增长 6.5%。二是增加高产优质粮食作物种植面积。大力实施优质粮食产业工程，着力发展产量高、品质优、效益好的水稻、玉米等粮食作物。2021 年，黑龙江省水稻、玉米、大豆种植面积分别为 387.2 万公顷、548.1 万公顷、483.2 万公顷。

3. 推进农业科技进步，全面提高粮食生产标准化水平 科技到位率低、标准化水平低既是黑龙江省粮食生产的差距所在，也是潜力所在。近几年，黑龙江省坚持把发展粮食生产的着力点放在应用科技和标准化建设上。一是深入开展农业科技合作共建活动。组织农业科研院所、大专院校和农业科技推广机构，在大力推进科技创新的同时，与县（市）结成对子，开展科技合作共建，面向广大农民开展科技服务。黑龙江省采取组建农业专家大院、建设农业科技示范区和组织实施"科技入户工程"等多种方式，加快农业科技共建推进步伐。黑龙江省科技共建已覆盖所有县（市、区），共建立各级各类农业科技示范区 650 个，培育科技示范户 9.5 万户，2014 年培训农民 503 万人次，有效提高了农业科技含量。二是深入实施良种化工程。2002 年以来，杂交作物和自交作物良种统供率由 90%、48% 分别提高到 100% 和 60% 以上，种子包衣率由 60% 提高到 85% 以上。黑龙江省良种覆盖率由 90% 提高到 98% 以上。三是大力推广粮食优质高产栽培技术模式。重点推广了大豆窄行密植、专用玉米通透栽培和大垄覆膜、水稻钵体旱育超稀植、优质强筋小麦保优节本栽培等 10 项模式化栽培技术，年推广应用面积达 0.09 亿公顷以上。四是大力推进标准化建设。以实现农业生产全程标准化为目标，狠抓物质投入、整地保墒、适时播种和生产管理标准化，粮食生产标准化生产水平大幅度提高。2013 年，黑龙江省粮食作物标准化率达到 86％以上，比 2003 年提高 16％。

4. 加强农业基础建设，向防灾减灾要产量、要效益 旱涝灾害是影响黑龙江省粮食生产发展的主要制约因素。近几年，黑龙江省通过加强农业基础设施建设力度，提高了农业的防灾抗灾能力。一是加强农田水利建设。积极拦截地表水，适度开采地下水，大力开发雨水资源，提高水资源利用率。2011—2014 年，黑龙江省新打抗旱水源井 3 万多眼，维修加固大中型水库 8 座，新建小型蓄水工程 101 个，新建、改造大型灌区 17 处，新增坐水点灌能力 40 万公顷，新增旱田节水灌溉面积 15.3 万公顷，新增水田面积 66.7 万公顷。二是加强土壤肥力建设。大力推广深松整地，不断活化耕层。推广秸秆根茬还田，积极增施有机肥。实施测土配方施肥，提高肥料利用率。2018 年，黑龙江省测土配方施肥面积发展到 1.8 亿亩。综合治理水土流失，"十四五"期间，黑龙江省新增水土流失治理面积 17 600 平方千米。三是加强农机化建设。到 2025 年，黑龙江省农机总动力将稳定在 6 600 万千瓦左右，农机化步伐明显加快。四是加强生态环境建设。以实施天保工程为契机，加快生态示范省建设，加大植树造林、封山育林、退耕还林还草还湿力度，建设绿色生态屏障，改善了农业生态环境。"十三五"期间，全省累计完成营造林 38.8 万公顷。

5. 大力发展畜牧业，实现粮食过腹转化增值 依托丰富的粮食资源，加快发展畜牧产业，促进了粮食过腹转化增值。一是推进畜牧业标准化、规模化饲养。坚持农区畜牧业和草原畜牧业相结合的发展方针，大力实施"奶牛振兴计划"和"肉牛发展计划"，突出发展奶牛、优质肉牛、生猪、肉羊和特种养殖业。积极扶持专业养殖大户、规模化牧场和规范化小区建设，提高畜牧业的规模化、专业化和标准化水平。二是完善社会化服务体系。切实加强以动物疫病防治为重点的基层服务体系建设，基本做到防疫治疗、繁育配种、饲料供应、技术指导、产品收购"五到村",提高了技术指导与服务水平,连续多年未发生口蹄疫、禽流感等重大动物疫情。三是大力推进畜产品精深加工。加大政策和资金扶持力度,着力培养了一批生猪、肉牛、肉羊、肉鸡等加工企业,提高了畜牧业产业化经营水平,促进了畜牧业快速发展。

6. 推进土地流转,发展适度规模经营　黑龙江省人少地多,人地对应关系相对宽松,为发展规模经营奠定了比较好的基础。近几年,把推进土地流转作为促进粮食增产、农民增收和建设现代农业的重要手段,在实践中探索发展农业规模经营的有效途径。2001年,黑龙江省委、省政府召开了农村土地流转座谈会议,出台了加快土地流转的政策措施,推出了一批先进典型,各地坚持"依法、自愿、有偿"的原则,通过转包、转让、互换、入股等形式,健康有序地引导农村土地承包经营权流转,发展规模经营。黑龙江省土地承包经营权流转主要有3种形式:一是向种粮大户流转。黑龙江省35万个种粮大户流转土地达51.3万公顷。二是向农机作业合作社和专业合作经济组织流转。黑龙江省518个农机作业合作社经营土地54.7万公顷,2 307个专业合作经济组织流转土地29.8万公顷。三是向现代农业企业流转。黑龙江省现代农业公司发展到121个,经营土地面积达到0.87万公顷。

7. 开展场县共建,发挥垦区的示范带动作用　黑龙江垦区与农村镶嵌相融,垦区农业生产水平明显高于农村。近年来,黑龙江省委、省政府把开展场县共建作为建设现代农业、发展粮食生产的重大战略措施,垦区和市(县)双方开展了多层次、多领域的合作共建,实现了资源共享、优势互补和共同发展。一是开展农机合作共建。垦区充分发挥农机具存量大的优势,为周边农村开展代耕服务,作业领域由整地和收获扩展到整地、起垄、精播、中耕和收获等多项作业。2006年,垦区农机跨区作业面积达到80万公顷,比2003年增长4倍。二是开展科技合作共建。垦区把农业标准化技术和各类先进栽培模式向农村推广,还将60个科技示范园区全面向农民开放,加快了垦区先进技术向农村的辐射,提高了农业标准化水平。2006年,垦区与农村实施科技共建面积达66.7万公顷以上。三是开展产业化共建。垦区以大型农产品加工企业为龙头,辐射带动农村生产基地发展,实现双赢。垦区龙头企业带动农村种植业基地面积106.7万公顷，生猪饲养 200 万头，奶牛饲养 10 万头。四是开展人才共建。从 2005 年开始，垦区每年选派干部到县、乡挂职，帮助县、乡抓好粮食生产、农机化建设。县、乡也选派干部到农场挂职，学习垦区先进生产技术和管理经验。

三、粮食生产能力建设的突出成就

经过几十年的艰苦奋斗，特别是"十一五"以来，黑龙江省强力推进千亿斤粮食产能工程建设，促进了黑龙江省粮食生产的大发展、快发展。

1. 粮食产能不断提升 中华人民共和国成立以来，黑龙江省的粮食综合生产能力发生了翻天覆地的变化，从粮食播种面积的增加、田间管理的加强、投入力度的加大，到依靠先进技术推广、结构调整和规模经营等方面发展造就了黑龙江省粮食产量不断开创新高。从历史上的麦、豆产区转变成稻米产区，从全国中游水平到产粮第一大省，到现在玉米产量全国第一、大豆产量全国第一、水稻产量全国第二。2025 年，黑龙江省粮食生产能力将达到 800 亿千克。

1949 年以前，黑龙江省主要以工业为主，农业发展受自然条件的制约，发展缓慢。粮食生产主要以马铃薯为主，生产水平落后，劳动力严重缺乏。1949 年以后，百废待兴。随着国家对粮食生产的不断重视，黑龙江省农业生产能力逐步恢复，粮食产量呈波动性上涨。农村实行家庭承包经营后，农业生产力得到解放。国家大幅度提高农副产品收购价格，粮食收购价年年增长。这些惠农政策的实施，使黑龙江省粮食生产能力逐渐摆脱长期停滞不前的局面，粮食产量缓慢增长。1983 年，黑龙江省粮食播种面积 726.7 万公顷，比 1978 年增加 13.3 万公顷；总产达到 0.1 549 亿吨，比 1978 年增加 0.0 715 亿吨。"七五""八五"期间，国家对粮食等主要农产品实行敞开收购，农民生产积极性较高，大量农业新技术的推广应用，加之粮食作物种植结构的调整，高产高效作物播种面积增加，使粮食生产得到快速增长。1990 年，黑龙江省粮食播种面积为 0.07 亿公顷，总产达到了 231.25 亿千克，登上了 200 亿千克台阶；1994 年，黑龙江省粮食播种面积为 0.07 亿公顷，总产达到了 257.85 亿千克，登上了 250 亿千克台阶。受"九五"期间国家放开粮食市场和降低收购价格的影响，粮食出现结构性过剩和阶段性卖难，农用生产资料价格上涨幅度过大，粮食生产成本不断上升和 1998 年洪涝灾害的多重影响下，农业生产整体处于徘徊甚至滑坡阶段。1997 年，黑龙江省粮食播种面积为 0.08 亿公顷，总产量达到 310.45 亿千克，登上了 300 亿千克台阶。但是到 2000 年黑龙江省粮食播种面积下降了 13 万公顷，总产量降到 255 亿千克。国家相继实施"一免两补""两免三补"及"综合补贴"等惠民及鼓励粮食生产政策。加上粮价持续走高的利益驱动及大量农业新技术的推广应用，无论从粮食播种面积还是粮食综合生产能力都出现了大幅增长。2005 年，黑龙江省粮食播种面积 0.1 亿公顷，总产达到 360 亿千克，登上了 350 亿千克台阶；2008 年总产 425.5 亿千克，登上了 400 亿千克台阶；2010 年总产 501.3 亿千克，登上了千亿斤台阶；2021 年达到 1 455.13 万公顷，连续 3 年居全国粮食产量第一。2014—2021 年黑龙江省与全国粮食播种面积、产量情况对比见表 3-2。

表 3-2 2014—2021 年黑龙江粮豆薯面积、产量情况

年份	粮豆薯	
	面积（万公顷）	产量（亿千克）
2014	1 396.8	7 403.8
2015	1 428.5	7 625.8
2016	1 420.2	7 416.1
2017	1 415.4	7 410.3
2018	1 421.5	7 506.8
2019	1 433.8	7 503
2020	1 443.8	7 540.8
2021	1 455.1	7867.7

数据来源：中国统计年鉴。

2. 种植结构得到优化 作物构成中小麦、大豆、玉米三大作物比重增加，高粱、谷子、杂粮比重减少，经济作物比重上升，逐渐形成了作物主产区。

1949 年以来黑龙江省粮食生产情况见图 3-1。

产量（亿千克）

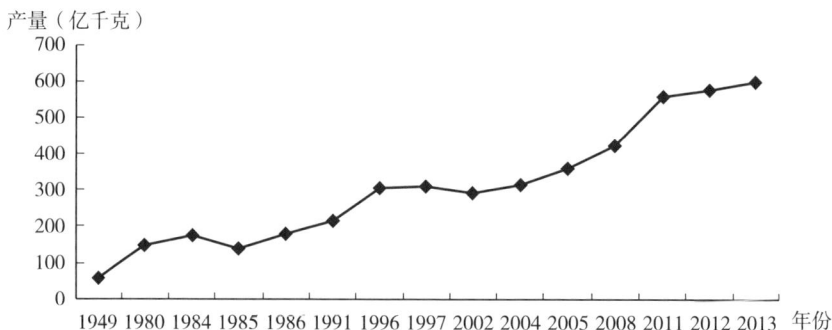

图 3-1 1949 年以来黑龙江省粮食生产情况

（1）大豆主产区。随着黑龙江省土地的开发，特别是大批国有农场的建立，大豆产区逐渐向北部、东部扩展到齐齐哈尔市、黑河市、佳木斯市北部和大部分国有农场。大豆播种面积一般占粮、豆、薯面积的 40% 左右。

（2）玉米主产区。主要分布在松嫩平原中部、南部和西南部的双城、肇东、肇州、肇源、巴彦、呼兰、龙江等县，玉米面积一般占粮、豆、薯面积的 50% 左右。

（3）小麦主产区。中华人民共和国成立初期，小麦产区主要分布在克山、拜泉波状平原和完达山西段的低山丘陵地区。20 世纪 60 年代以后，随着农作物种植结构的变化，农业机械化的发展，小麦产区向北部小兴安岭两麓和三江低平原扩展。这些地区小麦面积一般占粮、豆、薯面积的 40% 左右。

（4）水稻主产区。主要分布在松花江、牡丹江、穆棱河两岸和张广才岭、老爷岭山间河谷平原地区。五常、木兰、尚志、方正、延寿、庆安、宁安、密山、桦川、汤原 10 个县（市），1985 年水稻种植面积 18 万公顷，占黑龙江省水稻播种面积的 46.2%。

（5）马铃薯主产区。商品薯集中在克山、讷河、嫩江、北安、拜泉、依安一带。

3. 粮食作物单产水平大幅提高 随着农民人均收入的不断提高，用于种植业资金投入不断加大，加之机械化水平的提升，新技术、新品种的广泛使用等多重作用下，黑龙江省粮食作物单产水平不断提升，粮食单产水平由 1949 年的 870 千克/公顷增加到 2020 年的 5 190

千克/公顷。其中，水稻由 1949 年的 1 830 千克/公顷增加到 2020 年的7 480千克/公顷，小麦由 1949 年的 630 千克/公顷增加到 2020 年的3 816千克/公顷，玉米由 1949 年的 1 305 千克/公顷增加到 2020 年的6 653千克/公顷。随着种植技术的不断更新，水稻、玉米单产水平的不断提高；畜牧业的蓬勃发展，带动玉米等饲料作物面积不断增加；在粮食价格不断上涨，加之农民种粮思路由追求高产向高品质转变等综合因素的影响下，粮食作物种植结构不断优化。改革开放前，粮食作物以小麦、玉米、大豆和杂粮为主的种植结构，其总计占粮食作物比重为 92.9%；转变为以水稻、玉米、大豆为主的种植结构，其总计占粮食作物比重为 93.5%。

4. 耕地地力不断增强 把保护和利用耕地资源、改善农业生态环境作为农业和农村工作的重要任务来抓，不断加大投入，采取有效措施，探索出恢复耕地质量的有效途径。

（1）增加有机物料还田量，提升耕地土壤有机质含量。针对土壤有机质和养分减少的问题，黑龙江省加大秸秆还田力度，切实增加有机物料还田量，全面开展耕地土壤有机质提升工作。在玉米、水稻、小麦、大豆局部根茬还田的基础上，深入开展秸秆机械粉碎还田。2013 年，黑龙江省农作物秸秆还田面积达到 300 万公顷，有机物料还田 2 000 多万吨。2010—2013 年，黑龙江省肇东、双城、海伦、富锦、龙江、桦南等 29 个县（市、区）实施国家土壤有机质提升补贴项目，实施面积 20 万公顷。项目区通过实施秸秆还田、增施有机肥等措施，实现了土壤有机质提升，部分地块出现恢复性增长。

（2）扩大深松整地。从 2007 年开始，黑龙江省财政累计投入5.5 亿元，按照补贴 37.5 元/公顷的标准，带动黑龙江省深松整地面积达到 0.21 亿公顷（次）。实践证明，深耕整地能打破犁底层，把耕层由原来的 15～18 厘米加深到 25～35 厘米，表土耕层每加深 1 厘米，每公顷可增加 45 吨蓄水能力，农作物增产 15% 以上。通过大型农机具的购置引进和深松整地作业补助政策的实施，到 2013 年黑龙江省大部分地区旱田耕层厚度平均 24 厘米，秸秆翻埋和深松整地平均达到 30 厘米以上。比 2007 年前提高 2.7 厘米，部分地区已经打破犁底层，耕层深度达到 25～35 厘米，土壤耕层结构进一步优化。

（3）实施测土配方施肥，调整耕地养分平衡。针对耕地养分失衡和施肥不合理问题，在 87 个县（市、区）开展测土配方施肥。2008—2012 年国家和省级财政结合实施测土配方项目，累计投入补贴资金 26 930 万元，推广测土配方施肥技术面积 2 400 万公顷（次），节肥 42.71 万吨，节本增效 295.72 亿元，农民盲目施肥现象和土壤中主要养分失衡问题有所改善。2018 年，黑龙江省化肥施用量达到 245.6 万吨，每公顷施用量增加到 163.95 千克，年均增加 0.20 千克；与 2007 年以前相比，每公顷施化肥增速减少 31%，明显放缓。化肥投入量的增加，与旱改水、豆改玉等种植结构调整密切相关。2020 年，黑龙江省玉米播种面积达到 548.1 万公顷，水稻播种面积增加 161.3 万公顷，且玉米和水稻每公顷化肥施用量分别是大豆等低产作物的 3 倍和 2 倍。即便目前这一施肥水平，每公顷化肥施用量也仅占全国平均水平的 1/3。

5. 植保水平和防灾减灾能力加强 实施植保工程项目建设，分批分期在省内大部分县级农业技术推广中心投资建设病虫测报站、有害生物预警与控制区域站。由省财政投入在黑龙江省建立了 440 个稻瘟病乡村监测点，覆盖黑龙江省大部分水田。同时，开发配备了病虫田间调查仪和信息在线监测管理平台，田间病虫和田间气象信息做到了规范调查、自动化上报、实时自动接收和分析汇总、任务自动下达，黑龙江省病虫监测技术水平走在了全国领先行列。中央及省级财政投入力度不断加大，补贴防治药、械，对草地螟、黏虫、蝗虫、稻瘟病、水稻二化螟等重大病虫开展大规模统防统治，为保障粮食生产安全作出了突出贡献。2022 年，黑龙江省重大病虫统防统治率已达到 59%。2019 年，病虫害防治面积 701.32 万公顷。在重大病虫防控中，以玉米螟生物防治为核心的绿色防控技术走在了全国领先行列。2009 年以来，黑龙江省财政累计投入玉米螟绿色防控资金 4 146 万元，在全省推广实施本省首创的玉米螟大区全程绿色防控技术模式。重点推广使用 Bt、赤眼蜂、杀虫灯防治技术开展统防统治，连续实施 5 年，取得了突出成效。多年实施"千万亩[①]农田统一灭鼠工程"。

---

① 亩为非法定计量单位，1 亩＝1/15 公顷。

第二节　水利基本建设

水利是农业的命脉，是现代农业建设不可或缺的重要条件。水利对粮食生产的贡献率达 30%～40%。越是强调粮食安全的重要性，水利的支撑作用就越加凸显。

一、黑龙江水利建设的积累式发展

黑龙江省水资源人均占有量为 2 173 米^3，每公顷占有水量 6 900 米^3，均低于全国平均水平。黑龙江省降水在年内、年际和地区间分配不均匀。年内降水量主要集中在 6～9 月，枯水和干旱期多发生在 3～5 月，春季易呈现阶段性枯水，延续"十年九春旱"的历史规律。黑龙江省西部地区降水较少，东部地区降水较多，呈"东涝西旱"的特征。全省河川径流年内、年际变化大。暴雨主要集中在 7～8 月，中小河流发生汛情的频次较多。1991 年发生的全省性大洪水以及 1998 年嫩江流域、松花江干流发生的特大洪水等灾害性洪水，均为大范围、长历时暴雨洪水所致。因此，当时抗御旱涝灾害，提高工程防御标准，加强旱涝保收田建设是黑龙江省水利建设的主要任务。

由于开发较晚，黑龙江省农业水利基础设施薄弱，缺少控制性工程，抗御旱涝等自然灾害能力偏低，水利建设成为制约农业发展的重要因素。中共十一届三中全会后，按照国家关于"加强经营管理，讲究经济效益"的水利建设方针，全省认真总结中华人民共和国成立以来治水的经验教训，以经济效益为中心，挖掘现有工程潜力，集资兴办小型水利工程。到"六五"计划后期，黑龙江省水利建设开始走上了一条比较合乎规律且较有成效的发展道路。到 1986 年，全省建成万亩以上灌区 360 处，农田实际灌溉面积达到 73.8 万公顷，占耕地面积的 8.26%。其中，水田实灌面积 57 万公顷；旱田注水灌（坐滤水种）面积 66.2 万公顷；全省治涝面积 226.3 万公顷，占易涝面积的 50.1%；全省水土流失治理面积 158.4 万公顷，占应治理面积的 31.2%；全省各类水库 475 座，总库容 61.13 亿米^3。其中，大中型水库 80 座；黑龙江省江河堤防长度 9 886.55 千米，保护耕地 140.8 万公顷，保护人口 953.06 万人。这些水利工程是黑龙江省抗御水旱灾害、保障农业及国民经济发展和社会安定的重要物质基础。

1986年以前，由于国家综合实力不足，水利投入较少。黑龙江省水利基础设施不仅薄弱，而且基本建设停停打打，加上交替发生旱涝灾害，水利建设起伏波动。从1986年开始，在黑龙江省水利规划上，继续完善和落实省委、省政府确定的水利建设"五大"战略布局，即以三江平原开发治理和主要江河为重点的防洪除涝工程建设，以西部干旱地区为重点的抗旱灌溉工程建设，以中、东部地区为重点的水田灌溉工程建设，以山区、丘陵区和风沙区为重点的水土保持工程建设，以嫩江"三引"工程为重点的水资源综合利用工程建设。这个规划布局进一步明确了各地水利建设的主攻方向。

1986年，松花江发生1949年以来第二次大洪水，沿江城乡遭受很大损失。严重的洪涝灾害引起各级领导对治水的高度重视。汛后，国家和地方增加了水毁修复经费，黑龙江省掀起了以防洪除涝为中心的水利建设高潮。1988年和1989年，嫩江、乌苏里江等河流又发生洪涝灾害，国家相应地增加了水利建设投入，先后对一些防洪工程进行水毁修复和除险加固。但是，由于国家投入有限、建设资金不足，黑龙江省水利建设速度缓慢，水利基本建设项目较少。

1989年，黑龙江省委、省政府决定在全省开展农田水利建设"黑龙杯"竞赛活动，采用以奖代投的方式下拨农田水利补助费，从而调动了各级政府和受益区广大干部群众大办水利的积极性。在组织领导、发动群众、筹集资金、工程规模和效益上都有新的突破，充分发挥国家、受益地方和部门以及群众集资兴修水利的积极性。开始采取多层次、多渠道、多种形式筹集建设资金，缓解了水利建设资金缺口大的问题，黑龙江省呈现了"水利为社会，社会办水利"的新格局。例如，为根除大庆地区洪涝灾害，大庆市委、市政府，大庆石油管理局和大庆石化公司，共集资2.47亿元，进行大庆防洪一期、二期工程建设。1989年和1990年，通过"黑龙杯"竞赛，新增水田灌溉面积11.5万公顷，新增治涝面积27.7万公顷，新增水土流失治理面积24.7万公顷，新建与加固堤防3 983千米。全省水利建设一改过去起伏波动进展缓慢的状态，建设速度明显加快。

1990—2000年，黑龙江省还新建并完成了双阳河、西泉眼、八楞山3座大中型水库，对桦树川、蛤蟆通和红旗泡3座大型水库进行了除险加固，同时完成了哈尔滨、齐齐哈尔、牡丹江、佳木斯4个城市堤防达标和松嫩干流堤防消险加固工程建设。随着群众性兴办农田水利建设的活跃，全省小型水利工程产权改革全面推开。黑龙江省农田水利建设由过去政府组织督促为主向群众自觉自办为主转变；由过去以人工为主、季节性突击向人机结合、常年施工转变；由国家投入比重较大向群众投入为主转变；由过去以社会效益为主向社会效益与经济效益并重转变。

1998年，嫩江流域、松花江干流发生了历史罕见的特大洪水（简称"98"大水）。黑龙江省农业、水利、交通、通信等工程设施遭到不同程度的损坏，直接经济损失29.6亿元。全省百万军民参加抗洪抢险，奋战50多个昼夜，创造了"以低标准堤防抵御了超百年一遇特大洪水、安全转移群众216万人无一死亡的奇迹"。确保了哈尔滨、齐齐哈尔、佳木斯等城市和大庆油田以及沿江人民生命财产的安全，取得了抗洪斗争的全面胜利。黑龙江省水利工程在抗洪减灾中发挥了巨大的物质保证作用，嫩江、松花江干流堤防减灾效益达880多亿元，为其建设总投入的70倍。当年汛后，国家大幅度增加了对黑龙江省水利建设资金的投入，安排水利基本建设资金10.03亿元，省内筹集6.26亿元，用于三江平原防洪除涝、病险水库除险加固及松花江、嫩江干流堤防加固等基础建设工程项目。1999年，黑龙江省水利基本建设资金投入22.4亿元，相当于"七五"期间水利基本建设投入的3.7倍。到2005年，黑龙江省水利基本建设总投入高达137.8亿元。全省共新建和整修江河堤防7 880千米，松花江干流农田堤防防洪标准达到20年一遇。建成了磨盘山、尼尔基等6座大型水库和西沟、象山等4座大型水库电站。对龙凤山、桦树川、音河、二龙山等24座病险大中型水库进行了全面消险加固，提高了安全程度和农业等综合效益。这些水库存在多年的险工隐患、带病运行、汛期提心吊胆等老大难问题得到了彻底解决。黑龙江省农村水利建设进展迅速，启动了龙凤山、江东等169处大型灌溉区续建配套和节水改造项目，增加灌溉面积2.7万公顷；启动了东北黑土区水土流失综合防治试点工程，完成了水土保持生态修复试点工程，并通过水利部验收；黑龙江省新增农田节水工程灌溉面积58.3万公顷，新增注水灌溉面积92.6万公顷。2020年，黑龙江省综合治理水土流失面积4 175千米^2。

二、水利建设的历史性跨越

2006—2013 年，黑龙江省农业水利基础建设进入全面快速发展时期。中共中央、国务院及黑龙江省委、省政府高度重视水利工作，2011 年 1 月 29 日，中共中央、国务院印发了《关于加快水利改革发展的决定》，这是中共中央首次系统部署水利改革发展全面工作的决定，水利建设迎来了明媚的春天。"十一五"时期是黑龙江省水利投入最多、发展最快、功显效宏的 5 年。在省委、省政府的领导下，在水利部等国家部委的大力支持下，在相关部门的密切配合下，各级水利部门深入贯彻落实科学发展观，积极践行可持续发展的治水思路，以实现"以水富民、以水兴业"为目标，打好大兴现代水利攻坚战。投资额度激增，建设规模壮观，发展速度迅猛，水利地位跃升，水利人干事创业的精神空前振奋。兴建了一大批各类水利工程，水利基础设施保障能力全面提升，在抗御水旱灾害、保护生命财产安全、促进粮食稳步增产、满足工农业生产和人民群众用水需求、改善生态环境和治理水土流失等方面发挥了不可替代的作用。水利建设取得的长足进步，为发展现代水利奠定了良好基础。

1. 水利规划和项目建设成效显著 "十一五"期间，编制了《松花江区（黑龙江省部分）水资源综合规划》《松花江流域（黑龙江省部分）综合规划》《松花江流域（黑龙江省部分）防洪规划》《三江平原水利综合规划》《松嫩平原水利综合规划》《黑龙江省松嫩平原和三江平原现代农业综合开发试验区水利建设规划》《黑龙江省粮食生产能力建设规划》《黑龙江省旱涝保收田近期水利建设规划》《黑龙江省新增 1 000 万亩粳稻基地项目规划》《黑龙江省中俄界河国土防护二期规划》《黑瞎子岛水利专项规划》《黑龙江省现代水利发展战略规划》等 69 项各类重点规划。其中，水利发展规划 3 项、水利综合规划 15 项、水利专业规划 25 项、水利专项规划 26 项。在前期工作方面，三江平原 14 处灌区都已完成国家审批立项工作；哈尔滨、齐齐哈尔、佳木斯、大庆、牡丹江、伊春六座重点城市防洪工程，国家发展和改革委员会将审批权下放黑龙江省，均已完成立项审批工作；胖头泡蓄滞洪区围堤工程已由国家发展和改革委员会批复立项；完成了伊春市西山水库、七台河市桃山水库二期、大庆市东城水库、鹤岗市小鹤立河水库、绥芬河市五花山水库、七台河市汪清水库、勃利县九龙水库等一大批水利枢纽工程的立项审批工作；完成了专项规划内177座大、中、小型病险水库除险加固工程设计审批工作。同时，加快推进了尼尔基引嫩扩建骨干一期工程、龙江县花园水库、穆棱市奋斗水库、绥化市阁山水库、塔河县塔林西水利枢纽、呼玛县三间房水利枢纽等重大水利项目的前期工作，为全省加快水利发展奠定了坚实基础。

2. 水利建设投资实现历史性突破　　"十一五"时期，黑龙江省水利建设累计投资357亿元，是规划投资的2倍，较"十五"时期增加了227亿元，增幅达174％。其中，国家投资129亿元，省级投资62亿元，共191亿元，占总投资的54％。年度水利投资，尤其是2008年以来的水利投资连年大幅度增长。从2007年的28亿元到2008年的52亿元，再到2009年的109亿元，黑龙江省水利建设总投资首次突破100亿元。2010年水利投资再创新高，达到140亿元，一年投资比"十五"期间黑龙江省水利建设投资总和还多10亿元。

3. 水利重点工程建设大力推进　　黑龙江省共建设水利重点项目415项，其中，超亿元的大项目87项。开工建设了一大批重大水利工程，重点建设了千亿斤粮食产能工程中的尼尔基引嫩扩建骨干一期工程、三江平原14处灌区工程以及重点水源工程、大江大河治理工程等。保障防洪安全、供水安全、粮食安全和生态安全的能力全面提升，为黑龙江省经济社会持续快速发展提供了坚强支撑和有力保障。重点防洪工程建设成绩显著，防洪能力进一步提高。建设哈尔滨、齐齐哈尔、佳木斯、大庆、牡丹江、伊春六大重点城市堤防，哈尔滨市主城区防洪能力接近100年一遇，齐齐哈尔、佳木斯、大庆、牡丹江、伊春等重点城市防洪能力基本达到50～100年一遇；建设松花江、嫩江干流县场堤防326千米，防洪能力基本达到20～50年一遇，建成胖头泡蓄滞洪区围堤工程44千米；加快建设国境界河国土防护工程和黑瞎子岛国土防护工程，完成国土防护工程89千米；建设了黑龙江干流呼玛县呼荣堤防、嘉荫县朝阳堤防等重点堤防防洪工程；开工建设黑瞎子岛防洪工程和11条中、小河流近期治理工程。完成专项规划内177座病险水库除险加固任务。尼尔基水利枢纽是国家"十五"规划批准修建的大型水利工程项目，具有防洪、工农业供水、发电、航运、环境保护、鱼苇养殖等综合效益，是嫩江流域水资源开发利用、防治水旱灾害的控制性工程，也是实现"北水南调"的重要水源工程。尼尔基水利枢纽水库总库容 86.11 亿米^3，总装机为 25 万千瓦，多年平均发电量 6.387 亿千瓦时。工程建成后，使齐齐哈尔市防洪标准由 50 年一遇提高到 100 年一遇，枢纽至齐齐哈尔河段的防洪标准由 20 年一遇提高到 50 年一遇，齐齐哈尔以下到大赉段的防洪标准由 35 年一遇提高到 50 年一遇。水库为下游城市工业、生活供水 10.29 亿米^3，满足了齐齐哈尔、大庆、哈尔滨等重要城市用水；农业灌溉供水 16.46 亿米^3，为下游 26.67 多万公顷耕地灌溉用水提供了保障；为航运供水 8.2 亿米^3，环境供水 4.75 亿米^3，湿地供水 3.28 亿米^3，改善了下游航运条件及生态环境。同时，有效增加了黑龙江省电网调峰容量，解决了电网调峰容量紧缺和水火电比例严重失调问题。

4. 农田和农村水利建设快速发展　粮食产能工程建设全面启动，保障国家粮食安全初见成效。开工建设了以引嫩扩建骨干一期工程、三江平原 14 处灌区、泰来县抗旱灌溉引水工程、桦川县悦来等 5 处 38 个大型泵站更新改造工程等为代表的一大批引、蓄、提水工程，续建 19 处大型灌区续建配套与节水改造工程，启动 44 个小型农田水利重点县项目建设。为黑龙江省建设粮食产能工程和保障国家粮食安全奠定了坚实基础。特别是三江平原灌区的建设，发展水田面积 87.6 万公顷，全部建成后年增产粮食 35 亿千克，增加效益 55 亿元，成为全国最大的千万亩灌区。全省新增实灌面积 163.3 万公顷，其中，水田 119.5 万公顷、旱田 43.8 万公顷；实灌面积达到 406 万公顷，其中，水田 292.3 万公顷、旱田 113.7 万公顷。新增有效灌溉面积 148.1 万公顷，其中，水田 91.6 万公顷、旱田 56.5 万公顷；有效灌溉面积达到 387.5 万公顷，其中，水田 247.2 万公顷、旱田 140.3 万公顷。新增节水灌溉面积 124.6 万公顷，其中，水田 73.1 万公顷、旱田 51.5 万公顷；节水灌溉面积达到 266.3 万公顷，其中，水田 160.5 万公顷、旱田 105.8 万公顷。新增旱涝保收田面积 100.7 万公顷，旱涝保收田面积达到 219 万公顷。解决了 616 万农村人口饮水不安全问题，超额完成"十一五"期间解决 400 万农村饮水不安全人口的规划目标。农村生活用水、农田灌溉等涉农工程建设稳步推进，成绩突出，民生水利深入民心。"十一五"期间，水能开发热情空前高涨。以小水电为代表的绿色能源工程建设取得新进展，绿色能源低碳经济凸显环保生活新理念。在国家部分投资的带动下，"十一五"期间建设了兰西河口、黑河市爱辉区金湾、宁安市红岩、牡丹江市三间房和依兰县宏兴 5 个水电农村电气化县工程和海林市红旗、嘉荫县红石、东宁市罗家店 3 个小水电代燃料项目；工程建成后，农村小水电新增装机容量 4.59 万千瓦，年增加发电量 1.37 亿千瓦时。

5. 控制性枢纽、重点水源工程及生态水利建设稳步推进　控制性枢纽及重点水源建设力度加大，水资源调控能力明显增强。"十一五"期间，在水利枢纽和水库建设非常不利的情况下，克服建筑材料和土地价格猛涨、投资难以控制等困难，建成和基本建成东城、西山、桃山二期、小鹤立河等水库，新增水库库容 5.2 亿米^3。开工建设了林海、九龙、五花山、汪清等水库，水库全部建成后，对提高城镇供水保障能力起到了重要作用。滨水城市生态水利景观工程建设全面启动，生态水利走进生活。"十一五"期间完成水土流失治理面积 8 220 千米^2，全面启动了滨水城市生态水利景观建设工程，重点推进哈尔滨市松北区灌排体系改扩建工程、齐齐哈尔市劳动湖南扩工程、牡丹江市大湾水利枢纽工程、双鸭山市安邦河治理工程、鸡西市穆棱河治理工程、七台河市城区倭肯河治理工程等滨水城市景观工程建设。

6. 防汛抗旱应对能力显著增强　坚持以人为本、预防为主的原则，防汛抗旱两手抓，全面落实防汛抗旱责任制。依靠现有水利工程、科学指挥决策和现代信息手段，提高防汛抗旱应急处置能力，先后战胜了部分中小河流发生洪水、部分地区连续发生严重干旱的自然灾害。连续 5 年无人因汛伤亡，确保了水库不垮坝、堤防不溃堤、山洪灾害不死人、城市不受淹。防洪抗旱应对能力显著提升，连续 5 年粮食增产增收，确保了国家粮食安全，保障了国民经济的健康发展和社会安定。2007 年夏、秋两季，黑龙江省范围内发生大面积严重干旱，连续 60 多天没有降透雨，农作物受灾面积达到 1 000 万公顷。全省集中人力、财力和物力，动员一切抗旱设施，抽、灌、浇与人工降雨相结合，能抢一亩是一亩，能救一棵是一棵，尽最大力量挽救了干旱造成的损失，当年全省粮食总产仍然超过了 350 亿千克。2013 年，黑龙江省遭受了历史罕见的洪涝灾害，受灾人口 526 万，农作物受灾面积 265.4 万公顷，直接经济损失 355 亿元。在中共中央、国务院和黑龙江省委、省政府的领导下，科学研判，积极应对，充分发挥水利基础设施的作用，累计投入资金 17.2 亿元，投入抢险人员 241 万人次，保护耕地 213.3 万公顷，转移人口 34.3 万，减灾经济效益 86.17 亿元。全省各类水库无一垮坝，松花江干流、嫩江干流堤防无一决口，黑龙江干流重要堤防无一决口，实现了抗洪、抢险和人员转移零死亡。

7. 水利工作的基础建设进一步强化　水资源管理不断加强，黑龙江省政府陆续出台了《关于加快建设节约型社会近期重点工作的实施意见》《关于贯彻〈取水许可和水资源费征收管理条例〉的通知》及《黑龙江省用水定额》等政策法规文件，为实行最严格的水资源管理制度提供了政策保障。哈尔滨、大庆的全国节水型社会试点城市建设，促进了黑龙江省节水型社会建设，初步实现"饮水安全、用水计量、节水高效、中水回用"的节水型社会建设目标。为扎龙等湿地补水 12 亿米^3，大庆市和哈尔滨市道外区地下水位连续 3 年回升，生态明显恢复。黑龙江省水资源利用效率和效益明显提高，工业用水重复利用率提高到 55%；农业灌溉水利用系数达到 0.52，综合每公顷净灌溉水量减少到 4 575 米^3。强化了依法治水工作，出台了全国第一部农田水利方面的地方性法规——《黑龙江省农田水利条例》，农田水利步入法制化、规范化轨道；省政府常务会议审议通过《关于调整水资源费征收标准及有关问题的通知》，扩大了征收范围，提高了征收标准，强化了征管手段；推进《黑龙江省水文管理办法》的立法工作。深入开展水利综合执法，依法严厉打击非法采沙、侵占河道等违法违规行为，维护了良好的水事秩序。落实开发建设项目取水许可和水资源论证、防洪影响评价、水土保持方案审批等制度，相对集中履行水行政许可职能。

"五五"普法工作全面完成。第一次全国水利普查工作全面开展，水利技术标准体系不断完善，水利工程建设、运行与河湖管理不断加强，安全生产监管力度不断加大。积极推进科教兴水，建设水利科技创新体系，加快水利科研成果推广转化，18 项科技成果获省科技进步奖，获得国家专利 8 项。水利部科技推广中心黑龙江推广工作站和水利新技术试验室投入运行；二龙山和石头沟两个国家级水土保持科技示范园区建成并被国家命名，农田水利、水利工程、工程冻土、水土保持学专业被批准为省级重点学科；黑龙江省水利科技推广示范基地获准成为全国首批科技推广示范基地；建成省级水稻灌溉试验研究中心站；启动了水旱田灌排配套技术模式开发与应用中日科技合作项目；全面推广庆安县节水灌溉技术。水利信息化步伐加快，省防汛指挥系统实现与水利部、松辽水科委员会及 13 个地市的互联；16 个水情、水质分中心全部更新改造，新建、改建水文监测站点 261 处，617 处报汛站实现自动测报。

8. 水利改革不断深化 深化小型水利工程产权制度改革，大胆引进国内外资本参与水利建设，社会融资效果显著。深化水资源管理体制改革，拓展服务领域，强化管理职能，多数市县初步形成了机构、职能、权责和管理"四到位"的现代水务管理新模式。508 个水管单位完成水管体制改革，落实"两费"4.2 亿元、公益性养护经费1.6 亿元，34% 的水管单位实行管养分离。14 个单位被水利部授予"国家级水利风景区"称号。农业水价改革试点范围扩大至黑龙江省12 个地、市和农垦的 52 个灌区。黑龙江省成立农民用水户协会255 个。

"十一五"规划主要目标完成情况见表 3-3。

表 3-3 "十一五"规划主要目标完成情况表

序号	项目	单位	"十一五"目标	完成情况
1	松嫩干流堤防长度	千米	240	326
2	六大城市防洪标准	年	100	50～100
3	农业地表水灌溉水利用系数		0.55	0.52
4	水田灌溉面积	万公顷	33.33	91.6
5	旱田灌溉面积	万公顷	33.33	56.46
6	节水灌溉面积	万公顷	108	124.7
7	有效灌溉面积	万公顷	66.7	148
8	国境界河防护	千米	172	89
9	病险水库除险加固	座	57	177

（续）

序号	项目	单位	"十一五"目标	完成情况
10	解决农村饮水困难人口	万人	400	616
11	农村小水电装机容量	万千瓦	15.6	4.59
12	万元工业增加值用水量	米^3	135	135
13	综合治理水土流失面积	千米^2	8 000	8 220
14	投资	亿元	174	357

第三节　农机装备能力

过去农业生产是"人努力、天帮忙"，如今的黑龙江农业则是"天上有飞机，地上有农机"。从春天播下希望的种子，到绿色秧苗铺向天边，直至金灿灿的果实收获归仓，现代化农机装备成为黑土地上粮食生产全过程的豪迈主角。"黑龙江省的现代化大农业很壮观，机械化程度让人震撼"。这是参观过黑龙江农业生产的人发出的由衷感叹。

一、农业机械化水平

农业机械化是粮食增产增收的有力保障，是农业现代化的标志。黑龙江省拥有三江、松嫩两大平原，地理条件适宜现代化大型农机具开展作业。经过几十年的发展，黑龙江省逐渐成为全国大型农机保有量第一大省，机耕、机播面积比重基本实现了全覆盖。截至2013年底，黑龙江省拥有大中型拖拉机87.3万台，居全国第一位。机耕、机播面积比重分别达到了99.2%和95.3%，基本实现了主要粮食作物耕种、播种机械化的全覆盖。

1947年，黑龙江省通北国有农场最先应用农业机械。1949年以后，首先从苏联引进推广新式畜力农具。随着农业机械工业的发展，先后推广了拖拉机、联合收割机和机引农具等现代化农机具，到1985年已拥有大中型拖拉机9.03万混合台、354万千瓦，小型及手扶拖拉机有15万台、134万千瓦。机引农具有6.3万部，插秧机876

部、2 639 千瓦。联合收割机 2 万台，割晒机 5 368 台，机动农用汽车 12 970 辆，大中型拖车 53 777 辆；此外，还有其他农业机械。农业机械总动力达到 949.5 万千瓦，平均每万公顷耕地拥有动力 1 050 千瓦。机耕面积达 60.6 万公顷，约占耕地面积的 60％。其中，翻地占 90％、播种占 40％、中耕占 47％、收获占 10％。非田间作业机械化程度更高，饲料加工、粮油加工和场上脱谷等已基本上实现机械化，农业机械化程度居全国前列。黑龙江省农业机械化已经有 60 多年的历史。60 多年来，农业机械从无到有、从小到大、从弱到强，农业生产工具从新中国成立初期采用的牛马牵引农具到改革开放初期的中、小型农业机械，现在实现了全程机械化，农业生产方式转变为依靠科学技术和现代农机装备上来。农业机械化已经成为促进黑龙江省农业生产和农村经济发展的主要生产力。

1. 农机装备水平全国领先　多年来，黑龙江省围绕四大主栽作物田间生产大力发展全程机械化，不断优化农机装备结构，提高农机化水平。特别是实施农机购置补贴和组建农机合作社以来，那些最先进的、全自动的智能化大农机正广泛用于农业生产。截至 2020 年底，黑龙江省农机总动力达到 6 775.1 万千瓦，比"十二五"末增长 19.5％比家庭承包经营前的 1983 年增加 4.63 倍，比实施农机购置补贴前和开始组建农机合作社的 2003 年增加 1.68 倍；拖拉机保有量达到 161.8 万台，比 1983 年增加 8.1 倍，比 2003 年增加近 1 倍；联合收获机保有量达到 18.9 万台，同比增长 43.7％比 1983 年增加 4.17 倍，比 2003 年增加 5.08 倍；机动水稻插秧机达到 34.5 万台，同比增长 31.7％。农机装备水平和大型机械数量全国第一。

黑龙江省农机总动力发展情况见图 3-2。

2. 田间作业机械化程度全国领先　随着农业机械化的不断发展，农民从笨重的体力劳动中解放出来转移到其他产业，缩短了劳动时间，提高了劳动效率。2020 年，黑龙江省田间作业耕、播、收机械化程度分别达到 99.41％、98.8％和 96.97％，同比分别提高 0.21、1.73、9.5 个百分点。比家庭承包经营前的 1983 年分别提高 36.2、51.3 和 62.6 个百分点，比实施农机购置补贴前和开始组建农机合作社的 2003 年分别提高 7.4、21.2 和 37.3 个百分点，比全国平均水平分别提高 24.8、47.1 和 26.5 个百分点。综合机械化程度达到

（万千瓦）

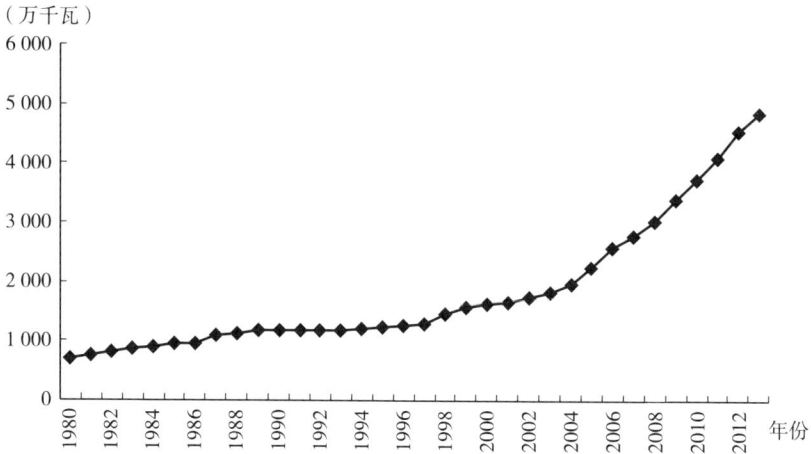

图 3-2　黑龙江省农机总动力发展情况

92.9%，比 1983 年提高 39.4 个百分点，比 2003 年提高 15 个百分点，比全国平均水平高 34 个百分点。田间作业耕、种、收机械化程度和综合机械化程度都排在全国第一位。

3. 卫星技术应用于农机管理全国领先　为了进一步提高农机管理水平，从 2010 年开始，利用卫星技术开展对现代农机合作社实施机械作业导航和农机管理调度指挥 2 项先进技术。

2013 年全国主要粮食主产省份农机拥有量见表 3-4。

表 3-4　2013 年全国主要粮食主产省份农机拥有量情况

省份	大中型拖拉机		小型拖拉机		联合收割机	
	拥有量（台）	位次	拥有量（台）	位次	拥有量（台）	位次
黑 龙 江	873 300	1	645 300	8	91 700	7
内 蒙 古	623 400	2	428 200	11	19 300	16
山 东	500 700	3	1 997 000	3	234 000	1
吉 林	440 400	4	670 800	7	35 500	10
新 疆	397 200	5	316 900	16	7 800	19
河 南	357 800	6	3 513 200	1	200 200	2

（续）

省份	大中型拖拉机		小型拖拉机		联合收割机	
	拥有量（台）	位次	拥有量（台）	位次	拥有量（台）	位次
云　南	287 000	7	377 000	12	5 800	24
河　北	234 300	8	1 424 200	4	115 200	5
辽　宁	208 000	9	322 500	15	14 500	18
安　徽	179 900	10	2 249 700	2	145 000	3
全国总计	5 270 200		17 522 800		1 421 000	

二、发展农业机械化的方向和重点

多年来，黑龙江省认真贯彻"农业的根本出路在于机械化"的指导方针，在农村生产关系发生重大变革的情况下，坚持从省情实际出发，因地制宜地确定机械化发展的方向和战略重点，采取了强有力的推进措施。

1. 认真贯彻落实国家农机补贴政策　2004—2013年，国家财政共安排给黑龙江省农村农机购置补贴资金68.26亿元，主要用于农户农机购置补贴和现代农机合作社农机购置补贴。其中，用于农户购机补贴35.16亿元，吸引农民自筹资金102.4亿元，补贴购置各类农机装备23.17万台（套），直接享受国家购机补贴的农户18.7万户。2014年，国家财政分两批共安排给黑龙江省购机补贴资金18亿元，其中，投入5亿元用于散户购机补贴，其余用于现代农机合作社建设。

（1）装备采购方式的变革。

第一，省级统一招标采购。2004—2009年，补贴机具购置主要采取的是招标采购的方式。由于国家下达的资金指标较少，为了进一步降低机具价格，享受到补贴的农民确定购买的机具后，由省里统一组织招标采购。县级确定补贴对象无异议后，代收农民购机差额款，存入省指定账户。待农民自筹资金全部到位后，省农机主管部门和省财政厅共同向省政府采购办公室申报集中采购，并由省政府采购中心组织公开招标，确定机具价格，统一与供货方签订供货协议。供货方按照供货协议及时将农民补贴购买的机具运送到指定地点，县农机部门和农民负责验收。

第二，农民自主差价购机。随着购机补贴资金指标的进一步增加，为切实尊重农民购机的自主选择权，从 2010 年开始取消省里统一招标采购的做法，把购机中机具选择权和价格谈判权交给补贴购机农民，享受补贴的农民持相关手续到省内有资质的农机经销企业自主择优选购农机设备，直接同经销企业议价和商谈售后服务，满意后再交付购机差价款，然后提取补贴机具，国家补贴部分资金由省财政厅统一支付给农机生产企业。

第三，全价购机方式。2013 年，按照国家农机补贴实施指导方案要求，选择绥化市北林区、鹤岗市东山区、齐齐哈尔市龙江县、伊春市铁力市 4 个县（市、区）开展了"全价购机、县级结算、直补到卡"的补贴试点工作方式。即农民先行全价购置农机装备，摇号中签后，由县级财政部门将农民应享受的补贴资金直接支付到农民的银行卡中。2014 年，在全面总结 2013 年补贴试点的基础上，在黑龙江省农民范围内实行"全价购机、定额补贴、先购后补、县级结算、直补到卡"的补贴工作方式，即农户先行全价购置农机装备，被确认为补贴对象后，由县级财政部门按照规定补贴额度，将补贴资金支付到农民的银行卡中。

（2）补贴对象确认方式的变革。从 2004—2011 年，按照国家实施指导意见要求，黑龙江省采取按照一定优选条件确定补贴对象的方式；从 2012 年开始，在全省范围内采取以县为单位统一公开摇号的方式确认补贴对象，全面促进补贴政策落实过程中的公开、公平、公正，得到广大农民的广泛认可。自 2004 年国家开始实施农机购置补贴政策以来，农机购置补贴资金规模连续增长，运行操作方式日益完善。全省严格遵照国家农机购置补贴实施指导意见要求组织实施，积极倡导武装先进适用的农机装备，充分发挥补贴政策的宏观导向作用。通过结合省情制订补贴工作方案、科学合理分配补贴指标、公平公正确定补贴对象、倡导农民自主购置补贴机具、补贴资金省里统一支付等措施，努力把国家惠农政策落到实处，深受广大购机农民的好评。

2. 大力发展现代农机合作社　2008 年以来，黑龙江省立足发展大农业，应用大农机，探索出了一条以现代农机专业合作社为组织形式的农机化生产发展之路，全省共组建 1 000 万元规模的现代农机合作社 916 个，分布在黑龙江省 13 个市（地）的 86 个县（市、区）。累计投入资金 113.28 亿元，其中，农机装备投资 89.7 亿元、场库棚建设资金投入 23.58 亿元。农机装备投资 60% 由省级财政补贴，40% 合作社自筹。共装备各种先进适用的农业机械 32 737 台（套），其中，大型拖拉机 6 560 台、收获机 8 064 台、各种配套农具 18 113 台（套）。自主经营土地达到 100 多万公顷，走出了一条既符合市场经济规律又符合黑龙江实际的农机化建设新路子。

克山县仁发现代农机合作社就是一个全国文明的现代农机合作社先进典型代表。现代农机合作社突出的特点是：以农民为主体，实行民主管理；合作社自主经营的土地绝大多数是农民带地入社；可分配盈余 60% 以上是按入社土地面积进行分配，其余是按资分配，国投资金创造的盈余平均分配给入社成员；提取的公积金计入成员账户，等同投资参与分配。这是黑龙江省创新农业生产经营组织方式的有益探索与成功实践，成为农村最先进生产力的代表，以克山县仁发现代农机合作社为代表的先进典型就是很好的证明。这一新型合作组织也成为全国亮点和黑龙江特色，在现代化农业发展中发挥着不可替代的作用，为黑龙江省粮食生产"十连增"、农民增收"十连快"作出了重要贡献。实践证明，现代农机专业合作社建设是按照中央明确提出要发展农民专业合作组织、培育新型经营主体的成功做法，是推进农业现代化、转变农业发展方式、提升农业生产力的现实选择。

组建农机合作社的主要做法是：

（1）把握发展原则。一是尊重农民意愿。根据经济发展规律、农民需要，引导农民积极参与合作社发展，让农民自主选择合作社发展模式和农机装备。二是坚持因地制宜。围绕四大粮食作物主产区，统筹规划、合理布局，避免重复投资建设。特别是充分考虑今后一个时期农业种植结构调整的因素，根据各地农业生产需要组建现代农机合作社。合作社建设规模，与可规模连片的土地相适度，宜大则大、宜小则小，循序渐进发展。三是分类指导推进。按照"巩固、充实、完善、提高"的要求，对现有的农机合作社尤其是千万元现代农机合作社，进一步加强内部管理制度建设，完善分配形式，健全运行机制，提高规范化管理水平。推广克东金库现代农机合作社与种植业合作社联姻整合的做法，实现一个名称、一个章程、一套账目、一个机制，解决种植业合作社"有地无机"、农机合作社"有机无地"的问题。继续坚持在种植业合作社基础上组建新的农机合作社，成熟一个，发展一个，规范一个。四是合理配置机械。按照耕、种、收全程机械化作业标准和入社土地面积，突出先进性、配套性，兼顾区域农作物特点，重点配备农业生产关键薄弱环节急需的农机装备，优化农机装备结构，充分满足农机合作社全程标准化作业的需要。

（2）坚持多元投入。在黑龙江省推广宁安市友联合作社的社企合作、克山新兴合作社的集体经济入社、五常王家屯合作社的企业作为一户成员入社等经验做法，引入市场机制，采取财政扶持、农民出资、金融投入的方式组建，推动了合作形式多样化、投资主体多元化和服务方式市场化。特别是把金融投入作为重中之重，挖掘融资租赁的巨大市场潜力，从根本上破解现代农机合作社投入大、农民建不起的难题。在金融融资上，主要采取 3 种形式：一是种子基金融资。由黑龙江省财政出资设立种子基金，融资机构将其放大 5~10 倍给予专项贷款授信额度，免抵押、免担保，贷款期限为 5 年，用于现代农机合作社建设。二是设备租赁融资。拟组建现代农机合作社，经黑龙江省审核批准后，推荐设备融资公司进行融资。融资租赁公司为农机装备的出租方，合作社为农机装备的承租方，双方达成租赁协议后，出租方按照承租方和省农机部门的选型意见提供农机装备，由合作社、省财政厅、省农业委员会共同确定融资方式，租金按租期逐年偿还，租金全部支付完毕后，农机装备所有权自动转移给农机专业合作社。三是直接贷款融资。购置农机装备贷款以合作社为贷款主体，以农机装备作抵押，由县级组织合作社直接向指定的银行贷款，贷款期限为 5 年，利率为基准利率的 6.4%。通过县级政府融资平台进行担保。省里偿还农机装备贷款本息的 60%，合作社负责偿还贷款本息的 40%。合作社如不能按期还本付息，由县级融资平台偿还。各合作社根据实际情况自主选择融资方式。

（3）推进土地入社。一是实行科学分配，吸引农民入社。合作社根据成员出地和出资等情况，采取土地保底再分红、按土地分配或按土地和资金比例分配等多种分配形式。二是明晰产权关系，聚集农民入社。合作社做到资产联合所有，自身没有私利，没有未分配的盈余，不形成无主的财产。将个人投资和公积金计入社员账户，公积金等同于投资，做到公开、公示，使每个社员都知道在合作社拥有的资产数量。三是国投平均量化，激励农民入社。现代农机合作社要将国投资产按每年的成员数量平均量化给社员，并作为分配的依据，使全体社员在享受国家支持合作社政策面前人人平等，充分体现公平性。

（4）实行规范管理。现代农机合作社遵照《中华人民共和国农民专业合作社法》的要求，借鉴现代企业发展经验，建立完善的生产、机务、财务等覆盖生产经营全过程的规范管理制度。对各项生产经营活动实行目标管理，将责任落实到作业区和班组，加强成本管控，奖优罚劣，减少不必要的支出浪费，提高生产经营的质量效益。对生产资料采购、基础建设、利益分配等重大事项，做到一人一票，民主决策，在充分发挥理事长经营才能的基础上，将决策权交给社员。实行社务公开制度，定期向社员公布生产经营、财务状况及其他重大事项，及时公开国家财政直接补助、他人捐赠以及合法取得的其他资产到账和使用情况。充分发挥监事会、合作社社员、社会各界的监督作用，对合作社经营管理、重点项目、资金使用和利益分配实行全程监督。

（5）营造优良环境。一是加大政策支持。对入社土地面积大、运转规范、带动能力强的农民合作社，扩大农村土地整理、农业综合开发、农技推广等项目由合作社承担的规模，支持具备条件的合作社建设烘干仓储设施，采取招商引资、股份合作等方式兴办加工企业，发展全产业链经营，增强合作社发展现代农业的能力。二是改善金融服务。建立县级金融服务平台，每年按一定比例注入产粮大县奖励资金、粮食风险金，并将合作社土地、农机等资产评估作价，纳入金融服务平台管理，解决农民合作社贷款、担保、融资的难题。三是加快人才培养。针对现代农业生产、先进设施装备使用、市场营销等重点，有计划地对合作社管理者、财务人员、驾驶员和维修员定期组织不同层次、不同类别的专业培训，提高合作社从业人员素质。支持县、乡农技推广人员保薪带技术、带资金、带项目加入合作社，与合作社连利连心，形成利益共同体，推动合作社加快发展。

3. 加快推进农机装备制造业发展 按照农业生产实际需求，黑龙江省大力发展新型农机装备制造产业。2010 年 5 月以来，按照省委、省政府关于发展新型农机装备制造产业的部署，坚持大项目、大企业和大园区建设并举，高起点站位，大力度推进，黑龙江省新型农机装备制造业快速起步、加快壮大。一是项目建设进展顺利。黑龙江省共引进约翰迪尔公司、凯斯纽荷兰公司、中国一拖集团有限公司、福田雷沃国际重工股份有限公司等 37 家国内外知名农机制造企业在黑龙江省投资建厂，黑龙江省农机制造产业累计完成固定资产投资136.6 亿元，其中，33 个省重点项目完成固定资产投资 64.9 亿元。二是企业规模迅速壮大。黑龙江省规模以上农机装备制造企业总数达到 96 家，产值 1 亿元以上企业总数达到 37 家，其中，凯斯纽荷兰公司、东金集团、北方牧业机械一厂 3 家企业产值超过 5 亿元，约翰迪尔（佳木斯）投资有限公司产值超过 10 亿元。三是产品结构不断优化。黑龙江省农机产品由小型向大型转变，大马力拖拉机及配套农机具、大型收获机、高速插秧机等填补了省内空白。单一机具为主向多功能配套生产转变，黑龙江省初步建立起以农业动力机械、整地机械、播种机械、植保机械、收获机械为主导的农机制造体系。四是产业集聚水平提升。黑龙江省建成了水、电、气、路等基础设施较为完善、功能齐全的哈尔滨市、佳木斯市等 6 个农机产业园区，规划建设面积 1 200 万米^2，已开发 678 万米^2。目前，产业园区共落户农机制造企业 66 家，农机产业发展呈现出明显的集聚发展效应。五是主营收入大幅增长。2013 年，黑龙江省农户及行业主营业务收入实现142.1 亿元、年增长 37.6％。其中，规模以上农机制造企业主营业务收入实现 122.8 亿元、年增长 30.6％；工业增加值实现 35.1 亿元，增速 30％。围绕产业扩规模，继续引进符合产业发展布局和发展重点的生态、环保、节能、高效的产业项目，如青贮、植保、畜牧水产、农产品加工等企业项目，引进小型农用飞机、青贮收获机、大型植保机械及粮食加工机械等；围绕企业抓配套，重点引进电控动力换挡变速箱、液压提升器、轮胎等配套零部件，着力促进省内配套企业提档升级。积极引进马斯奇奥农业机械有限公司、山东常林机械集团股份有限公司、北京丰茂植保机械有限公司等并列为省重点项目，及时帮助协调解决遇到的实际困难，确保项目如期建成投产，产品尽快投入市场。督促"工业十七条"政策落实，在购机补贴、组建农机合作社等方面，扶持本省产品进入采购目录，扩大企业产品在省内的销售额。采取组织企业参加各种展会、对接会等形式，搭建服务平台，全力拓展周边省份市场，特别是发挥对俄罗斯陆路口岸优势，扩大对俄罗斯远东地区销售市场。

4. 强化现代农机管理

（1）卫星导航技术应用于农机精准作业中。黑龙江省从 2010 年开始，在现代农机合作社使用卫星导航技术，主要用于农机作业。黑龙江省已经建成的现代农机合作社安装拖拉机自动驾驶导航仪，产品分固定基站和移动基站 2 种。通过卫星导航可以实现拖拉机自动驾驶，起垄和播种作业直线行驶 1 000 米，间距误差可以控制在 2 厘米以内，实现了精准耕种，既节省土地又可实现粮食增产。黑龙江省现代农机合作社推广的大垄双行玉米种植技术，卫星导航拖拉机自动驾驶整地和播种是必备的技术保障。

（2）卫星技术应用于农机管理调度指挥信息系统。2011 年，由省财政厅、省农业委员会共同发起，哈尔滨工业大学信息化研究所开发研制，于 2013 年建成了黑龙江省农机调度指挥信息系统。此项目最终的实现方式由"黑龙江省农机管理调度指挥中心"的数字化平台及安装在每台农机上的智能无线终端 GPCS 构成。农机调度指挥信息系统的功能，是采用卫星技术手段对农机合作社农机装备进行全天候监控，随时掌握农机当前状态和历史轨迹；农时季节开展统一调度指挥，最大限度地挖掘现有农机装备潜力；随机计算和汇总农机作业数量，监督作业质量，掌握作业情况；适时开展远程维修服务，随时进行零配件调度供应服务，保障农机正常作业；召开视频会议安排部署重要工作。该系统的建立，对黑龙江省农机的宏观管理、指挥调度、作业统计、发展决策等将起到重要作用。"黑龙江省农机管理调度指挥中心"2013 年 7 月投入使用，面积 150 米^2，采用 13 米^2 高清 LED 综合显示屏结合 GPCS 传感系统，对黑龙江省农机合作社大型机具实施远程监督管理和调度指挥。

三、农业机械化支撑粮食生产的重大作用

目前，黑龙江省农业机械化的发展仍处于探索和完善阶段，需要走出一条既符合省情实际，又符合生产力发展要求，并具有黑龙江特色的新路。中共十八大作出了工业化、城镇化、信息化、农业现代化"四化同步"的战略部署，提出了构建集约化、专业化、组织化、社会化相结合的新型农业经营体系的任务要求。2013 年，国务院批准黑龙江省建设两大平原现代农业综合配套改革试验区，为培育新型农业生产经营主体、加快发展现代化大农业提供了历史性机遇。2008 年以来，黑龙江省开始组建现代农机合作社，在培育新型农业生产主体、创新农业生产方式上进行了大胆实践和有益尝试。可以说，农机合作社的发展，为推进农业机械化提供了强大动力，是生产关系变革适应生产力发展的客观要求。同时，农业机械化的发展又为农机合作社开辟了更加广阔的经营空间。黑龙江省农业机械化的物质和工作基础、长期形成的耕作制度、农垦带动的便利条件、土地连片的规模优势、特别是国家政策的强力支持，都是黑龙江省形成自己特色的发展农业机械化路子的综合因素。从农业机械化支撑粮食生产的作用看，至少有以下几点：

1. 提高了农业生产力水平 为适应现代农业生产需要，从黑龙江实际出发，重点装备了大马力拖拉机、整地机、精量播种机、水稻插秧机等农业机械，实现了大农机装备由旱田向水田拓展，机械化生产环节也由整地、播种向种管收全程延伸，提高了农业机械化水平，节约了生产成本，降低了劳动强度，解放和发展了农村生产力。2018 年，黑龙江省农业机械化水平达到 96.9%，高出全国水平 30 个百分点，为全国最高水平。过去农民种 1 万公顷地需要15 000 人，现在克山县仁发现代农机合作社仅需要 32 人，劳动生产率提高了近百倍。黑龙江省有 40 多万劳动力从土地上解放出来，发展非农产业或进城务工经商增收。

2. 提升了农业组织化程度 现代农机合作社集农机、土地、合作于一体，在坚持家庭承包经营的基础上，通过有效的利益联结机制，把分散的农民捆在一起，形成利益共同体。除了为成员提供种肥统购、产品统销等服务外，一些合作社还不断开辟新的经营项目，在

粮食烘干、储藏、过腹转化等更大范围为成员和其他农民提供社会化服务，提高了农业生产组织化程度，分散和降低了单一农户生产的自然风险。特别是在市场竞争中，农民提高了谈判地位，有了话语权，增强了抵御市场风险能力，实现了小生产与大市场的有效对接。克山县仁发现代农机合作社自2009年底成立以来，通过依法规范，不断发展，入社成员由最初的314户发展到2013年的2 436户，成员由本村扩大到周边的5个村。

3. 促进了农业规模化经营　现代农机合作社采取土地折资、二次分红等措施，吸引农民土地入社，发展规模连片经营，促进了土地分散经营向规模化生产的转变。特别是近两年黑龙江省大力推广克山县仁发现代农机合作社的入社土地保底，国投资产平均量化到每个成员，公积金记入个人账户作为出资，可分配盈余始终为零，合作社始终没有无主资产等做法。农民带地入社步伐明显加快，2013年，黑龙江省现代农机专业合作社入社土地面积达到50.2万公顷，带动土地规模经营266.7万公顷。2012年克山县仁发现代农机合作社入社土地达到2 000公顷，2014年入社土地面积达到3 300公顷。国家补贴效用因规模经营得到充分发挥，过去按户购机补贴每公顷3万～30万元，造成农机具重复投入；而合作社每公顷补贴仅需3 600～6 000元，既减少了国家补贴，又减少了农民投入。

4. 提高了农业科技化水平　通过发挥大机械作用，使先进农业科技得到物化，提高了农业先进技术到位率，增加了农业生产科技含量。目前，玉米大垄通透栽培、水稻钵育摆栽、大豆窄行密植、测土配方施肥、重大病虫害统防等高产栽培技术在合作社生产中得到大面积推广应用，提高了单位资源产出率和农产品质量。2012年，现代农机合作社经营的183.3万公顷土地，每公顷产量比全省高20%以上。五常市王家屯水田农机专业合作社建立了良种繁育基地，建设了智能化浸种催芽车间和智能化大棚小区，入社水田全部实现了标准化、模式化生产，水稻全部由稻米加工企业以每千克高出市场0.4元的价格订单收购。实践充分证明，黑龙江省发展现代农机合作社找到了一条在家庭经营基础上，带动土地适度规模经营，让广大农民受益的新路。这一组织形式完全符合黑龙江农业的发展实际，体现了现代农业的发展要求，也与现代经济制度、财政制度、金融制度实现了科学匹配。不仅是黑龙江省现代农业发展的大胆尝试，也为中国现代农业的发展提供了借鉴，成为全国亮点和黑龙江特色。

第四节 农业科技支撑水平

科技是第一生产力。发展现代农业，最根本的要靠科技。科技为黑龙江现代农业发展插上了腾飞的翅膀。

多年来，黑龙江省高度重视农业科技工作，在科技体制改革、基础研究、科技创新、技术推广、队伍建设以及新型农民培训等方面，做了许多扎扎实实的工作。近几年，又提出了发展大科技的思路，与大水利、大农机摆到了同等重要位置。2021年，黑龙江省农业科技进步贡献率已提高到69%以上，农业科技成果转化率达到70%，田间综合机械化程度达到89.9%，均远远超过全国平均水平。作为全国粮食主产区的黑龙江省，2011年粮食总产量达到创纪录的557.05亿千克，首次超过连续10年居全国首位的河南省，一跃成为全国粮食总产量和商品量双第一的省份，为保障国家粮食安全作出了突出贡献。

一、农业科技创新与推广

作为农业大省，黑龙江省的农业科技实力十分雄厚，农业科技研发优势十分突出。黑龙江省现有农业大学2所、涉农高职中等专业学校8所，省属农业科研院所115个，中央直属涉农研究所6家（中国农业科学院哈尔滨兽医研究所、中国水产科学研究院黑龙江水产研究所、中国农业科学院甜菜研究所、中国科学院东北地理与农业生产研究所、国家林业和草原局哈尔滨林业机械研究所），农业科技推广人员2.7万人。黑龙江省农业科学院人才济济，被誉为"全国农业科学院的一面旗帜"；东北农业大学历史悠久，学科建设成果丰硕；黑龙江农垦科学院有被誉为"北大荒水稻之父"的徐一戎先生；黑龙江八一农垦大学、黑龙江省农业机械研究院等众多农业院校及国家级科研院所、学科重点实验室，构成了黑龙江省在超级良种、种子繁育、模式化栽培和病虫害防治等方面的强大科研实力。科研的基本条件明显改善，现有国家级和省部级中心（分中心）、重点实验室110个。建立健全大豆生物学与遗传育种、东北北部玉米生物学与遗传育种、寒地粳稻冷害、东北地区春小麦、马铃薯生物学与遗传育种、寒带作物基因资源与种质创制、农业水资源高效利用、耕地保育与农业环境、作物有害生物防控、旱地农业装备技术等重点实验室和中心。注重多渠道培养人才，通过现代农业产业技术体系建设培养人才和队伍。有7个科研单位，参与种植业、养殖业、农业机械等56个学科、43个综合试验站的建设，涌现出在国内同领域岗位科学家32名。为黑龙江省农业各类学科培养、使用、储备人才和学科队伍建设发挥了重要作用。通过开展引进国际农业先进技术，"请进来，走出去"培养人才和队伍，先后引进外国专家300多人来华讲学，派出500多位科研人员出国学习、交流、培训和进行项目合作。同时，制定和落实放活农业科技人才的政策，鼓励和支持科技人员进行技术创新，进入农业生产的主战场，为农业科技创新和技术推广提供了基础和先决条件。

1. 大力实施科技创新工程　2003—2013年，黑龙江省农业科学院组织实施农业科技创新工程，共投入资金3.6亿元。"创新工程"建设内容主要包括农业科技创新管理体制与机制创新、学科与创新队伍建设、创新平台建设、高效农业科技成果转化平台构建和优质专用大豆等12个创新体系建设。经过10年的努力，建成国家级农业科技园区2个，国家级和省（部）级科技创新平台15个，形成了以优质专用大豆等优势作物或专业为主的12个创新体系，建立了"育繁推一体化"的黑龙科种业集团，形成了具有20名国内外知名专家、200名博士和400名硕士组成的科技创新骨干体系和1 200名梯队合理、多学科合作的创新队伍。"创新工程"紧紧围绕主要粮食作物高产稳产、优质高效、安全生态，建设现代大农业和农业可持续发展展开。共争取国家及省级各类项目近1 000项，培育出各类新品种514个，推广新技术720项次，科研成果转化率为70%。"十一五"以来，黑龙江省农业科研院所共开展科研课题4 264项，获得各类科研投入18亿元，获得国家级、省（部）级、厅级各级奖励889项，发表专著、论文5 636篇，获得国家专利957项。同时，形成一大批在生产中发挥重要作用的成果。例如，改土蓄保水技术，解决了节能降耗、改善土壤结构、提高土壤通透性、增加"土壤水库"库容、蓄水保水、提高天然降水利用率等关键技术难题，累计改造中低产田已达10余万公顷，取得了显著的经济效益和社会效益。

2. 新品种产生高效益　加快培育适合黑龙江本地的优质高产新品种。针对先玉335等国外玉米品种大量涌入黑龙江的实际，把良种创新作为农业科技创新的核心任务，把加快培育推广第一积温带每公顷产量超12 750千克、第二积温带每公顷产量超11 250千克、第三积温带每公顷产量超9 750千克、第四积温带每公顷产量超7 500千克的玉米新品种作为培育新品种的攻坚目标，使黑龙江省各积温带、各作物都有一批具有自主知识产权、品种性能切实发挥良种的增产增收潜力，保护农业生产安全。截至2013年，自育玉米品种鑫鑫1号在耐密性、抗大斑病、抗倒伏能力上均超过国外品种先玉335；超级稻龙粳31号，在黑龙江省推广面积112.8万公顷，增产水稻5亿千克，农民增收10亿元；寒地水稻叶龄诊断植保技术研究，在黑龙江垦区累计推广238.7万公顷，新增利润16.2亿元；优质高产早熟多抗水稻新品种垦稻12选育与推广，黑龙江省累计推广203.8万公顷，创造经济效益19亿元；超高产、高油、多抗、广适应性大豆品种合丰45号的选育与推广项目累计推广面积173.3万公顷，创造经济效益20.3亿元；寒地优质高产抗病粳稻松粳6号选育与推广项目累计推广面积66.7万公顷，创造经济效益20亿元；优质多抗高产玉米新品种龙单32的选育及推广项目累计推广面积79.3万公顷，创造经济效益12亿元。农业科研院所和高等院校与种子企业开展合作，垦丰、富尔、龙科3家种业列入全国首批32家"育繁推一体化"企业，其中，前2家种业已纳入国家"8+1"科企创新联盟。与中国农业科学院通过协同创建种质资源鉴定与创新平台、生物技术育种研发与应用平台、品种联合测试平台，共担投入、共享成果；黑龙江田友种业有限公司（桦川）与中国科学院签订战略合作框架协议，成立北方粳稻分子育种联合研究中心；黑龙江禾田丰泽科技有限公司与中国农业科学院开展战略合作，开发玉米分子育种，打造"丰单"系列早熟玉米种子品牌。这些已成为品种研发、科技创新的重要力量。种子企业的新品种研发速度不断加快，市场份额不断扩大，推广面积逐年增加，将为黑龙江省农业高产、稳产和可持续发展发挥重要作用。

3. 用先进适用技术提高单产水平　按照农机农艺结合、良种良法配套的原则，坚持抗旱节水、合理密植、增加积温的技术路线，组装配套集成并推广水稻、玉米、大豆、小麦、马铃薯五大粮食作物高产栽培技术模式，做到新技术常规化、常规技术标准化，进一步提高农作物单产水平。2008年，黑龙江省农业委员会组织专家组装集成农业科技新品种、新技术，制定了玉米、水稻、大豆、小麦、马铃薯五大粮食作物科技高产攻关模式。五大粮食作物科技高产攻关模式系统总结了适于黑龙江省不同生产区域主推栽培技术，推出了12种模式。对每种模式主要技术特点，从选用良种、整地精细、适时精播、增密保穗、测土施肥、中耕深松到促熟提质、适时晚收都进行准确描述和具体技术要求。其中，玉米科技高产攻关模式有"小垄密"栽培技术模式和通透密植高产栽培技术模式；水稻科技高产攻关模式有旱育稀植标准化栽培技术模式、新基质旱育秧栽培技术模式和"三化一管"栽培技术模式；大豆科技高产攻关模式有"垄三"栽培技术模式、小垄窄行密植栽培技术模式和大垄窄行密植栽培技术模式；小麦科技高产攻关模式有"早高密"栽培技术模式和"两秋一密"栽培技术模式；马铃薯科技高产攻关模式有大垄密植栽培技术模式和小垄密植栽培模式。通过标准化、模式化栽培，全面提高了黑龙江省农业生产水平。2008年以来，五大粮食作物科技高产攻关模式在黑龙江省推广面积逐年增加，2013年实施面积达到0.1亿公顷。

此外，在黑龙江省积极推广和建立旱田耕作制度。按照"三·三"轮耕制的要求活化土层、加深耕层、打破犁底层，建立"土壤水库"；建立农作物轮作制度，实行"三·三"轮作制，特别是麦豆主产区，打破常年种豆、大豆长期重迎茬的问题，有效降低生物灾害，促进作物优势互补，提高单位资源产出能力；建立现代农业植物保护制度，按照"绿色植保、公共植保"的要求，加强预警预报，组建打药队，有偿服务，统防统治，同时探索航化作业的路子，增强扑灭虫灾疫情能力；建立水稻大棚育苗制度，逐步实施工厂化育苗，实现统一场所、统一供种、统一播种、统一管理、统一供苗。

把"论文写在大地上，成果留在农民家"，深入开展科技合作共建。2003年，由黑龙江省农业科学院建立的"院县共建"模式，被农业部作为农业技术推广十大新模式之一推向全国，并连续写入2012年、2013年中央1号文件和2012年省委1号文件。李克强总理在2014年的中央农村工作会议上，也强调农业科技合作共建是加强农业科技成果转化应用的重要途径，要加快建立"顶天、立地"的农业科技创新与推广格局，要坚持产业和市场需求导向，加强农业科技成果推广应用。一是创建农业科技示范园区。由科研单位出技术、出成果、出管理，县里出土地，采取公益性、市场化等多种方式建立不同层次科技示范园区（田），每个园区都涵盖品种、肥药、耕作方式和栽培技术对比与展示等功能，以田间博览会、新成果发布会、标准化技术现场会等形式，集中展示黑龙江省乃至全国最新农业科技成果。实施农业科技合作共建以来，每年有组织或自发到园区参观学习的农民达 150 多万人次。二是兴办农业科技专家大院。每个专家大院配备了必要的物质设施，有独立的专家值班室、咨询培训场所；有电脑、多媒体等现代演示系统，开通了农技"110"热线电话；有专家常年驻院服务，省级专家和县里的农技人员混合编队，轮流值班，全天候直接服务农民。目前，农业科技专家大院已在黑龙江省实现了全覆盖。三是谋划农业科技致富项目。为推动县域经济发展，黑龙江省集中组织各学科专家深入各县，与县里共同研究推进高新技术和农业信息化工程建设，帮助各县做大做强主导产业。四是实施农民培训工程，对农民、乡村干部、基层农技推广人员、农业科技示范户进行有针对性的科技培训。五是选派科技副县长。由省委组织部组织，在参与共建的涉农科研院所和学校等选派年富力强、综合素质高的科技人员，到各县担任挂职科技副县长。黑龙江省已先后下派 67 名科技副县长。

科技示范园成为科技创新和成果转化的重要载体。黑龙江省农业科技示范园区建设已经成为汇集新成果、新技术的载体和辐射平台，加速农业科技成果转化，引领黑龙江省农业科技发展的重要有效途径。通过近 10 年的发展，已经形成了国家级、省级、市（地）县农业科技示范园区群体，起到了熟化新品种新技术、加快新成果转化的作用，成为打造最高水平的农业科技创新高地、成果转化基地、新兴职业农民培育课堂。

在国家现代农业示范区建设方面，示范园区位于哈尔滨市道外区民主乡，占地面积 560.7 公顷，由黑龙江省农业科学院和哈尔滨市政府共同建设。示范园区自 2010 年启动建设，基础建设基本完善。示范园区定位为"科技创新、示范辐射、科技培训、研发孵化、生产加工、环境友好、旅游观光、体验农业"八大功能。据 2013 年统计，园区培育新品种 100 多个，示范展示农作物 52 种 1 370 个，种质资源、品系 10 000 份，展示新技术 83 项。目前，在黑龙江省主要粮食作物种植品种中，黑龙江省农业科学院大豆品种覆盖度为 70%、水稻品种覆盖度 50%、玉米品种覆盖度 40%、小麦品种覆盖度 60%、马铃薯品种覆盖度 65%。

在省级科技示范园区建设方面，选择双城、兰西、克山、嫩江、富锦 5 个不同农业生态区建设示范园区。建设内容：一是围绕产业结构调整抓园区建设，如寒地水稻种植、蔬菜综合技术、食用菌和蓝莓科技示范园区等。二是围绕国家农业职业教育实验区抓园区建设，把园区建设与科研及教学实训基地、与区域农民培训及展示中心建设相结合。三是围绕探索高效现代化大农业抓园区建设。在示范园区平面建设的同时，打造地面与空间立体示范平台，即利用互联网技术搭建起土地产出品与市场销售、农产品安全的立体示范平台。一是建立农产品追溯体系。通过该系统有效地监控产品质量安全，及时追踪、追溯问题产品的源头及流向，规范企业的生产操作过程，从而有效地提高食品的质量安全，打造黑龙江省绿色农业大省品牌，为国家食品安全和人民身体健康服务。二是建立农业生产技术远程操作系统。实现农业技术应用、交流足不出户。三是建立农业专业技术远程、实时培训系统。通过现代科技手段，培养新型农业经营主体，完善农业科技服务体系。

在市（地）县科技园区群建设方面：一是打造公路沿途科技示范带。绥化、哈尔滨、齐齐哈尔、鸡西等市全力打造公路沿线示范带，高标准树样板，成为农民学习新技术、了解新品种的展示田。二是围绕区域主导产业建园区。佳木斯市开展富锦市长安镇现代农业万亩水稻示范园区、大榆树镇万亩玉米示范区、汤原县汤汪乡万亩水稻高标准生产示范园区，重点完善、规范、提高了 10 个国家、省、市级院县共建园区，17 个场县共建园区，20 个县级园区，811 个乡村级园区。三是将设施农业与观光农业的园区建设与美丽乡村相结合。甘南兴十四村现代园区和讷河市现代农业园区，在建设上体现出了农业成果与农业文化的和谐统一。2014 年，黑龙江省农业委员会超级稻"双增一百"项目，选择在 25 个县（市、区）实施，面积 66.7 万公顷；玉米"双增二百"项目，选择在 47 个县（市、区）实施，面积

160 万公顷，都是依托园区开展的，收效十分明显。

二、农业技术推广体系

多年来，黑龙江省农技推广体系历经数次改革，几经风雨，从弱到强，不断发展，逐步完善。目前，遍布黑龙江省城乡的农技推广体系已成为架设在科研和生产之间的桥梁，连接政府和农民之间的纽带，农业科技成果转化的有效载体，推进农业科技进步的重要力量。

2000 年以来，为配合农村税费试点改革，黑龙江省各地开展乡（镇）农业技术推广机构改革工作。很多地方将乡（镇）设置的种植业、畜牧业、林业、水利、水产、农机推广站（所）合并为综合性的农业服务中心，乡（镇）农业技术推广机构数量明显减少。2001 年底，黑龙江省所有乡（镇）推广站全部归并到乡（镇）农业综合服务中心，农业技术推广体系呈现出"线断、网破、人散"的局面，管理体制不顺、推广职能弱化、工作条件保障不足、专业技术人员大量流失、推广队伍不稳等问题相继出现，严重影响了乡（镇）农业技术推广公益性职能的履行和农业科技成果的转化。直到 2006 年，《国务院关于深化改革加强基层农业技术推广体系建设的意见》（国发〔2006〕30 号）文件出台，明确要求各级政府要加强乡（镇）推广体系改革与建设。为了贯彻国务院 30 号文件，2008 年，黑龙江省出台了《黑龙江省人民政府关于深化改革加强基层农业技术推广体系建设的实施意见》（黑政发〔2008〕41 号），黑龙江省乡（镇）农技推广体系改革工作正式拉开帷幕。经过多年的努力，重新实现了"接线、补网、聚人"的局面，乡（镇）农技推广体系逐步恢复并发挥应有的公共服务功能。尤其是 2012 年中央 1 号文件"一个衔接、两个覆盖"政策出台后，农技推广工作又迎来了一个新的历史发展机遇。

1. 完备的四级农技推广体系已经形成 黑龙江省市（地）所辖县（市、区）总计 132 个，其中，农业县（市、区）100 个、农业乡（镇）887 个。目前，黑龙江省有 78 个县（市、区）完成了基层农技推广体系改革任务，实行县管或县乡共管的管理体制，其中，1 个县（绥棱）为区域设站，12 个市（地）所辖区为乡（镇）综合设置，65 个县（市、区）独立设置了乡（镇）农业技术推广站。截至 2013 年，黑龙江省现有农业技术推广机构（包括种植、农机、水产）总计

2 079个，其中，省级 6 个、市（地）级 33 个、县（市、区）级 261 个、乡（镇）级 1 779 个，形成了省、市、县、乡四级较为完备的农技推广体系。编制数 11 965 人，实有人数 7 778 人，具有专业技术职称 7 437 人（种植业 4 955 人）。其中，具有高级技术职称的 1 578 人（种植业 1 225 人），占 21.2％；中级技术职称 3 327 人（种植业 2 232 人），占 44.7％；初级技术职称 1 889 人（种植业 1 149 人），占 25.4％；初级以下技术职称 643 人，占 8.7％。

在农业技术推广体系的工作条件等基础性建设方面，2011—2012 年，黑龙江省实施了乡（镇）推广机构条件建设项目，2 年中央累计投资 10 407 万元，完成 861 个乡（镇）站（区域站）仪器配备任务、435 个乡（镇）站房屋改扩建任务和 35 个乡（镇）站新建房屋任务。总计购置检验检测设备 9 834 台套，办公设备 7 291 台套，培训设备 2 237 台套，下乡交通工具 499 辆。在能力建设方面，2009 年开始，实施了基层农业技术推广体系改革与建设补助项目，累计获得中央财政资金 3.86 亿元。2012 年实施种植业项目 87 个、畜牧项目 50 个、水产项目 25 个、农机项目 10 个，实现行业全覆盖。种植业项目基本实现覆盖全部农业县。项目实施以来，总计遴选发布主导品种 1 087 个，主推技术 1 165 项，建设试验示范基地 1 569 个；已培训农业技术人员 1.6 万人次，培训科技示范户 20 万户。在项目的牵动下，农业技术推广体系改革与建设不断推进，基层农业技术推广体系公益性职能得到充分发挥，推广体制得到逐步理顺，机构设置趋于合理，推广队伍整体素质不断提高、活力不断增强，运行机制和管理制度不断健全，推广体系公共服务能力大幅度提升。广大科技人员的积极性得到充分调动，极大地推进了农业科技进步，加快了农业科技进村入户。

2. 基层农业技术推广体系改革成效显著　通过多年的努力，黑龙江省基层农业技术推广体系改革与建设工作取得显著成效。2011 年，新华社等媒体记者专程来黑龙江省调研，对黑龙江省的经验进行总结并给予了专题报道。

（1）明确公益性职能。改革前，乡（镇）农业技术综合服务中心工作职能围绕乡（镇）政府的中心工作来开展，本职的农业技术推广工作职能大大弱化甚至完全丧失。改革后，重新明确了乡（镇）农业技术推广机构公益性职能,即配合上级农业技术推广部门制定本区域农业技术推广规划和计划,做好农业灾害监测、预报、防治和处理工作,承担上级主管部门下达的农业技术推广任务,进村入户开展技术推广服务工作。同时,把过去经营性职能全部分离出去。

(2)重新设置机构。改革前,乡(镇)农业技术综合服务中心含有农、林、水、机、畜等多个机构,人员不清,职责不明。改革后,县级政府出台改革方案,编制部门下发文件,对机构重新进行了设置。黑龙江省绝大多数县(市、区)独立设置了乡(镇)农业技术推广站,机构重新设置保证了体系的完整性。青冈县实行"上收下放"机制。"上收"就是将乡(镇)农技站从农牧中心剥离出来,独立建站,由县农业委员会和农业技术推广中心负责,实行垂直管理。"下放"是由县农技中心向乡(镇)派驻专业技术人员,重组乡(镇)农业技术推广指导站,取得了非常明显的效果。

(3)理顺管理体制。改革前,农技综合服务中心归乡(镇)政府管理,县级农业技术推广中心和农业主管部门无权调动乡(镇)人员,致使农业计划、项目、服务等工作无法落到实处。改革后,按照国务院30号文件要求,实行了县级农业主管部门管理为主、县农业主管部门与乡(镇)政府共同管理、乡(镇)政府管理为主3种形式,重新理顺了管理体系,服务功能得到充分发挥。东宁市大力推进体系改革,全县6个乡(镇)农业技术推广站的人、财、物"三权"全部上收,由县农业技术推广中心垂直管理,人员由县农业技术推广中心统一调配使用,保证了推广工作的正常开展。

(4)核定人员编制。改革前,乡(镇)农技综合服务中心农、林、水、机、畜多个行业人员混编。改革后,绝大部分乡(镇)岗位重新进行设置,人员数量重新进行核定,农业技术推广人员通过竞聘上岗重新履职。肇东市改革后重新核定了乡(镇)人员编制,并通过严格考核、择优聘用,从乡(镇)农业技术推广中心、专业对口大学生中选聘了100名农业技术推广人员进入乡(镇)农业技术推广站工作,由县农业委员会统一管理,保证了农业技术推广人员的专业性。

(5)建立、完善规章制度。建立农业技术推广人员聘用制度。实行公开招聘、考试考核、竞聘上岗、择优聘用的聘用制度,较好地杜绝了非专业人员占编、占岗现象发生。铁力市进一步完善农业技术推广人员竞争流动机制，实行全员聘用制度，每3年一聘，由伊春市农业局与聘任人员签订技术指导员服务责任书，达不到要求的予以解聘。建立农业技术推广责任制度。县农业委员会与农业技术指导员、农业技术指导员与示范户分别签订了服务协议，建立了包村联户制度，明确指导的职责、技术内容和要求，实行包干责任制，做到了服务区域到村、服务对象到户和服务内容到田。建立农业技术人员工作考评机制。实行由县农业委员会或农业技术推广中心、农业技术推广人员所在乡（镇）政府和服务对象三方共同考核制度，并将根据考核结果与农业技术推广人员的津贴、奖金、晋职晋级、业务培训等挂钩。建立农业技术推广人员知识更新制度。采取异地研修、集中办班和现场实训等方式，每年对所有种植业农业技术推广人员和部分水产、农机行业的农业技术推广人员进行部、省、县三级系统培训，更新专业知识，提高指导能力。

3. 抓住农技推广体系的薄弱环节，突出解决"最后一公里"的问题 多数县（市）建立了村级农业科技服务站，每个服务站由县农业技术推广中心下派技术人员专门负责指导。同时，恢复农民技术员制度，延伸服务链条。将具有一定文化程度、种养水平较高、乐于助人的农民作为村级农民技术员，参与服务站工作，做到村村都有技术员，并对村级技术员进行重点培训。村级农民技术员已成为农情调查员、技术推广员、政策宣传员，成为农民看得见、问得着、留得住的"乡土专家"。虎林市在以往的农业技术服务体系建设和农业技术推广人员培训的基础上加大了村级农业科技服务站建设力度，由全市村级农业科技服务站不足15%，发展到全市85个村（屯），村村建设村级服务站。重视发挥专业合作社和农业企业作用，积极探索农民专业合作社参与推广的机制，企业参与推广的技企合作共建机制。安达市老虎岗镇永合村的600公顷耕地作为大鹏农业公司基地，统一使用公司提供的玉米种子，所有玉米种植户得到了大鹏农业技术推广人员提供的全程技术服务，实现了标准化种植、科学化管理，玉米单产由原来的7 500千克/公顷增加到11 250千克/公顷，农民增加收入400余万元。北安市大豆良种繁育协会组织农民与公司签订订单，146户农民的253.3公顷耕地作为公司良种繁育基地，公司将优质、高产的大豆品种通过协会、基地农户的示范种植，加快全镇新品种、新技术的推广。

三、农业技术培训

发展现代农业,根本出路在科技,关键在人才。培育有科技素质、有职业技能、有经营能力的新型职业农民迫在眉睫。"授人以鱼莫如授人以渔。"有文化、懂技术、会经营的现代农民正在成为黑龙江省现代农业发展的主力军。

近年来,黑龙江省农业科技虽然取得了长足发展,形成了一大批先进适用成果,技术装备水平明显提高。但农业劳动者数量萎缩、结构失衡、素质堪忧、后继乏人等问题也日益突出,高效率农业设施装备难以利用、高水平农业科技成果难以转化,成为制约农业发展的突出瓶颈。

黑龙江省通过实施"五大培训工程"(跨世纪青年农民培训工程、新型农民培训工程、农村科技明白人培训工程、农民技术普及培训工程、新型职业农民培育工程)和"村村大学生"培养计划,多层次、多渠道、多形式、多内容地开展立体化、全方位农民科技培训,培养了一大批有文化、懂技术、善经营的农民科技带头人和职业农民。广大农民学科技、用科技、重视科技的良好氛围广泛形成,科技意识和吸纳科技的能力明显增强,加速了科技成果转化,为黑龙江省现代化大农业发展和"两大平原"试验区建设提供了强有力的人才保障,促进了粮食增产、农民增收和农村精神文明建设。

1. 开展普及性培训,农民整体科技素质明显提升 多年来,黑龙江省始终将送科技下乡作为提高农民素质的重要手段来抓。通过开展形式多样、丰富多彩的活动,大力普及先进适用技术,每年培训农民 500 多万人次。

(1) 开展"农业科技之冬"系列活动。每年的 11 月初至翌年的 4 月末,开展黑龙江省"农业科技之冬"活动。充分利用农民冬闲这一有利时期,通过科技千里行、万名农业科技人员百日送科技下乡、备春耕生产科技服务、农业科技入万家"春雨行动"等活动,采取科技大集、科普展览、技术讲座、免费发放图书资料、专家技术咨询、入户指导等方式,宣传党的政策,传播先进技术和市场信息,受到了广大农民的热烈欢迎。

（2）举办农民科技节。每年的正月十六是黑龙江省法定的农民科技节。本着气氛隆重热烈、内容丰富多彩、实际有效的宗旨，通过举办各种科技、文艺活动，不但为农民带去了科学知识、先进技术和市场信息，更重要的是在黑龙江省范围内营造了学科技、用科技、重视科技的良好氛围。

（3）充分利用现代传播手段普及农业技术。为了保证科技常下乡、快下乡、广下乡，省、市、县各级农业部门充分利用广播、电视、农业信息网等现代传播媒介方便、快捷、信息量大的优势开展农民培训和技术传播。利用黑龙江广播电台《农村天地》《945农科专线》《科技之窗》《致富向导》等栏目开展专题讲座和信息服务；利用省电视台农业节目《黑土农园》开辟的科技苑、市场窗、专家谈等6个板块，举办专题讲座，每天播出1小时，2天更新一次内容；结合黑龙江省农业信息网"村村通"工程，通过网上科技知识讲座、网络专家热线、市场信息、视频点播等专栏，将最新的农业技术和市场信息及时传到村级网络终端；在黑龙江农业信息网建立农业专家咨询库，将1000名省级各类农业专家姓名、专业、电话、手机在网上向黑龙江省农民公布，农民可以随时通过电话向专家咨询。

（4）免费发放图书、挂图和光盘。2002年，黑龙江省农业科学院组织编写了《黑龙江省优质高效重大农业技术》，总结了12项技术作为今后重点推广内容，免费发放2万册。2003年，黑龙江省农业科学院组织制作了蔬菜棚室栽培技术、大豆窄行条播技术、农业生产标准化、奶牛饲养技术规程、农村能源生态致富模式等12项技术5套《高效农业适用技术光盘》，免费向农民发放了6万套。2006年，黑龙江省农业科学院组织100多名各类农业专家编写了《黑龙江省农业新技术系列图解丛书》《黑龙江省农业新技术系列挂图》和《黑龙江省农业新技术系列光盘》，免费向农民发放丛书83万册、挂图50万张、光盘3万张。将先进的农业耕作方式和栽培模式等实用技术，通过技术图解、技术要点流程和影像形式展示给广大农民，增强直观性、趣味性和可操作性，使广大农民一看便懂，一学就会。

2. 大力培育科技示范户，带动周边农民共同应用科技　以培训科技示范户生产能力建设为核心，以优势农产品和优势产业为重点，以推广主导品种、主推技术和实施主体培训为关键措施，积极调动农业推广体系、科研教育及农业企业、农业协会等方方面面的力量，建立起科技人员直接到户、良种良法直接到田、技术要领直接到人的长效机制，精心培育科技示范户。通过培育示范户，使黑龙江省的先进技术入户率、到位率得到有效提高，扩大规模化种植，提高农业综合生产能力，增强农产品的市场竞争力，发挥科技示范户在新技术、新品种推广的积极作用。有了科技示范户在应用新技术、引进新品种中的示范，广大农民看得见、摸得着、容易学，也学得放心，有效地带动了周边农户的发展，扩大了黑龙江省农业技术推广与培训的辐射面。

（1）实施跨世纪青年农民科技培训工程。1999—2003 年，黑龙江省先后有 4 批 35 个县（市）被农业部列为跨世纪青年农民科技培训工程实施县。通过部门分工合作、强化项目管理、创新培训模式、突出实践教学、培训内容与当地经济紧密结合等措施，收到了良好的效果。总计培养 10.5 万名农民科技示范户和科技致富带头人，有力地拉动了地方经济的发展，促进了农民增收。孙吴县孙吴镇农民苏景龙，通过培训，对承包的 613.3 公顷耕地进行模式化栽培，仅小麦一项年纯收入达 8 万多元，获得了"全国种粮大户"的荣誉称号。他热心向前来参观学习的农民讲解模式化栽培技术，成为名副其实的"科技传播员"。

（2）实施新型农民科技培训工程。2004—2008 年，黑龙江省共有 40 个县、2 330 个村实施了农业部新型农民科技培训工程项目。按照"围绕主导产业，进村办班指导，培训专业农民，发展一村一品"的总体思路，采取集中办班、现场指导、技术咨询"三位一体"的模式开展培训。通过集中培训，针对专业村不同需求举办相关专题培训班，对农民进行农业知识系统培训；通过入户指导，在备春耕生产、播种、田间管理、收获、销售 5 个重要农业生产环节，组织技术人员对核心农户进行巡回指导，解决生产中遇到的技术问题；通过发放培训卡、明白纸、技术手册和技术光盘"四个一"培训模式，使农民随时能够学到相关技术，扩大培训面；通过科技大户现身说法，利用他们最贴近农民、最有说服力的特点，为农民讲授依靠科技致富的经验和技术；通过开展田间博览活动，把枯燥的理论具体化、实物化，做到示范与指导相结合、理论与操作相结合、现场培训与现场展示相结合。项目实施以来，总计培训 9.82 万名有文化、懂技术、会经营的专业农民。

（3）依托推广体系补助项目开展培训。2009—2013 年，依托基层农业技术推广体系改革与建设补助项目，在黑龙江省 87 个县（市、区）开展科技示范户培训，黑龙江省累计培训科技示范户 20.1 万人。围绕当地主导产业、主推技术和主导品种，采取集中培训、分户指导、实地考察、观摩交流等方式，指导农业科技示范户应用、推广新品种、新技术，提高其学习接受能力、自我发展能力和辐射带动能力。同时，让科技示范户领办试验示范基地，边培训、边示范、边推广。

3. 培训农村科技明白人，将农技推广网络延伸到村 2010 年，黑龙江省实施了农村科技明白人培训工程，通过整合培训资源、广泛筹措资金、丰富培训内容、创新培训形式、强化培训管理等多种有效措施，培养和造就一大批政策能听明白、技术能讲明白、实践能干明白的"土专家"和"明白人"，起到了农民技术员的重要作用，使农业技术推广体系延伸到村、到户，有效地解决了科技推广"最后一公里"问题。截至目前，已为黑龙江省每个行政村培训 2 名以上农村科技明白人，黑龙江省累计培训 6.4 万人。

（1）突出培训的针对性和实效性。在培训内容上，培训前开展培训需求调研，针对农民生产中遇到的主要技术问题和急需的技术问题设计培训内容，并按不同产业设置不同教学班，突出培训的针对性，使农民学了能用、用能致富。在培训方式上，采取集中办培训班、广播电视专题讲座、网络远程培训、现场示范指导、参观考察观摩、手机短信信息发布、播放技术光盘、发放科技图书资料等多种形式并举，提高培训实际效果。

（2）探索培训长效机制。通过探索不同的培训机制，保持农民培训旺盛的生命力。青冈县依托服务中心开展培训，祯祥镇农牧业服务中心集推广经营为一体，边销售边培训，对买种子的农民培训良种应用知识，对买化肥的农户培训科学施肥知识。肇东市依托专业合作组织开展培训，五里明镇通过玉米种植专业合作社来组织农民开展培训，统一技术、统一品种、统一耕作。依安县依托龙头企业开展培训，与黑龙江奈伦淀粉工业有限公司合作，由企业技术人员对农户开展马铃薯汁水还田灌溉技术培训，种植高淀粉夏伯蒂、克新1号马铃薯166.7公顷，产量达22 500千克/公顷。

（3）强化培训管理。为了使各项培训任务落到实处、取得成效，重点在培训管理上狠下功夫。下发了《关于印发〈黑龙江省农村科技明白人培训工程实施方案〉的通知》，明确了任务，提出了要求；制定农村科技明白人培训标准，明确了培训目标；建立农业专家库，方便农民开展技术咨询；建立明白人培训档案，便于跟踪服务；网上公开明白人培训信息，接受社会监督；建立资金管理制度，确定资金用途；建立考试考核发证制度，规范培训管理。

第五节　农业综合开发情况

黑龙江是农业大省，也是农业综合开发大省。农业综合开发为黑龙江现代农业发展打下了坚实的基础，也积聚了发展的底蕴和后发优势。

我国有组织、有计划的大规模农业综合开发首先从黑龙江省的三江平原和黄淮海平原拉开序幕。从1988年起由国家组织实施农业综合开发，进行山、水、田、林、路综合治理建设。作为土地资源丰富、粮食增产潜力巨大的黑龙江省，首先成为国家对农业实行宏观调控决定的承载者、受益者。1988年4月8日，在北京由国务院原副总理田纪云主持，原国务委员陈俊生、中共黑龙江省委原书记孙维本参加，国家农牧渔业部原部长何康与黑龙江省原省长侯捷签订《黑龙江省三江平原农业综合开发建设协议书》，由此，一场声势浩大、波澜壮阔的农业综合开发在黑龙江省拉开序幕，黑龙江省农业发展迎来了一次良好历史机遇，承载了把"北大荒"变成"北大仓"的重任。

一、农业综合开发的发展历程

黑龙江省农业综合开发从开始实施，始终走以内涵开发为主的农业集约化、现代化发展道路，充分发挥自身优势，不断完善提高。25年的农业综合开发历程，是成效显著、备受赞誉的历程，是艰苦奋斗、开拓进取的历程，是改革创新、求真务实的历程。农业综合开发已经成为农业和农村经济工作的重要组成部分，成为财政支农的强有力手段，在加快发展现代农业、推进社会主义新农村建设的伟大历史进程中发挥着农业生产先锋队和生力军作用。

黑龙江省农业综合开发从 1988 年开始，前 5 年主要是以增加粮食产量为目标，集中在三江平原，涉及 4 市 17 个县和国有农（牧）场，扩大到 1993 年的 6 个市 28 个县及国有农（牧）场。中央财政农业综合开发资金投入，由启动之初的 5 000 万元增加到 1993 年 8 131 万元，年递增为 13.61%。农业综合开发的重点是进行大面积的中低产田改造，提高粮食产出量。同时，适当开垦宜农荒地，推进农、林、牧、副、渔业全面发展。这一时期，黑龙江省农业综合开发共投入资金 11.97 亿元，改造中低产田 51.3 万公顷，开垦宜农荒地 14.8 万公顷，改良草场 7.46 万公顷，植树 9 万公顷，新增粮食生产能力 16.4 亿千克，约占黑龙江省 1984—1993 年新增粮食总数的 40%，为黑龙江省粮食总产登上 250 亿千克的新台阶发挥了强有力的拉动作用。这一阶段，开发受益最大的是佳木斯地区，开荒面积较大，粮食增产较多，"把 1 个富锦变成了 4 个富锦，把 1 个同江、1 个抚远变成了 3 个同江、3 个抚远，把 1 个佳木斯变成了 2 个佳木斯"。

1994 年以后，开发的重点和目标主要是全面增产增收。到 1999 年，农业综合开发的范围已经扩大到黑龙江省 13 个市 64 个县（区、市）。中央财政农业综合开发资金投入有了较快的增加，由 1993 年的 8 331 万元增加到 1998 年的 28 040 万元，年均增长达 35.38%，是农业综合开发投资增长速度最快的时期。农业综合开发的重点转变为在继续进行中低产田改造的同时，加大了多种经营项目的建设力度，并要求把增产与增收结合起来，以切实解决粮食增产而农民不增收或少增收的问题。为有效地协调解决粮食增产与农民增收的矛盾，农业综合开发适时调整了这一时期开发的基本思路。从 1994 年起，每年 30% 的农业综合开发财政资金和 70% 的银行贷款应用于发展多种经营项目，重点是发展以经济作物为主的种植业、以畜牧业为主的养殖业和以提高农副产品附加值为主的加工业，把粮食增产与农民增收有机结合起来。这一时期，黑龙江省农业综合开发共投入资金 40.48 亿元，改造中低产田 59.4 万公顷，开垦宜农荒地 16.6 万公顷。同时，与第一阶段相比，建设经济林、花卉、蔬菜等种植业基地及发展水产养殖基地面积增加了82％。项目区农民不仅"粮袋子"鼓了起来，而且"钱袋子"也鼓了起来。

2000—2008年，开发的区域范围保持稳定。农业综合开发适应农业发展新阶段的要求，在指导思想上实行了两个转变：一是由过去改造中低产田和开垦宜农荒地相结合，转到以改造中低产田为主，尽量少开荒甚至不开荒，把提高农业综合生产能力与保护生态环境有机结合起来；二是由以往追求增加主要农产品产量为主，转到调整结构，依靠科技进步，发展优质高产高效农业上来。此后，根据农业和农村形势的变化，黑龙江省集中资金办大事，突出重点抓关键，主要围绕玉米、水稻、大豆、蔬菜、奶牛、肉牛、生猪等优势产业加大综合开发力度，提高农业综合生产能力，推进优势产业发展，提高农业综合效益，增加农民收入。2009—2013年，黑龙江省农业综合开发共投入资金94.43亿元，改造中低产田92.1万公顷，完成草原（场）建设4.45万公顷，发展优质粮食基地和优质饲料粮基地84.5万公顷，建设经济林、蔬菜、花卉等种植业基地0.23万公顷，发展水产养殖基地0.06万公顷。项目区不仅基础设施明显改善，同时产业结构明显优化，农业产业化步伐加快。

2009年以来，黑龙江省农业综合开发进入了一个以建设高标准农田为主要目标的高度集中开发阶段。国家农业综合开发资金大幅增加，主要向粮食主产区倾斜，向高标准农田倾斜，80％以上资金用于高标准农田建设。国务院批准了全国农业综合开发高标准农田建设总体规划，黑龙江省农业综合开发按照发展现代农业、建设粮食生产核心区要求，以田地平整、土壤肥沃、路渠配套、林网适宜、旱涝保收、高产稳产、节水高效为标准大规模推进高标准农田建设；因地制宜适当改造中低产田，加大投入力度，加大投资标准，建成了一片现代化高标准农田，形成了较为稳定的粮食生产能力，做到藏粮于主产区、藏粮于田。同时，围绕优质粮食产业扶持加工业和畜牧业，实现粮食加工增值和过腹增值，加快农业产业化步伐，促进农业增效和农民持续增收。2009—2013年，黑龙江省农业综合开发共投入资金117.3亿元，改造中低产田建设高标准农田55万公顷；建设经济林、花卉、蔬菜等种植业基地及发展水产养殖基地面积140公顷。这一阶段，项目区已初具现代农业雏形，"绥庆北"13.3万公顷优质粳稻示范区、肇东五里明 3.33 万公顷旱作农业示范区等一大批规模化、专业化的高标准农田示范区为黑龙江省现代农业树立了标杆。

二、农业综合开发的主要措施

农业综合开发是科学开发模式，有专门专业的组织力量管理实施。资金封闭运行，专人管理，专款专用。确定中长期规划和年度计划，从项目立项、建设、完成、管护有系统完整的制度保证。黑龙江省农业综合开发工作，认真贯彻落实国家政策，从本地实际出发，采取强有力的措施，主要做到了 4 个坚持。

1. 坚持多元化投入　资金投入是农业综合开发的基本条件，是保证农业综合开发有效实施的关键因素。从农业综合开发实施以来，黑龙江省就把多手段、多层次、多渠道筹集资金作为农业综合开发工作的重要内容，加大筹措力度，形成了"国家引导、配套投入、民办公助、滚动开发"的农业综合开发投入机制，保证了开发项目顺利实施和开发任务如期完成。

（1）加大财政资金支持力度。财政资金是中央和地方财政投入用于农业综合开发项目的资金，在农业综合开发项目资金中居于主导地位。黑龙江省作为农业大省，开发潜力巨大，积极宣传黑龙江省的优势和潜力争取中央财政资金支持，同时在地方财政紧张情况下努力落实配套资金。黑龙江省是中央财政资金支持最多、最大的省份，特别是农业综合开发纳入财政序列以后，农业综合开发财政投入不断增加。1988—2013 年，黑龙江省农业综合开发总投资为 264.18 亿元。其中，中央财政资金 128.64 亿元，省级配套资金 40.41 亿元，市、县、乡配套资金 16.91 亿元。

（2）保证自筹资金足额到位。自筹资金是农业综合开发扶持对象的必要投入，这是体现国家农业综合开发投入机制的重要组成部分。黑龙江省农业综合开发充分发挥农民和企业的投资主体作用，充分调动他们投资的积极性，变"要我开发"为"我要开发"。各类开发项目把自筹资金落实作为必要条件，保证首先及时足额到位。土地治理项目的农村集体和农民筹资（含以物折资）投劳，要严格按照"农民自愿，量力而行，民主决策，数量控制"和"谁受益、谁负担"的原则进行筹集，并纳入村内"一事一议"范畴，实行专项管理。产业化经营项目的自筹资金不得低于项目总投资的 50%，由产业化经营项目建设主体自行筹集。1988—2013 年，黑龙江省农业综合开发自筹资金 69.04 亿元，其中，农民自筹资金 42.35 亿元、企业自筹资金 26.69 亿元。

（3）积极吸引银行贷款。银行贷款指银行投入，与国家财政资金、自筹资金相配套，用于农业综合开发项目的信贷资金。农业综合开发需要通过项目融资方式引入信贷资金，以满足其不断增长的资金需求。在农业综合开发初期，银行贷款占项目投资比重较大，一些政策性银行也积极支持开发建设，并参与选项、立项。1998 年以来，为了更多地吸引银行贷款，加大与涉农银行合作力度，农业综合开发设立了贷款贴息项目，以此撬动金融资本。1988—2013 年，黑龙江省农业综合开发直接利用银行贷款 7.45 亿元，通过发放贷款贴息资金 4.42 亿元，间接利用银行贷款 205.22 亿元。

（4）抓好引进外资工作。引进外资，是指利用外国政府、国际组织贷款或赠款用于农业综合开发的资金。目前，只有世界银行贷款由中央财政统借统还。这种贷款资金额度较大、条件优惠、利率低、偿还期限长、管理规范，是农业综合开发资金的一个重要来源。黑龙江省农业综合开发积极利用外资，扩大资金规模。到 2013 年，项目区共引进外资 5 500 万美元，其中，利用世界银行资金 2 000 万美元，利用亚洲开发银行资金 3 500 万美元。

（5）尝试引进工商资本。对于经营性的农业综合开发产业化经营项目，积极探索有偿使用、合作共建、参股经营等方式引进企业投资，壮大农业综合开发投资规模。黑龙江省农业综合开发从 1988—2008 年共发放有偿资金 18.25 亿元，吸引企业投资 73 亿元。2005—2008 年，依托黑龙江省农业开发投资有限公司投资 1.5 亿元财政参股龙头企业，设立农业综合开发投资参股经营项目 15 个，吸引龙头企业投资 20 亿元。2008—2012 年，依托飞鹤集团组建奶牛养殖合作社，投入财政资金 0.66 亿元，吸引企业投资 1.2 亿元。

2. 坚持综合性治理 农业综合开发坚持水、田、林、路、山综合治理，水利、农机、科技、生态综合组装，在一定区域内实行生产要素集中、强化基础设施建设和生产条件改善，促进科技进步和集约化经营，使粮食生产实现大跨越、农田建设标准实现大提升、劳动生产率实现大提高、现代农业实现大发展，保障了口粮质量安全和农业可持续发展。

（1）始终坚持把水利是农业的命脉作为确保粮食高产稳产的基础。黑龙江省水资源丰富，但多年来由于田间水利工程建设滞后，水资源没有得到充分利用，0.067亿公顷中低产田需要改造，严重制约了粮食生产，制约了黑龙江从传统农业迈向现代农业的步伐。黑龙江省农业综合开发把发展农业节水灌溉摆在项目建设的突出位置，突出抓好以农田水利为主要内容的农业基础设施建设，因地制宜地发展现代灌溉农业和旱作农业，充分提高水资源利用效率。坚持留住天上水、合理利用地表水、严格开采地下水的原则，新建和改造水源工程。有渠首的地区尽量改造原有渠首工程，扩大灌溉规模；成井条件好、地下水丰富地区尽量开采地下水，以降低灌溉成本；地下水贫乏、附近没有河流的地区，以建设小塘坝、小水库为主；旱灾严重地区加强水保林和水源涵养林建设，改善局地气候条件，减少旱灾造成的损失。农业综合开发把节水灌溉作为农业生产的革命性措施来抓，因地制宜地推广喷灌、滴灌等高效节水灌溉技术：规模化、合作化程度高的项目区推广大型喷灌；种植作物单一的地块实施卷盘式喷灌；水源条件较好、有联户使用基础的地块实施管道移动式喷灌；西部干旱区玉米种植地块发展膜下滴灌，有力推动了传统农业生产方式的转变和提升。水田区推广节水灌溉技术，土渠采取渠道防渗技术、配套田间构造物，提高水的利用率，增强了农业抵御自然灾害的能力。

（2）始终坚持把农机作为农业现代化的物质基础和农业现代化的钢铁脊梁。在对项目区农民以补贴形式进行农机具配套的同时，积极探索发展农业机械化的新模式。从2004年开始，农业综合开发以村为单位组建现代农机合作社，目前已经发展到了1 411个。农机合作社依靠农机集中的优势，以土地规模经营为载体，破解了一家一户分散经营又难以联合的难题，促进了土地流转、规模化经营和新技术推广，使农民彻底从土地上解放出来，带动了产业分工和农民大幅增收。通过农业机械化带动了农业标准化、优质化、规模化和产业化，提高了农业综合生产能力，促进了粮食增产、农业增效和农民增收，为实现农业现代化迈出了坚实的一步。

（3）始终坚持把科技作为提升粮食产能、加快现代农业进程的助推器。把先进适用的科技成果在项目区优先推广普及作为重点工作，重点支持良种和良法的普遍应用。对先进实用技术进行综合组装配套，强化对农民的科技培训。保护性耕作、模式化栽培、测土配方施肥、GPS 导航、集中浸种催芽、智能化育秧等技术连续创造着增产奇迹。根据三江平原、松嫩平原两大平原不同资源和基础条件分别确定治理模式，推出了以稻治涝、打井治旱、节水灌溉、小流域治理、盐碱地改良、庄园治沙等特色开发模式，加快了农业科技的推广应用。鼓励支持大专院校、科研单位到项目区开展基础性、前瞻性研究，通过促进科研机构、技术推广部门与农民合作共建的方式，支持科技示范田建设，农业开发项目区成为当地农业科技示范园。肇东市五里明镇项目区通过综合采取一系列先进适用技术，玉米每公顷产量达到 15 000 千克以上，成为全国闻名的玉米吨粮田示范区。甘南县兴十四村项目区马铃薯种植采用良种良法，最高产量达到了 77 137.5 千克/公顷。劳动改变生活，科技创造奇迹。

（4）始终坚持把生态治理作为食品质量安全和农业可持续发展的基石。在项目建设中，注意生态环境的改善和农业的可持续发展。多年来，农业开发土地治理项目坚持在项目区按照治理面积的 5% 安排造林任务，共安排造林任务 13.3 万多公顷，改善了农田周围的生态环境，减少了自然灾害造成的损失，提高了耕地生产能力，促进耕地资源的可持续性利用。为提升项目区耕地土壤有机质含量，采取改良土壤、平整土地、增施有机肥、秸秆还田、大机械整地等方式，突出搞好土壤肥力建设，挖掘土地增产潜力，提高土地产出效益。在项目区，根据当地积温和种植习惯，合理安排轮作制度，恢复和提高耕地生产能力的可持续性。针对近年来北部地区大豆多年重茬种植导致土壤生态环境严重恶化、病虫害频繁发生、大豆产量下滑、品质下降的实际情况，农业综合开发在北部地区推广了"麦豆轮作"项目，改善北部地区多年种植大豆造成的土壤损害，提高了土壤可持续发展能力。

（5）始终坚持把大合作作为推动农业生产方式变革的加速器。农业综合开发把土地流转、规模经营作为立项条件，在项目区探索了由农机合作社、专业合作社、龙头企业带动的不同形式的新型经营体制模式。以农机合作社为牵动，创新生产经营主体，实现土地规模化经营，农民与合作社形成利益共同体。用现代化农机具和先进科技手段，提高土地产出率。通过合作化经营，让黑土地释放巨大生产潜力，实现农民增收最大化。每年组建规范化大型农机合作社 40 个。在合作社规模经营区域内，完善春季保苗水源工程，在龙江县、甘南县和泰来县等重旱区建设大型喷灌项目区，其他地区因地制宜推广节水灌溉方式。加大农田道路建设力度，改善农民生产生活条件。通过农业综合开发项目扶持，使项目区生产从分散走向集约，从小生产走向大合作，黑土地正在释放出巨大生产潜力。

3. 坚持产业化提升　推进农业产业化是农业综合开发的重要任务。在确保主要农产品有效供给的同时，积极促进种养加、贸工农一体化。1988—1993 年，黑龙江省农业综合开发扶持产业化经营项目较少。1994 年出台扶持农业产业化经营意见，在推进中低产田改造的同时，大力推进农业产业化经营。不仅促进农业综合生产能力提高，而且提高农产品的附加值和产品市场竞争力，促进农民持续增收，保护农民种粮的积极性。2005 年以来，为加快产业升级，黑龙江省农业综合开发进一步调整思路，坚持有所为、有所不为的原则，集中资金连续扶持玉米、水稻、大豆、马铃薯、蔬菜、奶牛、肉牛、生猪等优势产业，各类项目有机结合，突出扶持关键因素和薄弱环节。一个县重点扶持一个优势产业，加大投入连续扶持，打造全产业链经济。达到扶持一个产业发展、带动一地经济发展、致富一方百姓的目的。极大地夯实产业发展基础，提升产业发展层次，增强产业发展竞争力。

在推进产业提升上，农业综合开发主要侧重了以下 3 个方面建设。

（1）围绕龙头企业建设高标准现代农业示范基地。无论是土地治理项目，还是产业化经营项目，都以龙头企业带动产业发展为基础，以为龙头企业提供优质、安全、标准、充足原料为目的，以龙头企业与基地建立紧密利益联结机制为前提，集中打造标准化、专业化、规模化高标准现代农业生产示范基地。到 2022 年，建设高标准农田 1 亿亩，其中，优质粳稻基地 58.4 万公顷、优质玉米基地 59.8 万公顷、优质大豆基地 15.5 万公顷、优质马铃薯基地 3 万公顷、优质蔬菜基地 14.7 万公顷；建设标准化畜牧养殖基地 2 213 个，其中，优质奶牛基地 426 个、优质肉牛基地 367 个、优质生猪基地 1 420 个（数据来源：黑龙江省农业开发办公室）。逐步在龙头企业周边形成种养加、产供销、生产力和生产关系有机结合的产业联合体，加快构筑绿色食品产业专业化生产、产业化经营、园区化发展格局。

（2）围绕打造全产业链做大做壮优势龙头企业。产业提升核心在全产业链打造，关键在龙头企业培育。农业综合开发大力扶持龙头企业发展，重点扶持经济效益好、科技含量高、牵动能力强、发展潜力大，同时对产业建设有积极性、有责任担当的龙头企业。到 2013 年，农业综合开发通过财政补助和贷款贴息方式扶持农产品加工、流通、储藏龙头企业 612 个。连续扶持以鹤岗万源米业集团、庆安鑫利达稻米加工有限公司、桦南孙斌鸿源农业开发集团有限责任公司为代表的稻米加工企业，形成了优质稻米精深加工产业链；扶持以青冈龙凤玉米集团、明水格林玉米有限公司、望奎双胞胎集团为代表的玉米加工企业，形成优质玉米精深加工产业链；扶持以飞鹤乳业有限公司、贝因美乳业集团、富裕光明乳业公司、双城雀巢公司为代表的乳品加工企业，形成乳品精深加工产业链；扶持以宾县宾西牛业有限公司、龙江元盛食品有限公司、肇东大庄园肉业集团为代表的牛肉加工企业，形成牛肉精深加工产业链；扶持以集贤阳霖集团、明达油脂公司，形成大豆精深加工产业链；扶持以讷河港进集团、克山圣仁薯业、大兴安岭丽雪集团为代表的马铃薯加工企业，形成马铃薯精深加工产业链。

（3）围绕建立紧密的利益联结机制培育新型农业经营组织。建立龙头企业与基地的紧密联结，在于构筑"基地＋合作组织＋龙头企业"模式，农民合作组织上连龙头企业和市场，下连基地和农户，是农业综合开发项目区的纽带。农业综合开发项目重点向扶持发展新型农业经营主体倾斜，产业化经营项目全部支持新型农业经营主体，给予资金倾斜。2009 年以来，每年安排 60％以上的中央和省级农业综合开发财政资金采取先建后补、以奖代补、直接补助、贷款贴息等方式，加大对新型农业经营主体扶持力度。针对黑龙江省重点发展"两牛一猪"战略，对规模化养殖合作社加大扶持力度，提高"两牛一猪"生产能力。积极支持社社联合、强强联合，发展联合社、建设示范社。望奎县项目区由最初的一个农机合作社规模经营土地 670 公顷，发展到现在"一社带四社"格局，组建包括农机、玉米、马铃薯、红辣椒、菊苣合作社在内的联合社，规模经营面积发展到3 300公顷。至2013年，农业综合开发共扶持农民合作组织1 003个，较好地发挥了桥梁纽带和辐射带动作用，让农民更多地享受产业化经营成果。

4. 坚持规模化推进 黑龙江省是农业大省，土地面积大且平整，非常适宜规模开发、集约经营。农业综合开发实施时就坚持规模化推进，在指导思想上明确、在规划上突出、在资金上保证，积极推进现代化大农业建设。

（1）坚持规模立项。规模开发是农业综合开发的基础条件。无论是开垦荒地，还是改造中低产田、建设高标准农田以及产业化经营项目，都坚持把规模作为立项的重要条件。从总体规划上，要体现规模、集约经营。到2013年，连片规模开发在2 000公顷以上的项目区占开发面积的70%以上。目前，农业综合开发项目区已形成3条优质粮食产业带。一是以肇东3.33万公顷旱作农业示范区为核心，辐射带动兰西、青冈、明水、安达、望奎、北林、南岗、双城等地的优质高产玉米产业带，核心区玉米产量达到15 000千克/公顷，辐射区玉米达到12 000千克/公顷；二是以庆安、北林、绥棱3县（区）13.3万公顷优质水稻现代农业示范区为核心区，形成以五常、依兰、通河、方正、佳木斯郊区、汤原、桦川、同江、宁安等地为依托的高产稳产、旱涝保收的水稻产业带，水稻产量达到10 500千克/公顷；三是以黑河地区为重点，建立麦豆轮作示范区，建立合理轮作体系，以麦救豆保证生产安全优质高产大豆、小麦产业带，麦豆轮作示范区2万公顷。产业化项目集中扶持规模化养殖场建设，集中扶持奶牛、肉牛、生猪产业，形成了西部奶牛、中部生猪、东部肉牛的产业格局。

（2）坚持流域治理。农业综合开发重要特点就是区域开发。依据黑龙江省特点，农业综合开发按照流域自下而上一次规划，依据年度分期治理。1988年以来，农业综合开发以松花江、嫩江、乌苏里江三大流域治理为主线，实施"以稻治涝"战略，开垦荒地发展水田，改造旱田变为水田，改善低产水田，先后建设和完善配套6 700公顷以上灌区6个、3 300公顷以上灌区10个，形成了沿江、沿河优质粮食开发带。针对哈尔滨地处松嫩平原、河流纵横交错、洪涝灾害频繁的地理特点，逐个流域制订了开发规划，由上游向下游梯次开发、规模推进，实施山、水、林、田、路综合治理，生物措施与工程措施并用，除洪涝之害、兴灌溉之利。阿什河在 20 世纪 90 年代初常常爆发大洪水，淹没两岸农田村镇。1995 年，西泉眼水库建成后，农业综合开发担起了流域配套、综合治理的重担，相继建设了双丰、荒沟、亚麻 3 座拦河坝、渠首和配套工程，下游的香坊、太平也大面积实施旱改水工程。从此，沿阿什河流域开发的 2.7 余万公顷稻田，使两岸农民告别了"水在河里流，人在岸上愁"的历史。依兰县倭肯河流域经过多年的开发改造，新增灌溉面积 4 万多公顷，治涝面积 3.2 万公顷，项目区粮食总产比开发前增长 10.7 倍。

（3）坚持整乡推进。优中选优、先易后难是农业综合开发的重要原则。实施农业综合开发优先安排在耕地资源丰富的地区。农业综合开发安排开发项目每县每年不超过 2 个乡（镇），对确立开发的乡（镇）实行连年立项开发，目前多数产粮大县已形成整乡推进格局。庆安县久胜镇、肇东市五里明镇、甘南县巨宝镇等连续立项开发，建设高标准农田 1.6 万公顷，占全镇耕地 95％以上。庆安县从 2000 年，按照打造绿色食品之乡要求，制订农业综合开发规划，连续 10 年整乡连片建设优质粳稻示范田，做到田间工程高度完备，各种设施综合配套，育秧大棚、浸种催芽车间、农机合作社俱全，先进技术和优良品种大面积运用。其中，久胜镇 1 万公顷水田已开发 90％以上，引领黑龙江省水稻产业发展。甘南县从 1992 年起实施农业综合开发，坚持整乡开发，即使县委、县政府和县农业综合开发办公室等领导更换了，但是抓农业综合开发的思路不变、规划不变、力度不减，做到了几届班子一任接着一任抓、一届接着一届干。几任领导一张蓝图，保证了规划设计的整体性、连续性。1998—2002 年，连续 5 年在音河镇实施以治理干旱发展节水灌溉为主的土地治理项目，累计投资 1 925.18 万元，新打机电井 1 204 眼，新上节水灌溉设备 958 台套，新修除涝工程 66 处，开挖排水沟 72.3 千米，改造中低产田 1 万公顷，使全镇 85％的耕地基本实现了旱涝保收。从 2003 年开始，甘南县又连续 5 年在巨宝镇大搞土地治理项目建设，累计投资 3 551 万元，新打机电井 1 680 眼，购置节水灌溉设备 1 364 台套，新修除涝工程 115 处，开挖排水沟 236 千米，改造中低产田 0.85 万公顷，造林 0.08 万公顷。先后改造了红旗、金星、立志、民众、新建和新华 6 个项目区，并建设了高标准葵花种植基地 0.8 万公顷。项目区土地改造整齐规范，井、渠、林和路、桥、涵等设施建设发挥了很大作用。

（4）大项目牵动。在黑龙江省实施农业综合开发过程中，在一些基础较好的粮食生产大县，实施大项目牵动战略，集中投入打造优质粮食生产示范区。1994—1996 年，黑龙江省把绥化市宝山、依安县泰东列为国家级现代农业示范区，把庆安县拉林青、阿城市京哈路、阿城市新乡、兰西县兰荣列为省级现代农业示范区。6 个开发区面积 2.35 万公顷。坚持高起点、高标准、高质量、高效益和农田园林化、种植区域化、耕作机械化、灌溉节水化、栽培模式化、服务系列化、管理规范化、产品优质化，各个方面综合治理，各项措施综合运用，各种技术综合组装，取得了良好的综合效益。示范区单产比开发前增长 37.5%。2008 年以来，黑龙江省农业综合开发建设八大示范区，纳入黑龙江省千亿斤粮食产能工程规划和松嫩、三江两大平原农业综合开发实验区，成为黑龙江省推进现代农业的样板工程。庆安、北林、绥棱 3 县（区），集中连片开发 13.3 万公顷优质粳稻，以建设高标准水田、节水灌溉、全程机械化和大棚育秧为特色，建成国内最大的优质粳稻示范区。2020 年，黑龙江水稻种植面积 5 808 万亩，产量 289.6 亿千克；在玉米生产大县肇东市，将小田块改造成 133.3 公顷左右大田块，建设 3.33 万公顷玉米吨粮田示范区，突出节水灌溉，实行全程机械化，主推小垄密植高产栽培模式，使玉米产量由 9 000 千克/公顷增加到 15 000 千克/公顷，新增粮食生产能力 2 亿千克，建成了黑龙江旱作农业"第一田"。

三、农业综合开发对提高黑龙江省粮食产能的历史性贡献

农业综合开发对黑龙江省农业发展的贡献不可估量。它完成了"加强农业基础设施和生态建设，提高农业综合生产能力，保证国家粮食安全；推进农业和农村经济结构的战略性调整，推进农业产业化经营，提高农业综合效益，促进农民增收"的历史使命。

1. 黑龙江省农业综合开发工作借鉴世界银行项目资金管理模式，采取"国家引导、配套投入、民办公助、滚动开发"的投入机制，在助力黑龙江省现代化大农业发展中发挥了积极作用 目前，黑龙江省

农业开发工作创造了"三个全国第一",即:农业开发投资总量全国第一,累计达到 254.8 亿元;改造中低产田面积全国第一,累计达到 279.5 万公顷;提高粮食综合生产能力全国第一,累计提高粮食产能 193 亿千克,得到了习近平等中央领导同志的充分肯定。

2. 中低产田改造与建设高标准农田得到强化,在确保国家粮食安全上发挥保障作用 黑龙江省中低产田面积较大,改造后增产潜力巨大。围绕以稻治涝开垦宜农荒地 31.6 万公顷。2006—2014 年,黑龙江省共改造中低产田、建设高标准农田 73.8 万公顷,新增粮食产能 800 亿千克。力争到 2025 年,建设高标准农田 1.11 亿亩,改造提升 1 800 万亩标准低的老项目区,以此稳定保障 800 亿千克以上粮食产能。坚持"土地平整肥沃、水利设施配套、田间道路畅通、林网建设适宜、科技先进适用、优质高产高效"的建设标准。重点围绕"四化"做文章。

(1) 推进水利化。2006—2014 年,新打机电井 15 340 眼,开挖疏浚沟渠 19 592 千米,建设干支斗衬砌渠道 4 180 千米,修建小型水库及拦河坝 69 座,修建提水泵站 49 座。灌溉渠系实现硬质化,水利构造物配套齐全,达到旱能灌、涝能排的目标。

(2) 推进机械化。2006—2014 年,项目区购置各类农机具 15 403 台(套),其中 73.5 千瓦以上拖拉机 4 684 台。随着农机装备水平的提升,实现整地、播种、田间管理、收获全程机械化。特别是耕地做到每 3 年深翻 1 次,加之通过大型农机深松整地,粮食单产提高 15% 以上。

(3) 推进设施化。以建设育秧大棚为重点,通过提前育秧,延长作物生长期,增加有效积温。2006—2014 年,项目区新建育秧大棚 6 万栋。水稻大棚育秧每公顷增产 600 千克,增产 8%;玉米大棚育秧每公顷增产 900 千克,增产 10%。秧苗移栽后,农民利用闲置的大棚种植瓜菜等高效经济作物,实现二次增收。

(4) 推进合作化。2006—2014 年,扶持各类农民合作经济组织 553 个,其中,农机合作社 222 个,促进了土地流转,活化了生产要素,为推进高标准农田建设创造了有利条件。

3. 突出打造精品工程,全力建设大项目,在推动现代农业发展方面发挥引领作用 集中资金,重点投入,连片开发,规模推进,突出抓好大项目，出精品、打亮点、塑形象，努力把项目区建设成现代农业的先行区、样板区。在布局上，大力建设"三大示范带"和"八大示范区"。"三大示范带"就是重点建设以高标准农田为代表的松嫩平原现代农业示范带和三江平原现代农业示范带，以及以麦豆轮作为代表的北部地区现代农业示范带。"九大示范区"就是集中建设庆安、北林、绥棱3县（区）连为一体的"绥庆北"13.33万公顷优质粳稻示范区，肇东3.3万公顷玉米吨粮田示范区，宝清2万公顷高标准水田示范区，青冈1.3万公顷贫瘠土地创高产示范区，佳木斯郊区0.67万公顷高标准水田示范区，依兰0.67万公顷提水灌溉"旱改水"示范区，汤原0.67万公顷引汤工程"旱改水"示范区，依安0.67万公顷"四区轮作"示范区，望奎0.33万公顷现代化旱作农业示范区。"绥庆北"13.33万公顷优质粳稻示范区全部建成后，可节水2亿米^3，增加耕地0.2万公顷，增产水稻4.2亿千克。肇东3.3万公顷玉米吨粮田示范区核心区产量达到16 680千克/公顷，创造了全国最高纪录，成为"旱作农业第一田"。望奎0.33万公顷现代化旱作农业示范区，核心区达到800公顷，全部采用世界一流的大型机械作业，仅用10名员工就可完成全年生产任务。如今走进大型项目区，大平原一望无际，大水利渠系纵横，大农机气势恢宏，充满了现代农业的气息。

4. 集中扶持优势产业发展，推进农业产业化经营，在构筑现代农业产业体系方面发挥带动作用

（1）优势产业规模不断壮大。农业综合开发由当初实施项目开发逐渐向产业开发转变，大力推进水稻、大豆、玉米、奶牛、肉牛、生猪、马铃薯、亚麻、蔬菜、山特产品十大优势产业，抓住产业链条的关键或薄弱环节，集中扶持，连续扶持，促进产业结构优化，提高产业竞争力和综合效益，为各地形成鲜明的优势主导产业作出了积极贡献。五常、方正、庆安、北林、虎林等地水稻产业，安达、肇东、富裕、杜蒙、克东等地乳业产业，双城、青冈、明水等地玉米产业，望奎、兰西、汤原等地生猪产业，海伦、饶河、逊克等地大豆产业，海林、东宁、尚志、嘉荫等地特色产业，都形成了规模优势和市场优势。2006—2014年，建成优质产品基地1.63万公顷，新增肉牛出栏6.32万头，新增生猪出栏52.12万头。

（2）龙头企业拉动作用增强。截至 2013 年，共扶持龙头企业 522 户，新增农产品加工能力 228.15 万吨，新增农产品仓储、保鲜、冷冻能力 25.11 万吨，带动生产基地 49.2 万公顷，带动农户 49.25 万户，带动农户增收 11.74 亿元。扶持合作经济组织建设生产基地 659 个，形成了龙头企业与基地紧密结合的优势产业集群。

（3）产业联结更加紧密。农业综合开发大力扶持农民合作组织发展，完善社会化服务体系，强化龙头企业与基地紧密联结，构筑种养加结合、贸工农一体的产业化经营格局，促进了生产力发展和生产关系改变。2008 年以来，扶持农民合作组织 281 个，涉及农户 4.61 万户。农民合作社以共同利益为纽带，围绕主导产业，完善基础设施和服务功能，实行订单生产，有效联结了龙头企业和基地，改变了小生产经营方式，改变了农民在市场交易中的弱势地位，增强了农民抵御市场风险和自然灾害的能力，推动了农业专业化、规模化、标准化生产。

5. 积极推进科技进步，加速科技成果转化，在提高科技贡献率方面发挥示范作用　"十一五"以来，大力推广良种良法，综合组装各种先进技术，做给农民看、引领农民干，充分发挥了示范作用，项目区科技含量比非项目区高出 20% 以上。在旱田区域实施的大型喷灌和膜下滴灌技术工程，不但增产增收，而且节水、节肥、节能、省工。膜下滴灌 1 公顷地仅需水 450 米^3，用水量是喷灌的 50%、漫灌的 15%，同时，节肥 30%、节油 40%、省工 80%。实施的水稻新基质无土育秧项目、水稻旱种湿管技术项目，是黑龙江省水稻育苗和种植的重大突破。2006—2014 年，共促进科技成果转化 159 项，引进国外技术 28 项，创新技术 118 项，示范推广先进适用技术 351 项，形成 46 项不同农业生产区域的技术组装模式，培训农民 170 万人次。集中投入资金 2.5 亿元，建设黑龙江省农业科技园区，打造黑龙江省科技龙头。该项目规划的"一园三区"，成为黑龙江省科技示范窗口和培训基地。

6. 着力搞好生态治理，探索农业生态脆弱区治理模式，在改善农业生产条件方面发挥促进作用　黑龙江省自然灾害发生比较频繁，对农业生产和农民生活影响很大，也直接威胁到粮食安全。把生态治理摆上重要位置，根据区域自然灾害特点，因害设防，坚持田、水、路、林、山综合治理，实现经济、社会、生态 3 个效益。搞好田间林网、生态林和经济林建设；推进草场改良、牧草种植、青贮黄贮，以及秸秆养畜、秸秆还田；加强沙化、小流域和水土流失治理。"十四五"规划提到，预计 2025 年，全省拟完成造林绿化任务 500 万亩。为了保护黑土资源，从 2008 年开始，黑龙江省实施了黑土区水土流失重点治理工程。突出规模治理，重点推进坡耕地改造利用、荒山坡治理、沟道治理、造林种草、封禁治理、治沙等工程措施，同时落实生物措施。预计 2025 年，新增水土流失综合治理面积 17 600 千米^2，持续实现水土流失面积、水土流失强度"双降"，确保水土保持率目标值达到 84.16％。黑龙江省创造的"庄园"治沙模式，得到联合国治沙组织官员的赞赏；推广的深松振动集成技术治理盐碱草地模式、小流域综合治理模式，受到省领导的好评。

总的来看，"十一五"以来，黑龙江省农业综合开发处于历史最好时期。中央领导视察黑龙江省项目区次数最多、黑龙江省向上争取资金最多、获得荣誉最多、在全国介绍经验次数最多、重要新闻媒体报道最多。国家领导人多次视察黑龙江省项目区，并给予充分肯定。胡锦涛同志视察肇东玉米吨粮田示范区时，称赞这里"走出了一条提高农业综合生产能力的新路子"，期望"黑龙江要积极发展现代化大农业，真正使这片肥沃的黑土地成为国家可靠的大粮仓"。国家农业综合开发办公室原主任王建国先后 2 次参加黑龙江省会议并讲话，认为"黑龙江粮食生产能力大幅提高、现代农业发展步伐加快、农业生产投入大幅增加，农业综合开发功不可没、作用巨大、贡献突出"，并用"投入规模大、工作气魄大、管理力度大、社会贡献大"来概括黑龙江省农业综合开发的特点。国家农业综合开发办公室原主任王光坤到任仅十几天就来黑龙江省调研，他评价说："黑龙江农业综合开发工作在全国处于排头位置"。在全国农业综合开发财务、宣传、评审等专项工作会议上，黑龙江省都做了典型发言。黑龙江省农业综合开发办公室被财政部评为"全国财政新闻宣传先进单位"，连续多年被国家农业开发办公室评为"资金决算、统计、宣传工作先进单位"；还被省委、省政府授予"帮建新农村试点村先进单位""帮建新农村试点村标兵单位"称号，被省政府授予"粮食生产先进单位"。

第四章 舌尖上的荣耀

——粮食质量安全保障

黑龙江省不仅以粮食生产总量大而著称，而且以粮食质量安全保障水平高享誉国内外。近年来，黑龙江省从绿色食品生产原料基地抓起，不断完善农产品生产、加工、销售、市场管理等各环节的质量标准、认证体系、监管机制及队伍建设，在有效保证粮食质量安全的同时，也带动了整个农产品及食品生产不断上档次、上水平，使粮食成为保障人民健康的安全、营养食品，为保障国家粮食安全作出了突出贡献。

第一节 黑龙江绿色食品

"民以食为天"。20 世纪 90 年代初期，黑龙江省依托得天独厚的生态环境和资源优势，在全国率先发展绿色食品产业，提出并实施了"打绿色牌、走特色路"的发展战略。历经 30 多个春秋，黑龙江省的绿色食品已由当初的一个概念，发展成为黑龙江省经济发展战略重点打造的支柱产业，并上升为黑龙江省"十大重点发展产业"之首。作为全国最大的绿色食品生产加工基地和最有影响力的品牌而畅销全国，名扬海外。

一、绿色食品生产

1. 创造诸多"全国第一"

（1）绿色食品产量全国第一。2013 年，黑龙江省绿色食品认证产品总产值 1 610 亿元，占全国的 1/6；实物总量突破 3 413 万吨，占全国的 1/5；开发认证产品达到 14 大类、2 000 多种，已形成了绿色玉米、大豆、水稻、杂粮、山产品等八大类产品生产加工体系；黑龙江省绿色食品加工量 1 090 万吨。

（2）绿色食品认证面积全国第一。2019 年，绿色（有机）食品认证面积达到 1 389.88 万公顷，超过全国认证总面积的 1/4。另有无公害农产品认定面积 0.09 亿公顷，为全国总面积的近 1/6。

（3）标准化生产水平全国第一。已建成国家级绿色食品原料标准化生产基地 380 万公顷，接近全国总面积的 1/2。基地严格按照标准生产，狠抓投入品"源头"控制，累计制定绿色食品生产操作规程近百项，技术标准入户率达 100%。实现了每户农户都有一位绿色食品技术"明白人"。

（4）绿色食品产品质量全国第一。绿色食品产品抽检合格率全国第一。黑龙江省始终坚持对绿色食品实施"从土地到餐桌"的全程质量管理，强化产品抽检，积极推行产品退出、质量追溯新机制，切实提升了绿色食品质量水平。在全国例行抽检中，黑龙江省绿色食品产品抽检合格率一直稳定在 99% 以上，2013 年达到 99.37%，历年均居全国首位。

2. 打造辉煌业绩　　1994 年，庆安县在黑龙江省率先成立县级绿色食品办公室，专门抓绿色食品产业发展。随后，原绥化地区、五常市、虎林市、尚志市等地市（县）和农场管理局相继成立了绿色食品机构或管理部门，初步形成了黑龙江省绿色食品的开发和管理体系。1997 年 6 月，黑龙江省政府成立了绿色食品开发领导小组，在原省农牧渔业厅下设立了黑龙江省绿色食品办公室，绿色食品开发开始上升为省政府战略行为。1999 年 6 月，第十届哈尔滨经济贸易洽谈会期间，省政府首次召开了黑龙江省绿色食品新闻发布会。同年 8 月 12 日，省政府主要领导在黑龙江日报发表了《开发建设绿色食品基地，推动质量效益型农业发展——关于发展绿色食品产业的调查报告》。同月，绿色食品开发被列入《黑龙江省 2000—2050 年生态环境建设规划》。同年 10 月，研究制定了《黑龙江省 2000—2010 年绿色食品发展规划》，由省政府常务会议审议通过并印发黑龙江省。到 1999 年底，黑龙江省绿色食品种植面积 19.7 万公顷，生产总量达到 106 万吨，绿色食品产值 35.6 亿元，绿色食品加工业实现销售收入 11.1 亿元，获得绿色食品认证产品 126 个。

2000 年，黑龙江省委、省政府在总结黑龙江省农业和农村经济发展经验的基础上，明确提出了"打绿色牌，走特色路"的发展战略，使绿色食品开发上升为牵动农业和农村经济发展的全局性战略重点，奠定了大发展、快发展的坚实基础。省财政在资金紧张的情况下安排专项扶持资金，吸引带动了商业信贷和社会资金向绿色食品产业聚集。2001 年 7 月，省政府在全国最早颁布并实施了《黑龙江省绿色食品管理条例》，从投入品使用到基地生产管理，从加工储运环节到市场监管，都有法可依，有章可循，把绿色食品产业开发纳入了法制化管理轨道。2010 年，黑龙江省绿色食品种植面积发展到 406.6 万公顷，种养业原料产量达到 2 050 万吨，实现绿色食品总产值 750 亿元，分别比 1999 年增加 20 倍、18.7 倍和 20 倍。

2011 年以来，省委、省政府对黑龙江省绿色食品产业开发作出新的战略部署，成立了以省长为组长的食品推进领导小组，出台了《黑龙江省绿色食品产业发展纲要》，并组织实施了绿色食品"四大工程"，即市场体系建设工程、基地建设提档升级工程、龙头企业绿色化建设工程、质量监管创新工程，把黑龙江省绿色食品发展推向了一个更高的发展阶段。至 2013 年底，黑龙江省绿色（有机）食品认证面积发展到 466.9 万公顷，比 2010 年增长 14.8%；完成绿色食品实物总量 3 413 万吨，比 2010 年增长 24.1%。

3. 释放综合效应 黑龙江省绿色食品发展到今天，绿色食品生产几乎覆盖了黑龙江省所有县、市、区，涵盖了农产品"种、养、加"各个环节。绿色发展理念已深深植根黑龙江大地，更为深层的意义在于，绿色食品的开发引发了一场发展理念的革命，给黑龙江省经济社会发展带来了深刻影响和巨大变化。

开发绿色食品使一些地方劣势转化成优势，形成新的经济增长点。黑龙江省地处边疆，气候冷凉，开发建设较晚，这些看似劣势的经济发展因素却是绿色食品发展的优势条件。例如，虎林市位于黑龙江省最东端，气候寒冷，地处偏远，经济发展先天优势不足，但生态环境好，发展绿色食品条件得天独厚。虎林市委、市政府抓住这一优势，逆向思维，积极调整发展思路，于 1997 年率先在黑龙江省提出了绿色食品产业发展战略。思路一变天地宽，虎林市域经济走上了快车道，县域经济总量和财政收入已经翻了两番。

　　开发绿色食品使黑龙江成为绿色、放心食品的代名词，树立了黑龙江省农产品品牌形象。黑龙江省始终坚持实施绿色食品"从土地到餐桌"全程质量控制，在全国第一个颁布实施了绿色食品地方法规，先后制定实施绿色食品技术标准 100 多项，走在了全国前列。目前，以大米为主的粮食类绿色食品，以大豆油为主的豆类绿色食品，以食用菌、蓝莓为主的山特类绿色食品，不仅规模不断扩大，而且价格优势也日益突出。黑龙江省在省外及国外销售的绿色食品种类已达 14 大类 1 300 多个。绿色（有机）食品中，有省级著名商标 138 个，全国驰名商标 17 个，分别占黑龙江省获标食品企业的 26.4% 和 68.2%。通过广泛宣传和推介，绿色食品品牌影响力不断提升，绿色食品大米、蓝莓、山特产品等产品优质优价的态势已初步形成。

　　开发绿色食品推动了农业产业化经营，加快了农民增收步伐。通过开发绿色食品，建设绿色食品生产基地，使黑龙江省发展农产品加工、推进产业化经营如虎添翼，如日中天。国内外一些世界知名的大企业、大公司看好了黑龙江绿色食品这块"金字招牌"，纷纷到黑龙江投资建厂、拓展业务。新加坡益海加里集团、上海光明集团、吉林皓月集团等一批国内外大型农产品加工企业纷纷进入黑龙江，可靠的绿色原料基地功不可没。高质量、高标准的绿色食品生产基地已经成为能招大商、引大资的"筹码"和"杀手锏"。穆棱市依托绿色肉牛养殖基地，成功引进了亚洲最大肉牛加工企业吉林皓月集团，投资 6.24 亿元，建成黑龙江皓月肉牛系列加工项目。项目全部达产后，年可实现产值 20 亿元、利税 2 亿元，带动穆棱及周边 20 万农民养牛，农民增收 2 亿元以上。

　　2013 年，黑龙江省绿色食品加工企业发展到 561 家。其中，年产值超过亿元的企业 73 家，完成加工总量 1 090 万吨，销售收入 810 亿元。开发绿色食品引发了一系列的传导效应，有力地拉动了农业结构调整，促进了农民增收。黑龙江省参与绿色食品产业化经营的农户以每年 10% 以上的速度递增，农民的绿色食品收入已经占到农民人均收入的 30% 以上。

　　开发绿色食品加快了农业标准化进程，促进了现代农业建设。绿色食品开发过程，就是农业标准化实施过程。每发展一亩耕地绿色食品，就推进了一亩耕地标准化生产。目前，黑龙江省建立国家级绿色食品标准化示范区 29 个，制定绿色、有机、无公害农产品技术标准操作规程 1 400 多项，涵盖了粮食作物、经济作物、畜禽养殖、山特采集以及食用菌栽培等领域。通过绿色食品操作规程组织生产，极大地加快了种养业的标准化生产进程，使黑龙江标准化生产走在了全国前列。与此同时，通过开发绿色食品，加快了农业科技化步伐。为了掌握更多的新技术、新方法，把绿色食品种出水平、种出效益，广大农民学科技、用科技热情十分高涨。

开发绿色食品促进了环境治理和改善，加快了生态省的建设步伐。由于在标准化生产过程中优先采用农艺措施解决病虫草害，增施农家肥和生物有机肥，使用生物农药，有效地改善了土壤的理化性状，减少了土地板结，避免了土地沙化，杜绝了高毒、剧毒、高残留、残留期长农药进入农田，有效地保护和改善了生态环境。黑龙江省标准化基地主要土壤环境指标和江河水质均优于周边省区。绿色食品生产区耕地土壤有机质含量从 2.8% 提高到 3.5%，绿色食品园区达到 5%，农田灌溉用水中氨根和亚硝酸盐含量均无显示，大气环境达到国家一级水平。通过标准化基地的建设，黑龙江省探索出一条依托资源、优化资源、合理开发利用资源，促进农业可持续发展的成功之路。开发绿色食品的过程，就是强化农业环境管理的过程，是将发展经济与保护环境有机结合的成功实践。每建设一个绿色食品基地，就是改善和保护了一片生态环境。

二、绿色食品市场体系建设

绿色食品市场体系建设是绿色食品产业持续健康发展的动力源泉，是进一步提升绿色食品价值，提升产业发展水平的重要手段。加强市场体系建设、强化产销对接、完善农产品市场信息服务工作，努力拓宽国内外市场，为加快推进绿色食品产业持续健康发展发挥了重要作用。

1. 绿色食品市场网络实现了全覆盖　2000 年以来，黑龙江省政府根据绿色食品产业发展要求和国家有关扶持农产品市场建设的相关政策，以农产品批发市场建设为重点，科学规划，合理布局，统筹安排，认真贯彻落实国家有关促进农产品市场发展的政策，在市场建设用地、降低水电收费标准、减免税收等方面制定优惠政策。同时，加大资金投入力度。组织实施了国家"双百市场工程""现代农产品流通综合试点""错峰冷藏"等国家级重点市场建设项目近百个，为推进黑龙江省绿色食品市场建设、提高市场建设水平起到了重要的推动作用。同时，大力推进具有绿色食品优势和特色的市场建设，完善流通基础设施，增强市场服务功能，提高市场辐射带动作用。目前，黑龙江省共建有各类农产品市场 814 个。其中，农产品批发市场 126 个（综合性批发市场 50 个，专业批发市场 76 个），农贸市场 230 个，乡（镇）集贸市场 458 个；其中，年交易额超过亿元的批发市场达到 76 个（超过 100 亿元的 5 个，30 亿～50 亿元的 9 个，10 亿～30 亿元的 9 个，1 亿～10 亿元的 53 个）。各类市场的绿色食品年交易额达 1 027 亿元，争取设立农产品期货交割库 6 个。黑龙江省初步构建起以农产品批发市场为核心，以县级农贸市场为骨干，以乡（镇）集贸市场、超市为基础，产地市场与销地市场相结合、现货市场与期货市场相衔接、综合性市场和专业性市场相配套，牵动黑龙江省辐射国内外的农产品市场体系。

2. 绿色食品流通基础设施不断改善 黑龙江省大、中型绿色食品批发市场建设水平大幅提升，服务功能进一步完善，辐射带动作用明显增强，基本具有封闭式交易大厅、现代电子信息系统，农产品质量安全检测系统，仓储、保鲜、加工、包装运输设施设备，以及相应的物流配送、金融、食宿等配套服务功能。60 多个市场拥有计算机信息管理系统，50 多个农副产品批发市场与商务部、农业农村部信息中心实现联网，60％以上的市场建立了农副产品质量检测室。哈尔滨国家粮食交易中心、哈达农副产品批发市场、双城禽蛋批发市场、牡丹江东宁黑木耳批发市场等已成为区域性、全国性农产品物流集散中心、价格形成中心和会展贸易中心。哈尔滨哈达农副产品批发市场年交易额达 120 亿元，已成为东北地区重要的农产品集散地。牡丹江东宁黑木耳批发市场年交易额达到 100 亿元，占全国黑木耳市场交易总量的 50％，已成为全国黑木耳物流集散中心、价格形成中心、信息交流中心和会展贸易中心。宝清白瓜子批发市场年交易额达 30 亿元以上，已成为全国最大的白瓜子专业批发市场，带动南瓜种植面积达 2 万公顷。

3. 国内专营市场体系逐渐拓展 在完善省内各类市场体系建设

的同时，把绿色食品销售触角向省外延伸，省外目标市场定位在高端消费群体较为密集的经济发达地区。特别是近年来，黑龙江省组织企业在北京和上海新建、扩建了一批绿色食品展示销售中心（店），省内外具备一定规模的绿色食品专营销售网点达到 2 000 多家，其中在北京、上海、广州三大城市占 20％。在提升深圳、南京区域性绿色食品销售中心建设水平的基础上，推进西安、成都等地区域性绿色食品销售中心建设，在大连、青岛、上海、福州、厦门、深圳、珠海等地建设 30 家绿色食品专卖店，并在京津沪、珠三角、长三角地区建立绿色食品直销配送连锁中心。同时，先后在省内各大网站建立了一批绿色（有机）食品网，集中宣传推介展示绿色食品，发布产品信息。创建了绿色食品电子商务网，与国际大宗销售网站链接，打造和培育了新型电子商务销售模式。

4. 各类大型展销让"龙江绿"声明远扬 黑龙江省开发绿色食品之初，就十分注重宣传推介。通过宣传让人们接受绿色消费理念，扩大黑龙江省绿色食品的影响力，树立农产品品牌形象。早在 2000年，黑龙江省农业委员会先后在广州、北京、上海、昆明举办了 4 场大型绿色食品展销会。每到一处，绿色食品受欢迎程度一浪高过一浪，有媒体把黑龙江绿色食品宣传展销效应概括为"轰动羊城、火爆京城、走俏申城、风靡春城"。黑龙江绿色食品推介每到一地，都会刮起一阵绿色食品消费旋风，形成一股强劲的黑龙江绿色食品产品热。10 多年来，黑龙江省采取"政府搭台，企业唱戏"的形式，先后组织了黑龙江绿色食品 2012 年（北京）展销周、黑龙江绿色食品（北京）年货大集，组织参加了中国国际农产品交易会、中国绿色食品博览会等大型展销活动近百次，参加企业累计 8 500 余家（次），展销产品近 1.5 万种，签约额 2 000 多亿元。

一系列的展销、推介活动，既将黑龙江绿色、安全、营养理念带到全国，也提升了黑龙江省绿色食品的名气，蜚声海内外。2013 年，黑龙江省绿色食品省外销售额达到 680 亿元。

黑龙江省绿色食品市场体系的不断完善，极大地促进了绿色食品的销售。黑龙江省粮食、马铃薯、肉、蛋、奶、夏秋季蔬菜等绿色食品不仅自给有余，而且销往全国各地。粮食、蔬菜商品率达80％以上，粮食商品量占全国粮食商品量的 10％，居全国第一位。

生猪外销量占 62%，奶外销量占产量的 80%，禽蛋销往外省数量占产量的 45%，蔬菜销往外省及出口数量每年在 190 万吨左右，为有效保证国家粮食安全和全国肉、蛋、奶等副食品市场供应作出了重大贡献。

5. 产销对接让绿色食品产业如虎添翼 黑龙江省高度重视绿色食品产销对接工作，2011 年提出了由过去研究"产加销"向研究"销加产"转变的产业发展新理念，为黑龙江省绿色食品产业发展指明了方向。黑龙江省以马铃薯产业为突破口，通过走出去、请进来，采取搭平台、发专列、办展会、建窖储、上加工、送服务等综合手段抓营销，走出了一条市场牵动、窖储拉动、加工推动的全产业链经营的产业发展之路，推动黑龙江省绿色食品产业发展。2012 年以来，分别在福建省福州市、广东省广州市举办"黑龙江省-福建省"马铃薯产销对接活动和"齐齐哈尔市-广州市"马铃薯产销对接会，组织主产区政府、农民专业合作社和经销大户参加的对接活动，签订马铃薯购销合同 82 项，交易量 25.2 万吨，签约金额 5.7 亿元，提前锁定了销售市场，实现订单生产。连续多年在哈尔滨市、齐齐哈尔市举办春季、秋季农产品展示暨对接洽谈活动，组织省内农民专业合作社与南方批发市场、购销公司、加工企业对接，签订农产品购销合同 698 项，交易量 466.6 万吨，签约金额 134.79 亿元。签约品种涵盖蔬菜、马铃薯、山特产品、粮食、畜禽五大类 150 多个品种和系列产品，产销对接活动拓宽了马铃薯销售市场，取得了供需双方共赢的成果。自 2011 年黑龙江省首发马铃薯专列以来，3 年共发运马铃薯专列 46 列，占全国发运总数 51 列的 90%。销售区域在稳定华东、华南、东南沿海地区的基础上，又拓展到重庆、成都、云南、湖北等西南、华中地区。黑龙江省马铃薯销售覆盖面之广、数量之多、效果之好创全国之最，有效提升了黑龙江省马铃薯市场知名度和占有率，推动了马铃薯产业的健康发展。2013 年，在克山、依安召开了黑龙江省马铃薯产业发展经验交流现场会，推广马铃薯市场营销经验，并提出了完善市场营销体系、强化龙头加工带动、加强标准化生产基地建设、培育壮大市场主体、提高发展保障水平的指导意见，有力地促进了绿色食品产业发展。

三、黑龙江省绿色食品走向世界

1. 迎接挑战 历经 10 余年艰苦谈判，2001 年 12 月 11 日中国正式加入世界贸易组织（WTO），这一重大变化给黑龙江省农业企业带来前所未有的挑战。抓住机遇，迎接挑战，需要选择一个实践的平台，帮助农业企业尽快提升适应国际市场环境的能力，以开辟多元化农产品国际市场，为更多的黑龙江绿色食品走出国门创造条件，政府把目光投向大型国际农产品展会。

破冰试水的第一站选择在我国澳门特别行政区。澳门特区是全球最发达、最富裕的地区之一，其著名的旅游业、酒店业使澳门长盛不衰。回归中国之后，经济迅速增长。东西方口味的融合使澳门形成多元的饮食文化。2001 年，黑龙江省政府首次在澳门举办绿色食品博览会，反响热烈。参展企业第一次亲眼看到产品被特区的消费者关注和品评的情景，清晰而具体地认识到自己的优势和差距。

素有"美食天堂"之称的香港特区，是连接内地与世界贸易的桥梁。由香港贸易发展局主办的香港美食博览会，是亚洲最大型的饮食展览之一，每年 8 月在香港湾仔会议展览中心举办，许多大经销商和供应商在现场进行一站式采购，来自世界各地的一流生产企业及经销商也会抓住这个商机进行促销并推出新产品。在这届琳琅满目、规模宏大的美食博览会上，首次参展的黑龙江省展团引人注目，"中国黑龙江绿色食品园"展区格外抢眼，黑土地长出的绿色食品令人爱不释手，众多港商、外商纷纷前来观看、洽谈。这次参加 2002 香港美食博览会取得了巨大成功，黑龙江的黑木耳、食用菌等山特产品，优质粮食、大豆及其制品享誉香江，签下了多项农产品贸易和招商项目。中央电视台、新华社和香港多家主流媒体进行报道，形成轰动性宣传效应。黑龙江省的绿色食品和特色农产品由此大举进入香港特区市场。

2009 年，为应对全球金融危机，拓展香港食品市场，开辟与香港客商新的合作领域，黑龙江省政府在香港国际会展中心举行了 2009 黑龙江（香港）食品加工与贸易合作恳谈会。省农业委员会推介了五大类 50 个食品加工与贸易合作重点项目。恳谈会上播放了《发展潜力巨大的黑龙江农业》专题片，发放《黑龙江（香港）经贸互助合作恳谈活动项目册》、光盘和产品宣传资料。黑龙江省 13 个市（地）和省农垦总局、森林工业总局系统 37 家食品加工企业与 70 余家香港食品生产、食品经销、饮食业、超级市场采购业、国际金融投资机构开展了项目洽谈活动，并到相关企业拜会考察洽谈。这次活动使黑龙江省与香港在投资、贸易，特别是食品加工领域的合作迈上了新台阶。

2002—2013 年，黑龙江省农业委员会先后 7 次组织黑龙江省 13 个市（地）和省农垦总局、森林工业总局系统食品加工企业赴香港展销绿色食品，举办农业招商和经贸洽谈活动，每次活动都在香港业界产生了强烈反响。多次参加黑龙江省（香港）农业招商活动的香港文汇报时任副社长刘永碧说："黑龙江省的绿色食品、特色食品在香港很有市场和合作潜力，所举办的农业招商展览活动，一年提高一个档次，是全国的样板。"

2. 经略周边　黑龙江省与俄罗斯、日本、韩国距离较近、交通便利、历史交往悠久、人员往来频繁，发展面向 3 个国家的农产品国际贸易圈有地利、人和之便，优势凸显。

2002 年以来，黑龙江省政府曾 3 次组团参加在韩国首尔高阳市举办的韩国国际食品展览会，并借助展会的有利契机举办农业招商洽谈活动。韩国农产品市场需求量大，但准入标准很高。通过一系列展览推介活动，黑龙江优质农产品在资源、品质、价格上具有的优势逐步被韩国消费者和经销商所认识，他们对非转基因大豆、玉米及其制品，红小豆、绿豆、小米、黏玉米等杂粮杂豆，山特产品和食用菌、辣椒、大蒜、萝卜、胡萝卜等每日三餐必备食品尤其喜爱，市场需求量非常之大。参展企业与韩国客商达成一系列合作项目和意向协议，建立了稳定的供货渠道。

日本是一个巨大的农产品消费市场。拥有 1.25 亿人口的日本，食品自给率只有 40%，每年要进口约 700 亿美元食品。在日本千叶举办的东京国际食品饮料博览会，其规模、声誉、交易量在亚太地区的食品和饮料专项展览会中堪称首位。2003 年，黑龙江省参展团参加了东京国际食品饮料博览会。展会上，琳琅满目的高新产品吸引了参展企业的眼球，通过对比国际一流的食品加工技术、工艺以及发达国家企业的经营理念、营销手段，企业找到了自身差距。各企业针对自己在产品研发、深加工、包装等方面的需求，在展会上进行考察学习和样品采购，同时利用各种机会宣传产品、发掘客户，为企业与国际接轨产品打开进入日本市场的大门奠定了基础。

俄罗斯食品市场的对外依赖性很强，每年进口食品 120 亿美元左右，与黑龙江食品领域具有极大的互补性。俄罗斯是黑龙江省农产品出口的最大市场，对俄罗斯出口占黑龙江省农产品出口总量的 40％以上。为了挖掘黑龙江省优势农产品在俄罗斯以及东欧各国市场的潜力，努力拓宽出口渠道，黑龙江省政府组织 12 个市和省农垦总局、省森林工业总局、省畜牧局组团参加展览活动。参展产品主要包括米面制品、大豆制品、畜产品、杂粮杂豆、山特产品、食用菌和保健品等。同时，举办对俄罗斯农业项目推介和经贸洽谈活动，寻求扩大与俄罗斯农业技术引进和经济贸易合作的商机，取得了丰硕成果。

3. 拓展南邻　中国的南邻东南亚，包括马来西亚、印度尼西亚、新加坡、菲律宾、泰国、文莱等东盟国家，有人口 11 亿，是一个庞大的食品消费市场，极具开发合作潜力。2010 年 1 月 1 日，中国-东盟自由贸易区全面启动，为双方经贸关系的发展提供了制度性保障，将有 90％的贸易产品实行零关税。黑龙江省紧紧把握这一重大机遇，组织农业企业"走出去"，大力开展贸易洽谈和展销活动，与东盟各国大贸易商建立稳定的农产品销售渠道和合作关系，积极拓展东盟国际农产品市场。

2010 年 4 月，黑龙江省政府农业代表团赴新加坡参加第十七届国际食品展览会，并赴马来西亚吉隆坡举办中国黑龙江农产品贸易商谈会。省农业委员会组织 11 个市（地）和农垦总局、农业科学院及 65 家农产品加工龙头企业的十大类 300 多个优质、特色农产品参展。来自新加坡、马来西亚、澳大利亚、印度尼西亚、韩国、日本和我国台湾、香港等地的客商对大米、杂粮、杂豆、大豆、山特产等优质农产品及其制品倍感兴趣，许多客商主动提出合作意向。

2010 年，中国黑龙江农产品贸易商谈会在吉隆坡举行，会上推介了 40 个农业投资和农产品贸易合作项目。中国驻马来西亚使馆商务参赞、马来西亚农业部有关司局高级官员、马中友好协会会长、马来西亚中国经济贸易总商会会长等工商界知名人士，食品经销商、加

工企业代表等 90 余人应邀参加会议。双方企业有针对性地开展项目
洽谈活动。中新社马来西亚分社、南洋商报、东方日报、诗华日报等
众多新闻媒体记者参加了会议，并给予重点报道。

继 2010 年赴新加坡、马来西亚参展洽谈活动之后，为进一步开
拓东南亚农产品国际市场，积极应对欧债危机引起的农产品国际市场
需求不旺的影响，2012 年 11 月，黑龙江省农业委员会再次组织 11
个市（地）和省森林工业系统在内的黑龙江省农产品贸易参展团赴新
加坡参加了第九届新加坡亚太国际食品展览会，并赴马来西亚吉隆坡
举办了马来西亚-黑龙江农产品贸易推介交流会。此次活动达到了巩
固关系、再促合作、扩大交流的目的，同时也带给我们深刻启示：要
与国际先进的营销文化接轨，注重提升产品内在品质，在外国参展商
采用高科技多媒体展示和现场制作，突出产品特点和美誉度，即食产
品多样，方便顾客品尝等方面需要学习。要借助东南亚市场独特的地
缘优势，打造世界贸易平台。中国-东盟自由贸易区是一个庞大的食
品消费市场，其中马来西亚是东南亚诸国中贸易额最大的国家，也是
清真食品消费大国。新加坡作为自由贸易港，是黑龙江省在东南亚和
世界各地的最佳贸易平台，能够作为通往世界各国食品贸易市场的
"桥梁"。

4. 进军欧洲　欧盟是世界上最大的贸易集团。历来讲究生活品
质的欧洲人对食品甚为挑剔，回归自然成为时尚，品牌意识根深蒂
固，国家控制食品质量安全非常严格，食品市场准入标准门槛很高。
为了开辟欧洲市场，让黑龙江省绿色食品及优质农产品的品牌形象进
入欧洲人的视野，摆上欧洲居民家庭的餐桌，2006 年和 2007 年，省
政府连续 2 年组织参加了比利时农业博览会，举办了黑龙江农业国际
合作项目招商和农产品展览洽谈活动。活动产生了较大反响，来自欧
盟及其他国家的客商对黑龙江省优质农产品产生了浓厚兴趣，签订了
出口订单，欧洲时报、比利时公共电视台等 10 多家新闻媒体对招商
展览活动给予了关注和重点报道。

两年一届的德国科隆国际食品展览会，有来自欧洲、亚洲、美
洲、大洋洲、非洲 120 多个国家和地区的 7 000 多家生产商、零售
商、贸易商及分销商参展，是目前世界专业性最强、规模最大的食品
饮料贸易展览盛会。2011 年 10 月，省政府组织 12 个市（地）和森

林工业总局的 63 家企业组成参展团，参加了科隆国际食品展览会。2012 年 10 月，省农业委员会组织参加了法国巴黎国际食品展。

2006 年以来，省政府 4 次组团赴欧洲开展农业展览招商活动，为黑龙江省开拓欧洲农产品市场打下了坚实的基础。这期间，农产品对欧出口持续上升，欧盟已成为黑龙江省第二大农产品出口贸易区。

5. 经验可鉴 黑龙江省农业企业扬帆出海，到外面闯世界，既是大势所趋，也是必然选择。由政府组织企业参加大型国际展销活动的做法，取得了显著成效，积累了宝贵经验。随着周边、东盟、欧盟等国际市场大门徐徐开启，黑龙江省农产品进出口贸易额持续增长，进入了全国前 10 位农产品出口贸易大省行列。2013 年，黑龙江省农产品进出口贸易额实现 35.85 亿美元，比 2005 年增长 3.8 倍，占黑龙江省商品进出口贸易比重 11.5%。其中，农产品出口额由 2005 年的 8.5 亿美元增长到 2013 年的 16.38 亿美元，增长 1.95 倍。其基本经验主要如下。

（1）帮助企业在国际市场竞争中成熟长大。让企业直接参与规模大、层次高、客商多、展品丰富的大型国际展会，使之直观了解激烈竞争的国际市场环境，了解自身产品包装、精深加工和营销手段等方面的差距和欠缺，了解各种各样的市场需求，不断改进和提高生产技术和创新产品。在亲自参与商品推销、寻觅客户和贸易谈判的过程中得到历练，获得经验，成熟长大。目前，黑龙江省农产品出口创汇企业发展到 521 家，出口产品涵盖了果菜、杂粮、杂豆、山特产品、罐头制品、油料加工、畜产品等 1 500 多个品种。绥化赛美葵花有限公司多次参加黑龙江省农业委员会组织的赴欧洲展销活动，企业按照进口国标准，全力打造赛美牌葵花仁知名品牌，产品全部通过欧盟 IMO 有机食品认证。目前，产品出口欧盟及美洲 10 多个国家，年出口贸易额由 800 万美元扩大到 2 000 多万美元。哈尔滨高泰食品有限公司积极参加大型国际食品展销活动，已发展成年出口额达 3 000 多万美元的大型出口创汇企业。

（2）全力构筑"三大农产品出口贸易圈"。黑龙江省农业委员会按照构建"三大农产品出口贸易圈"的蓝图，有针对性地寻找规模大、层次高和专业性强的大型国际展会，组织进行大型国际食品、农产品展销活动，拓展了国际市场，扩大了农产品出口渠道。2021 年，黑龙江省货物贸易进出口总值 1 995 亿元，比 2020 年增长 29.6%，比 2019 年增长 6.9%，进出口增速高于全国增速 8.2 个百分点。其中，出口 447.7 亿元，增长 24.4%；进口 1 547.3 亿元，增长 31.2%。

（3）树立中国优质农产品大省形象。在国际顶级展会亮相，以黑龙江省政府名义举办大型农业项目招商推介活动，邀请外国客商、政要参会，统一设计展览特装给予客商完美的视觉形象，播放专门拍摄的专题片，发放项目册等宣传资料，大力推介黑龙江省独特的农业资源、发展优势和优质农产品特色，扩大了黑龙江绿色、有机农产品在国际上的影响。由政府相关领导带队，拜会当地政府、大型商会和中国驻外使领馆，深化了各国政府和国际组织对黑龙江省现代化大农业的认识，提高了黑龙江现代化大农业和粮食生产第一大省的国际知名度。

（4）充分发挥政府组织引导服务作用。在广泛了解国际市场的基础上，综合不同国家的市场需求、农产品价格、市场开发潜力等因素，有选择地组织适宜的企业参展，并认真筛选展品，增强参展的针对性。由政府部门牵头承办展销和推介活动，邀请国外工商界、企业界、食品界客商相对容易，企业面对面地对接，找到合作伙伴、达成合作协议的概率会相应提高。省财政厅每年从外向型农业发展资金中列出出境展销活动专项资金，用于境外展位租赁、特装搭建等支出。政府统一组织国际展销活动，具有参展企业数量多的规模优势，政府部门在与国外展销机构洽谈过程中有较高的谈判地位，可大幅降低展位费和搭建费等各种费用。在交通、食宿等方面也因规模优势而使企业减少了支出。

积极开辟农产品国际市场，参与国际农业分工与协作，能够拓宽农民就业和增收渠道，加快黑龙江省现代化大农业建设，提高农业国际竞争力。据商务部专家调查，每出口 1 万美元农产品，可以带动 20 个农民就业，是增加农民收入最现实、最有效的途径之一。

第二节　农产品质量保障体系建设

农产品质量保障体系是依照国家法律法规和有关标准，以农业标准体系、检验检测体系和认证体系为基础，通过政府管理、公共服务和市场引导等途径，对农产品从产地环境、投入品、生产过程、加工储运到市场准入等全程质量安全进行控制的基础支撑体系，对农产品质量升级、农产品消费安全、农业结构调整、农业竞争力提升都有着重要的保障作用。近年来，黑龙江省高度重视农产品质量保障体系建设，从农垦起步，发挥垦区优势，先行先试，逐步推广至全省。目前，黑龙江省已初步建立起完善的农产品质量保障体系，在农产品质量安全评价、农业行政执法、农村市场监管和促进农产品贸易方面发挥着重要作用。

一、农产品质量保障体系建设先行者——黑龙江垦区

黑龙江垦区作为国家重要的商品粮基地，粮食战略后备基地和全国最大的绿色、有机、无公害食品生产基地，承担着国家和黑龙江省农业先进设备技术试验推广、农业标准化生产规程制定实施、农产品检验检测体系建设等重要历史使命。黑龙江垦区发挥独特的管理、技术、设备、人才等优势，在农产品质量保障体系建设方面先行先试，走出了一条具有垦区特色、省内领先、国内一流、敢与发达国家媲美的现代化农产品质量保障体系建设成功之路。

1. 黑龙江垦区农业生产标准化体系　随着现代农业科技进步和工业标准的导入，农业标准化已成为组织现代化大农业生产的重要手段，为促进传统农业向现代农业转变，实现农业产业化发展发挥了不可替代的作用。在推进农业生产标准化和农业现代化进程中，垦区积极探索，大胆创新，通过多年的实践总结出一套技术规范、管理严格、组织严密、服务全面、效果明显的农业标准化推广体系和制度，为推进垦区农业生产标准化和农业现代化，进而使北大荒成为国家重要的商品粮基地、粮食战略后备基地和绿色食品生产基地发挥了十分重要的作用。

黑龙江垦区推行农业标准化经历了研究探索、创新发展和完善提升过程。

20世纪50年代至70年代的研究探索，作为垦区农业标准化雏形被载入史册。

20世纪80年代至90年代末，农业标准化的创新发展，为黑龙江垦区农业发展提供了有力支撑，为下一步完善提升奠定了坚实

基础。

2002 年，垦区提出农业工作要坚持做到"三个围绕、三个发挥、三个加强"，并把农业标准化作为加快农业科技成果转化的重要手段。

2004 年，国家提出恢复粮食生产以来，垦区以备耕看准备、春播看质量、夏管看长势、收获看品质、三秋看标准、全年看成效的"六看"为内容，从 2004 年至今连续开展农业标准化达标年活动，全面加强了现代农业示范区和农业标准化示范场建设，创新集成和推广"十大"栽培模式和"十大"农业新技术，深入开展了"六大"作物高产创建活动，使垦区粮食综合生产能力大幅提升。2009 年以来，围绕"健全一个体系、突出两个重点、完善三个标准、做到六个坚持、抓好六个环节"，努力做到农业生产管理"四个一样"的新思路、新举措、新目标、新标准，扎实开展农业标准化提档升级活动。

随着垦区农业标准化的深入实施，各农（牧）场综合产能持续提升，单产水平持续提高，人均收入不断增长。以绥滨农场、友谊农场、八五二农场、七星农场、八五〇农场和建设农场 6 个农业标准化标兵场为例，2011 年粮食总产比 2003 年平均增长 269.5%，年均增长 33.6%，其中，友谊农场增产幅度达 370.3%，年均增长 46.2%；单产水平持续提升，2011 年粮食单产比 2003 年增长了 186.9%，年均增长 23.3%，其中，建设农场增产幅度达 255.1%，年均增长 31.9%；人均收入不断提高，2011 年人均收入比 2003 年增长 438.7%，年均增长 54.8%，其中，七星农场人均收入增加幅度达 520.7%，年均增长 65.1%。

垦区坚持用工程化的理念谋划农业发展，用工业化的生产经营方式经营农业，将农业标准化应用到农业生产各个环节，加快了垦区由传统农业向现代农业的转变，粮食综合生产能力显著提高。1995 年，垦区粮食总产首次突破 50 亿千克；2005 年，粮食总产又突破了 100 亿千克；2009 年，粮食总产量达到 165 亿千克，商品量首次突破 150 亿千克大关，粮食总产和增产幅度均创历史新高；2010 年，粮食总产量达到 182 亿千克，连续 7 年实现农业大丰收；2011 年，粮食总产量达到 204 亿千克；2012 年，粮食总产量达到 210 亿千克；2013 年，粮食总产量达到 212 亿千克，实现农业生产"十连增"。垦区的工作实践，为黑龙江省农业标准化建设趟出了路子，提供了经验，发挥了重要指导作用。

（1）从源头抓起，建立健全农业标准化体系。建立健全农业标准体系是实施农业标准化的重要基础，也是发展现代农业的重要保证。黑龙江垦区从实际出发，在农业生产标准体系建设上，做到了"四全"：一是全作物农业生产标准；二是全面积农业生产标准；三是全过程农业生产标准；四是全方位农业生产标准。通过实施"全作物、全面积、全过程、全方位"，使垦区资源利用率、土地产出率、劳动生产率、粮食商品率不断提高。"九五"期间，粮豆年产量4 575 千克/公顷，比"八五"期间增加1 977 千克，增长56.8%；粮豆总产年均831 万吨，增长55.7%。"十二五"期间第一年，粮豆每公顷平均单产7 425 千克，比"十一五"期间增加1 251 千克，增长20.2%；粮豆总产2 037 万吨，较上年增长12%。

（2）把基础做实，推进农业标准化到位。面对日趋激烈的国内外市场竞争，积极应对和破除发达国家和地区农产品"绿色壁垒"，垦区在继续强化绿色食品基地建设、扩大非转基因农产品生产的同时，全面实施标准化，做到了"六个坚持"，努力提高农产品市场竞争力，有力地推进了垦区现代农业的快速发展，一是坚持农业投入品管理标准化；二是坚持良种良法配套标准化。建设国家级良种生产基地13.3 万公顷，年提供优质良种50 万吨，建立和推广应用"十大"栽培模式和"十大"农业新技术，基本实现了良种良法配套标准化；三是坚持农艺农机结合标准化，在耕作制度上，突出保护性耕作，扩大免耕深松面积。

（3）加强管理，保证农业标准化实施。实施农业标准化，提高农业核心竞争力，重在强化领导，贵在目标落实。黑龙江垦区各级党委把实施农业标准化纳入重要工作日程，为确保农业标准化落实到位，做到了组织领导、农业管理、制度建设、标准监督、成本控制和检验检测"五个加强"。一是加强组织领导；二是加强农业管理；三是加强制度建设；四是加强标准监督；五是加强成本控制。

（4）狠抓队伍建设，促进农业标准化提升。黑龙江垦区坚持"以人为本"的理念，尊重人才，吸引人才，稳定人才，建立了一支素质高、业务精、重实践、有经验的技术研发和推广队伍。一是突出专家指导。以提高农业标准化水平和技术到位率为重点，聘请垦区内外专家，采取室内培训与现场示范、电视讲座与田间指导、专家授课与大户带动相结合的方式，坚持开展总局、管理局、农（牧）场"三级"技术培训，每年培训 30 多万人。二是突出主体培训。以实现农业措施直接到户、良种良法直接到田、技术要领直接到人为目标，以农业、农机等具体操作者培训为重点，扩大培训范围，突出实用技能，加强主体培训。三是突出实效活动。坚持开展一张培训卡、一张明白纸、一张技术光碟、一本技术手册的"四个一"活动，使广大农户准确掌握核心技术、全面掌握配套技术、熟练掌握操作技能，为促进农业标准化水平不断提升提供了可靠的保障。

2. 黑龙江垦区农产品检验检测和质量追溯体系 农业生产标准化体系、农产品检验检测和质量追溯体系，构成了黑龙江垦区农产品质量保障体系。多年来，黑龙江垦区在全力推进农业标准化体系建设基础上，更加注重加强农产品检验检测体系和质量追溯体系建设，从而保障了农产品质量安全。

为提升黑龙江垦区农产品检测体系的建立及监测能力，保障垦区乃至黑龙江省农产品的生产安全以及绿色生态农业的健康发展，垦区坚持把各级农产品质量安全检验检测能力建设纳入农产品质量安全工作的重心，围绕农业农村部农产品质量安全检测体系建设规划要求，依托垦区的 3 个农业农村部级农产品质量监督质检中心，即农垦科学院测试化验中心、黑龙江八一农垦大学农产品质量安全检验检测质检中心、农垦乳品检测中心，根据专业中心、区域中心的职能，积极开展质量安全及风险评估、安全技术交流、农产品质量安全监督抽查检验、企业产品研发等工作，使垦区的检测水平达到国内同类检测水平，有效地为垦区及周边乡村有关农业生产、环境保护及农产品质量控制提供技术服务。同时，9 个管理局农产品质量安全检测站的建设启用，解决了食用农产品和大宗出口农产品质量安全问题，完善了垦区农产品质量安全检验检测体系框架和运行机制，全面推进了垦区农产品质量检验检测体系建设，有效地改善和提高了垦区农产品质量安全水平，确保垦区农产品质量安全。

近年来，黑龙江垦区不断建立健全农产品质量追溯系统，有效地提高了垦区农产品质量安全水平。2008 年，在农产品质量追溯系统项目建设初期，黑龙江农垦总局就成立了以局长为组长的农垦农产品质量追溯系统项目建设领导小组。近几年，各项目建设单位、相关管理部门设专人负责，明确责任，细化分工，为农垦农产品质量追溯系统项目建设工作的顺利实施提供了组织保障。为了规范项目的建设与管理，制定下发了《黑龙江农垦农产品质量追溯系统建设项目管理办法》，各项目建设单位按照项目建设要求制定了企业《农产品质量追溯工作制度》《农产品质量追溯信息系统运行制度》《农产品质量追溯设备使用维护制度》和《农产品质量安全事故应急预案》等相关的管理制度，明确了项目实施各环节的任务与责任，用制度规范了农垦农产品追溯系统项目建设，落实了质量安全责任，提高了农产品质量安全应急处理能力。"十一五"期间，垦区率先在全国农垦系统开展了农产品质量安全追溯试点工作。目前，全垦区的追溯产品涉及谷物、面粉、蔬菜、水果、禽肉、畜肉、茶叶、农产品加工品等九大类。追溯企业产品生产过程可追溯数据已存储到农业农村部农垦局可追溯农产品信息中心。建立农垦农产品质量追溯系统，成为垦区支持农（牧）场构建现代农业产业体系和扶持企业健全品牌农产品质量监管体系的一项重要工作，有效地提高了垦区农产品质量安全水平。

黑龙江垦区农产品质量安全追溯系统的建立为监管部门提供了一种先进、有效的质量管理技术手段，满足了消费者对产品质量的知情权，提高了产品的信誉度和市场竞争力。八五七农场"湖连湖"精洁米生产企业以强势的可追溯产品竞争力获得了第29届奥运会优秀供应商的荣誉，"小湖"精米更是成为上海欧尚超市指定产品、郑州机场专用米；云山农场"绿云山泉"大米在大连华联超市，兴凯湖农场"天湖岛"大米在云南和福建等地、八五〇农场"圣丹"大米在天津市河北区兴耀批发市场及宁安农场"垦一"速冻玉米在上海、南京等地都成为畅销产品，每千克价格高出同类产品0.04～0.2元。下设亲民、北绿、龙绿3个子公司的北安管理局北大荒仙骊菜业集团有限公司，销售网络覆盖东三省以及京、津、沪等地，产品进入了国内大中城市的沃尔玛、家乐福等国际连锁超市。亲民公司生产的有机酸菜还远销日本、美国、加拿大等国家和地区。在国内每袋酸菜卖到6元多，比普通酸菜身价高了好几倍；而一袋有机白菜在普通超市卖10元，在北京华联要卖到17.8元。2013年，北大荒亲民公司全年生产有机酸菜1 500吨、有机面粉1 500吨、有机挂面700吨、有机豆酱

52 吨，实现产值 3 056 万元，带动公司所在地红星农场实现工业增加值8 640万元。

黑龙江垦区农产品质量安全追溯系统的建立获得了农（牧）场、加工厂、种植养殖户互利共赢的良好效果，促进了企业增效、职工增收。垦区农产品质量安全追溯系统的建立还促进了招商引资，加强了与外地优势企业的合作。2012 年，北安管理局与浙江海亮集团签订有机产品合作发展协议，项目现已正式启动。2015 年，有机产品合作种植面积达到 2 万公顷，形成有机种植、养殖、加工、销售"一条龙"的有机农业产业化模式，进一步促进北安管理局有机产业的快速发展。2013 年，八五一农场与浙江海亮集团签订了有机玉米和有机水稻种植协议，农场利用退耕还林的林间隙地种植有机大豆和有机荞麦 100 公顷，获得了可观的经济效益和市场前景。农场投资 30 万元，实施了特色功能有机食品生产项目。其中，农场与浙江海亮集团合作种植有机作物 670 公顷；与新疆天业集团合作，利用节水增粮项目，投资 220 万元，种植旱作水稻 66.7 公顷。

黑龙江垦区农产品质量保障体系的建立和完善，走出了一条具有黑龙江垦区特色的成功新路子，有力推进了垦区现代化大农业的发展，为黑龙江省和全国垦区推进农产品质量保障体系建设提供了可资借鉴的成功经验，也推进了黑龙江省农产品质量保障体系的建立和发展。

二、农产品质量保障体系建设

2002 年，黑龙江省政府出台了《黑龙江省人民政府关于加强农产品标准体系建设和检验检测体系建设的意见》（黑政发〔2002〕59 号）；2003 年 2 月，印发了《黑龙江省农产品质量标准体系建设实施方案》《黑龙江省农产品质量检验检测体系建设实施方案》。这为黑龙江省农产品质量保障体系建设指明了方向，提供了政策保障。

1. 推进农产品质量标准体系建设 按照目前我国法律法规等相关规定，我国共有涉及农业国家标准、行业标准 4 166 项，黑龙江省涉及农业地方标准 857 项。此外，还有大量的国际标准化组织（ISO）和其他国际组织制定的国际标准，发达国家和地区制定的国外（境外）先进标准。2002 年，黑龙江省政府在《黑龙江省人民政府关于加强农产品质量标准体系和检验检测体系建设的意见》中明确提出，"凡有国家标准、行业标准和黑龙江省地方标准的，黑龙江省农产品都要依据这些标准组织生产和检验检测。凡有国际标准和国外先进标准并能够采用的，要尽快转化为黑龙江省地方标准或企业标准。对外出口的农产品要根据进口国要求，达到该国的国家标准"。黑龙江省要建立以农产品质量安全标准为核心，以农业生产先进实用技术标准、检验检测方法标准和管理标准协调配套的生产、加工、销售全过程的标准体系。

农产品安全卫生标准包括涉及农药、兽药、饲料、化肥、重金属、添加剂和激素等安全卫生要求方面的标准。农产品质量标准包括特色、安全、优质、专用、转基因、非可食农产品及主导农产品质量标准、标样。检验检测方法标准包括农产品安全质量、农用生产资料检验和农业生态环境监测需要制定的检验检测方法；农药、兽药、化肥、重金属、添加剂、激素等超标或残留的快速检验和由定性到定量的检验方法；转基因食品检测等。其中，要求各行署、市、县政府制定所需的农业生产技术和管理标准。

黑龙江省农业委员会组织开展了标准化示范县（乡）创建活动，将标准化示范载体扩大为县、乡、合作社，落实产前、产中、产后全程标准化，探索整县、整乡推进标准化生产的新模式。截至 2014 年，全省创建国家级标准化示范县 16 个，省级标准化示范县 2 个，乡（镇、农民专业合作社）级 47 个，对农产品质量安全起到了示范作用。黑龙江省组织 13 个市（地）对 2011 年以来创建的 30 个农业标准化示范乡（镇）进行了考核验收。齐齐哈尔市加强农产品基地建设，把好农产品质量生产关。目前，哈尔滨市创建了 4 个省级农产品质量安全标准化示范点、15 个国家级绿色食品原料标准化生产基地。农产品生产企业和农村合作经济组织建立了农产品生产记录档案、抽查检测制度，实行主导产品包装标识上市。各县（市、区）制定了基地投入品管理制度、农业投入品公告制度、基地投入品市场准入制度等，强化农资专供点的台账管理，从源头上控制农业投入品的来源及流向。在备耕、春播、夏管等关键时期，各级农业委员会、工商、质量技术监督等部门组成联合检查组，对全市投入品经营户和经营产品的证件、来源、质量、价格、手续进行监督检查和抽查，确保了农产品质量安全。

2. 推进农产品质量检验检测体系建设　为了加强农产品"从土地到餐桌"全过程监管，确保农产品质量安全，2003年，黑龙江省政府制订了《黑龙江省农产品质量检验检测体系实施方案》。根据黑龙江省检验检测行业的实际状况，确定黑龙江省农产品检验检测建设体系基本框架，即企业自检体系建设、检验检测中介机构的体系建设、行政执法检验检测体系建设和进出口商品质量检验检测体系建设。多年来，在省政府的正确领导下，在各职能部门和企业的共同努力下，黑龙江省农产品检验检测体系建设工作取得了突破性成果。

（1）加强农产品检验检测机构建设。2002年，黑龙江省政府确定国家农业标准化监测与研究中心（黑龙江）等15家实验室为重点建设的检验机构，投资1 610万元对其中的9家质检机构进行了重点投入。经过多年努力，现已形成了比较完善的国家、省、市（地）、县4级农产品检验检测体系。目前，黑龙江省现有涉农国家级质检中心"国家农林副产品质量监督检验中心"等5个，农业农村部在黑龙江省设立的检测中心"农业农村部农产品质量安全监督检验中心"等17个，这些中心建立在大专院校和科研院所，人员素质高、检测能力强，提升了黑龙江省农产品的检测能力。黑龙江省现有省级涉农质检中心37个，黑龙江省各级质量技术监督部门的88家产品质量监督检验机构、环境保护部门依法设立的67家环境检测机构、卫生部门的87家疾病预防控制机构、粮食部门的16家粮食检测机构等。这些机构的设立，构成了黑龙江省跨行业、多类别的农产品检验检测体系，承担着黑龙江省农产品检验检测重要职能，为保障黑龙江省农产品质量安全、维护百姓食品安全健康发挥着重要作用。

（2）加强农产品质量安全监管。2009年，经黑龙江省政府批准，省农业委员会成立了农产品质量安全监督管理局。几年来，通过完善农业标准化、监管、检测和制度建设，大力夯实监管基础，不断提升监管效能，形成了主管部门负责、相关部门协同配合、齐抓共管、强力推进新格局。经国家级农业部门检测，黑龙江省农产品历次检测合格率均稳定在96.5％以上，居全国前列。2010年，黑龙江省政府设立了农产品监管专项资金，划拨监管部门工作经费，推进市、县、乡监管机构建设，购置检验检测设备，推进监管工作有效开展。截至

2013 年底，黑龙江省农产品监管机构网络初步形成，83 个市、县（区）均以不同形式设立了监管机构和专（兼）职工作人员。启动了 3 个市级检测中心改（扩）项目，市地级检测中心已建和在建达到 7 个。对基层 287 名检测技术和监管人员实施了全员培训。坚持开展各类农产品检测工作，每年抽检样品 1 万余个，获得有效数据 442 550 个。配合国家相关部门开展例行监测，抽检样品 600 个。在黑龙江省 26 个城市抽检样品 8 014 个，总体合格率稳定在 96.5％以上。

为了构建完整的检验检测体系，形成强力监管技术支撑，完成了 1 个省级、7 个地市、70 个县（市、区）农产品检测机构投资建设，有 3 个市级检测中心完成认证并开展工作。黑龙江省所有乡（镇）均成立了农产品质量安全服务机构，果蔬主产乡（镇）配备了速检设备，能够围绕服务生产开展速测工作。目前，黑龙江省基本形成了省、市、县、乡 4 级农产品检测体系。同时，鼓励和引导有条件的生产企业和合作社建设自检室，为形成政府检测为主体、企业自检为补充的检测模式探索出了经验和路子。在黑龙江省逐步完善机制和制度体系建设，建立了产地准出制度，大力推行"三个统一"，即在黑龙江省统一产地证明、统一生产记录、统一刻制村级产地证明专用印章，黑龙江省大宗食用农产品基本实现带证准出。

加强了对农产品生产企业的监管，鼓励和支持企业建立自己的内部检验检测机构，引进先进技术设备，配齐专业检测人员，完善产品检测制度，保证出厂产品质量关。目前，黑龙江农产品生产企业内部的检验检测体系已经初步确立，超过 50％的企业建立了企业内部实验室。对于龙头企业及满足条件的企业鼓励其申请符合性评定和质量评价，带动黑龙江省农产品质量总体水平的提高。青冈赛美葵花制品有限责任公司是黑龙江省最大的有机葵花仁加工出口企业和农业产业化省级重点龙头企业。企业牢固树立以质量求生存理念，坚持把质量安全放在第一位，不断建立完善产品自检自控体系，产品安全自控能力不断提高，产品在国际市场上成为畅销产品。公司先后从韩国、日本引进色选机和紫微光杀菌烘干机，实现了出口产品全部优选。黑龙江宏泰松果有限公司是专门从事红松果仁加工的出口企业，企业引进了德国、法国产品检测加工设备，按照进口国标准组织生产，完善了企业内部产品自检制度，安排专业技术人员负责产品化验、抽检和巡查，严控产品质量关，保证产品自检合格率达到 100%。公司建立了产品条形码可追溯制度，可通过网上、电话查询产品批次、产地等详细信息，生产的松仁系列产品畅销欧盟、美国及中东地区。

各类农产品物流园区和农贸批发市场是食品农产品最集中、物流量最大、质量安全问题最易发生地之一。近年来，各市（地）、县政府和相关部门不断加强农贸批发市场检验检测机构建设，加大对农贸市场检查力度。各中心城市的农贸市场均建立了检验检测机构，开展对农产品的快速检测工作，并以中心城市为出发点，逐步扩大到市、县级农贸市场。为落实国务院农产品质量安全监管职能要求，黑龙江省形成了检打联动机制。在每年的元旦、春节及重大节日和活动期间，组织各级农产品监管机构对各类农产品批发市场、超市、食品零售网点等开展食品农产品质量监督检查，及时将监测中外埠不合格产品信息通报工商、食药监督等部门，加大处罚力度。同时，建立风险预警机制，修订印发了《黑龙江省农业委员会农产品质量安全突发事件应急预案》，各市、县也相应完善了本级应急预案，为及时科学处理突发质量安全事件奠定了基础。各级质监、农业、工商、卫生等相关部门从主要品种、重要节日和关键环节入手，不断加强对市场的监督检查，保证了市场供应的农产品质量安全，维护了市场正常经营秩序。

哈尔滨市哈达农产品批发市场（哈尔滨哈达农副产品股份有限公司）创建于 2002 年，市场作为我国东北地区最大的果菜批发集散中心，担负着与市民日常生活息息相关的果菜运营与流通工作。为此，哈达市场把农产品检测工作放在市场工作的首位，坚持日常检测把好关口，每天严格按照相关的检验检测要求对市场进场销售的蔬菜进行农药残留快速检验检测，抽样合格率达到 99%。宁安源丰国际物流园区是 2008 年投资 3.3 亿元建设的集农产品物流、深加工、贸易、储藏为一体，占地 23.42 万米^2 的对俄罗斯国际物流园区，已成为黑龙江省乃至东北三省一区规模较大的农产品对俄罗斯出口集散地之一。园区 2010 年 5 月 10 日正式营业，牡丹江出入境检验检疫局、牡丹江海关、黑龙江省质量技术监督局均在园区设立了办事机构，开展相关业务工作，在黑龙江省首次实现了"口岸后移"。

哈尔滨市针对外地农产品流入多、监管难度大等实际，建立了全方位的监管制度。对具有"两证"的农产品实行入市抽检，对无证的实行入市登记，经营者写出质量承诺，并进行现场检测。由哈尔滨市农业部门统一印发《农产品生产记录》和《农产品产地证明》，发放到村和农产品生产企业、农民合作社，督促其建立生产记录，并及时开具农产品产地证明。在全市30个大型超市、17个农贸市场和哈达批发市场1 500多个摊位的显著位置，悬挂了农产品质量安全检测公示牌，将检测品种、产地、检测结果和检测人员及时公示，接受社会和群众的监督。建立了农产品质量安全承诺和诚信建设制度，要求生产、经营者分别向生产和市场管理部门就其生产、销售的农产品质量安全作出承诺。

宁安市2011年被授予国家级食品农产品示范区以来，将全境14.7万公顷耕地全部实行农产品质量安全区域化管理，对农业化学投入品实行统一管理，基地产品农药残留、重金属等有毒有害物质含量全部达标，出口产品合格率达到100%。宁安市政府在黑龙江省率先成立农业执法局，加大了与检验检疫、工商、质监等部门联合执法的力度，对生产基地、农资市场、农产品市场加强监管。宁安市农业委员会建立了农产品质量安全追溯体系，完善了数据库，建设9条光纤专线、近千个视频监控，对农产品生产基地进行全程监控，对1个水稻智能化催芽车间、7个水稻加工厂实施监管，可实现监控面积333.3公顷。严格生产规范，严格控制化学投入品使用，真正实现了"生产可监管、管理无盲区、来源可查寻、投入无违禁、销售可追溯"的目标。

三、推进农产品质量认证工作

农产品质量认证是对农业标准化成果的有效确认，是检验农产品质量的重要砝码，更是确保农产品进入市场的有效"通行证"。它关乎农产品生产企业、农民的切身利益，关乎农产品市场供给和繁荣。近年来，黑龙江省紧紧围绕农业农村经济发展这一中心，立足于现代化大农业建设，积极服务"两大平原"现代农业综合配套改革，认真履行职责，强力推进农产品认证工作。通过十几年的努力，黑龙江省农产品认证从无到有、从小到大，无论是认证总量还是发展进度，均在全国处于领先地位。统计表明，截至2014年6月30日，黑龙江省绿色食品认证证书1 386张、有机食品农产品认证证书1 250张，开

展良好农业规范认证 50 多家，无公害农产品认证证书数量达到
10 876 张。

黑龙江省委、省政府把农产品认证工作纳入农业发展和新农村建
设规划中，将农产品认证工作由部门行为上升为政府行为，成立了由
主管副省长任组长、有关部门负责同志为成员的农产品认证工作领导
小组。2007 年，召开了黑龙江省农产品认证工作会议，制定了《黑
龙江省质量认证条例》，健全了与认证认可相关的各项规章制度，规
范了工作程序，明确了工作要求。2003—2014 年，连续 11 年的省委
1 号文件将农产品认证工作作为提高农产品质量安全水平、扩大优势
农产品出口、加快新农村建设的重要措施来抓。2007 年 8 月，黑龙
江省委出台的《关于深入贯彻落实科学发展观加快新型工业化进程的
决定》，明确指出，要建设国家最大的绿色、有机食品生产加工基地
和重要出口基地，认真贯彻《中华人民共和国农产品质量安全法》，
加强农产品两个体系建设，努力实现农产品从生产到消费各个环节的
质量安全控制和管理。各地党委、政府也将农产品认证作为实施农业
标准化生产、提升农产品市场竞争力的重要举措，把农产品质量安全
工作纳入了重要的议事日程。通过政府主导，强力推进，各地农产品
认证工作得到了快速、健康的发展。

在农产品认证工作中，黑龙江省注重培育示范典型，及时表彰先
进，宣传推广先进的经验做法，充分发挥典型的示范带动作用，推动
农产品认证工作的深入开展。在开展良好农业规范认证过程中，深入
到县（市）和垦区进行实地调研，选取了虎林市和农垦系统 10 家农
场作为黑龙江省 GAP 认证试点单位，组织专家深入企业和农户中，
提供认证咨询服务。在试点企业通过认证的基础上，及时总结经验，
先后在普阳农场、牡丹江等地召开典型经验交流会，企业亲自介绍获
得认证的益处，调动了其他企业实施认证的积极性，收到了比较好的
效果。目前，黑龙江省已有 50 余家企业开展良好农业规范认证，有
30 余家企业已获得了良好农业规范认证证书。

为推进农产品认证工作顺利开展，黑龙江省政府出台了《关于加
快发展绿色食品产业的通知》，要求地、市、县政府都要安排专项资
金用于绿色食品开发，同时对申报绿色食品省财政给予补助 50% 的
申报费用。对于任何企业、协会、产销合作社或个人，每成功申报获

得一个无公害农产品，奖励 4 000～5 000 元。省政府出台了支持经济发展 60 条和免费为农民提供 10 项技术服务等政策，从认证、检验、认可等方面为农产品认证工作提供服务。同时，在开展省级名牌产品、免检产品评选中，对通过认证的农产品企业优先支持。充分发挥广播、电视、报刊和网络等媒体作用，宣传农产品认证的意义、先进管理方法和技术、相关法律法规、省内外典型经验及农产品认证成果，引导舆论，倡导安全生产、放心消费。利用农产品展销会、博览会和其他经贸活动，提升黑龙江省认证企业及认证产品品牌知名度，为农产品走向市场、扩大销售搭建平台。在每年年初开展的春雷行动中，都组建宣传队，主动到企业和农户家中，深入田间地头，面对面地进行农产品认证工作宣传，使其了解农产品认证，熟悉农产品认证，认可农产品认证，从而促进农产品认证的广泛开展。

在推进农产品认证工作中，黑龙江省注重发挥质监部门的职能作用，强化对农业投入品、生产加工、流通等各环节的有效监管，切实增强质监部门对农产品认证工作的控制力。一是界定职能，依法监管。在加强对农产品生产加工领域监管的基础上，继续保留了在流通领域开展强制性标准实施监督、强制性认证等方面的监管职能，协调部门关系，避免多头检查、重复执法。理顺系统内部职能部门的关系，要求各级质监部门认真履行监管职责，一级抓一级，一级对一级负责，形成了上下联动、分工负责的工作局面。二是配备专人，强化监管。针对农产品认证领域范围广、品种类别多、量大线长的情况，黑龙江省在全国率先成立了认证处，强化基层局认证认可机构建设和人员配备，在黑龙江省 13 个地（市）设立了认证认可评审办公室，增设认证认可专职副科长，在县级局设立专人负责认证工作，明确了执法大队、检测机构的职责，形成了认证办公室抓开发与管理、稽查队抓监管、检测机构抓检测，齐抓共管的工作格局。三是专项整治，重点监督。把认证农产品作为监督工作的重点，在黑龙江省范围内开展了"春雷行动"和"保质量保安全"食品质量专项整治活动。通过开展专项整治活动，强化生产加工和流通领域的监管，先后发送各项农业生产标准近 19 万份，制（修）订生产规程 760 个、养殖规范 226 个，查处虚假认证及不合格农产品 50 批次，纠正错误使用认证标志 100 多次，避免坑农及损害消费者利益现象的发生。四是建立制度，严格监管。制度建设最有长期性和根本性。在农产品质量认证过程中，先后制定了农产品抽检（查）、各部门协作分工、重大案件移交、典型案件通报、专项整治联动等制度，规范了监管的工作流程和执法程序。目前，正在研究制定农产品认证监督管理规范，打造了用制度规范行为、按制度办事、靠制度管人的长效工作机制。五是区别情况，分类监管。在农产品认证过程中，从实际出发，坚持以水稻、大豆、玉米等规模发展作物和奶牛、生猪等优势养殖项目为重点，区别对待无公害、绿色、有机、HACCP、良好农业规范（GAP）认证，制定不同的实施细则和规范。在农业投入品、生产加工过程和市场准入、标识等方面，协调有关部门，采取不同的监管措施，强化分类监管。

通过抓农产品认证，带动了黑龙江省标准化基地建设，推进了高科技、外向型龙头企业的发展，提高了农业产业素质，拓宽了产品的销售领域，有力地保证了食品质量安全和生态农业建设，保障了农民增收、农业增效，为加速实现现代化农业强省和新农村建设作出了积极贡献。

第三节　粮食管理与流通创新

近年来，黑龙江省认真贯彻落实中央关于实施粮食稳定增产行动和建设"国家可靠大粮仓"等重大战略部署，通过持续实施粮食产能巩固提高工程，粮食产量快速增长，全国粮食安全格局中的"第一粮食大省"重要战略地位更加显现。与此同时，如何通过加强粮食管理和流通创新，使生产出来的大量粮食真正实现优质、安全、可靠，切实建立稳固粮源基地，一直是黑龙江省始终紧抓不放的重要工作。

2011年以来，黑龙江省先后制订实施了《松嫩三江平原现代农业综合配套改革试验区深化粮食流通体制改革试点工作方案》和国家"粮安工程"黑龙江省建设规划，在深化粮食流通体制改革和粮食流通产业项目建设等方面取得了重点突破，全面搞活了粮食流通，促进了农民卖粮增收，加快了粮食流通产业转型升级步伐，为国家粮食安全提供了可靠的粮源保障。

一、完善粮食收购保障机制

粮食收购历来是各级政府和农民普遍关心的实际问题。近年来，黑龙江省不断创新和完善政策性收购与市场化经营有机结合的流通新机制，构筑稳定可靠的农民余粮销售渠道，促进农民增加了卖粮收入。通过多年培育，粮食市场主体发展壮大。黑龙江省取得粮食收购资格的各类经营主体由 2005 年的 4 993 户增加到 2013 年的 8 267 户，国有粮食企业以外的粮食加工、贸易企业和农民粮食经营专业合作社等多元主体达到 7 385 户，占黑龙江省粮食经营主体总数的 89%。初步形成了各类市场主体多元并存、相互促进、共同发展的流通新格局，拓宽了农民售粮渠道。据统计，在 2010—2014 年 4 个秋粮收购期（当年 10 月初至翌年 9 月末）内，黑龙江省各类市场主体收购农民余粮 1 652 亿千克。在 2012—2013 年秋粮收购期收购农民余粮首次突破千亿斤基础上，2013—2014 年秋粮收购期共收购农民余粮 600.5 亿千克，同比增加 95.7 亿千克。针对粮食生产连续大丰收和市场形势复杂多变等实际情况，围绕破解农民卖粮增收难度大等突出矛盾，黑龙江省积极申请国家支持，连续得到国家水稻最低收购价和大豆、玉米临储收购等调控支持政策，对符合质量标准的水稻、玉米、大豆坚持不限收、不拒收、不停收，敞开收购，满足了农民销售余粮的需要。在 2009—2013 年 4 个秋粮收购期，黑龙江省各类企业粮食收购政策性粮食总量 503.65 亿千克，占黑龙江省粮食收购总量的 30.5%。特别是 2013—2014 年秋粮收购期，黑龙江省国家政策性粮食收购 338.5 亿千克，占同期黑龙江省粮食收购总量 56%。通过启动国家政策性粮食收购，既为农民余粮出售提供了可靠保障，又为各类市场主体粮食经营提供了稳定预期和良好市场环境。2013—2014年秋粮收购期，每千克（标准品，下同）水稻、玉米和大豆政策性粮食收购价格分别达到 0.75 元、0.55 元和 1.15 元，分别比 2009 年秋粮收购期提高 0.27 元、0.21 元和 0.22 元。在国家政策支撑下，每千克水稻、玉米和大豆市场化收购平均价格分别达到 0.77 元、0.53元和 1.16 元，分别比 2009 年秋粮收购期上升 0.17 元、0.14 元和0.23 元。近 4 个秋粮收购期，因价格提高和产量增加因素，农民卖粮收入同比分别增加 258.4 亿元、161 亿元、188 亿元和 103 亿元，农民卖粮收入累计增加 710 亿元。2013—2014 年秋粮收购期，黑龙江省实现卖粮现金收入总额 1 610 亿元以上。既促进了农民余粮顺畅销售、卖粮持续增收，有效支持了农民春耕生产，也促进城乡市场繁荣、拉动了消费。

二、推进国有粮食购销企业改革

国有粮食购销企业改革是粮食流通领域改革的重头戏，既要破除几十年来计划经济体制下思想观念的桎梏，还要破解政府、企业和个人各种利益关系的障碍。按照国家深化粮食流通领域改革的总体要求，黑龙江省各部门坚持不懈地推进深化粮食流通体制改革，大胆实践，敢于突破，不断增强了国有粮食购销企业实力。为适应粮食生产和粮食流通产业发展需要，本着整合资源、减少布点、精干主体、加强重点的原则，推进企业整合重组。制订实施了企业布局优化调整总体规划，将 149 个资质差、没有政策性粮食库存、经营亏损、难以生存发展的粮库退出了国有粮食购销企业序列，交由地方政府面向市场放开搞活。以实现由拥有企业数量向拥有优势企业历史性转变为目标，以重点优势骨干企业为依托，推动规划保留的其他粮库存量资源向大型粮食产业园区、粮食集散中心、骨干中心粮库和收纳库集中，组建市（县）国有独资或国有控股的粮食集团或购销总公司，建立起紧密型集团化经营管理模式。黑龙江省规划确定地方国有粮食购销企业资源整合重组目标任务的县（市、区）52 个，被整合粮库 133 个。2013 年，完成企业资源整合重组任务的县（市、区）累计达到 39 个，整合重组粮库累计达到 92 个。一些有条件的县（市、区）不断推动企业资源深度整合，建立了"一县一企、一企多库"的经营管理模式。黑龙江省地方国有粮食购销企业数量已由 2010 年年底的 579 户优化调整与整合重组为 2013 年底的 362 户。企业经营规模和组织化程度明显提高，发挥粮食购销主渠道作用的能力明显增强。

近年来，争取国家政策支持，黑龙江省消化处理粮食政策性历史财务挂账 110.13 亿元，减轻了省级财政还本付息的压力。在完成 65.87 亿元陈粮陈化粮价差挂账清理认定和从企业剥离工作的同时，通过多种措施，累计消化处理地方国有粮食购销企业经营性历史挂账

74.9 亿元，企业彻底卸掉了历史包袱，夯实了发展基础。通过引进市场机制，完善企业经营管理机制和法人治理结构，建立公平、效率相统一的管理机制，在保持 2009 年以来黑龙江省地方国有粮食购销企业统算连续盈利基础上，2013 年黑龙江省地方国有粮食购销企业统算实现利润 11 261 万元，同比增加 316 万元；83 个县（市、区）全部实现盈利，企业盈利面达到 98％。

齐齐哈尔市积极深化国有粮食购销企业改革，通过引进龙头企业搞混合所有制"改"、引进品牌营销企业投资"建"、鼓励合作社自己"上"、强化政策支持"扶"等方式，改变过去国有粮食企业由"收储"为"吞吐"、由"供应"为"营销"，并扩大仓储，搞活物流，保证农民增收。目前，全市确定的 36 户国有粮食参改企业均完成了清产核资，已有 11 户完成了资产评估，21 户与国内大型粮食、物流企业和农业合作社进行了实质性合作，其中 16 户企业的合作项目开工建设，可增加仓容 236 万吨，建成 14 座粮食烘干塔，日烘干能力达到 1.66 万吨。同时，为进一步整合农产品品牌，实现原料优质优价，加快绿色食品产业升级，引进恒大集团在泰来、依安、讷河等地收购粮油企业 6 户，在依安、讷河、克山等地建立 13.3 万公顷非转基因优质大豆生产基地，在泰来县建立绿色有机水稻生产基地 6.67 万公顷。同时，积极与香港缘子集团、南京三胞集团等知名企业合作，建立优质绿色食品生产供应基地。

三、完善宏观调控措施

黑龙江省在推进粮食流通市场化改革的同时，认真落实国家和省粮食保供稳价调控部署，创新和完善市场调控措施，确保了黑龙江省市场粮油产品有效供给和价格基本稳定。加强粮食市场调控，建立了省、市、县三级联动的粮食市场监测预警工作体系，常年动态监测粮油市场购销、价格、库存等行情变化，及早发现和解决苗头性、倾向性问题。加强了省内市场成品粮油和食盐供应，及时平息了近年出现的豆油和食盐抢购风波，确保了黑龙江省粮食市场和价格基本稳定。建立健全了地方粮油储备，省级储备粮和成品粮油已实储到位，并实现了适时轮换。与此同时，黑龙江省地方粮油储备调控物质基础不断加强，制定实施了省和市（地）级政府粮食应急预案，确定了一批粮食应急加工和销售企业网点，建立了覆盖黑龙江省的粮食应急监测预警和突发应急事件指挥、处置工作体系及保障措施。2013 年，黑龙江省确定粮食应急供应网点 1 638 家、加工企业 235 家、配送中心 94 家、储运企业 228 家。强化了市场价格监测预警和统计信息工作，加强市场粮油供应，保证了价格基本稳定。军粮质量合格率和部队满意率均达到 100%，军粮供应工作服务水平不断提高。碘盐合格率、合格碘盐食用率、碘盐覆盖率稳步提高，保障黑龙江省城乡居民食盐安全、健康消费的需要。

四、加强粮食市场监管和公共服务

黑龙江省积极推进落实依法行政和行政执法责任制，加大了粮食市场监管和公共服务力度，努力营造粮食流通产业发展良好环境。加快转变粮食行政管理部门职能，突出加强收购市场监管和公共服务，坚持常年放开粮食购销市场，严禁以各种非法手段阻碍粮食自由流通，支持多种所有制市场主体从事粮食经营，促进粮食市场公平竞争，为粮食顺畅流通创造了良好的市场环境。认真落实国家和省关于加强粮食市场调控和发展个体民营经济等重大部署，完善了粮食收购资格许可条件和工作程序，强化了粮食各项指导服务措施，促进各类市场主体规范经营、健康发展，拓宽了农民余粮销售渠道。加强了粮食市场监督检查，重点加强了国家政策性粮食购销政策、"保供稳价"调控部署落实情况的监督检查，严肃查处了各类涉粮案件，规范了粮食经营行为，维护了粮食市场正常秩序，确保了国家涉粮调控与惠农、富农、强农政策有效落实，增强了依法治粮执行力和公信力。

五、推进粮食仓储物流基础设施建设

仓储物流建设直接关系粮食质量安全。黑龙江省通过争取和落实国家粮食仓储物流建设项目和"危仓老库"维修改造计划，发动企业自筹资金和引导省内外多元主体投资合作等多种措施，全力推进粮食仓储物流基础设施建设。2013 年，黑龙江省粮食可用仓容能力达到 462 亿千克、烘干能力达到 389 亿千克。特别是 2013 年以来，为破解粮食收储和烘干能力严重不足的突出矛盾，争取国家大力支持，启动实施了仓储设施维修改造和建设工程。国家和省政府投资 23.1 亿元，带动企业和社会投资 37.4 亿元，投资总额达到 60.5 亿元。主要用于恢复和新增收储能力 224 亿千克，增加烘干能力 95.5 亿千克，增加农户储粮能力 2.1 亿千克。为企业配备 413 台消防车保证安全生产。着力推进粮食质量安全检测体系建设。2012 年以来，积极争取和落实粮食质量安全检验监测能力建设项目资金，建设完善了 13 个地市级和农垦总局粮食质检站，基本实现了国家提出的"粮食质检机构成网络，检验监测业务全覆盖，质量监管无盲区"的目标。着力推进农户科学储粮仓建设，黑龙江省采取中央和省级财政补助、农民自筹部分购置资金相结合的办法，已推广农民科学储粮仓 21 万套，有效支持了农民粮食降水减损、提质增收。

第五章　绝无仅有的优势富集

——竞争能力

黑龙江省地域辽阔，农业资源丰富，是中国最大的商品粮基地，素有"北大仓"的美誉。黑龙江省委、省政府始终把粮食生产作为头等大事来抓，先后出台了"千亿斤粮食产能工程""两大平原现代农业综合配套改革试验"等一系列政策措施，巩固了黑龙江省国家大粮仓的战略地位。

黑龙江省用全国 1/10 的耕地，生产出全国 1/7 的商品粮，养活了全国 1/6 的人口，粮食产量、粮食增量、粮食商品量和输出量均摘下中国"第一粮食大省"的桂冠。黑龙江省在国家粮食安全中的战略地位日益突出，无愧于"中华第一大粮仓"的美誉。黑龙江省发展粮食生产有诸多优势，比如独特的耕地、土壤、气候、水资源等资源条件，良好的森林、湿地、草原等生态条件，多年积累的水利、农机、科技等基本建设条件，强有力的产业基础、政策支撑、劳动力素质等生产要素条件，以及优良的农产品品质、美好的市场信誉、毗邻俄罗斯的地域优势等，都决定着黑龙江的粮食生产乃至整个农业现代化建设，无论现在还是将来，都能创造灿烂的辉煌。与国内其他省份比较，黑龙江省已经形成了别人无法比拟的核心竞争力。

第一节　规模化生产优势

实行规模化生产，必须具备综合的生产条件、耕地面积大、土地平整、气候条件和生态环境好。既有大机械作业的生产力水平，又有科学技术配套组装基础；既能够实行区域化布局，又有利于专业化集约化生产，而且农业的经营组织形式和农民素质相适应，这些都是必备条件。对此,黑龙江省得天独厚。

一、规模化的生态系统

黑龙江省生态环境优越,是全国最早 3 个生态省建设试点之一,以"大森林、大草原、大湿地、大界江"的生态特征而著称。据第三次全国国土调查数据,黑龙江省耕地面积 2.579 亿亩,约占全国耕地总面积的 13%。境内有黑龙江、松花江、嫩江、乌苏里江四大水系和镜泊湖、兴凯湖等三大湖泊,水域面积 233 万公顷,水资源总量 810 亿米^3,平均每公顷耕地拥有水量 7 020 米^3。黑龙江省森林面积 2 150万公顷,森林覆盖率 47.3%;草原面积 207 万公顷,湿地面积 40 555.98 公顷。农作物生产区地势平坦,2°以下的耕地 1 221 万公顷,占黑龙江省耕地面积的 76.6%。大面积的耕地集中连片,水源充足,地势平坦,适合规模化生产,具有发展现代化、规模化、机械化的粮食生产,建设成为全国最大粮仓的优势条件。

黑龙江省黑土资源富集,地处世界仅有的三块黑土区之一的东北黑土区的核心地带,占东北黑土区总面积的 45% 左右。三江平原与松嫩平原农业开发潜力巨大,总面积为 32 万千米^2,占黑龙江省面积的 71%。其中,耕地面积 10.78 万千米^2,占黑龙江省耕地总面积的 92%。黑龙江黑土带质量最优,极具开发潜力。乌克兰平原黑土地虽有 190 万千米^2,但因黑土层较薄、沙化和污染严重,利用价值大大缩减。美国密西西比河流域黑土区虽与我国面积相当,但由于过度开荒,植被破坏,水土流失严重,产出能力严重下降。目前,蕴藏巨大发展潜力和后劲的就是东北黑土地。200~400 年才积累 1 厘米的黑土地,与石油、煤炭一样,都是十分宝贵的稀缺资源。土地多为肥力较高的黑土和黑钙土,土层深厚,土壤有机质含量丰富,氮、磷、钾等元素含量很高。一般比华北平原和长江中下游平原的土壤养分高 2~5 倍,其孕育出的农产品以品质优良、有机安全而著称。黑龙江省广袤而肥沃的黑土地为规模化生产创造了极为有利的资源条件。

黑龙江省地处高纬度地区,冬季漫长严寒,是全国气温最低的省份。冬季平均气温为 −22℃,极端最低气温,北部漠河曾达到−52.3℃,为全国最低纪录。寒冷漫长的冬天,耕地处于半年休耕状态,为减少病虫害发生提供了天然屏障。黑龙江省大陆性季风气候

明显，年平均气温在 2.4℃，无霜期为 100~140 天，降水量在 400~
800 毫米。夏季气温适宜，平均气温在 18℃左右，而且雨热同季，光
照、热量和水分非常有利于玉米和大豆等一年一熟农作物的生长。特
别是昼夜温差大，营养物质和微量元素积累多，农产品口味纯正色
香、质量安全可靠、营养全面丰富。黑龙江省寒冷的气候特点为规模
化生产提供了有利的气候条件。

二、规模化的区域布局

黑龙江省幅员辽阔，资源丰富。亘古以来，由黑龙江、松花江、
嫩江等大小河流冲积而成一望无际的松嫩平原和三江平原，土壤松软
肥沃，光照充足，降雨充沛，养育了一代又一代黑龙江人。近年来，
依据农作物生长规律、市场规律和区域气候变化规律，黑龙江省坚持
区域化布局、专业化生产和产业化分工，积极优化种植结构，宜粮则
粮，宜牧则牧，宜特则特，初步形成了以水稻、大豆和玉米等为主的
区域化产业带。

1. 优质水稻产业带　主要集中在水稻种植条件优越、发展基础
较好的哈尔滨、牡丹江、佳木斯、鸡西等中西部、东部和南部局部的
40 个县（市、区）和农垦系统 6 个管理局。近年来，紧紧抓住国内
优质粳稻需求增加、市场价格上涨的有利时机，在松花江沿岸和东部
三江平原等水资源丰富地区，充分利用地表水和过境水资源，实施旱
田改水田，扩大水稻面积。齐齐哈尔、绥化、鹤岗、双鸭山、黑河等
地积极发展优质水稻种植，黑龙江省优质水稻种植面积达到 400 万
公顷以上。2008 年以来，黑龙江省新建水稻标准化育秧大棚 44.68
栋、智能化催芽车间 450 个，总数分别达到 84.8 万栋和 1 023 个，
水稻智能化催芽和大棚化育秧比例分别达到 86.4% 和 69.4%，实
现了提早扣棚、智能催芽、培育壮秧，为水稻创高产、提品质提供
了强力保障。水稻智能催芽和大棚育秧可争抢积温 200℃以上，在
提升稻米品质的同时，促进亩均增产 15% 以上。在此基础上，以北
大荒米业、鑫利达米业、泰丰米业等为核心的水稻深加工企业集群
快速发展。

2. 非转基因大豆产业带　黑龙江是全国最大的大豆产区和非转
基因大豆的核心区，2022 年，黑龙江省大豆计划播种面积 6 850 万亩

以上，比 2021 年增加 1 000 万亩以上，力争总产达到 85 亿千克，种植面积和总产量均占全国的 1/3，素有"大豆之乡"的美誉。种植品种全部是非转基因品种，具有高蛋白、非转基因和绿色食品大豆产品的品牌特色，具有质量高、品质好、食用安全等优势。无论用于食品的原豆还是加工制品，如磷脂、异黄酮、低聚糖、浓缩蛋白、分离蛋白、组织蛋白等，都畅销祖国大江南北。黑龙江省积极发展高产、高油、高蛋白大豆新品种，推广大豆垄三栽培、小垄密植等先进适用技术，鼓励发展大豆精深加工，形成了以齐齐哈尔、绥化、黑河和农垦系统 5 个管理局为主的 206.7 万公顷非转基因、高产、高油、高蛋白大豆种植区，并形成了以九三粮油工业集团、阳霖油脂集团、龙江福粮油有限公司、佳木斯吉庆豆业等为核心的大豆精深加工企业为龙头的大豆加工产业带。

3. 玉米黄金产业带　黑龙江地处世界玉米黄金产业带，是全国优势玉米产区，具有发展高油、高蛋白、高淀粉玉米的资源优势。黑龙江玉米产量高、品质优，2021 年，黑龙江省玉米种植面积达到 9 000 万亩以上，产量 4 326 万吨，均居全国首位。以哈尔滨、齐齐哈尔、绥化和农垦系统 8 个管理局为主构成优质高淀粉玉米生产带，所种玉米全部为硬粒型、角质型品种。以中粮生化能源肇东公司、龙凤玉米开发公司、昊天玉米开发公司、成福食品集团等为代表的玉米深加工骨干企业正在崛起，推进了玉米产业的发展。黑龙江省玉米加工能力达到 1 000 万吨以上，加工转化率达到 32.9%，产品主要为淀粉、酒精和变性淀粉、淀粉糖、酶制剂、氨基酸等系列产品。

4. 优质马铃薯产业带　黑龙江省发展马铃薯产业具有气候条件适宜、品种资源丰富、科研体系完备和加工企业带动能力强等多方面的有利条件。力争到 2023 年底，马铃薯种植面积达到 1 300 万亩，鲜薯产量达到 2 100 万吨，产值达到 400 亿元。黑龙江省马铃薯产业主要集中在中北部和西部的齐齐哈尔地区以及巴彦、呼兰、望奎、海伦等县（市、区）和农垦系统 2 个管理局。初步形成了以北大荒薯业、齐齐哈尔讷河港进集团、兴佳薯业等加工企业为龙头的马铃薯加工产业带。产品主要为马铃薯休闲食品、淀粉、变性淀粉系列、传统粉丝、速冻马铃薯食品等，产品销往国内 20 多个省份，出口韩国、日本、马来西亚、新加坡等国家和欧洲。

5. 特色作物产业带 黑龙江省独特的气候特点和丰富的自然资源，为各种特色作物提供了有利生长条件。在平原地区，中东部、北部的山区和半山区及农垦、森工系统，适宜发展甜菜、亚麻、烟叶、蓝莓、花卉、木耳、山野菜等特色产业。目前发展规模不断扩大，形成了布局合理、特色鲜明、品种多样、各具优势的特色作物产业带，构建了"一村一品""一乡一业"的发展新格局，带动了精深加工业和附带产业的发展，产品走进了国内外市场，实现了出口创汇。

三、规模化的大机械作业

黑龙江省地势平坦，地域宽阔，适宜现代化大型农机作业，而且这种独特的优势是国内其他省市无法相比的。多年来，特别是国家实施农机购置补贴和组建农机合作社以来，黑龙江省加快推进农业生产全程机械化，努力提高土地产出率、资源利用率和劳动生产率。2008年以来，新建了大批现代农机合作社，重点装备大马力拖拉机、整地机、精量播种机、水稻插秧机等农业机械，全面提高了种、管、收关键环节机械化水平。2021年，耕种收综合机械化率达到98%以上，机耕、机播和综合机械化程度连续多年保持在全国第一位。围绕四大主栽作物田间生产大力发展全程机械化，不断优化农机装备结构，提高农机化水平。那些国内国际最先进的、全自动的智能化大农机正广泛用于农业生产，农民彻底告别了畜耕手割的传统农业时代。经过几十年的发展，黑龙江省逐渐成为全国大型农机保有量第一大省，机耕、机播、机收基本实现了全覆盖。截至2013年底，黑龙江省拥有大中型拖拉机87.3万台，居全国第一位；机耕、机播面积比重分别达到了99.2%、95.3%，基本实现了主要粮食作物耕种、播种机械化。也正因为这个原因，黑龙江省农业被形象地比喻为"骑在铁牛背上的农业"。现有的现代农业机械集卫星定位、自动导航、精量播种、变量施肥于一体，一次完成深松、浅翻、整地、播种、合墒、镇压6项作业，使农业生产率大幅度提高。2010年，黑龙江省现代农机合作社开始使用卫星导航技术，主要用于农机作业。全省已经建成的现代农机合作社都安装拖拉机自动驾驶导航仪。通过卫星导航可以实现拖拉机自动驾驶，起垄和播种作业直线行驶1000米，间距误差可以控制在 2 厘米以内，实现了精准耕种，既节省土地又可实现粮食增产。黑龙江省现代农机合作社推广的大垄双行玉米种植技术，卫星导航拖拉机自动驾驶整地和播种是必备的技术保障。2011 年，由黑龙江省财政厅、省农业委员会共同发起，哈尔滨工业大学信息化研究所开发研制，于 2013 年建成了黑龙江农机调度指挥信息系统。此项目最终的实现方式由"黑龙江农机管理调度指挥中心"的数字化平台及安装在每台农机上的智能无线终端 GPCS 构成。农机调度指挥信息系统的功能，是采用卫星技术手段对农机合作社农机装备进行全天候监控，随时掌握农机当前状态和历史轨迹；农时季节开展统一调度指挥，最大限度地挖掘现有农机装备潜力；随机计算和汇总农机作业数量，监督作业质量，掌握作业情况；适时开展远程维修服务，随时进行零配件调度供应服务，保障农机正常作业；召开视频会议安排部署重要工作。该系统的建立，对黑龙江省农机的宏观管理、指挥调度、作业统计、发展决策等将起到重要作用。黑龙江省农机管理调度指挥中心于 2013 年 7 月投入使用，对黑龙江省农机合作社大型农机具实施远程监督管理和调度指挥。目前，在农机管理工作中应用卫星技术，黑龙江省填补了国内空白。

四、规模化的土地规模经营

土地问题永远是农民最关心的问题，未来"谁来种地、如何种地"已经成为各级政府着力解决的问题。2014 年的中央 1 号文件特别针对土地制度改革进行了系统阐述，核心就是保证农民土地的财产权利，并且创造性地提出了土地所有权、承包权、经营权三权分立，破解土地流转"瓶颈"。近年来，黑龙江省坚持以推进农业机械化为手段，以创新农村土地管理制度为基础，以提高农业组织化为核心，积极引导农村土地有序流转，加快发展多种形式的适度规模经营，进一步解放和发展了农村生产力，有效保障了国家粮食安全，促进了农民持续增收，加快了现代化大农业建设步伐。

推进农村土地流转是发展规模经营的首要任务。黑龙江省坚持把推进土地经营权流转作为发展规模经营的首要条件和建设现代大农业的关键环节，积极探索土地流转的多种实现形式。2019 年，黑龙江省农村土地已流转 6 507 万亩，比上年增长 16.2%。在多年的实践中，成功探索出农村土地流转的 5 种有效形式，即转包、出租、入股、转让和互换。转包是黑龙江省农村土地流转的主要形式。黑龙江省转包面积为 4 489 万亩，占土地流转总量的 69%。出租是农民将承包土地经营权租赁给本集体经济组织以外的人或单位从事生产经营。黑龙江省农村以出租方式流转的土地为 710 万亩。入股就是农户将土地承包经营权加入合作社或农业企业，从事农业生产经营。黑龙江省农村土地入社流转面积为 1 121 万亩。转让就是在二轮承包期内，农民将土地承包权与经营权一起让渡给其他从事农业生产经营的农户。黑龙江省农村转让土地面积为 92 万亩。互换就是农民对同属于一个集体经济组织的承包地块进行交换，在获得新的地块承包经营权时，原有地块承包经营权丧失。目前，农村以互换形式流转土地为 95 万亩。

土地规模经营呈现多元化发展格局。目前，黑龙江省农村土地规模经营面积发展到 5 971 万亩。黑龙江省土地规模经营主要有 4 种类型，即专业大户（家庭农场）、合作经营、集体经营和企业经营。专业大户（家庭农场）经营，主要是指农户通过承包其他农民土地形成种植大户和家庭农场。2019 年，黑龙江省 200 亩以上的种植大户（家庭农场）发展到 10.5 万个，规模经营面积 2 819 万亩，占规模经营总面积的 47.2%，平均每个大户（农场）经营土地 268 亩。合作经营主要是农机合作社、种植合作社等农民合作组织，通过入股或转包等方式将土地集中连片经营。黑龙江省 5 890 个农民合作社经营土地 2 914 万亩，占规模经营总面积的 48.8%。其中，已投入使用的 916 个农机合作社，自主经营土地 1 500 万亩，占规模经营总面积的 25.1%。农机合作社均经营土地 164 万亩。集体经营就是没有实行家庭承包经营的村统一经营集体土地，或村及村民小组通过流转将农民土地统一连片经营。黑龙江省有 24 个村规模经营土地 25.95 万亩，占规模经营总面积的 0.4%。企业经营主要是企业为保障优质、充足的原料供应，采取租赁等方式，将土地集中连片经营。黑龙江省 268 个农业企业规模经营面积 8 万公顷，占规模经营总面积的 1.7%；平均每个企业经营土地 298.5 公顷。

土地规模经营对促进农业农村经济发展的作用逐步显现。从实践看，随着农村土地流转和规模经营面积不断扩大，作用越来越突出。

一是促进了农业持续增产。通过土地流转发展规模经营，使土地、机械、资金、技术、人才等生产要素实现了优化配置，提高了劳动生产率和土地产出率。据统计，黑龙江省种植大户（家庭农场）通过规模经营拉动粮食增产在8％左右，农机合作社拉动粮食增产在15％左右，最高达到增产20％以上。新型农业经营主体已成为推动黑龙江省粮食增产的重要力量。二是促进了农民持续增收。通过土地流转和发展规模经营，促进了农村产业分工和效能提升，土地转入和转出使农民都受益。土地转入农民从降低成本和提高单产两个方面获取规模效益，特别是农机合作社通过统一购买生产资料、统一播种和田间管理、统一收获和销售等，大幅度提高了土地收益，增加了社员收入。据黑龙江省61个农机规范社统计，2013年平均收益10 020元/公顷，比非入社农户高3 000多元。克山仁发农机合作社收益达13 830元/公顷，比非入社农户高9 000元。同时，土地转出农民又获得另行择业收入和流转收益。2013年，黑龙江省农民人均劳务收入达到1 991元，人均财产性收入达598元，分别占农民人均纯收入的20.7％和6.2％。三是促进了农业竞争力持续提升。实行规模经营后，农业经营主体不断优化种植结构和品种结构，大力发展品牌农业，积极开拓市场，实现了优质优价。特别是通过土地流转吸引工商企业投资开发农业，加快企业与合作社联合，推进了农业产业化经营，有效提高了农产品市场开拓能力。黑龙江省已有531家企业与750个合作社开展联合经营，辐射基地100多万公顷，受益农户20多万户。目前，黑龙江省各类经营主体已建设绿色、有机和特色农产品专营店、连锁店（专柜）达到2 100多家，2013年实现销售额680多亿元。2014年，黑龙江省各类规模经营主体农产品订单面积发展到210万公顷，实现了以销定产、稳定增收。

近年来，黑龙江省委、省政府高度重视土地流转和规模经营工作，把土地流转规模经营列为两大平原综合配套改革重要任务。2013年9月以来，省委、省政府多次召开黑龙江省创新农业经营主体推进会议和座谈会议，专项研究部署培育新型经营主体、加快土地流转和发展规模工作。一些地方还把培育新型经营主体和发展规模经营作为三农工作重要任务，层层落实责任，精心组织实施，加快了农村土地流转规模经营发展步伐。这些年，全省加快农村土地流转和发展规模经营积累了很多成功的经验。

黑龙江省政府出台了《两大平原区创新农业经营主体专项改革试验方案》和《农民专业合作社示范社、规范社创建实施方案》，促进了多元化新型农业经营主体发展。坚持发挥家庭经营、集体经营、合作经营和企业经营的优势，尊重农民意愿和选择，农民适合搞什么类型经营主体就搞什么经营主体，农民愿意搞哪种主体就搞哪种主体。建成了黑龙江省农机管理调度指挥中心，对黑龙江省农机合作社机械设备和作业实现了远程监控，从根本上杜绝了农民自行出售农机设备的行为，提高了农机作业效率。各级政府和部门强化对新型经营主体指导服务，2014 年，省、市两级共举办农民合作社、农机合作社理事长、财会人员和驾驶员培训班 22 期，共培训各类人员 1.5 万人（次）；省有关部门共派出 18 个农机合作社专项指导组，重点对 200 多个农机合作社开展规范化建设指导服务。齐齐哈尔市出台多项改革政策措施，统筹推进农民合作社、农业企业、家庭农场、专业大户发展。鼓励支持种植合作社带地入社、养殖合作社带资或带畜入社，国有资产量化到社员，二次分红和重大决策一人一票。鼓励村干部领办、能人创办、农业企业带办等多种形式，加快发展农民合作社。目前，齐齐哈尔市各类农民合作社达到 5 028 个，其中，大型现代农机合作社 207 个，经营面积近 40 万公顷。加大对农业企业、家庭农场、专业大户的扶持力度，鼓励工商资本介入，推进新型农业经营主体快速发展。目前，全市企业参与农业生产基地建设的有 156 家，象屿集团与鹏程公司合作建立生产基地 28 万公顷，昆丰集团辐射基地面积 21.9 万公顷，兴佳薯业带动基地面积 0.15 万公顷，龙江县元盛雪牛养殖示范基地带动农户饲养雪牛 3 000 头。齐齐哈尔全市家庭农场达到 2 584 个，专业大户发展到 33 059 个。

与此同时加大政策支持力度。黑龙江省在培育新型农业经营主体和发展土地流转规模经营实践中，坚持以促进农业生产力水平快速提升和力求让广大农民普遍受益为核心，做到公开公平、一视同仁，谁达到标准就支持谁，充分发挥优惠政策的激励作用。2013 年，黑龙江省政府补贴 3.56 亿元资金，支持组建了 99 个农机合作社，确保大农机真正发挥作用，让农民真正受益。同时，省财政拿出 5 000 多万元资金，对省级农民专业合作社，农机合作社规范社、示范社给予奖补,支持农机设备更新,黑龙江省组建的现代农机合作社已成为带动土地流转规模经营的重要力量。齐齐哈尔、绥化等市、县出台了扶持土地规模经营的优惠政策,涉农项目资金重点向土地规模经营主体倾斜。一些地方还设立专项资金对土地规模经营成效显著的乡村给予奖励,充分调动了地方政府及村级组织发展规模经营的积极性。肇东市通过"政府搭台",让服务主体"唱戏",实施联合联动、互补互动,构建了全新的农业服务体系。成立了全国第一家以新型经营主体为主要服务对象的茂源融资担保公司,引进和组建均信、鼎力、森工等6家商业性融资担保公司,财政注入担保金1 000万元,以1∶10比例放大,使融资担保能力增加到5亿元。同时与龙江银行合作,把政府投入绿色食品产业大园区形成的20亿元公共资产剥离出5亿元,组建由政府主导的政策性融资担保公司,放大到50亿元,从根本上解决规模经营主体担保资本金不足的难题。肇东市创建了5种信贷模式,即以无纠纷土地台账视同确权为凭证的土地承包经营权抵押模式,为新型经营主体贷款2.2亿元;以农产品订单、保单、粮补、库存商品价值等为凭证的质押信贷模式,共发放贷款4 608万元;以"金融部门+担保公司+规模经营主体"为凭证的"金担农"信贷模式,共发放贷款6 300万元;以龙头企业等上下游企业为凭证的产业链相互担保信贷模式,发放贷款450万元;以新型经营主体信用等级评价为凭证的信用担保信贷模式,免抵押直接发放贷款1 140万元。在黑龙江省金融办公室、保监局的支持下,实施了"投保入股合作"试点,投保面积0.11万公顷,剔除了受灾不到三成年免赔条款,出险即补;如未受灾,保费按6%年息计入投保人账户;投保满3年,保费经营收益30%按投保比例分红。规模经营主体将投保单质押给金融部门申请贷款,如有经营风险,由保险公司负责理赔,确保银行信贷资金和规模经营主体"零风险"投资运营。同时,借助国家现代农业示范区建设平台,与国家开发银行和农业发展银行紧密对接,提供低息贷款合计47亿元。

黑龙江省政府制订了《农村土地承包经营权流转服务体系建设工作方案》和《黑龙江省涉农县(市、区)农村土地承包经营权纠纷仲裁体系建设方案》,在方正、克山、阿城、五常、宝清、东宁等县(市)开展农村土地流转服务体系和土地纠纷仲裁体系建设试点。黑龙江省有 35 个县（市）建设了土地流转信息网络服务平台，24 个县（市）建设了土地流转交易大厅，80 个涉农县（市、区）建设了农村土地纠纷仲裁机构，集中开展土地流转信息发布、合同签订、纠纷调解仲裁和土地承包经营权证抵押贷款等服务。富锦市积极打造农村土地流转服务平台，2008 年，在黑龙江省率先组建了农村土地流转服务大厅。特别是 2013 年以来，与阳光村务工程网络实现资源共享，进一步完善服务功能，打造了集土地流转、产权交易、融资服务、农业保险等多功能于一体的综合服务平台。在市、镇、村分别成立了农村土地流转服务中心、土地流转服务站、土地流转服务室，分别负责土地流转信息发布、价格指导、合同签证、调处纠纷等工作，做到了土地流转不出村、农民贷款不出镇、合同纠纷不出市。目前，富锦全市 38 万公顷耕地、11 个镇（社区）、396 个村、28.9 万名农户土地面积、人口情况、土地是否流转等信息在网络上可以全部查看，并随时更新流转信息。在网络预设了农村集体建设用地使用权、宅基地使用权、林地、草原、房屋等产权流转交易端口。充分发挥镇村作用，指导双方签订合同，提供金融服务，并把有关业务办理流程制作成流程图上墙公示，接受群众监督。通过搭建土地流转平台，推进了土地流转，利用平台发布土地流转信息 1.5 万条，涉及农户 8 340 户、面积 2.3 万公顷。指导农户签订土地流转合同 7 300 余份，流转土地 5.7 万公顷。2014 年，富锦全市土地流转面积达到 7.3 万公顷，占总耕地面积的 19%。同时，规范了土地流转行为，在平台签订流转合同，保证了交易信息准确真实、合同内容全面公正，避免了过去私下交易，使土地流转双方合法权益得到有效保障，土地合同纠纷案件同比下降 80%。

第二节　农产品加工优势

农产品加工起步早、原料品质好、就地取材成本低、加工链条长、产业层次高、市场信誉好，是黑龙江省农产品加工业的突出特点。黑龙江省实施农业产业化经营，发展农产品加工起步于 20 世纪 90 年代，2000 年开始进入快速发展时期。黑龙江省委、省政府认真贯彻落实国发〔2012〕10 号文件《国务院关于支持农业产业化龙头企业发展的意见》，把推进农业产业化经营、发展农产品加工作为农业和农村经济结构战略性调整和农民增收的重要措施来抓，特别是按照省委书记提出的"推进产业化经营，重点扶持壮大一批龙头企业"的要求。黑龙江省农业产业化龙头企业经济实力有了很大提高，农业产业化经营取得了明显成效。农产品加工业快速发展，对持续增加农民收入、加快新农村建设步伐、推动县域经济发展起到了重要作用。

一、得天独厚的原料优势

黑龙江省是全国重要的商品粮基地，农产品品质优、总量大、商品率高，为发展农产品加工业提供了充足的原料储备。近年来，黑龙江省委、省政府高度重视生产原料基地的发展，根据市场抓基地、围绕龙头带基地，完善企业与基地的利益联结机制，促进了生产基地的发展。

黑龙江省是全国最重要的商品粮基地和粮食战略后备基地，农业特别是粮食生产在全国占有重要的战略地位。近年来，黑龙江省认真贯彻落实中央关于三农工作的一系列重大决策部署，立足良好的生态和富集的资源优势，把粮食生产作为现代化大农业发展的首要任务来抓，深入实施"千亿斤粮食产能巩固提高工程"，加强基础建设，强化科技支撑，创新生产方式，粮食生产始终保持跨越式发展的强劲态势。进入 21 世纪以来，黑龙江省农业连续 10 年丰收，特别是 2008 年以来，粮食总产量以年均近 50 亿千克的速度增加，先后跨越了 6 个百亿斤台阶，成为全国粮食总产量、商品量"双第一"的唯一省份。据农情统计，2013 年，黑龙江省粮食作物种植面积继续保持在 0.14 亿公顷以上。黑龙江省战胜严重春涝和秋季罕见洪涝灾害，再夺粮食丰收，总产量达到创纪录的 600.4 亿千克，连续 4 年超千亿斤。黑龙江省要确保 2022 年玉米种植面积达到 9 000 万亩以上，水稻种植面积达到 6 000 万亩以上。黑龙江省充分发挥土净、田洁的生态优势，大力发展绿色、有机粮食生产，制定各类绿色食品技术操作规程 100 多个，主要农作物全部实现无公害化种植。2020 年，黑龙江省认证的绿色食品生产基地面积达到 8 500 万亩。2019 年，黑龙江省国家级绿色食品原料标准化生产基地达 6 043.2 万亩，全年完成绿色食品实物总量 3 413 万吨，全国绿色食品 1/6 出自黑龙江。

黑龙江省粮食种类多、总量大、商品率高，为发展畜牧业提供了有利的物质条件。发展畜牧业，既实现了粮食过腹增值、就地转化，又为发展畜产品精深加工提供了充足原料。据统计，黑龙江省畜牧业每年使 600 万吨玉米加工转化为饲料。近年来，黑龙江省实施了"千万吨奶"和"五千万头生猪养殖战略工程"，突出发展奶牛、优质肉牛、生猪、肉羊和特种养殖业。制定扶持政策，加大资金投入，积极扶持专业养殖大户、规模化牧场和规范化小区建设，提高畜牧业的规模化、专业化和标准化水平。积极发展乳制品加工和肉类加工业，先后引进了上海光明、金锣、双汇、皓月等国内知名企业，扶持发展省内畜产品加工企业，形成了以中西部地区的 31 个奶牛主产县（市、区）和农垦系统 6 个管理局构成的奶牛产业带，以 22 个产粮大县（市、区）和农垦系统的 3 个管理局构成的生猪产业带以及东、西部 20 个县（市、区）和农垦红兴隆管理局构成的肉牛产业带。肇东市依托华润酒精、伊利集团等龙头企业，建成"一猪两牛三禽"现代化畜禽养殖基地 15 个，各类养殖小区 30 个，专业养殖大户发展到 1 402 户，年畜禽规模化养殖量达 205 万头（只）和 1 800 万只，为龙头企业发展提供了充足的原料保障。穆棱市依托绿色肉牛饲养基地，成功引进了亚洲最大肉牛加工企业——吉林皓月集团，投资 6.24 亿元，建成黑龙江皓月肉牛系列加工项目。项目可实现年产值 20 亿元、利税 2 亿元，带动穆棱及周边 20 万农民养牛，农民增收 2 亿元以上。

二、举世公认的品质优势

黑龙江省是世界仅有的三大黑土带之一，黑土面积占全国黑土面积的 67%，耕地平坦，集中连片，耕层深厚，光、热、水同季，适于玉米、水稻、大豆、小麦、马铃薯等粮食和经济作物种植。黑龙江省属于高寒高纬度地区，气候冷凉，病虫危害轻，杂草发生种类少，化肥施用水平是南方省份的 1/2 左右，农药应用量不足南方省份的 1/3，是全国最大的绿色食品生产基地和无公害农产品生产大省。黑龙江省绿色和无公害食品认证数量、种植规模、生产总量以及质量安全水平连续多年位居全国首位。

近年来，黑龙江省按照"稳面积、调结构、增产量、提品质"的主攻方向，大力调整种植结构，通过调整种植结构提高粮食品质。紧紧抓住国内优质粳稻需求增加、市场价格上涨的有利时机，在松花江沿岸和东部三江平原等水资源丰富的地区，充分利用地表水和过境水资源，实施旱田改水田，扩大水稻面积。在第四、第五积温带的大豆主产区，大力发展早熟玉米生产，以高产高效玉米置换低产低效大豆，不仅增加了粮食产量，还通过推行玉-豆-麦轮作，减轻了大豆重迎茬危害，提高了大豆单产水平。

黑龙江省依靠科技进步，挖掘粮食生产提质增产潜力。坚持科技兴粮不动摇，以高产创建活动为牵动，大力推广先进适用技术，提高粮食生产科技含量，向科技要产量、要质量、要效益。深入实施良种化工程，黑龙江省自主培育了龙单49、龙粳25等340个高产、优质、抗逆性强的优良品种，引进推广了郑单958、先玉335、德美亚1号、德美亚2号等省外和国外优良品种，良种覆盖率连续多年保持在98%以上。大力推广模式化栽培，黑龙江省建立起适合不同地区、不同积温带的五大粮食作物十大高产栽培技术体系，玉米大垄双行、钵体育苗机械栽插、大豆小垄密植、马铃薯深松大垄梯次结球等技术模式大面积推广应用，涌现出一大批玉米亩产吨粮、水稻800千克以上、大豆250千克等高产典型。2013年，黑龙江省粮、油、糖高产创建实现了县（市、区）全覆盖，创建面积达到710万公顷，比上年增加43.3万公顷；五大粮食作物模式化栽培面积达到0.12亿公顷，占粮食种植面积的86%。实施大棚化工程，提升优质水稻产量和品质，水稻智能催芽和大棚育秧可争抢积温200℃以上，在提升稻米品质的同时，促进亩均增产15%以上。2008年以来，黑龙江省新建水稻标准化育秧大棚44.68栋、智能化催芽车间450个，总数分别达到84.8万栋和1 023个，水稻智能化催芽和大棚化育秧比例分别达到86.4%和69.4%，实现了提早扣棚、智能催芽、培育壮秧，为水稻创高产、提品质提供了强力保障。加强耕地保护利用，以培肥地力为目标，坚持种地和养地并重，加大黑土地保护力度，努力恢复地力，提高单位资源产出能力。按照3.3万公顷耕地建一个配肥站的标准，黑龙江省共建区域配肥站315个，根据农户耕地测土结果科学配制无机肥和有机肥，累计推广测土配方施肥面积0.24亿公顷（次），节肥42.71万吨，节本增效295.7亿元。

黑龙江省玉米、水稻、大豆主要粮食作物优质品率达到98%以上。黑龙江玉米均为硬粒型、角质型品种，耐储存和运输，加工率较高，广泛应用于食品、饲料、医药、化工等各个行业。加工产品除淀粉、酒精外，还开发了变性淀粉、淀粉糖、酶制剂、氨基酸等系列产品。精深加工比重由 2007 年的 17.6% 提高到 2012 年的 24.3%。黑龙江省是非转基因大豆主产区，且 70% 以上为高脂肪、高蛋白及兼用型品种，在国外转基因大豆纷纷进入国内市场，对国内非转基因大豆生产带来较大冲击的情况下，以品质优良、功能齐全、市场看好的黑龙江大豆已成为中国非转基因大豆产业的"一面旗帜"，加工出高档植物油、磷脂、蛋白、异黄酮、维生素 E 等大豆深加工产品畅销国内外市场。黑龙江水稻全部为优质粳稻，生产的五常大米等优质粳稻系列品种以口感好、味道香、适口性强而成为北方粳稻之最。优质粳稻在京、津、沪、苏、浙、闽等大中城市居民口粮消费市场占有率已达 40% 以上，在京、津市场占有率高达 70% 以上。

以黑龙江优质水稻为例，黑龙江优质稻米品质评价指标高于全国平均水平，主要由黑龙江省优质粳稻主要特性及生产环境决定。

1. 品种因素　品种因素是影响稻米品质内在的决定性因素。黑龙江省是典型高纬度北方稻作区，已有百余年的栽培历史。目前，水稻品种科学研究居世界先进水平，尤其在品种选育与栽培技术方面世界领先。20 世纪 80～90 年代，黑龙江省育成了龙粳 8 号、松粳 2 号等优质品种。进入 21 世纪，水稻育种取得了可喜成绩，育成了龙粳 21、龙粳 25、龙粳 26、龙粳 27、松粳 9 号、松粳 12、垦稻 12、东农 428、五优稻 1 号、五优稻 4 号、龙稻 3 号等一大批适宜黑龙江省不同区域种植的优质品种。2013 年，垦稻 12、龙粳 25 推广面积在 33.3 万公顷以上，垦稻 12 累计种植面积达到 121 万公顷。

2. 环境因素　环境因素是影响稻米品质的关键性因素，良好的生态环境将生产出品质更加优良的稻米。

（1）土壤。地处黑土冻土带，休闲时间长，土壤有机质含量高。黑龙江省水稻种植区主要分布在三江平原和松嫩平原，耕层土壤每年 11 月结冻、翌年 4 月初解冻，冬季最低气温 -25℃ 以下，大多数害虫和菌类孢子难以越冬。土壤经过半年的氧化还原过程，冻融交替，透水性良好。土壤类型多，营养丰富，黑钙土、草甸土、白浆土的黑土中有机质含量可达 4.5%～5.0%，全氮含量在 0.22%～0.27%，速效钾含量在 0.02%，有利于水稻的生长发育。

（2）光照。水稻生育季节光照时间长，有利于水稻生长和品质优化。黑龙江省水稻生育季节昼夜日照时间长达 15～16 小时，光合作用时间约占全天的 2/3，全年实际太阳总辐射量达到 440～460 千焦/厘米^2。水稻生育盛期 5～8 月总辐射量占全年的 45%～52%，黑龙江省 5～9 月的日照时数为 1 150～1 350 小时。

（3）温度。昼夜温差大，有利于干物质积累和抑制病虫害发生。每年的 4～9 月水稻生育季节，昼夜温差平均值为 11℃，昼间的相对高温，有利于光合作用，增强干物质积累；夜间的相对低温，降低呼吸作用的强度，减少干物质消耗，也减少病虫害的发生。同时，水稻出穗后 40 天的最适宜气温是 21.2～22.0℃，此间温度过高会使灌浆期缩短，碳水化合物向穗部转移会停止，淀粉粒堆积疏松，容易出现垩白，直链淀粉含量会增加，直接影响水稻品质。此间温度过高、过低都不利于水稻生长。黑龙江省 1～4 积温带的稻区，出穗后 40 天的平均气温为 19～22℃，最接近适宜值，这是优质稻米生产的最有利条件之一。

（4）水源。灌溉水源丰富，水质优良，无污染。黑龙江省平均降水量 539 毫米，雨热同季，水稻生育季节 5～9 月的降水量占全年降水量的 85%。黑龙江省灌溉水源丰富，是我国北方水资源最丰富的省份。境内有黑龙江、松花江、乌苏里江和绥芬河四大水系，有兴凯湖、镜泊湖和五大连池三大湖泊，有大小河流 1 918 条，黑龙江省年平均径流量 655.8 亿米^3，人均地表水占有量 2 093 米^3，地下水资源量 273.5 亿米^3，其中可开采利用 99.14 亿米^3。无论地表水还是地下水均为优质灌溉水源，各大水系、湖泊无污染，水中鱼虾粪便及微生物含量高，营养成分多，有利于优质水稻生长。

3. 技术因素 适宜黑龙江省粳稻生产的一整套栽培技术是确保水稻品质优良的重要因素。目前，黑龙江省水稻种植面积、产量快速增长，主要得益于近年来独特的水稻耕作方法和生产技术的创新与突破。一是单季耕作制，生长周期长，这是黑龙江省粳稻与南方籼稻和粳稻最主要的耕作方法区别之一。二是水稻育苗技术由原来的中、小棚育苗发展成现在的大棚、钵体、隔寒超早、两段式早育苗新技术，增强了秧苗的抗逆性，返青快，分蘖多，成穗率高。三是水稻插秧技术由原来的水稻密植增产发展为现在的在适宜穗数基础上靠分蘖增产的水稻旱育稀植、超稀植、钵体摆栽等栽培技术，大幅度提高了水稻产量和品质。四是水稻节水灌溉技术由原来的大水漫灌发展为现在的三旱整地及浅-湿-干节水灌溉技术模式，节水、提质、增产、促早熟。五是生物菌肥、生物农药及病虫草综合防治技术的使用与突破，减少农药和其他有害物质在土壤中的残留量，确保了黑龙江省稻米绿色、有机和无公害优良品质，也为黑龙江省水稻生产可持续发展奠定了坚实基础。

三、独步天下的品牌优势

黑龙江省地处北纬 45°，是世界三大寒地黑土带之一，拥有发展绿色食品、有机食品得天独厚的条件。全省大部分地区还处于原生状态，天蓝水碧、四季分明。漫长的寒冬阻止了病虫越冬，减少了病虫害的发生概率和农药使用量。夏季昼热夜凉，干物质和微量元素积累多，良好的自然资源造就了优良的品质，产出的无公害、无污染的寒地黑土农产品口味纯正色香、质量安全可靠、营养全面丰富。目前，黑龙江省是全国最大的绿色食品生产加工基地和产品质量安全水平最高的省份。随着人们现代生活理念和健康观念的增强，不仅对粮食产量提出要求，也对品质和品牌提出了新的要求。近年来，黑龙江省依托独特的气候特点和资源条件，经过多年的开发建设，已经初步形成了玉米、大豆、水稻、小麦、马铃薯、畜禽、乳品和山特产八大农产品加工产业，创造出了一系列优质农产品品牌。通过引导企业做大做强一批龙头产品，开发创造一批品牌；鼓励企业引进和新上国外先进技术和设备，升级换代一批传统品牌；组织出口加工企业参加国内外大型食品展览洽谈活动，宣传推介一批知名品牌；组织企业整合一批现有品牌，全力打造黑龙江优质农产品品牌形象，牢固树立了黑龙江绿色、有机食品大省的地位。目前，黑龙江省级龙头企业获得的省以上名牌产品或著名（驰名）商标，由 2007 年的 120 个发展到 210 个；中国驰名商标由 9 个发展到 18 个。"完达山""飞鹤""北大荒""九三""龙丹""黑森"等驰名商标已叫响国内外，品牌效应逐步显现，市场占有率逐步扩大。作为全国农产品地理标志登记首批试点省份之一，到 2013 年 10 月，黑龙江省取得全国农产品地理标志总数量为六大类 82 种，在全国位居第三。已有东宁黑木耳、尚志红树莓、穆棱大豆、海林黑木耳、尚志黑木耳等 8 种产品被列入中欧农产品地理标志产品互认推荐清单。黑龙江 13 个市（地）都有农产品地理登记，县（市、区）覆盖率达到 60%。仅以黑龙江的大米来说，已得到国内外的普遍赞誉，共有 300 多个品牌 1 000 多个品种，驰名于国内和部分国际市场。五常的"稻花香"和"长粒香"、宁安的"响水大米"、庆安的"七河源"等大米，在一些主销区几乎家喻户晓、妇孺皆知。有的知名品牌大米在超市每 500 克可卖到几十元甚至上百元。

四、规模宏大的加工优势

2000 年以来，黑龙江省委、省政府出台了《鼓励发展重点农业产业化龙头企业实施意见》，省财政每年拿出专项资金，重点扶持农产品加工龙头企业发展。省政府每年召开专项会议，总结推广龙头企业发展典型经验，协调石油、电力、铁路、金融等部门，帮助企业解决能源、运输和资金等实际问题，省委、省政府领导多次深入企业调研，帮助企业研究解决产品加工、市场开发等问题，为龙头企业发展创造了宽松的政策环境，黑龙江省农产品加工企业进入了快速发展时期。经过多年的发展，黑龙江省初步形成了玉米、大豆、水稻、小麦、马铃薯、畜禽、乳品和山特产品八大类农产品加工企业。截至2013 年底，黑龙江省规模以上农业产业化龙头企业发展到 1 755 户，其中，省级产业化龙头企业 409 户，国家级龙头企业 50 户，分别比2007 年增加 505 户、199 户、26 户。黑龙江省年销售收入超亿元的农产品加工龙头企业由 2007 年的 120 户发展到 270 户。其中，10 亿元以上企业的由 17 户发展到 50 户，突破 100 亿元的 3 户，比 2007年增加 2 户。2013 年，黑龙江省规模以上龙头企业固定资产达到 890亿元，比 2007 年增长 1 倍；实现销售收入 2 300 亿元，比 2007 年增长 1.77 倍，实现利税 150 亿元，比 2007 年增长 90%。黑龙江省玉米、水稻、大豆、马铃薯等主要粮食作物的加工能力达到 6 400 万吨，比 2007 年增长 30%。其中，玉米加工能力达到 1 200 万吨、水稻3 300 万吨、大豆 1 400 万吨、马铃薯 300 万吨、小麦 200 万吨；肉、蛋、奶等主要畜产品加工能力达到 1 500 万吨以上，比 2007 年增长36%。农业产业化龙头企业所提供的农产品及加工制品占农产品市场供应量的 1/3，占城镇"菜篮子"产品的 2/3。几年来，黑龙江省加大了科技研发力度，省级专项资金向企业科技研发倾斜，龙头企业投入 59 亿多元科技研发资金，比 2007 年增长 2.13 倍，累计开发出 56 类 1 130 多种新产品。黑龙江省有 350 个企业建立了自己的研发机构，企业科技队伍不断发展壮大，科技研发能力、产品创新能力和市场开拓能力明显提高。目前，省级龙头企业加工设备先进率已达到 98％以上，省级水稻加工龙头企业都采用了日本佐竹制米设备和先进工艺，液体奶加工基本都采用了瑞典利乐和德国伊莱克斯德等国际先进的超高温灭菌生产设备，肉类加工企业都采用了欧盟设备和工艺。企业产品加工层次明显提高，玉米加工由饲料、淀粉等初加工扩展到乙醇、变性淀粉、麦芽糊精、麦芽糖浆、药用葡萄糖、结晶糖、谷氨酸、赖氨酸、聚乳酸等深加工领域；大豆加工出磷脂、蛋白、异黄酮、维生素 E 等深加工产品；奶制品由普通奶粉、液体奶延伸到了配方奶粉、奶饮料、酸奶和豆奶等；猪、鸡的分割品种都达到 100 个以上；骨产品已加工出骨胶、明胶等；血已加工出生物药品。

多年来，黑龙江省认真贯彻落实国家关于推动粮食加工业发展的重要部署，以扩能、提质、增效为目标，以稻谷、玉米和大豆精深加工为重点，完善和落实工作措施，推动黑龙江省粮食加工业健康发展。结合优势产业发展实际，不断优化产业布局，增强产业发展实力。2013 年，黑龙江省 6 个水稻主产市及农垦系统稻谷加工量占黑龙江省稻谷实际加工总量的 92.9％。在哈尔滨、绥化、鹤岗等中东部主产区，整合拓展建设了 20 个年加工能力 30 万吨以上的稻米加工园区企业；日处理原粮 2 000 吨以上大型玉米深加工企业加快向绥化、大庆、齐齐哈尔等中西部主产区集聚。2013 年度，黑龙江省粮食加工企业实现产品销售收入 1 104 亿元，同比增长 5％，比 2009 年度增长 75％。按照市场需求，优化产品结构，开发科技含量高、高附加值和市场竞争力强的精深加工系列产品。稻谷加工：精制大米已占大米总产量的 64.8％，米蛋白、米淀粉、谷维素等深加工产品数量增加，米糠、稻壳等副产物综合利用效果不断提高；玉米加工：变性淀粉、多元醇、淀粉糖等深加工产品得到有效开发；大豆加工：高档精炼植物油占植物油总产量比重和大豆食品加工比重不断提高。通过优化产业布局，发展粮食精深加工，促进了粮食加工企业的快速发展。截至 2013 年底，黑龙江省粮食加工企业总数达到 1 879 户，比 2009 年底增加 299 户；实际粮食加工量 3 076.3 万吨，比 2009 年度增加 626 万吨。黑龙江省年加工能力 10 万吨规模以上企业 146 户、年生产能力 3 618.7 万吨，分别比 2009 年增加 24 户、855.2 万吨。省级以上产业化粮食加工龙头企业达到 114 户。

与此同时，黑龙江省不断强化规划引领、政策扶持、跟踪指导等各项措施，组织黑龙江省粮食行业集中实施产业项目建设攻坚行动。"十二五"以来，黑龙江省粮食行业重点规划推进的 172 个粮食加工大项目建设，预计增投资 694.4 亿元。2013 年已开工建设 142 个，其中建成投产 42 个，进一步增加了粮食精深加工能力。结合推进国有粮食企业整合重组，加大引进大型加工企业力度。围绕产业转型升级，通过整合资源、引进项目和资金等措施，先后引进中粮生化肇东、龙江和甘南 3 个玉米深加工项目企业。中粮米业建成绥化、五常、虎林、建三江、东方五常、方正、肇源、中纺鸡西、益海佳木斯、益海嘉里哈尔滨和密山 11 个稻米、小麦加工项目企业，以及 20 个年加工能力 30 万吨以上的稻米加工工业园区。

第三节　对俄罗斯开放优势

黑龙江省地处东北亚中心地带，与俄罗斯有着 3 000 多千米的边境线，与俄罗斯远东地区山水相连，具有发展对俄经贸科技合作得天独厚的地缘优势。中国与俄罗斯都是农业大国，农业发展各具特色，互补性很强，在农业种植、农产品加工领域具有比较广阔的合作前景和空间。

一、另辟蹊径

1988 年初，绥芬河市 67 名农民组成承包队，到俄罗斯滨海边区巴拉诺夫斯基农场，承包了 87 公顷土地种植蔬菜，由此打开了到俄罗斯租赁耕种土地承包经营农业的大门。国家实施沿边开放政策，推动了黑龙江省边境城市与俄罗斯远东地区农业合作的开展。此后，每年都有几千名农民走出国门求发展，到与黑龙江省一江之隔的俄罗斯远东地区种植蔬菜和粮食。《俄罗斯报》那个时期刊载的一篇文章这样描写："昔日的农场，如今成了一片荒地。可是再往前走，眼前一片郁郁葱葱，整整齐齐地种着西红柿、茄子和白菜，以及在地里忙碌的黑头发的中国人。"

俄罗斯远东地区土地广袤，河流纵横，山峦叠翠，资源丰富。总面积为 621.59 万千米² 的土地，绝大部分处于永久冻土带。农业用地 660 万公顷，可耕地 280 万公顷。在农业总产值中，种植业占 34%，畜牧业占 66%。而种植业主要集中在南部与黑龙江省接壤的自然条件较好的阿穆尔州、哈巴罗夫斯克边疆区、滨海边疆区，是全俄罗斯大豆和土豆的主产区。

俄罗斯远东地区的耕地面积相当于黑龙江垦区的耕地面积，其中 30% 以上的耕地长期闲置和撂荒，地势平坦，耕地连片，非常适合大型机械作业。一望无边肥沃的黑土地不需施用化肥就可获得较高的产量，耕种成本远低于黑龙江省内。当地农产品市场供需缺口在 40% 以上，蔬菜、粮食基本不愁销路。远东农业领域显露的商机释放出巨大的吸引力，激发起黑龙江彼岸农民和企业走出去的热情。

1988—2004 年，黑龙江省对俄罗斯的农业合作处于民间探索起步阶段。一批又一批有远见的黑龙江企业相继走出国门，怀揣着梦想与憧憬踏上俄罗斯远东大地，开发农业项目，创办生产经营实体，在蕴藏着机遇也充满了风险的异国他乡艰苦创业。潮起潮落，披沙拣金，能够坚持下来，获得成功的是那些善于捕捉商机、勇于承受挫折、巧于别开生面的企业家。

这一阶段走出去的多数是小企业，其中，个人投资占 20%、企业股份合作占 40%、政府投资占 30%。他们在俄罗斯搞农业合作项目，遇到的主要困难是融资难，缺少资金，投入不足，抵御风险的能力不够。此外，劳务大卡办理难，生产资料过关难，农用机械过关费用高，境外粮食返回国内费用高，成为四道难以迈过的门槛。办理赴俄人员劳务大卡要经过俄罗斯有关部门层层审批，最后要报送莫斯科审批，一般办理时间为 4~6 个月。境外农业项目所需种子、化肥、农药和农机配件等农用物资出口受到俄海关各种限制。每台小型拖拉机（含配套机械）过海关收费达 2.5 万元，大型联合收割机高达 25 万~27 万元。境外大豆返回国内销售，俄罗斯海关征收特别关税及相关过货费用每吨达 60 美元，加上运费，每吨大豆增加费用 700～800 元人民币。这些实际问题涉及法律、政策层面，有的需要中俄双方政府高层会晤逐步协商解决。

尽管道路坎坷，举步维艰，经过 10 余年的探索，由边境口岸城市率先走出一条境外农业开发的成功之路。2005 年底，黑龙江省在俄罗斯建立规模种植业、养殖业和加工业开发项目累计达到 70 个；对俄劳务输出累计达到 5 万人次，人均创收 1.2 万元，劳务总收入超过 6 亿元。

二、战略升级

黑龙江省对俄罗斯农业开发合作实现历史性突破始于 2005 年。黑龙江省委、省政府在这一年作出"全力推进对俄经贸科技合作战略升级"的战略部署。这是基于对发展机遇深刻分析科学把握而作出的战略选择。中俄两国政府提出到 2010 年双边贸易额达到 600 亿～800 亿美元，到 2020 年对俄投资 120 亿美元的目标，并把俄罗斯远东和西伯利亚地区确定为双方合作的重点地区，为对俄境外农业开发提供了有利的外部环境；俄罗斯政府制定了鼓励农业发展的新政策，从税收、贷款、补贴、农机、销售等多个环节扶持农业发展，俄罗斯远东地区各州、区还制定了灵活多样的更加优惠的政策，欢迎各国企业去投资，为对俄境外农业开发提供了有利的政策保障；俄罗斯粮食虽已做到自给，但蔬菜、肉类食品仍需进口，价格居高不下，食品短缺问题在短期内难以解决，农产品市场需求广阔，为对俄境外农业开发提供了有利的市场环境；多年来，黑龙江省企业成功建立的一批境外农业种植项目，促进了当地农业生产的发展，缓解了农产品市场需求，安排了当地职工就业，得到俄罗斯各级政府的认可和欢迎，为对俄境外农业开发提供了有利的合作基础；黑龙江省政府与俄罗斯远东地区各州（区）普遍建立了州（省）长会晤机制，协调解决合作中的实际问题，为对俄境外农业开发提供了有利的领导机制。对俄境外农业开发由此进入政府推进加快发展的新阶段。

省政府工作会议上提出，"由省农业委员会牵头研究，要整体上打一个对俄罗斯农业开发的牌子，通过互惠合作等方式，打出亮点。"省农业委员会制定了更具体且有针对性的农业"走出去"实施规划：

在搞好粮食、蔬菜种植和畜牧养殖项目的同时，重点发展一批大豆、蔬菜加工、畜产品加工和山特产品加工等农产品精深加工项目。组织科研单位、大专院校走出去，开展对口考察洽谈活动，引进一批俄罗斯先进技术、优良品种和农业技术人才，在俄罗斯境内建立中俄农业合作种子繁育基地，加快试验、繁育和推广，满足境外农业合作项目发展需要。提供优质服务，解决境外企业和农民面临越来越多的资金、技术、仓储、运输、通关等诸多困难和问题。省发展与改革委员会、商务厅、海关等相关部门积极为境外企业办理粮食进口配额和通关手续，不断创造宽松的发展环境。国家检验检疫部门放宽境外粮食返销政策，建立快捷、方便的"绿色通道"。黑龙江省农业委员会联合省商务部门组织境外企业成立了"省对俄农业产业协会"，解决了企业无序竞争、恶性循环问题。针对俄罗斯农业技术人员短缺的实际，邀请俄罗斯农业专家来访，有针对性地举办赴俄企业和劳务人员培训班，开展外语、法律法规、农业技术等方面培训，提高境外人员的科技素质和劳动技能。

黑龙江省农业委员会卓有成效的工作得到了省委、省政府领导的肯定。2007年，省政府设立了外向型农业发展资金。省财政每年拿出3 000万元，用于扶持对俄境外农业开发、出口加工企业发展和对俄农产品出口基地建设。

在省外向型农业发展资金的鼓励下，各级政府调整思路，加大力度，抓紧落实对俄经贸科技合作战略升级的各项措施，对俄境外农业开发实现了由过去民间、松散、无序向政府组织、成建制、多渠道、宽领域发展的历史性突破。项目区域由俄罗斯边境地区向腹地纵深发展，开发项目遍布俄罗斯滨海边疆区、哈巴罗夫斯克州、犹太自治州、阿穆尔州、克拉斯诺亚尔斯克等7个州的29个区，最远延伸到莫斯科东南部奔萨州地区。合作方式由企业间合作向政府间、企业与政府间合作发展，双方政府间达成合作协议，组织企业和农户开发合作的项目占60%，中方企业与俄政府间合作项目占25%，企业间合作项目占15%。项目种类由单一种植业开发向农业综合开发发展，种、养、加产业化综合开发项目占50%以上。投资类型由松散型、粗放型投资向园区型、集约型投资发展，在俄罗斯滨海边区、阿穆尔州、犹太自治州和克拉斯诺亚尔斯克州分别建立了中俄农业合作示范区。

2008 年金秋时节，黑龙江省农业委员会组织召开了黑龙江省中俄农业合作示范区阿穆尔州现场会。这是省农业委员会第一次赴境外召开的对俄农业开发合作现场会，参会人员考察了黑河布拉戈维申斯克大豆良种繁育基地、逊克县米哈伊洛夫区中俄农业合作示范区、嫩江县康斯坦丁区粮食生产基地、爱辉区丰泰公司古科辛科农场，切身感受到对俄境外农业开发显著成果，会议充分肯定了"政府主导服务，企业投资开发，农民承包经营"的合作模式。这种合作模式最大限度地降低了境外投资的风险，确保了企业的效益和农民的收入。会议确定今后一个时期黑龙江省对俄境外农业开发总体思路，即全面贯彻落实科学发展观，以经济安全、市场运作、互利共赢和循序渐进为准则，推进政府、企业、劳务、技术和农用机械成建制地走出去，在俄远东、西伯利亚和欧洲地区建立一批规模化、产业化和园区化农业项目，实现国内外两种资源、两个市场的有机结合，在更大范围、更广领域和更高层次上推进对俄农业合作，提升黑龙江省农业国际化水平。到 2010 年，黑龙江省境外粮食生产基地实现 3 年翻番的目标，建成以境外远东、西伯利亚地区为重点的粮食生产产业带，境外粮食生产基地面积发展到 42.7 万公顷，粮食总产达到 13.2 亿千克，总收入达到 30 亿元。为此，要集中抓好"三个推进"、实现"三个突破"：推进各级政府走出去，在加强双方政府间合作上实现新突破；推进企业和农民走出去，在扩大境外农业开发规模上实现新突破；推进技术和设备走出去，在发展集约化经营上实现新突破。

2010 年底，上述目标全部成为现实。黑龙江省 34 个县（市）与俄罗斯签订境外农业开发合作协议，建立境外粮食蔬菜种植、畜牧养殖和农产品加工等基地项目 172 个。农作物种植面积 42.7 万公顷，比 2005 年的 10.7 万公顷增长 3 倍，实现了连续 2 个"翻番"目标。开发规模在 0.4 万公顷以上的中俄农业合作示范区 10 个。

三、战略调整

2009 年 10 月 26 日，省政府发布《黑龙江省人民政府关于推进对俄合作适应性战略调整的意见》（黑政发〔2009〕94 号文件）。文件提出："面对新形势、新要求，黑龙江省上下必须统一思想，提高认识，把握机遇，主动出击，增强责任感和使命感，及时推进适应性战略调整，努力扩大对俄罗斯合作规模，不断丰富对俄罗斯合作内涵，切实提高对俄罗斯合作质量，全面开创对俄罗斯开放的新局面。"

这一次战略调整，不仅是应对世界金融危机带来对俄罗斯贸易下滑影响对俄罗斯合作发展的实际情况而采取的重大措施，更是适应中俄政府进一步深化两国战略协作关系的新形势而提出的对俄罗斯合作新思路、新部署。2009 年以来，中俄政府进一步深化两国战略协作关系，力促双方经贸合作。9 月 23 日，两国正式批准《中华人民共和国东北地区与俄罗斯联邦远东及东西伯利亚地区合作规划纲要（2009—2018 年）》，标志着黑龙江省对俄经贸科技合作战略已由地方合作上升至国家层面。2010 年发表了《中俄总理第十五次定期会晤联合公报》，提出"建立和完善两国农产品贸易和劳务合作机制"。在这一背景下，黑政发〔2009〕94 号文件把对俄罗斯农业合作作为适应性战略调整的重点领域，要求全力推进合作转型升级。采取的主要措施包括：深入推进对俄罗斯境外农产品生产、加工产业带、境内对俄罗斯果菜出口产业带和对俄罗斯农产品出口加工产业带建设，加快实现对俄罗斯境外农业开发向种、养、加综合开发转变，对俄罗斯农产品出口贸易向生产、加工、贸易一体化转变，探索建立对俄食品、农产品出口质量安全示范区，扩大农产品出口，提高对俄罗斯农业合作层次和水平。以项目合作为载体，推进农机、农技、企业和劳务走出去，扩大合作领域，推进深度开发，推广政府、企业、农户联合开发经营合作模式，打造一批规模化开发、产业化运营、集约化管理的重点项目，加快发展对俄罗斯农业合作示范园区。农垦系统要充分发挥现代化大型农业龙头企业的优势，提高对俄罗斯农业合作的组织化、标准化、机械化程度，建设境外特色农业合作园区，发展农产品精深加工产业。通过农业合作带动农业机械出口和劳务输出，增加农民收入，增加农业合作项下农产品进口。

黑龙江省政府为支持企业"走出去"，加大了政策支持力度。扶持对俄罗斯投资合作企业发展，对省内企业在境外开展农、林、渔、矿业合作，在俄罗斯注册（登记）、购买资源权证之前，或承包工程、设计咨询、签订合同（协议）之前，为获得项目发生的前期费用，在享受国家支持政策的基础上再给予一定比例的补贴；扶持对俄罗斯农业开发合作，省外向型农业资金重点用于境外农业开发项目、出口加工龙头企业和对俄罗斯农产品出口基地建设。为保证战略调整主要措施尽快落到实处，省政府设立联席会议专题办公室，负责落实联席会议确定的重大事项的督办落实和综合协调。分设 15 个专题工作组，其中省农业委员会牵头，省农垦总局、省畜牧局配合，负责农产品出口基地建设及境外农业开发合作的协调推进。为组织和推动重点园区建设，由省政府有关部门和有关专家组成专门工作机构，对现有境内外园区逐个进行考察论证，指导成长性好、发展潜力大的重点园区制定发展规划，并与之定目标、定责任，签订责任状，有针对性地给予政策、资金等方面的支持，鼓励其率先发展。采取政府引导、企业运作模式，探索在俄罗斯远东地区建立省级境外投资合作园区。

黑龙江省对俄罗斯农业开发合作由此进入一个快速发展的新阶段。当年制定的《黑龙江省现代化大农业发展规划（2011—2015年)》确定的 10 个方面建设任务，其中第一项重点任务——做强优势主导产业，就包括拓展外向型农业。提出抓住沿边开发开放带建设即将上升为国家战略的难得机遇，深入实施农业"走出去"战略和"出口创汇企业振兴工程"，进一步扩大对俄罗斯农业开发合作。到 2015年，黑龙江省对俄罗斯境外农业开发面积达到 63.3 万公顷，比 2010年增长 48.4%。"十二五"期间，以提升现代农业国际竞争力为核心，重点推进以俄罗斯远东地区为重点的对俄境外粮食生产产业带、以边境口岸市县为重点的农产品出口及出口加工产业带建设。到2015 年，农业沿边开放领域不断拓宽，对外合作水平持续提升，农业国际竞争力显著增强。

经过此次战略调整，对俄罗斯农业合作取得了重大突破：扩大合作领域，逐步实现由境外粮食、蔬菜种植向农产品种植、养殖、加工综合开发转变；实施对俄境外农业开发重点项目推进工程，鼓励各级政府、企业赴俄兴建粮食加工、果菜加工、饲料加工、畜牧养殖加工等农业综合开发项目，加快发展中俄农业合作示范区。转变合作方式，由境外农业资源开发向农业投资合作、农产品加工和贸易合作转变；支持企业与俄各级政府、企业建立紧密型合作关系。调整区域布局，由俄罗斯远东地区逐步向俄罗斯腹地延伸，境外农业开发项目由俄罗斯滨海边区、犹太州、阿穆尔州等远东地区发展到莫斯科周边以及其他独联体国家和地区。黑龙江省在更高水平、更宽领域、更深层次上开创对俄罗斯农业合作新格局。

境外农业种植实现了规模化发展。2014年，黑龙江省在俄罗斯滨海边区、阿穆尔州、犹太州、哈巴边疆区、萨拉林州等8个州（区、共和国）种植土地面积累计达到52万公顷。其中，滨海边区30万公顷、阿穆尔州6.7万公顷、犹太州6万公顷、哈巴边疆区4.7万公顷、其他州4.7万公顷；生产粮食170万吨，生猪存栏8万头，牛3 500头，禽15万只。东宁市境外农业种植面积19.3万公顷，位居黑龙江省65个县（市、区）第一位。黑龙江省在俄罗斯远东地区建设面积0.4万公顷以上的农业合作园区20个。

境外农业产业实现了多领域发展。境外农业合作领域不断拓宽，在发展粮食和蔬菜种植的同时，逐步向畜牧养殖、粮食加工、仓储、烘干、物流、粮食返销、农产品批发市场建设等多领域延伸。东宁米克斯公司境外种植水稻0.42万公顷，建成日加工水稻120吨的加工厂，年加工优质稻米1 300万千克，产品畅销俄罗斯远东和莫斯科地区。东宁华宇集团华森农场在俄罗斯滨海边区巴克罗夫卡镇建设生猪、肉蛋鸡养殖场，年存栏生猪1.4万头，年产优质商品猪1.8万头，肉蛋鸡6万只，产蛋950吨。东宁良运公司在俄罗斯租赁土地0.67万公顷，公司利用资本和销售网络优势发展粮食返销和出口业务，2014年3～5月通过符拉迪沃斯托克经大连保税区向美国出口大豆2 500吨，销售收入1 300万元。

对俄罗斯农业合作经营方式实现了多元化发展，形成了以大企业为主体的中俄企业间开发合作、农村种植大户开发和农户联合开发等合作模式。160家境外农业投资经营主体中，企业110家，占70%；农村种植大户30家，占18%；农户联合经营20家，占12%。中俄企业间合作方式主要分为：租赁土地型占60%，土地租赁期最长49年；购买土地型占20%，土地使用权最长期限达49年；合资合作型占20%，俄方企业出土地，中方企业出机械、技术和劳务，一般按中方60%、俄方40%比例，或各按50%比例合作。

四、成功之举

黑龙江省对俄罗斯农业开发合作的价值不仅在于已经创造的物质

成果，更为重要的是积累了经验，提供了典范，树立了榜样，拓展出一条"政府搭台、企业唱戏、农民受益"的成功之路。

1. 在政府层面，从 2005—2014 年十年磨一剑，获得了宝贵经验，也引起深深的思考

（1）积极抢抓机遇是推动农业"走出去"的前提。2005 年，黑龙江省委、省政府紧紧抓住中俄两国战略协作伙伴关系稳步发展的重要机遇期，审时度势，做出了全力推进对俄经贸科技合作战略升级的部署，制定了 3 年翻一番、5 年再翻番的发展目标，省农业委员会研究制订农业"走出去"发展规划，积极组织各市、县政府、企业走出去，到俄罗斯远东地区考察洽谈，租种土地，全力推进农业"走出去"。2009 年，黑龙江省政府再抓机遇，提出推进对俄罗斯经贸合作适应性战略调整的部署和要求，全力推进对俄罗斯合作转型升级。两次战略部署都收到了重大成效，黑龙江省境外农业开发实现两次跨越式发展。2013 年，国务院出台实施了《黑龙江和内蒙古东北部地区沿边开发开放规划》，为黑龙江省扩大农业沿边开发开放，特别是进一步加强对俄罗斯农业开发合作提供了难得的历史性机遇。

（2）政府组织引导是推动农业"走出去"的基础。黑龙江省委、省政府先后制定出台的两个纲领性文件（黑政发〔2005〕21 号和黑政发〔2009〕94 号），为全面推进对俄罗斯农业合作指明了方向；省政府成立的对俄罗斯经贸合作领导小组，由省长任组长，定期召开会议，研究政策，解决问题；每年由省长带队与俄罗斯相关州（区）政府进行洽谈，协商解决农业合作中遇到的实际问题；省农业委员会先后在阿穆尔州、滨海边区、犹太州召开了 3 次黑龙江省境外农业开发合作现场会，组织政府部门和企业到境外考察现场，总结推广典型经验，有力地推进了对俄罗斯农业合作不断向纵深发展。

（3）加强政策支持是推动农业"走出去"的关键。省政府设立外向型农业发展资金，每年拿出 3 000 万元用于扶持对俄罗斯境外农业开发、出口加工企业发展和对俄罗斯农产品出口基地建设，已累计投入资金 9 000 多万元支持境外农业发展；省农业委员会每年都确定一批对俄罗斯农业合作重点企业和项目，在资金、政策等方面给予重点倾斜，已累计扶持境外农业重点项目 70 个；许多市、县政府对购买大型农机具、境外租赁土地、劳务输出等给予一定资金补助。

（4）提供优质服务是推动农业"走出去"的保障。有关部门在组织对俄罗斯农业合作技术培训、建立境外种子繁育基地、建立境外粮食返销"绿色通道"、成立"省对俄农业产业协会"等方面做了大量卓有成效的服务性工作，为境外企业不断创造宽松的发展环境。

2. 在企业层面，那些成功的中资企业已经成为俄罗斯当地农业发展的支柱和农业生产的榜样 东宁华信集团在滨海边区合作建立的现代农业经济合作区，拥有 5 万公顷耕地。2013 年种植 2.8 万公顷，养猪 3 万头，养牛 800 头，年加工大米 200 吨、玉米 500 吨、大豆 100 吨。园区的大豆、玉米、小麦单产连续 5 年位列滨海边区第一名。合作区的经营方式被称为"华信模式"：由边贸龙头企业负责租地、公共关系、市场准入、通关物流等；北大荒集团牡丹江农垦管理局提供最先进的技术、设备和技工，中小企业联合社负责集中管理、规范运营和集团化发展；由基金负责为境外农业开发企业提供贷款、担保等金融支持；资本结构由华信集团、农垦牡丹江管理局和中小企业联合社组成，资金来源以自筹、银行贷款、财政补贴和发行债券、股票进行融资为主；管理方式采用委托经营或租赁经营，最终实现对俄罗斯农业合作开发"六统一"，即统一农资供应、统一劳务指标申请、统一办理进口许可、统一回运、统一品牌、统一销售。该合作项目已成为中国在俄罗斯进行农业开发规模最大、最具影响力的现代农业经济合作区。东宁华洋公司在滨海边区十月区建设规范化养殖场，饲养奶牛 2 000 头、蛋鸡 12 万只，2013 年产鲜奶 3 800 吨、鸡蛋 2 200吨，成为滨海边区规模最大、标准最高、效益最好的现代化养殖企业。黑河北丰公司与俄方合资在阿穆尔州自由城市建设年存栏 10 万只蛋鸡养殖场，日产鲜蛋 8 万枚；建设大豆加工车间，日加工大豆 50 吨，生产豆粕 30 吨，是当地重要的现代农业综合企业。

3. 在农民层面，越来越多的农户通过这条途径实现了持续增收的愿望 逊克县采取"政府搭台、公司运作、农户经营、统分结合"的方式，由政府资金支持企业租赁土地，办理涉外经营手续，购买生产资料，组织物资通关，统一结算贸易往来资金，由农户分散耕作，先后在俄罗斯建立 1 个农业合作园区、9 个合作农场、1 个养猪场，累计赴俄务工农民 3 200 余人，人均纯收入 15 万元。这种合作模式有效降低了农户的经营风险，调动了广大农户发展对俄罗斯农业合作的积极性。东宁市为走出去农民提供每户 5 000 元的劳务输出补贴，该县 12 户农民组成"阿里郎远东境外农业农民专业合作社"，以资金入股形式合伙在俄罗斯租种土地 0.43 万公顷，种植陆地和棚室蔬菜，年创效益 300 多万元，户均收入超 30 万元。

五、大路朝阳

与俄罗斯农业开发合作是黑龙江省现代农业建设宏大叙事的重要篇章，当我们站在全局和发展的高度，把它放到建设黑龙江农业强省的坐标系中来观看，就能够正确认识它的重要意义。

与俄罗斯农业开发合作对支撑黑龙江粮食大省地位具有重要作用。目前，黑龙江省农业"走出去"的企业在俄罗斯境内种植面积 48 万公顷，相当于省内 3～4 个中等县、市的耕地面积。其中，黑龙江农垦已有 9 个分局、28 个农场在俄罗斯犹太自治州、阿穆尔州、滨海边区等 9 个联邦主体开展境外农业合作，签订土地租赁合同 8 万公顷。俄罗斯现行法律允许土地长期租给外国人，土地使用权最长期限达 49 年。从这个意义上说，境外合作项目开发的耕地为黑龙江省增加了大量的后备土地资源。

对俄罗斯境外农业开发加快农村劳动力转移，是持续增加农民收入的有效途径。黑龙江省每年对俄罗斯劳务输出 3 万余人次，年劳务收入超 10 亿元。

对俄罗斯境外农业开发合作为国内绿色食品深加工提供了优质原料，促进黑龙江省由粮食大省向食品加工大省的转变。俄罗斯土地垦殖时间短，农业生态环境优良，农业合作项目要严格按照俄罗斯当地生产标准组织生产，确保农产品质量安全。"走出去"企业把境外种植的大豆、玉米等粮食运回国内销售，满足了国内加工企业的需求，目前黑龙江省粮食进口口岸达到 8 个，累计返销粮食 18.64 万吨。肇东龙源润丰公司在俄罗斯滨海边区种植土地 1.6 万公顷，发展有机大豆、玉米种植，取得了欧盟有机食品认证，产品全部回运国内加工销售。东宁市采取"在俄耕种，回运粮食，本地加工"的方式，目前在俄罗斯耕种面积已达 21.3 万公顷，累计回运粮食 3 万余吨，同时筹建俄罗斯有机食品加工基地。

对俄罗斯境外农业开发带动了国内农机产品出口，促进了农机装备工业的发展。黑龙江省是农机装备制造业大省，对俄罗斯农业合作项目不仅增加了对大型农机具的市场需求，而且通过项目的示范作用，提高了国产农机具在俄罗斯的品牌声誉，拓展了农机市场空间。据统计，每年黑龙江省对俄罗斯出口各类农机具 600 多台（套），2005 以来，累计对俄罗斯出口 5 000 多台（套）。

黑龙江省在俄罗斯开发农业是一条双赢之路。农业合作项目产生了俄方欢迎、企业获益、当地创收的综合效应，得到了两国政府和民间的充分认可。俄罗斯远东的优势在于拥有广袤的土地和原生态的优良种植环境。俄罗斯入世后表现出参加国际农业合作的积极性，2012 年以来，俄罗斯大力开发远东地区，有数百万公顷的耕地期望吸引外资长期耕种开发。黑龙江的优势在于人力、资本、设备物资、巨大的市场以及毗邻俄罗斯的地理位置。黑龙江的农业是现代化大农业，具有现代农业装备、资金、技术优势；随着土地规模化经营步伐不断加快，转移出大量成熟的农村劳动力需要拓展就业空间；黑龙江是中国最大的绿色食品生产加工基地，构建了庞大的产品销售网络；黑龙江省与俄罗斯有 3 000 多千米边境线，到俄罗斯开发农业不仅便利而且成本较低。通过一个个农业合作项目实现优势互补、互利共赢，是推动双方能够持久合作的内在动力。它所取得的丰硕成果极大地提升了黑龙江省现代化大农业的国际影响力。

经济全球化、贸易一体化的发展推动农业国际化步伐不断加快，国际间农业合作与交流成为各国农业发展的重要手段。黑龙江省对俄罗斯境外农业开发合作已经写下了许许多多富有传奇色彩的中国梦的故事，迎着朝阳，昂首阔步，这条路会越走越宽广。

第六章　现代化农业大观

——黑龙江农垦

在黑龙江省的粮食生产乃至全国农业现代化建设中，黑龙江垦区既像一匹桀骜的骏马奔驰在时代的最前列，又像一颗璀璨的明珠镶嵌在祖国960万平方公里的大地上。黑龙江垦区的农业生产力水平已达到世界一流水平，可与发达国家比高低。

第一节　艰苦奋斗的创业之路

黑龙江垦区位于我国东北部小兴安岭山麓、松嫩平原和三江平原地区，属世界著名的三大黑土带之一。辖区总面积5.62万千米^2，其中耕地286.7万公顷，是国家级生态示范区。下辖9个管理局、113个农牧场，866家国有及国有控股企业，152家非国有企业，分布在黑龙江省12个市、74个县（市、区），现有总人口173.4万人，其中从业人员98.3万人。

黑龙江垦区过去被称为"北大荒"，这片沉寂的荒原上蕴藏着世界上最稀有，也是最肥沃的被人称为土中之王的黑土地。这里虽然有生产粮食的沃土，但是也以气候恶劣而著称，暴虐的西伯利亚寒流长久的滞留此地，荆莽丛生，泡沼遍地，野兽出没，渺无人烟。有文人曾这样描写北大荒的冬天："呼气为霜，滴水成冰，赤手则指僵，裸头则耳断，大烟炮过后，时见雏鹰跌落于林下，孤狼陈尸于河谷，古泉咽涩，大江断流。"北大荒自然条件十分恶劣。北大荒的垦殖，大约可以追溯到辽金乃至秦汉时期，明清时开始有组织的开发，民国时放荒垦殖……历代统治者终因无法克服的矛盾而以失败告终。

1947年，按照中共中央和毛泽东同志"关于建立巩固的东北根据地""培养干部，积累经验，创造典型，示范农民"的重要指示，一批荣复军人来到北大荒，创建了宁安农场、赵光农场等第一批国有农场，为北大荒农垦事业的发展闯出了一条路子。随后，革命残废军人、被解放的国民党军官、人民解放军农建二师、铁道兵 9 个师的复转官兵开赴北大荒，为北大荒东部地区的开发建设奠定了重要基础。杨华等一批北京青年响应中共中央的号召奔赴北大荒，拉开了全国支边青年志愿垦荒的序幕。在短短两个多月的时间里，来自全国 19 个省、16 个大中城市的 2 000 多名青年先后来到北大荒，成为一支重要的生力军。到 1956 年，与初创时相比，垦区国有农场由 15 个增加到 96 个，耕地面积由 2.7 万公顷增加到 30.5 万公顷，机械总动力由 1.1 万千瓦发展到 6.2 万千瓦，农场职工由 3 900 人增加到 4.65 万人，年粮食总产由 1 200 万千克增加到 2.27 亿千克，年工农业总产值由 236 万元增加到 5 263 万元。

1958 年，按照中共中央和中央军委的战略部署，王震将军率 10 万名复转官兵挺进北大荒，加上一批大专院校毕业生和有经验的教师、医生的到来，掀起了垦区大规模开发建设的高潮。这些拓荒者为北大荒的开发建设作出了特殊的贡献。在纵横千里的北大荒，建成了一大批国有农场，成为国家重要的商品粮基地，"北大荒"变成了海内外闻名的"北大仓"。到 1966 年，垦区实现粮豆总产 11.5 亿千克，向国家提供商品粮 5.7 亿千克，比 1956 年增长 3.7 倍。在发展粮食生产的同时，修建了密山至虎林的铁路，开发建设了完达山的林区，加快发展了工业和林、牧、副、渔业等多种经营。1966 年，垦区实现工农业总产值 3.7 亿元，比 1956 年增长 6 倍多。1964 年 7 月，时任国家副主席董必武视察垦区时，曾题诗赞颂北大荒发生的巨大变化："斩棘披荆忆老兵，大荒已变大粮囤。"

1968—1971 年，北京、天津、上海、杭州、哈尔滨等大中城市的知识青年，纷纷响应毛泽东同志"知识青年到农村去，接受贫下中农再教育"的号召相继开赴北大荒。大批城市知识青年来到农场，提高了垦区职工队伍的文化素质，为北大荒的开发建设增添了新生力量，特别是对农场生产技术改进和文教卫生事业发展以及职工思想观念和生活方式的转变起了重要作用，开创了独特的北大荒文化。在北大荒艰苦的环境中，广大知识青年得到了锻炼，后来有不少人脱颖而出成为全国各行各业的杰出人物，还有相当一部分人成为国家各级党政机关的栋梁之材。尽管由于"文化大革命"的影响，这个阶段的发展遭受了严重挫折，劳动生产率大幅度下降，生产经营状况不断恶化，但北大荒人发扬艰苦奋斗精神，坚韧不拔地把农垦事业继续推进。农业生产规模不断扩大，到1978年，垦区耕地总面积达到181.5万公顷，实现粮豆总产23.45亿千克；畜牧业生产进一步发展，大牲畜存栏达到15.1万头。工业生产形成相当规模，中小型工业企业发展到737个，实现工业总产值6.3亿元，比1966年增长3倍。特别是先后新建和扩建了一批制糖、酿酒、造纸、奶制品、面粉加工等工业企业，改变了垦区单一经营农业的局面。北大荒已变成名副其实的北大仓，人们千百年来的梦想终于成为现实。

中共十一届三中全会为转折点，北大荒农垦事业发展也进入了一个新的历史时期。以解放思想为先导，积极进行试验探索，调整传统经营模式，改革经济管理体制，由封闭逐步走向开放。发展农工商综合经营，进一步改变单一经营农业局面。通过调整产业结构，初步实现了农林牧副渔全面发展和农工商综合经营，使垦区经济逐步走上了区域化布局、专业化生产、集约化经营、系列化服务的轨道。通过实行对外开放，建立农业现代化窗口。从美国约翰·迪尔公司引进一套先进农业机械设备，装备经营基础较好的友谊农场五分场第二生产连，使每个农业工人年生产粮豆达到21.15万千克。1980年，垦区与日本日绵实业株式会社实施了在三江平原开发2万公顷耕地的大豆补偿贸易项目；从日本、美国引进价值1 126.4万美元的先进机械装备，新建了具有较高农业现代化水平的洪河农场。1981—1983年，垦区用世界银行贷款开荒20万公顷，并达成"黑龙江农垦项目"协议，引进了一大批先进的大型农业和工程机械。这些农业现代化窗口的建立，受到了党和国家领导人的高度重视，邓小平、李先念、胡耀邦、王震等先后到垦区视察，对垦区引进和吸收国外先进技术、发展农业机械化和现代化给予了充分肯定。1979年2月，国务院决定从1979—1985年对农垦企业实行以"独立核算，自负盈亏，亏损不补，利润用于发展生产，资金不足可以贷款"为主要内容的财务包干办法。这个办法的实行，在财务管理上突破了多年来的统收统支制度，较好地解决了长期存在的企业吃国家"大锅饭"的问题，大幅度提高了农垦企业的经济效益。实行财务包干的当年，垦区实现利润1 006万元，比1978年扭亏增盈12 111万元，以后又连续多年盈利。1979年2月，垦区开始实行基本工资加奖励的生产责任制，后来又改为实行"包、定、奖（赔）"的生产责任制。从1981年开始，垦区试行生产责任制与浮动工资相结合的办法，农（牧）场对生产队实行"整体承包，统一核算，利润分成，亏损受罚"的生产责任制。1982年2月，垦区开始试行以机械化作业为主的机农联合承包，部分农（牧）场实行机务单独承包或车组承包。这一系列生产责任制的实行，较好地解决了长期存在的职工吃企业"大锅饭"的问题。实行承包责任制后，垦区分离农业劳动力6万多人，为发展多种经营创造了条件。1984年初，借鉴农村改革成功经验，垦区开始试办一批家庭农场，从而在农业经营体制改革上找到了新的突破口。

自1985年开始，垦区经济体制改革由试验探索转向能动推进，由单项突破转向配套实施。在经济体制改革进一步深化、不断取得突破性进展的同时，垦区社会生产力水平明显提高。启动实施国家50亿千克商品粮基地建设项目。随着"八五"计划开始实施，凭借着改革开放焕发出的生机与活力，垦区肩负起了建设国家50亿千克商品粮基地的历史重任。这是列入国家"八五"计划的重点建设项目，也是20世纪90年代垦区农业现代化建设的一项标志性工程。这个重点建设项目的完成，意味着垦区粮食生产登上了一个新台阶，用10年时间达到了过去40年才能达到的水平；标志着垦区社会生产力提高到了一个新阶段，创造出了国内一流的农业劳动生产率和粮食商品率水平。

1996年以来，垦区改革开放取得新突破，进一步实行战略性结构调整，主要农作物品种调优，优质品种覆盖率达到90％以上。优质高效经济作物面积明显增加，绿色食品和有机农业迅速发展。畜牧业发展呈现强劲势头，开始走上以质量效益为中心的轨道。第三产业和非公有经济快速发展，非公有经济占全部经济总量的比重突破40％。通过加快实施农业产业化战略，一批龙头企业和产业化集团迅速发展壮大。完达山乳业、九三粮油工业集团成为国家级产业化龙头企业，省级产业化龙头企业已发展到13家。龙头企业与基地和农户的联结更加紧密，创建了"完达山""北大荒"等一批知名品牌。小城镇建设水平走在黑龙江省前列，促进二三产业发展的城镇载体功能进一步完善，形成了 140 多个设施配套、功能完善、环境优美的新型农垦城镇。交通、通信、教育、卫生、文化、体育、新闻、广播电视等各项社会事业进一步发展，政法、民政、信访、统战和民兵等方面工作明显加强。

60 多年来，垦区已累计生产粮食 3 065.3 亿千克，向国家交售商品粮 2 425.9 亿千克，为保障国家粮食安全、食品安全和生态安全作出了积极贡献。目前，垦区粮食综合生产能力达到 215 亿千克，提供商品粮 200 亿千克以上，可保证 1.2 亿城镇人口一年的口粮供应。作为国家重要的商品粮基地，每到国家粮食出现短缺，如在 20 世纪 60 年代的大饥荒、80 年代的物价飞涨等时期，垦区都发挥了重要作用。2003 年"非典"期间，北京一度出现粮食短缺，垦区迅速向北京调运 1.5 万吨大米，及时缓解了首都粮食紧张的局面。2008 年汶川大地震后，垦区仅用 3 天时间紧急加工 2 460 吨北大荒优质大米，通过专列运往四川灾区，全力支援灾区抗震救灾，有效发挥了作为国家抓得住、调得动、能应对突发事件的"中华大粮仓"的作用。

垦区自开发建设以来，不仅肩负着为国家生产粮食的历史重任，还一直积极探索和实践现代化大农业发展之路。从 20 世纪 70 年代末期开始构建现代农业的宏伟蓝图，特别是自 2009 年 6 月胡锦涛同志作出"积极发展现代化大农业"的重要指示以来，垦区以规模化、机械化、水利化、科技化、产业化、合作化为标志的现代化大农业建设突飞猛进，已经走在了全国乃至世界的前列。2010 年 10 月，垦区被农业部命名为"国家级现代化大农业示范区"。2011 年 9 月 4 日，世界银行行长佐利克在垦区考察时评价：北大荒的农业可以与世界任何发达国家"叫板"，希望北大荒的农业技术能与世界分享。2011 年 8 月 18 日，国务院国情研究中心主任胡鞍钢到垦区考察时指出：北大荒已经成为粮食综合产出的国际领先者，北大荒之路已经成为中国农业现代化和机械化发展的先行之路。2012 年 6 月 11 日，欧盟委员会农业与乡村发展委员达契安·乔罗什在垦区考察时提出：北大荒了不起，衷心希望你们积极开拓欧洲市场。

经过三代人的艰苦奋斗，黑龙江建成了我国耕地规模最大、现代化程度最高、综合生产能力最强的国家重要商品粮基地和粮食战略后备基地。在北大荒开发建设中，垦区人民还创造了以"艰苦奋斗、勇于开拓、顾全大局、无私奉献"为主要内容的北大荒精神，它激励着一代又一代北大荒人开拓前进，已经成为中华民族历久弥新的宝贵精神财富。

第二节　现代化的黑龙江农垦

经过半个多世纪的开发建设，黑龙江省农垦现已成为我国规模最大的国有农场群，是国家重要的商品粮基地和粮食战略后备基地。

我国现代农业建设正处于一个新的发展阶段。中国农业现代化看中国农垦，中国农垦看北大荒。农业机械化是农业现代化的重要标志。在这里，可以找到全世界最顶尖的各种农业机械，凯斯、格兰、久保田、洋马……黑龙江垦区不断更新着农机设备，始终追踪着世界最先进的技术。可以说，这里的农业现代化程度不仅全国领先，在世界范围内也处于先进行列。

1. 实现了生产手段革新　垦区始终把发展和更新大型农业机械，作为推广实施现代土壤耕作制度的一项重要保证措施来抓。1947 年从仅有的 3 台日本开拓团扔下的旧"火犁"开始，依靠苏联援建，建立了第一批国有机械化农场；1978 年利用外资，在友谊农场建立了农业现代化试验基地，中国农机现代化的"试验田"放在了友谊农场五分场二队。国家从美国迪尔和凡尔蒙公司引进了 62 台（套）设备，把五分场二队武装成世界一流的农业生产队。当年友谊农场五分场二队创造了劳均生产 10 万千克粮食的劳动生产率，在国内外引起了强烈反响。1980 年利用补偿贸易，创立了我国第一个现代化农场——洪河农场；1983 年利用世界银行贷款，装备了二道河、鸭绿河农场等；1983 年 8 月 7 日，邓小平同志来到五分场二队考察，肯定了中国农业加快改革开放实现现代化的道路。事实证明，引进国外农机不仅是我国农机化发展历史的一个重要转折，也成为我国农业发展史上一个新的起点。20 世纪 90 年代利用 2 亿美元贷款，对 200 万公顷耕地的生产手段进行了大规模改造；2004 年 5 月 10 日，在中国农业发展史上具有划时代意义的"黑龙江垦区现代农业装备工程"正式启动。这一天，从美国引进的 126 台具有世界最先进水平的自动化、智能化大马力拖拉机自哈尔滨出发，分赴黑龙江垦区的 53 个现代农业装备工程示范区，垦区农业机械化从此走进了数字化时代。一时间，世界农业发达国家对中国北大荒也刮目相看。这标志着黑龙江垦区乃至中国农业机械化水平又进入了一个新的历史发展时期，中国农业机械化开始朝着数字化、信息化目标前行。

2. 提高了劳动生产率　一台具有国际先进水平的 500 马力拖拉机，一昼夜联合整地作业可达 100 公顷，作业时速可达 10 千米，相当于普通拖拉机的 6～8 倍；大马力配带大型联合整地机可实现普通拖拉机单项灭茬、深松、合墒、碎土、镇压等作业项目的复式一次完成，每公顷节本增效 225 元以上；采用精密播种机播种大豆、玉米，每公顷可节约种子 30 千克以上，增产 150 千克；采用机械化行间覆膜栽培技术，大豆、玉米每亩可增产 20％以上；采用大型联合收获机收获玉米，可实现全部秸秆还田，同时保持垄型，降低水分，每公顷综合节本增效 300～450 元；采用机械化插秧技术，水稻每公顷增产 5％～10％。高水平的农业机械化使黑龙江垦区基本改变了农业"靠天吃饭"的状况，提高了农业抗灾能力，实现了旱能灌、涝能排。现代农机装备实现的土壤深松、秋整地和秸秆还田等保护性耕作，实现秋雨春用、春旱秋防，建立了"土壤水库"，蓄水保墒。大马力机械使抢农时争主动变为现实。春天播小麦不超过 5 天，播大豆不超过10 天，分别比传统作业缩短 10 天；玉米不超过 15 天，比传统作业缩短 10 天；水稻插秧不超过 15 天，比传统作业缩短 10 天；水稻插秧不超过 15 天，比传统作业也缩短了 10 天。垦区 100％的耕地轻松实现整地"黑色越冬"，第二年平作作物的地号达到播种状态，垄作作物根据农艺要求还实行秋起垄、秋施肥、秋施药，春天不动土、不整地，奠定了农业高产、稳产和可持续发展的基础。近年来，垦区粮食作物从整地、育苗、播种、管理到收获各个环节，都体现出高效率、高标准、快节奏，一条很重要的原因是得益于现代生产工具的广泛应用、农机化水平的快速提高。2014 年，垦区大田播种比上年提前 7 天左右，水田插秧比上年提前 5 天，全部插播在高产期，是垦区历史上春播质量最好、进度最快的一年。高度的农机化推动了农业向规模化、集约化方向发展，促进了农业生产关系的变革，创造了较高的劳动生产率。垦区在坚持大农场套小农场的经营方式的基础上，实施"两田一地制"农业承包形式，推进土地适度规模经营，向提高土地规模经营要效益。目前，垦区 27％的规模家庭农场经营了 61％的耕地，旱田经营规模一般在户均 30 公顷左右，水田经营规模一般在户均 13.3 公顷左右，相当于荷兰水平。高度的农业机械化创造了与世界比肩的劳动生产率，促进了职工增收。据统计，垦区农业职工人均生产粮食由 1985 年的 6.6 吨增加到目前的 53.5 吨，增长 8.1 倍，居国内领先，达到发达国家水平。

3. 提升了标准化作业水平　垦区以农业标准化为载体，采取良种良法良田配套、农艺农机农户结合的原则，连续多年以"备耕看准备、春播看质量、夏管看长势、收获看品质、三秋看标准、全年看成效"为主要内容，积极开展农业标准化提档升级活动，促进了垦区全作物、全面积、全方位、全过程标准化。累计创建国家级农业标准化示范农场 24 个，标准化覆盖率达到了 100％。垦区坚持以农业机械化为先导，本着"总体布局、分步实施、阶段推进"的原则，从国外大批量引进智能化大型农业机械，建设完善了 400 个现代农机装备作业区，实现垦区农机装备水平又一次质的飞跃。这些现代农业机械集卫星定位、自动导航、精量播种、变量施肥于一体，一次完成深松、浅翻、整地、播种、合墒和镇压 6 项作业，使垦区的农业生产率大幅度提高。

目前，垦区的农业装备水平已经达到或超过世界发达国家水平，农业生产田间作业综合机械化率达 98％。拥有农用机械总动力 818 万千瓦，农用大中型拖拉机 12.7 万台，机动水稻插秧机 7 万台，联合收获机 2.6 万台，水稻收获机 1.5 万台，农用飞机 88 架，航化作业面积 177.9 万公顷，航化作业面积比重为 62％，形成了从田间到晒场、从地面到天上的中国最大的农业机械群。机具结构更加合理，垦区间发展更加协调，逐步实现了主要农机装备数量稳步增长、质量大幅提升，耕种收综合机械化水平达到 88％以上，同比增长 4 个百分点以上。甜菜、蔬菜等主要经济作物机械化生产和现代设施农业取得明显进展。农机农艺信息融合度进一步增强，增产增效型、资源节约型、环境友好型农业机械化技术广泛应用。

农田水利是农业的命脉，是农业发展的物质基础，是农村经济、农村社会发展的重要基础设施。黑龙江垦区以农田水利建设为重点，加强农业基础设施建设，现已基本建成防洪、除涝、灌溉和水土保持四大水利工程体系，初步建立起排、灌、蓄结合的水资源综合利用系统。特别是重点建设了兴凯湖灌区、查哈阳灌区、绥滨灌区、八五九灌区等5个面积在2万公顷以上的大型灌区。其中，兴凯湖灌区面积8万公顷，是东北地区最大的灌区，也为国家实施"两江一湖"大型灌区建设探索了路子。目前，垦区3～5年一遇标准除涝面积达133.3多万公顷，占耕地面积的1/2；灌溉面积100多万公顷，占耕地面积的1/3以上；堤防10～20年一遇标准保护面积98多万公顷，占耕地面积的1/3。垦区坚持用战略目光谋划和利用水资源，"十一五"以来，累计完成各类水利建设投资60.2亿元，加快了以三江平原灌区为核心的农田水利基础设施建设，促进了水资源的合理开发、综合利用和有效保护，为垦区建设国家重要商品粮基地和现代化大农业示范区提供了基础支撑和可靠保障。一是加快粮食安全水利保障体系建设。2013年，效益面积达37.4万公顷的全国第四大灌区工程也已全面开工建设。不断推进已有大型灌区的续建配套步伐，坚持不懈开展旱田节水灌溉工程建设，加强小型农田水利工程建设，累计达成农田有效灌溉面积173.3万公顷，农田灌溉保障能力大幅提升。二是加快城乡水利防灾减灾体系建设。不断推进黑龙江、松花江、嫩江防洪工程建设，实施了结烈河等12个中小河流近期治理项目，大江、大河和中小河流防洪能力不断增强。先后完成了清河等6座中型水库和奋斗等26座重点小型水库的除险加固，又启动了48座小（Ⅰ）型病险水库除险加固工程，消除了水库病险隐患。启动实施了查哈阳灌区渠首泄洪闸等大中型水闸除险加固项目，开展了别拉洪河等排水骨干工程的清淤疏浚。加强农田除涝工程建设，累计达成堤防保护面积98万公顷、除涝面积142.8万公顷。三是加快推进水资源和水生态保护体系建设。坚持将水田节水控灌技术与高产攻关相结合，推广面积已达到13.3公顷，年可节水2.16亿米^3。完成了红星等5个东北黑土区水土流失综合防治一期项目，启动实施了北兴等7个东北黑土区水土流失综合防治二期项目和汤原等10个农场水土保持重点工程，累计达成水土流失治理面积38.9万公顷。

自2009年以来，垦区启动了"绿满垦区，共建生态家园"活动，全面实施了"绿色城堡，见缝插绿，绿色屏障"三大生态工程，完成造林绿化4.65万公顷，基本实现绿满垦区，被黑龙江省委、省政府授予造林绿化三年决战标兵单位。目前，垦区森林面积已达 95.3 万公顷，其中人工林 58.7 万公顷，森林覆盖率达 18.3%，城镇管理区绿化覆盖率达 37%，公路绿化率 95%。一是林业防护效益凸显。通过实施旱作耕地防护林工程，营建以"小、窄、良"为标准的农田防护林 17.3 万公顷，形成 7 万条林带 4 万个网格，旱作耕地基本实现了林网化。经专家对防护林作用全面测定，风速减慢 48%、气温提高 0.8%～3.6%、蒸发量减少 7.5%、土壤含水量增加 3.8%～4.3%，全垦区仅此年均增产粮食 10 亿千克以上。垦区还通过实施双百万亩水土保持林、"三北"区域农场群重点防护林、小流域系统综合治理、江河堤坝防浪林等工程，累计造林 20 多万公顷，庇护耕地 320 多万公顷，体现出了巨大的经济效益、社会效益和生态效益。二是林业产业规模扩大。按照"生态建设产业化，产业发展生态化"的思路，积极推进林业经济倍增计划，涌现出长水河、五九七等一批林业经济示范场和示范带。截至 2011 年底，全垦区拥有家庭林场 1.7 万个，林业年产值达 20 亿元以上，增加值达 3.3 亿元，林业经济增速达 30%。现有林木总蓄积量达 6 550 万米^3，其中人工林立木蓄积量达 3 554 万米^3，上百亿"绿色银行"储富于山。三是林业改革进展顺利。积极开辟林业发展新途径，通过租赁、股份合作等形式，吸引了一批民营企业家投资林业，创办基地，盘活了森林资源。林权流转试点进展顺利。目前，有 5 个农场进入流转程序，成交面积 2 500 公顷，成交额近 6 000 万元，蓄积量 20 万米^3，对下一步推进国有林权改革起到了示范作用。落实森林经营管护责任制面积 13 万公顷，形成了集管护、生产、观光旅游于一体的林业产业带，使林地生产力大幅度提高。

近年来，垦区加快转变农业发展方式，大力实施"科技兴垦"战略，努力构建科技创新研发体系、推广应用体系和管理服务体系，为现代化大农业发展提供了重要支撑。目前，垦区的农业科技贡献率达到 68.2%，高于全国平均水平 20 个百分点；科技成果转化率高达 82%，居国内领先水平。一是强化科技创新研发。注重农业新技术的研发和推广工作，组建了以农垦科学院、八一农垦大学为龙头，17个科研院所、3 个博士后流动工作站、4 个省部级工程技术中心、2个省级生产力促进中心等为支撑的科技研发网络。实施人才强垦战略，发挥农林院校孵化器作用，形成了高水平的企业家队伍、科技人才队伍和专业技术人才队伍，为垦区科技事业创新发展提供了重要保证。"十五"以来，垦区累计获省部级以上科技进步奖 325 项，其中，国家级科技进步奖 26 项，获省长特别奖和重大效益奖 8 项。累计培育推广农作物新品种 300 多个，良种覆盖率达到 100%。二是加快科技推广应用。集成良种良法、农机农艺、良田良才等各要素优势，坚持开展农业标准化提升活动，以农业"十大"栽培模式，农业、农机和畜牧 3 个"十大"新技术为重点，全面推行保护性耕作、模式化栽培、智能化育秧、测土配方施肥等技术，示范带动了农业生产全面积、全作物、全过程、全方位"四全"标准化，农业标准化率达到 100%。高标准开展整场整建制高产创建试点 1 个，整管理区高产创建试点 5 个，高产创建万亩示范片 165 个，培育了一批水稻和玉米单产超 900 千克、大豆单产超 260 千克的高产典型。加快完善了以 100 个现代农业示范区为中轴、230 个科技园区为支撑，集试验、示范、展示、辐射于一体，覆盖垦区、辐射东北亚，总长 2 000 千米的东、中、西 3 条现代农业科技示范带，带动农村小麦、大豆、玉米和水稻四大作物平均每公顷分别增产 750 千克、1 500 千克、2 250 千克和 3 000 千克。三是加强科技管理服务。垦区通过自筹资金，初步构建起覆盖农业、林业、水务、农机、畜牧、种子、灾害防控等系统的专业化公益性农业技术推广体系。2011 年底，科技大厦建设工程正式启动，以此为平台，以物联网为导向，努力建设国内一流、国际先进的现代化大农业科技管理中心、控制中心、信息中心和应用中心，全面提高信息化服务第一、第二、第三产业的能力和水平。深入实施"科技入户"工程，充分发挥"科技入户直通车"作用，大力推行"科技特派员"服务模式，全面落实国家阳光工程培训项目，年均培训 40 多万人次。垦区以单项突破上水平、集成配套增效益为目标，注重加强新品种选育、耕作模式改制、作物栽培技术和植物保护措施等方面的自主创新，并加强节水灌溉、智能化控制和农机具改装等方面的引进消化吸收再创新。在成果转化方面，按照"农艺农机结合、良种良法配套，生态环境适应"的原则，重点推广了水稻"三化两管"、玉米"四精两管"等"十大"栽培模式，以及"超级稻"高产栽培、保护性耕作、测土配方施肥、节水灌溉等"十大"新技术。以

"现代农业展示、科技创新研发、成果转化示范、技术推广带动、农业人才培训"为基本功能，创建了 100 个现代农业示范区，实施了"百、千、万"工程，通过内创外引和成果转化，带动了垦区农业生产方式的转变，引领现代农业快速发展。通过连续多年开展六大作物高产创建活动，垦区涌现出一批大面积高产、高效典型。目前，垦区农业科技贡献率达到 68.2%，成果转化率 82% 以上，居国内领先水平。

垦区善于挖掘农业内部增收潜力，大力推进种植结构、品种结构调整。从 20 世纪 90 年代中期开始，针对当时十年九涝，粮食总产不稳（23 亿～30 亿千克）、单产不高（90～150 千克）的实际，适应市场需求，顺应自然规律，调整种植结构，压缩小麦、大豆播种面积，实施"以稻治涝"，把水稻面积从 1982 年的 1.2 万公顷增加到 2013 年的 153.3 万多公顷，平均每公顷产量也从 2 475 千克提高到 2013 年的 5 625 千克，为提高粮食综合生产能力奠定了坚实基础。据统计，垦区粮食总产跨上 50 亿千克台阶用了 48 年时间，跨上 100 亿千克台阶用了 10 年时间，跨上 150 亿千克台阶用了 4 年时间，跨上 200 亿千克台阶仅用了 3 年。特别是 2011 年，垦区粮食生产实现了"三个飞跃"。"第一个飞跃"是粮食总产跨上 200 亿千克台阶，达到 203.7 亿千克，在全国 31 个省（自治区、直辖市）中名列第 13 位；"第二个飞跃"是为国家提供商品粮 191.5 亿千克，商品率达 94%，占省际可调出余粮的 20%，位列全国前三名；"第三个飞跃"是粮食综合单产达到 495 千克，比全国高出 43.7%。

实现"三个飞跃"得益于：一是经营制度不断完善。垦区实行以家庭承包经营为基础、"大农场套小农场"、统分结合的双层经营体制，在充分调动劳动者生产经营积极性的基础上，健全了行政组织体系、科技推广体系、社会化服务体系，极大地解放了生产力。特别是近年来垦区重点推进了以"基本田、规模田和机动地"为内容的"两田一地"土地承包制度改革，使 26% 的规模家庭农场经营了 61% 的耕地，实现了土地规模化经营。目前，垦区农业劳均生产粮食 42.9 吨，超过了发达国家劳均生产粮食 25 吨的水平。二是产业结构逐步优化。自 2004 年国家恢复发展粮食生产以来，垦区在耕地面积不能增加的情况下，加快推进种植结构调整，按照"扩稻玉、稳麦豆、强经作、上品质、突特色、增效益"的原则，提高高产、高效作物种植比例，实现了土地资源高效利用。与 2003 年相比，2011 年水稻、玉米两大作物面积占粮食作物比重由 41.8% 提高到 77.8%，合计总产由 67.7 亿千克提高到 183.65 亿千克，占当年粮食总产量的比重由 69.5% 提高到 90.2%，成为拉动粮食增产的最主要因素。2012 年，垦区总播种面积达 286.8 万公顷，其中，水稻 154.8 万公顷、玉米 85.4 公顷，高产、高效作物种植比重达到 86%，再创历史新高。三是绿色农业蓬勃发展。从 20 世纪 90 年代开始，垦区坚持"打绿色牌、走特色路"，在全国率先开发绿色食品，已经建成中国最大的绿色食品生产基地。目前，垦区 286.7 万公顷耕地已实现全面积无公害种植，产地认证面积 232.5 万公顷，绿色、有机农作物面积 220.8 万公顷，分别占耕地面积的 82% 和 77%，年生产绿色食品 1 450 余万吨。垦区坚持把发展现代农业与改善农业生态环境有机结合，年实施保护性耕作面积占总耕地面积的 1/4 左右，持续推进全面积秸秆还田，土壤有机质含量平均为 3%~6%，26 项生态环境指标全部超过了国家生态示范区二类地区标准，为实现农业可持续发展奠定了基础。

当前，我国农垦事业的发展正处在一个重要的历史转折时期。国内外形势的发展变化给农垦带来了新的机遇，也提出了严峻挑战；农垦自身存在的各种矛盾和问题又要求他们在改革和发展上取得新的更大的突破，走出一条更加扎实有效的路子来。农业产业化经营是最有效的途径之一。2013 年 12 月，时任黑龙江省委书记的王宪魁到省农垦总局和垦区龙头企业调研时说道："省农垦总局和企业要认真学习领会中共十八届三中全会精神，贯彻省委、省政府工作部署，在不断巩固和提高农业综合生产能力的基础上，全面实现农业生产向农业产业化经营的跨越，为保证国家粮食安全和食品安全，为黑龙江省加快发展、创新发展、科学发展作出更大贡献。"垦区按照政策扶持与市场引导相结合的原则，以国家重要的安全食品生产基地为己任，加快实施农业产业化。一是坚持产业化发展。自 2000 年以来，围绕"米、面、油、乳、麦、牛、肉、薯、种、药"十大支柱产业，培育了规模以上工业企业 179 家，打造出九三粮油、完达山乳业、北大荒米业和北大荒丰缘等国家级和省级农业产业化龙头企业。目前，垦区农产品加工能力为 2 900 万吨，加工比例为 89.8％。通过推进农业产业化，垦区实现了粮食增产有销路、农业增效有出路、职工增收有保障的良性发展态势。二是推进社会化服务。为有效解决农户分散经营与社会化大生产的矛盾，垦区注重土肥、种子和植保等农业技术服务网络建设，建立了物流、种业、农机、保险等大型专业公司，服务范围覆盖了农业产前、产中和产后的全部环节。依托北大荒种业集团，实行标准化统一供种，年安全供种 28 万吨，其中向省内外辐射供种 10 万吨，主要农作物标准化统供率达到了 100％。依托北大荒农机集团，实现了农机及配件全部统一供应。依托北大荒通用航空公司，加强病虫害防治，年作业面积达到 193.3 万公顷。依托国家测土配方施肥项目，建设了 71 个土壤化验室和 37 个配肥站，实现了统一供肥。依托北大荒商贸集团，做大做强北大荒物流，提升了农产品市场化生产与营销能力。依托阳光农业相互保险公司，使垦区内主要农作物保险覆盖面达到 90％以上，并在黑龙江省农村开展农业保险 160 余万公顷。特别是以现代观光农业为核心的旅游业发展迈出新步伐，2011 年接待国内外旅游者 379.2 万人次，实现旅游收入 18.1 亿元。北大荒现代农业园被评为"全国休闲农业与乡村旅游四星级示范创建企业"。三是实施集团化运营。垦区积极推进内部政企分开和集团化改革，北大荒集团总公司于 2009 年正式启动运行，整体竞争优势日益增强。目前，垦区种养加、贸工农等 2/3 的经济活动进入了北大荒集团这艘"巨型航母"的市场化大平台，凭借大集团、大航母的大品牌、大网络开拓大市场。2011 年，集团营业收入超过 1 200 亿元，在中国企业 500 强中位列第 79 位，正在全力向世界 500 强冲刺。以北大荒集团为平台，积极实施大品牌战略，培育出"北大荒""完达山""九三""丰缘"等一批中国驰名商标，国际影响力正逐年提高。

垦区立足保障国家粮食安全大局，充分利用国内、国外 2 种资源、2 个市场，大力实施"走出去"战略，依靠境外土地资源拓展粮食产能，开展广泛贸易合作，在域外开创了广阔的发展空间。一是农业开发取得新成效。目前，垦区在俄罗斯、巴西、缅甸、哈萨克斯坦、菲律宾等国家和地区共开发土地 10 万公顷。其中，在俄罗斯种植面积 8.67 万公顷，在其他国家种植 1.33 万公顷。种植种类已拓展到玉米、小麦、油菜、杂豆、蔬菜和甘蔗等多种作物。截至目前，已累计输出农业机械超过 3 200 台套，输出劳务 11 080 人次，生产粮食超过 9.5 亿千克。二是项目经营实现新突破。垦区境外开发项目经营方式已由过去民间、松散、无序发展，向有组织、成建制、多渠道和宽领域发展；由过去的农场独资经营，变为龙头企业与农场合作、种植业企业与贸易流通企业合作、国企与民企合作、垦区企业与外部企业合作等多种经营方式并存；对外开放领域已由种植业拓展到种、养、加、销等多产业，正在朝着产业化、集约化方向发展，形成了"行政搭台、企业唱戏、职工受益、外商称赞"的对外合作新格局。境外投资超过 15 亿元，境外注册公司超过 19 家，境外合作企业 9 家。三是融资模式有了新拓展。融资难一直是垦区实施"走出去"战略的制约瓶颈。2011 年，垦区在与国内外企业进行股份制合作的基础上，经过积极努力探索，融资渠道不断拓宽。九三粮油工业集团在美国和我国香港地区的公司利用低利率环境降低融资成本，并在融资避险、降低采购成本等方面都进行了积极探索，取得了良好效果。北大荒丰缘集团在澳大利亚的项目得到了国家开发银行 8 亿元的贷款融资支持。

第三节　城乡一体化建设

曾几何时，垦区与周边的农村鸡犬相闻却如隔樊篱，严重影响了黑龙江省农业现代化发展和城乡一体化建设。2006 年，黑龙江省政府出台了《关于发挥垦区示范带动作用，促进黑龙江省新农村建设的意见》，确立了以场县共建为载体，发挥垦区优势，不断扩大合作领域，进一步提高合作共建水平的指导思想，推动农机代耕服务向更大范围和更深领域迈进。为了实现这一目标，垦区立足黑龙江省大局，充分发挥现代农机装备、科技示范推广等现代农业发展优势，与地方广泛开展局市共建、局县共建、场县共建、场乡共建，形成了资源共享、优势互补、互学互动、互帮互进、互利共赢、共同发展的新局面。垦区整合技术资源，深入开展科技合作共建。向市、县推广农业农机新技术和高产栽培模式；广泛树立科技示范户；采取多种手段培训农民；在市、县设立种子销售网点，为市、县供应良种；为市、县提供气象服务；开展农业保险服务；利用建成的防洪、除涝、灌溉和水土保持四大水利工程体系，为相邻市、县改善灌溉能力和防洪、除涝能力；派出技术员指导周边农民生产等，垦区尽心尽力地帮、倾情倾力地带，付出了真情真意，也收获了累累硕果。一是共建范围不断拓宽。坚持政府统筹、市场主导、区域联合、优势互补、互利共赢的原则，围绕现代农业、工业、城镇、旅游、党建等方面，从不同层面加强交流、合作与共建。目前，垦区有 9 个管理局、105 个农（牧）场与黑龙江省 12 个市、65 个县（市、区）、166 个乡、528 个村对接开展场县共建，对接单位总计达 819 个，成立领导组织和办事机构113 个。二是引带示范成效喜人。"十一五"以来，垦区发挥农机优势，累计完成"三代"面积 900 万公顷，整乡代耕 15 个，整村代耕262 个，共建农机合作社 138 个，为地方增收粮食 40 亿千克以上，节本增效 63 亿元。发挥科技优势，垦地共建农业科技园区 140 个，推广五大作物优质栽培模式近 670 万公顷，推广农业农机新技术2 490项。发挥水利优势，为相邻市、县新增改善灌溉能力 0.54 万公顷、防洪除涝能力 4.2 万公顷，建设水田高标准示范园区 8.8 万公顷，为地方 5.87 万公顷耕地提供了灌排保障。发挥产业优势，黑龙江省 1/3 左右毗邻农民纳入垦地共建产业体系。三是社会事业同步发展。垦区充分发挥小城镇的辐射带动作用、产业集聚功能和教育、卫生、文化、旅游等公共事业资源优势，打破行政界限，树立"一盘棋"思想，整合社会资源，促进区域城镇化和社会事业全面进步，大幅提升了垦地居民的生活质量。与地方共建城镇道路、排水、供热、环卫等工程；"十一五"以来，垦区吸纳地方劳动力就业达 25.8 万人。垦区与地方整体合并医院 32 所，互为定点医院 96 所，地方到垦区就医 12 万余人。互免借读费就近入学学校 140 所，垦区已接纳地方学生就学 1.7 万多人。有力地促进了区域城镇化和社会事业全面进步。四是试点工程实施顺利。垦区认真落实黑龙江省委、省政府场镇共建一体化的战略部署。2010 年，鹤山农场与双山镇、双峰农场与裴德镇的场镇共建试点正式启动。目前，两场两镇已在管理体制、组织改革、城镇规划、产业发展、社会事业、项目建设等方面建立起有效的共建机制，为黑龙江省新农村建设积累了经验，提供了样板。九三管理局投资近 2.9 亿元，建设双山镇双吉小区、双山供热及给排水设施、硬化外环路、铁路跨线桥、疾控中心和社区医院、双山路绿化工程、小型农机具停放场、商服区、污水处理厂、垃圾处理厂等 12 项重点工程，使双山镇的基础设施建设提速 20 年。2011 年 4 月，双峰农场裴德镇举行正式挂牌仪式，场镇合一，一套班子、两块牌子管理体制启动运转。场镇合一后，双峰农场和裴德镇原财政体制、支持政策、税收体制均不变。与此同时，由垦区承建的兴凯水城、黑瞎子岛和五大连池农垦新城均已初具规模，成为黑龙江省著名的新兴旅游景点。

　　垦区本质上是以工业理念从事农业生产的经济实体，它亦工亦农、亦城亦乡、亦民亦兵，是我国最早的以工促农、以城带乡的集中尝试，是我国城乡一体化的最早探索与初始试验区。中共十八大报告强调，要在提高城镇化质量上下功夫。提出走中国特色新型城镇化道路，推动工业化和城镇化良性互动、城镇化和农业现代化相互协调，实现四化同步发展。让城镇更具特色，让乡村更加美丽。近年来，垦区坚持"抓城、强工、带农"的统筹发展方针，把"抓城"放在先导和统领地位，借力城镇化助推新型工业化和农业现代化，实现城乡发展一体化。充分发挥城市对人口、产业、资金的吸纳功能，促进第二、第三产业的快速发展，使部分职工转移到非农领域就业，成为市民，进而加速农（牧）场城市化进程。同时，随着城市化步伐的加快，新的产业、新的财源、新的投资需求逐渐形成，城市经济将会逐渐壮大并进入良性循环状态。自 2008 年以来，垦区打响城镇化 3 年决战，城镇化率实现 3 年提高 23 个百分点的大跨越，达 80%，刷新了世界 100 年、中国 50 年、特区 30 年实现城镇化的"纪录"，"耕作在广袤的田野上，居住在现代化城镇里"已经成为现实。一是促进了生产要素的集聚。"十一五"以来，垦区累计搬迁居民点 1 783 个，占垦区居民点总量的 68%，复垦耕地 3.3 万公顷，创造了集约化用地的奇迹。与此同时，通过推进城镇化，形成了人流、物流、资金流、信息流快速向城镇集聚的"洼地效应"，有效拓展了企业集群和市场发展空间，为发展现代化大农业蓄积了资源势能。二是体现了集约化经营的成果。通过发展现代化大农业，最终会体现出一种经济和社会的变迁过程，其中就包括城镇景观的地域推进等实体变化。近年来，垦区紧紧围绕"四五"城镇体系目标（在 10 年内着力打造 5 个中心城、50 个重点镇、50 个特色镇、500 个宜居型居民区），按照

"四五"城镇建设体系，北大荒对所有城区总体规划进行修编，完善了总体规划和单个城镇控制性详规，充分利用每个城镇的地域优势、资源优势、经济优势和人文优势，规划出一批经济社会协调发展、人与自然和谐相处、自身发展与周边产业有机融合的具有北方特色、农垦特点的北大荒城市群。目前已在广袤的沃野上先后建起100多座北方生态园林现代化小城镇，海林、七星等农场被列为国家级优美示范乡镇和黑龙江省旅游名镇，红兴隆管理局香槟水岸住宅小区，以美国南加州建筑风格为样本、打造区域内首个独具美国南加州风情的阳光小镇和垦区最美的生态宜居小区的设计理念。既有乡村的宁静，又有城市的便利。很多到过垦区的人都不禁感慨，如今垦区新城很多地方比大城市还好。三是加快了职工市民化的进程。自2005年以来，农垦管理总局党委以城镇化为依托，连续实施"路、住、水、能、树、文、教、卫、保、富"十大民生工程，人民群众生活水平大幅提高，生活质量明显改善。目前，农场职工家庭人均纯收入达到22 891元，恩格尔系数下降到34.5%，人均受教育程度提高到11.6年。如今，垦区90%以上的职工安居在垦区新城里，一年中他们在农田里的工作时间只占30%。开着汽车去种田，在黑龙江垦区早已不是神话。完善的社会公共服务体系，在丰富职工物质文化生活的同时，也提高了职工的综合素质，加速了职工市民化的进程，为现代化大农业建设蓄积了人才势能。垦区统筹考虑了经济布局、就业岗位、人口居住、资源环境因素，形成了布局合理的城镇化空间格局。优化整合了现有已经形成的农垦城、中心镇，明确了城镇群内各城镇的主体功能定位，加强了分工协作和优势互补。对工业园区、特色作物园区形成了立体开发，形成了若干用地少、就业多、要素集聚能力强、人口合理分布的新城镇群，加快了新城镇群地区的工业化进程。

经过北大荒人努力拼搏，如今，100多座现代化农垦城宛如100多颗璀璨的明珠，装点着中国东北方的黑土沃野。农垦职工住楼房，开着私家车去管理区"上班"，农业生产全程机械化；闲暇时或上网购物，或到文化广场娱乐健身；孩子在校享有优越的教学条件和活动空间；老年活动室内传出快乐的歌声；现代化的医疗设施惠及周边市县。苍凉、荒野，这是对过去北大荒的描述。繁华、文明，这是现代北大荒新城市的写照。北大荒人众志成"城"。这个书写在广袤黑土地上的新神话仍将不断续写，并渐入高潮，这百座城市就是百座丰碑，永远记录着北大荒人的惊世壮举！北大荒人依托万顷三江湿地、千里沃野绿洲、百个湖泊泡沼，建起环境优美、各具特色的现代化住宅，垦区职工像北欧农民一样，生活在树林里、森林间、河流边、湿地旁……北大荒因为有了新城市而更精彩，新城市因为建在北大荒而更神奇。这凝固的音乐、静止的名片展示了北大荒的丰姿，向世人展示了现代化大农业和社会主义新垦区的美好前景。

"十二五"期间，垦区将着力建设现代化大农业核心经济区、综合开发区、生态保护区"三大主体功能区"，加快构建绿色农业体系、绿色产业体系和绿色城镇体系"三大绿色体系"，切实将现代化大农业建设推向新阶段。2014年，垦区又传新捷报，粮食生产实现"十一连增"，现代化大农业的综合生产能力稳定提高，粮食总产稳定在215亿千克左右，为国家提供商品粮200亿千克以上。今后，垦区将加快战略转型升级，着力推进实施"两大平原"现代农业综合配套改革试验区建设，在继续维护国家粮食安全的基础上，更好地承担起维护国家食品安全的重任。到2015年，使垦区经济总量、人均生产总值、营业收入、人均纯收入等主要经济指标比2007年翻两番以上，全面建成现代北大荒、绿色北大荒、幸福北大荒，为维护国家粮食安全、食品安全和生态安全，引领带动农村发展，参与国际农业竞争，维护边疆繁荣稳定作出更大贡献。

第七章　农业改变世界

——黑龙江农业发展潜能

黑龙江省的农业建设成就有目共睹，为保障国家粮食安全作出了巨大的贡献。这个地域辽阔、四季分明，拥有"五山一水一草三分田"的美丽省份，正在用勤劳、汗水和不懈的奋斗，为祖国母亲的美好明天辛勤耕耘。成绩只属于过去，如何充分发掘黑龙江省的农业潜能、最大限度地满足新时期国家对于粮食的种种需求，成为每一个黑龙江农业工作者关注和思考的课题。

第一节　自然资源利用潜能

自然资源是农业资源的重要组成部分，也是农业生产力的重要因素。人类对自然资源的认识和开发利用程度随着生产力的发展和科学技术的进步而日益深入。充分合理利用自然资源、有效改善小环境、最大限度地减轻突发自然灾害的危害，已经和正在成为农业经济发展的一个重要生长点。黑龙江省有着得天独厚的自然资源优势，同时自然资源利用潜能也有待于挖掘。

一、气候资源的利用潜能

黑龙江属于温带大陆性季风气候，天气变化多端，气候变幻莫测，未来气候在长期的变化趋势下，不能排除一些波动和小的变化。气象部门运用先进的技术对未来气候进行了预估，结果如下。

1. 未来气候变化趋势　2014—2050 年，黑龙江省温度呈持续升高趋势，升温速度更快于过去的 50 年。年平均气温将升高 1.2℃，每 10 年升温速率达到 0.4℃，与基准时段（1961—1990 年）相比，

2011—2050 年年平均气温升高 1.9℃。主要农事活动期，春、夏、秋生长季平均气温均呈不同程度的升高趋势，其中夏季增温最多、升温最快，这对于农业生产而言无疑是最大的利好条件。

降水与温度的变化略有不同，年降水以及春、夏、秋生长季降水都随时间呈波动变化，表现为增、减、增的变化特征，总体上均不存在增加或减少的趋势。

太阳辐射呈波动变化，但与降水变化趋势恰恰相反，表现为减、增、减的变化特征，总体上同样不存在增加或减少的趋势。从年代变化看，各年代相差多少不一。与基准时段相比，夏季、生长季的太阳辐射偏多，全年太阳辐射春季和秋季偏多、相差较小。

2. 气候变化带来的粮食增产潜能　据预测，2014—2050 年，黑龙江省≥10℃积温增加明显，各积温带明显的北移东扩，热量资源的增加还表现为作物有效生长期（稳定≥10℃的日数）的延长、无霜期日数延长。在未来的 40 年，黑龙江省作物有效生长期可能延长 6～24 天，无霜期则可能延长 8～29 天。作物有效生长期的延长，对黑龙江省引种晚熟高产粮食作物品种比较有利，为产量的提高提供了前提条件；无霜期日数延长主要表现为终霜冻日的提前和初霜冻日的推迟，使低温冷害与早霜冻发生概率变小。

积温带的北移和东扩对中国北方农业造成的影响从总体上说是利大于弊的。各积温带均明显地北移东扩，使得玉米、水稻、大豆等主要粮食作物的可能种植范围明显北扩，播种面积成倍增长，为中晚熟作物品种的种植界限北移提供了热量资源保证，使得作物的种植面积可以北移至很高的纬度，随着北方热量的改善、气温的提升，低温冷害也随之减少了。据推算，年平均气温每升高 1℃，农业气候带将北移 100 毫米，一些高产、稳产的作物种植面积将进一步扩大。

此外，热量能源的扩张还为黑龙江省带来丰富的太阳能资源。该资源属于取之不尽、用之不竭的生态能源，而且在使用过程中对环境友好。随着科学技术的发展，其在农业上的用途将越来越广。黑龙江省应在太阳能开发利用方面先发头筹、占得先机。太阳能利用潜能巨大，如开发太阳能动力水泵，就可利用太阳能将水从地表深处提至地面供农田灌溉或人畜饮用，为发展现代农业、节能、环保等提供了极其良好的手段；再如太阳能杀虫灯，利用光谱变频技术突破传统杀虫灯使用单一光波段的局限性，使有效光波范围更广，诱杀害虫种类及数量更多，使用范围更大。

　　黑龙江广袤的黑土地，是粮食作物生长的沃土，蕴藏着巨大的生产潜力。2013年，黑龙江省的粮食产量已超过600亿千克。随着热量资源的增加，黑龙江省粮食未来的增产空间仍然较大。主栽的玉米、水稻、大豆3种作物，以玉米的增产空间最大，黑龙江省大部地区的增产空间为30%～40%，三江平原的增产幅度虽相对较小，但其增产空间仍可达到30%。黑龙江省大部地区水稻的增产空间为20%～30%，主要农区的增产虽然有限，但其增产空间仍可达到10%。大豆的增产空间最小，黑龙江省大部分地区不足10%，增产空间为20%～30%的区域较小。粮食作物增产空间虽在空间上呈现明显的区域分异、大小不一，但可以肯定的是，其增产空间仍然不小，粮食生产的气候潜力仍较巨大。

　　需要注意的是，气候变化是"双刃剑"，对农业生产的影响有利必有弊。气温增加固然有利，但气温增加会加大地表蒸发，可能会导致气候暖干化趋势加强。而气候的暖干化将使农业干旱趋于严重而且频繁，这将对黑龙江省大部地区的农业生产和发展构成威胁，并带来严峻挑战。因此，在气候变化的背景下，应根据作物生育特性及其对气象条件的需求，充分考虑区域气候资源以及区域性气象灾害问题，对作物种植格局进行长远的规划部署和调整，做到趋利避害、合理高效利用气候资源，以达到粮食稳产、高产的目的。

二、水资源利用潜力

　　水是生命之源、生产之要、生态之基。黑龙江省拥有黑龙江、松花江、嫩江、乌苏里江、绥芬河五大水系，大小湖泊众多，地下水和地表水含量丰富。如何合理开发利用"生命之源"是促进黑龙江省农业发展，保障粮食生产、粮食安全的重中之重。

　　1. 水资源配置潜能　　为了实现国家主体功能区划对黑龙江省的战略要求，保障农业主产区、重点开发区用水，维系重点生态功能区健康，黑龙江省水资源配置应以全面推进节水型社会建设、落实用水总量控制和用水效率控制红线为前提，通过"四江十五库八通道"增加从界河取水量，联合调配当地地表水、地下水和外调水水源，构建点线结合、江河湖库湿地相互连通的水资源配置格局，形成布局合理、生态良好、引排得当、循环通畅、蓄泄兼筹、丰枯调剂、多源互补、江河湖库联动的水网体系，初步构建"北水南调、边水济腹、东西互济"的黑龙江省水资源优化配置与开发利用工程总体格局。

2. 高效节水型农业发展潜能　为发展高效节水型农业，根据自身水土资源条件，黑龙江省现代农田水利按照"东水（田）西旱（田）、灌排结合、旱涝兼治、集中连片、高效节水"的战略进行布局，西部松嫩平原以旱田灌溉为主，东部三江平原以水田灌溉为主。黑龙江省以大力发展现代化大农业为契机，以建设旱涝保收、高产稳产的高标准灌溉农田为主线，落实了国家农业节水纲要，加快建设农田灌溉与排水工程，加速整合改造低标准的分散小灌区，巩固水田面积，提高了农田的灌排标准。

（1）灌溉面积发展潜能。土地平整连片和规模化经营的优势还可以充分发掘，如能因地制宜地科学发展农田灌溉面积，则可以大幅提高农田灌溉面积。可通过对现有大中型灌区的续建配套与节水改造，通过发展以地下水为主的高效节水灌溉，增加农田灌溉面积；通过开展小型灌区的农田水利设施建设，可加快推进小型农田水利重点县建设，加强灌区末级渠系建设和田间工程配套。目前，黑龙江省的农田灌溉虽然已经达到 400 万公顷，接近耕地的 1/3，但如果通过上述措施发展到 533.3 万公顷或者更多一些，增产的效果将非常可观。

（2）节水灌溉技术推广潜能。为了保障 800 万公顷农田灌溉面积的水资源需求，今后黑龙江农田灌溉的发展方向需全部按照节水模式进行建设或改造，提高农业用水效率，并全部建成旱涝保收田。旱田应积极推广农业节水技术，水田要推广浅型节水灌溉和水稻控制灌溉技术。三江平原大力发展"排蓄灌"灌溉模式，高效利用洪涝水和灌溉退水，通过采取各种综合措施，实现灌溉的可持续健康发展。

（3）灌区排涝潜能。在充分发掘农田灌溉潜能的同时，需要提高涝区排水除涝潜能。三江平原应以开挖骨干排水沟渠、打通排涝通道为主，结合灌溉输配水网络，形成三江连通的灌排体系；松嫩平原应以整修加固、挖潜配套、完善排水体系为主，对地下水位过高的低洼地区发展水田,以稻治涝。高标准的排涝工程在洪涝发生年份,对稳定粮食产量的作用将是无法估量的。

3. 大气含水资源的利用 水资源的利用不应仅停留在地表水资源层面,还应该将目光着眼于大气含水层面。大气含水是空中水资源的主要组成部分,包括气体状态的水(汽)和固态、液态的水(云)。大气水分的80%集中在离地面2千米的大气层内。

根据国内外专家多年研究和检验,实施一次人工增雨作业平均受益面积约 300 千米^2,缓解农田旱情面积约 45 千米^2,增加水量45万~450万吨,作业投入经费与直接经济效益的比值是 1:150。作为水资源相对匮乏的北方省份,黑龙江省更应及早建立一个有相应组织机构的专业队伍,建立稳定经费保障的长效机制,大力开展人工影响天气技术研究,不断提高人工影响天气作业技术水平,将人工影响天气作为一项重要工程。

4. 水资源保护及污染治理潜能 2012 年,黑龙江废水排放总量15.90 亿吨。根据监测评估发现,松花江水系水质状况为轻度污染,保护水资源、治理水污染对农业的可持续发展至关重要。合理发挥利用水资源潜能,主要遵循以下几个保护和治理原则。首先,为了治理农业面源污染,关键是要合理规划水田面积,降低水田弃水对地表水环境的污染;合理规划灌区进水和排水路线,尽量减少用水量和排水量。其次,要加强水功能区管理,全面推行污染物总量控制和取排水许可制度。根据水功能区水质管理需要和流域水资源保护管理的需要,按水利部和环保部的要求,流域内推行水污染物总量控制制度,建立水功能区限制纳污制度。最后,要继续加强水质监测、监督、预测及评价工作,及时掌握水体的污染物质和水质状况的变化规律,作出有效评判和采取有效的措施,加强水质预测和预报工作。另外,在水污染防治上,黑龙江省可以借鉴国内外先进的水污染处理经验,如发展水生植物治理水污染、引进水污染处理设备等,采用多种手段,实现各要素的优化配置,最大限度地保证水源质量。

水,是生命之源。唯有坚持开发利用与保护并重的原则,在保证水环境质量的前提下,合理地开发利用水资源,才能实现农业发展与水资源可持续利用协调发展的良性循环。

三、土地资源改造潜能

1. 土壤危机及治理潜能 黑土地是自然馈赠给黑龙江的宝贵财富。然而，20 多年来，随着化肥投入量的逐年增加、有机物料投入量的逐年减少，致使耕地土壤有机质含量下降，土壤保水、保肥能力及通透性降低，极易造成土壤板结。因此，曾经引以为傲的肥沃黑土正面临着前所未有的危机。黑龙江省第二次土壤普查数据表明，黑龙江省耕地土壤有机质含量明显下降；耕地土壤养分失衡加剧，土壤全氮含量下降，有效磷含量增加，速效钾含量下降迅速；耕地土壤板结硬化。

为抑制黑土肥力下降，充分发挥土地资源潜能，黑龙江省委、省政府高度重视，把保护和利用耕地资源、改善农业生态环境作为农业和农村工作的重要任务来抓，力争探索出恢复耕地质量的有效途径。治理与保护并重，促使土地资源可持续发展。

（1）增加有机物料还田量，提升耕地土壤有机质。针对土壤有机质和养分减少的问题，黑龙江省应加大秸秆还田力度，切实增加有机物料还田量，全面开展耕地土壤有机质提升工作。在过去玉米、水稻、小麦、大豆局部根茬还田的基础上，深入开展秸秆机械粉碎还田工作，通过实施秸秆还田、增施有机肥等措施，力争实现土壤有机质提升，部分地块实现恢复性增长。

（2）建设现代农机合作社，扩大深松整地。近年来，黑龙江省把创新经营主体、利用大机械深松整地作为解决耕地土壤板结硬化问题、提高农业综合生产能力的一项有效措施来抓。从 2008 年开始，黑龙江省政府加大专项资金组建千万元大型现代农机合作社，通过大型农机具的购置引进和深松整地作业补助政策的实施，进一步优化土壤耕层结构。经过几年的努力，土壤状况得到逐步改变，并带动增产潜能释放。

（3）实施测土配方施肥，调整耕地养分平衡。针对耕地养分失衡和施肥不合理问题，在省域内积极开展测土配方施肥，农民盲目施肥现象和土壤中主要养分失衡问题有所改善。在各项政策的作用下，黑龙江省每公顷化肥施用量仅占全国平均水平的 1/3，争取通过化肥的高效、精准利用打造黑龙江绿色食品品牌。

2. 土地综合整治潜力　黑龙江省地域辽阔、土质肥沃、后备资源丰富、土地整治新增耕地潜力较大。根据对第二次土地调查数据中耕地后备资源的进一步评价，结合黑龙江省土地利用总体规划、土地整治规划的相关研究成果，土地整治新增耕地的总潜力为145.1万公顷。无论从数量上还是质量上，在全国均居前列。从土地整治潜力的类型、数量、质量和比例来看，目前黑龙江省土地整治潜力主要集中在后备资源开发利用上，这也是未来一段时期内黑龙江省新增建设用地占补平衡的主要来源。

（1）整理现有耕地。受传统的耕作方式和生产、生活方式影响，黑龙江省耕地及其配套设施规划布局不够合理，尚有较大的土地整治新增耕地潜力。据测算，黑龙江省通过耕地整理新增耕地总潜力为18.7万公顷，占12.9%。从新增耕地潜力分布来看，西部老农区的市、县相对较小，东部三江平原所辖市、县较大，总体呈现平原地区大，丘陵、山区地区小的特点。黑龙江省共有1 200万公顷耕地，其中，中低产田为670万公顷，平均每公顷产量仅为3 375千克；而高产田的每公顷产量标准仅仅是高于4 500千克，与吨粮田的高标准相距尚远，但中低产田可以改造为高产田，所以增产潜力巨大。

黑龙江省中低产田又分为盐碱低洼地、干旱区旱地、易涝地块3种类型，其比例为3∶3∶4。其中，盐碱低洼地可通过配土施肥和改善灌溉条件改造为高产田，干旱区旱地可通过改善灌溉条件改造为高产田，易涝地块则可建设排水设施或改种水稻改造为高产田。不难看出，这其中农田水利建设是中低产田改造的关键措施。黑龙江省江、河等地表水资源丰富，目前地表水控制能力仅为17%，因此提升空间巨大。

（2）整理农村居民点用地。黑龙江省农村居民点面积大、分布散。据测算，通过农村居民点整理新增耕地总潜力为14.1万公顷。从分布来看，平原地区潜力相对较小，而丘陵山区的整理潜力相对较大，这也与平原区农业生产条件相对较好、开发较早、生产生活相对集中有关系。

（3）工矿废弃地的复耕。黑龙江省是资源大省、矿业大省，多年来的开发建设，产生了大量的采矿废弃地。据测算，黑龙江省通过土地复垦新增耕地潜力为2.3万公顷。从潜力分布看，主要集中分布于大兴安岭、伊春、鸡西、鹤岗、双鸭山、七台河、大庆等资源型城市和齐齐哈尔、牡丹江、佳木斯等老工业基地城市。

在潜力调查评价的基础上，结合区域土地开发整理方向、重点和生态环境建设要求，将土地开发整理潜力较大、分布集中的区域确定为重点区域。黑龙江省共确定 7 个重点区域，包括三江平原东部水田整治区、三江平原旱地治理区、松嫩平原坡耕地治理区、松嫩平原西部土地"三化"治理区、大小兴安岭土地生态环境保护区、张广才岭和老爷岭农林土地综合整治区以及松嫩平原东部高标准基本农田建设重点区域，可补充耕地的总潜力约 79.33 万公顷。

在重点区域范围内，确定了 11 个土地整治重大工程及示范项目，包括三江平原东部地区土地整理重大工程、三江平原东部地区土地整理重大工程（续建）、整体推进农村土地整治示范建设工程、西部地区农村土地整治重大工程（续建）、三江平原腹地松花江流域段土地整治重点工程、黑土保护整治重大工程、绥庆地区土地整治重点工程、松嫩平原南部土地整治重点工程（哈尔滨市松花江流域土地整理重大工程）、基本农田保护示范区建设工程（续建）、四大煤城煤炭基地土地复垦工程、松嫩平原土地生态建设示范工程。

第二节 种植结构优化潜能

黑龙江省的种植结构在多年的演变过程中，逐步形成了以水稻、玉米、大豆、小麦四大作物为主的种植结构（图 7-1），并形成了专

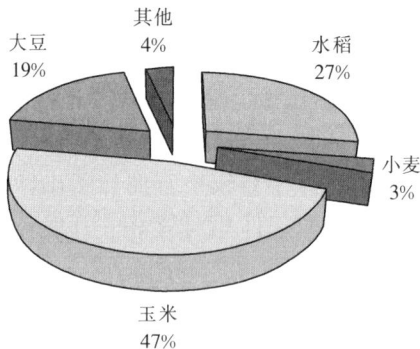

图 7-1 2012 年主要粮食作物种植比重

业化、区域化布局。黑龙江省粮食综合生产能力的大幅度提高，使粮食产量实现了跨越式发展和历史性突破，为国家粮食安全和市场的总体平衡作出了突出贡献。但相对单一的种植结构也对黑龙江农业和经济发展造成了一定的制约，如何在保证粮食生产的前提下发挥本身农业潜能，走可持续发展的农业道路至关重要。

一、粮食作物增产潜能

1. 扩大作物可种植区域　近几年，黑龙江省农业委员会在黑河市逊克县北纬 49°高纬度地区种植结构试验成功，玉米、水稻种植均向北移一个积温带，这与近年来黑龙江气温的升高、高纬度地区积温的增加密不可分。玉米、水稻向北移一个积温带，就可能扩大几百万亩高产粮食作物的种植区域和播种面积。

2. 稳定高产粮食作物面积　只要黑龙江省继续大力发展高产高效作物，压缩低产低效作物，再通过良种与良法相配套、农机与农业相结合、良田与良制相适应等措施，就能稳步提高土地的单位资源产出能力，持续增加粮食产量。

3. 提高粮食单产　目前，黑龙江省粮食单产水平还不高，有 670 万公顷中低产田，占黑龙江省耕地面积将近一半，土地资源深度开发潜力巨大。就黑龙江省粮食平均单产来说，也只有 350 多千克，同一作物区域间产量差异也很大。黑龙江省应把科技挖潜提高单产作为一项重大举措来抓，深入开展粮食高产创建、院县科技共建和场县合作共建活动，大力推广以良种应用、测土施肥、精量播种、灾害统防等为主要内容的高产栽培技术模式。争取 3～5 年，黑龙江省粮食作物全面积实现模式化栽培，进一步提高生产科技含量。如果平均单产水平提升到 400～450 千克，就朝着发达国家水平又迈进了一步。

二、经济作物种植潜能

黑龙江省经济作物主要以甜菜、亚麻、烤烟、北药和油料为主，与农作物相比所占比重较低，约为农作物播种面积的 10%，且各年播种面积有一定起伏。黑龙江作为粮食大省，粮食生产固然重要，但在加快发展粮食生产的同时，应引导和组织农民以市场为导向，大力发展瓜果、蔬菜等经济作物，提高资源配置效率，促进农民增收。逐步扩大经济作物播种面积，因地制宜，不仅满足本地区市场需求，更要"生产、加工、销售"一体化。地产品种就地产业化，打造本地品牌，让农产品"走出去"，提升农民收入，促进黑龙江农业和农村经济发展。

黑龙江省地大物博，特色农产品资源丰富，开发潜力巨大。以林下经济作物为例，黑龙江省林下植物有2 000多种，其中，经济价值较高的植物有30余种，有可食植物80余种，经济价值较高的山野菜储量在1亿千克以上。另外，还有珍贵的野生中药材，这些林下资源"原始""生态"特征鲜明。

1. 以黑木耳为代表的食用菌产业品牌效应明显 依托良好的自然生态环境、独特的地理气候条件、丰富的自然资源以及多年黑木耳栽培技术和经验，黑龙江省林下生产的黑木耳品质上乘、纯天然、无污染，是真正的森林绿色食品，对改善人们的饮食结构和健康状况作用良好。发展黑木耳产业不与民争时，不与粮争地，被誉为绿色产品中的黑色产业，多年来一直保持强劲的发展势头，已经成为农村经济的主导产业、林业多种经营的支柱产业以及农民脱贫致富的朝阳产业。2020年，黑龙江省以黑木耳为代表的食用菌产量40万吨，实现产值400亿元。

2. 以红松坚果、蓝莓浆果为代表的果品加工产业方兴未艾 黑龙江省国民加工产业市场前景广阔，2020年，红松果仁年产值超过100亿元。另外，还有大榛子等高经济附加值的坚果，2020年，坚果类总产值将达到150亿元。除上述坚果外，黑龙江还盛产野生蓝莓、蓝靛果等高端浆果，2013年，黑龙江省蓝莓等浆果产量达3 500吨，现有加工企业200多家，年加工能力1.8万吨，2020年浆果产业产值达到200亿元。

3. 以北药开发为代表的种、采、收、加工产业前景广阔 得天独厚的地理位置和自然环境条件，造就了林下药材的发展。利用采集的野生药材种子发展药材种植在黑龙江省已经具备一定规模，人参、平贝、水飞蓟、板蓝根、防风、龙胆草等中草药的种植面积不断扩大，2020年北药产业产值达到250亿元。

三、饲用作物发展潜能

黑龙江省草地资源丰富，是天然的大牧场，生长着大量适用于牲畜饲用的植物。这些饲用作物主要有羊草、苜蓿、青贮玉米、籽粒苋、苦荬菜、谷稗和无芒雀麦等。大力发展饲用作物可优化农业种植结构，促进粮食增产和农民增收。

通过引草入田、草田轮作、发展草业生产或实施草地农业制度，从而将牧草或其他饲料作物的生产、利用引入农业生产体系，对于改善耕地土壤结构、提高土壤肥力、增加粮食产量和促进农民增收具有重要意义。通过粮、草、畜有机结合，实现农业种植业由粮、经二元结构向粮、经、饲三元结构转变，建立起"土地-植物产品-动物产品"生产链条，有效弥补以谷物生产为主体的传统农业生产的缺失环节，是发展生态农业、可持续农业的重要路径。另外，耕地实施粮草轮作，可提高粮食产量、光能利用率、土地利用率和水利用率。同时，实施粮草轮作，还可收获大量优质牧草。

黑龙江省粮、经、饲的三元种植结构已逐步形成，经济作物和饲用作物近年来有一定发展，但占有比例依然较低。在保证粮食生产的前提下，因地制宜地扩大经济作物、饲用作物播种面积很有必要。应加强规划引导，加大财政支持，进而优化种植结构，促进粮食增产、农民增收和农业发展。

第三节　农业科技带动潜能

科学技术是第一生产力，农业发展自然离不开科技带动。我国从传统农业到现代化农业，每一步发展都与农业科技进步息息相关。黑龙江省农业之所以取得如此辉煌的成就，很大程度上就是依靠科技。黑龙江省的农业科技进步贡献率高达 70%，远超中国平均水平。黑龙江农业的腾飞，靠资源，靠勤奋，更靠科技。那么，农业科技将为黑龙江农业发展、粮食增收带来怎样的推动和潜在动力呢？

一、创新驱动的潜能

未来几年，黑龙江省农业科技将围绕发展现代化大农业、建设社会主义新农村的目标，以开展原始创新、集成创新和引进消化吸收再创新为重点，全面提高农业科技自主创新能力。农科教联合和产学研结合，加速农业科技成果转化应用，加快农业科技推广步伐。开展新型农民科技培育，提高农民的整体科学文化素质。全面发挥全省农业科技潜能，推进农业科技进步，为实现国家粮食安全、确保农业可持续发展提供强有力的科技和人才支撑。

1. 发挥人才优势的潜能 农业科技人才是科技创新中最具能动性和最具潜能的要素，农业科技的潜力在人才。目前，黑龙江省农业科技队伍人才相对薄弱，结构不尽合理，管理机制不活等问题比较突出，这也是发展潜力所在。把使用、培养、引进和激励人才结合起来，努力建设一支规模宏大、结构合理的创新型人才队伍，农业科技创新驱动才有人才保证。首先，应完善和制定各项人才政策。着力落实和制定加大高层次农业科技创新人才及团队培养，农业产业工程技术人才和农村实用人才培养政策机制；引进海内外农业高层次人才，高校科研院所高端人才引进政策机制；鼓励科技人才创新，农业高校毕业生就业创业扶持，专业技术人才评价，促进农业科技人才合理流动人才使用政策机制；稳定高层次人才队伍，提高涉农领域科技人才待遇等人才留住政策机制。其次，做好农业科技人才培养规划。坚持人才优先发展战略，构建现代农业科技人才队伍；强化构建黑龙江省农业科研领军人才、农业技术推广人才、农业科普型人才、农业服务型人才、农业管理型人才队伍，制订相应的农业科技人才培养规划，把农业科技创新与人才培养作为推进农业现代化的重大战略。最后，积极争取设立"农业科技人才培养专项资金"，为农业科技人才的成长提供条件。科学合理构建农业科技人才队伍结构、专业学科设置，在重点项目攻关、学科带头人、对外交流合作、服务地方经济等方面，为农业科技人才的作用发挥、创新探索、成果转化等提供条件，为农业经济社会发展作出贡献。

2. 农业科技创新的潜能 黑龙江省现有农业农村部重点实验室10个，科学观测实验站16个；农业产业技术体系岗位科学家31名；功能研究室4个，综合试验站45个；省部级各类中心和检测机构96个；国家级原种基地8个。充分利用丰富的科技资源，重点开展以下农业科技创新研发，充分发挥科技创新潜能。

（1）新一代动植物新品种培育。这是农业科技创新的紧迫任务，需要重点研究动植物遗传种质资源保护与利用技术，应用常规技术、转基因技术、分子定向育种技术以及航天诱变育种技术等，加快培育动植物新品种。目前，已在超级稻、优质专用小麦、高产多抗玉米、高油大豆、马铃薯等方面取得较大突破；在猪、牛、羊、禽和水产等具有自主知识产权的优质种培育上取得明显进展；但仍有诸多空白，研究拓展的空间很大。

（2）高产高效种养技术与农作制度。根据目前及今后发展要求，需要重点突破大面积高产，研究开发不同生态区域主要农作物轻简栽培和高产栽培技术体系，研究开发不同区域、不同饲养规模畜禽和水产高效健康养殖模式与技术体系；研究开发养殖高效节粮、节能减排新技术、新材料和新工艺。

（3）重大动植物疫病防控。目前，动植物疫病对黑龙江省的种养业造成的风险，还不能说实现了彻底有效防控，需要重点研究黑龙江农业生产中主要病、虫、草、鼠害的发生规律及监测预警，生态安全评价与防控技术体系。研究开发新型疫苗、药剂，在重大农业生物灾害防控方面争取取得重大突破。

（4）农业机械装备与设施农业。重点研究开发全自动、智能型、新型农业机械和技术装备。例如，玉米育苗机械滤水移栽机、指夹式玉米免耕精量播种机、大垄双行秸秆同步切碎玉米收割台等。

（5）农产品采后处理及精深加工。重点突破酶工程、生物工程、现代发酵工程，以及新型高效分离、分级、杀菌、防腐、保鲜、干燥等农产品精细加工技术。开发新型、高附加值工业产品和医药中间体、功能性健康食品和配料等，开发超高压加工、脉冲电场杀菌、微波真空干燥、超微粉碎等新型加工设备，促进食品加工业的技术进步和产业升级。

（6）节水农业与地力培育。重点突破生物节水、农艺节水和非常规水安全高效利用等节水与节约农业关键技术，创制环保型节水制剂新材料，研发多功能、智能化节水农业关键设备与重大产品。突破重点区域退化农田的土壤结构改良、保护性耕作、蓄水保墒与水肥一体化调控技术等，建立区域性农田地力培肥与污染治理技术体系，建立土壤资源管理利用系统。

（7）继续开展引进国际先进农业技术，组织开展引进消化吸收和再创新。自1994年农业部组织开展"引进国际先进农业技术项目"以来，黑龙江省共承担各类项目39项，包括种植业、畜牧业、水产业、农业机械、农产品加工、农业综合技术 6 个领域，从单项技术、仪器设备的引进发展到产业技术、合作研究、实验室建设等综合引进，引进 330 多位外国专家来华讲学，派出 600 多位科研人员出国学习、交流、培训和进行项目合作。

（8）引进项目着重围绕主要农作物种质资源、农田污染综合防治与农产品质量安全、土传病害综合防治、合理耕层构建、农田土壤培肥、旱区主要粮油作物节水（肥、药）综合技术、作物秸秆和畜禽粪便综合利用、农业多功能利用研究等。坚持"请进来、走出去"战略，开展合作研究、实验室建设。

3. 科技成果转化潜能　科技创新为农业发展提供了强大动力，科技成果转化则决定了"动力"能否转化为"实力"。创新再多，无法运用到实际的农业生产中，也只是纸上谈兵。黑龙江的农业是"论文写在大地上，成果留在农民家"，充分发挥成果转化潜能极其重要。

（1）加快培育推广新品种。黑龙江省种子科技创新体系初具雏形。2007 年以来，黑龙江省共审定主要农作物新品种 608 个，主要粮食作物水稻、大豆、马铃薯多为自主创新品种。随着黑龙江省农业科学院等科研院所与相关大学、企业合作的不断深入，黑龙江种业已经获得了长足的发展，这种产学研相结合的研发模式也成为品种研发、科技创新的重要力量。种子企业的新品种研发速度不断加快，市场份额不断扩大，推广面积逐年增加，将为黑龙江农业高产、稳产、可持续发展发挥重要作用。

（2）加速推广新成果、新技术。充分利用现有科技成果，集成创新加速转化农业新成果、新技术。按照农机与农艺结合、良种与良法配套的原则，集成组装水稻、玉米、大豆、小麦、马铃薯五大粮食作物高产栽培技术模式，做到新技术常规化、常规技术标准化，进一步提高农作物单产水平。

（3）推广现代农业耕作制度和黑土保育技术。建立大农机深松制度，形成土壤水库，增强抗旱、抗涝能力；大力推行农作物轮作栽培技术，开展免耕、少耕技术与机具，做到充分用地与养地相结合，开展黑土保育与有机质提升技术试验示范，不断提高土地产出率。

二、建设高素质农民队伍潜能

黑龙江省粮食生产为解决全国 14 亿人口的吃饭问题作出了突出贡献。但要把饭碗牢牢端在自己手里，仍然面临很大压力。据预测，今后一段时间我国每年大约增加粮食需求 100 亿千克、肉类 80 万吨。习近平总书记强调，中国人的饭碗要牢牢端在自己手里，我们自己的饭碗主要装自己生产的粮食。今后中国提高农业综合生产能力，让十几亿中国人吃饱吃好、吃得安全放心，最根本的还得依靠农民，特别是要依靠高素质的新型职业农民。

然而随着大量农村青壮年劳动力外出转移就业，从事农业生产的农民结构失衡，留守农村的农民以老年、妇女居多，平均年龄在 50 岁以上。农民素质堪忧，今后"谁来种地"成为一个重大而紧迫的课题。确保农业发展"后继有人"，关键是要构建新型农业经营体系。只有把高素质农民培养作为关系长远、关系根本的大事来抓，留住一批较高素质的青壮年农民从事农业，才能发展壮大新型农业经营主体，不断增强农业农村发展活力。

1. 高素质农民培养潜能 2014 年，农业部新型职业农民培育工程正式启动。黑龙江省有 14 个县（市、区）为国家级试点县，30 个县（市、区）为省级试点县。主要有"五大任务"：

（1）开展农民职业技能培训。围绕高素质农民这个主要对象，突出务农技能这个核心内容，开展从种到收、从生产决策到产品营销的全过程培训。重点开展专业大户、家庭农场主、农民合作社带头人等生产经营型职业农民，农业工人、农业雇员等专业技术型职业农民，农村经纪人、农机服务人员、统防统治植保员、村级动物防疫员等社会服务型职业农民，以及中高等农业职业院校毕业生回乡务农创业人员，专业大户、家庭农场主、合作社带头人的"农二代"，回乡务农青壮年农民工和退役军人等前农业"后继者"等培训。

（2）发展农业职业教育。农业职业教育是培养高素质农民的重要载体，充分发挥行业和体系办学的双重优势，引导农业职业院校以服务生产、服务农民为导向，积极探索送教下乡、农教结合、弹性学制的培养新模式，把课堂办到农民家门口、搬到农业生产第一线，为务农农民提供更加方便、实用、有效的职业教育，采取灵活的教育培训模式。将高素质农民培养纳入国家中等职业教育助学和免学费政策范畴，提高农民职业教育吸引力，确保招生规模稳步提升。

（3）构建农民教育培训体系。构建以中央农业广播电视学校（以下简称"农广校"）为基础依托的高素质农民教育培训体系，广泛吸纳农业科研院所、农业院校和农技推广服务机构及其他社会力量参与；构建以农民科技教育培训中心为支撑的专业化、多元化高素质农民培训平台，使其成为当地农民教育培训的研究中心、指导中心、服务中心和宣传中心；构建县域高素质农民培育"1＋N＋X"基础平台，"1"即县级农民科技教育培训中心，发挥统筹协调作用；"N"即多个功能和优势互补的教育培训机构，县级农业广播电视学校要成为"N"中的骨干机构；"X"即建在农业园区、农业企业和农民专业合作社等产业链上的现场教学及实训基地。

（4）探索高素质农民认定管理方式。开展高素质农民认定工作，建立完整的数据库和信息管理系统，有利于统筹培养和稳定高素质农民队伍，落实支持扶持政策；有利于实施动态管理，开展经常性培训和跟踪服务，帮助其提高生产经营水平，引导其更好地履行责任义务。按照坚持政府主导和农民自愿的原则，明确认定条件、认定标准、认定程序、认定主体、承办机构、相关责任，针对不同类型、不同层次的职业农民，实施差异化的认定标准和扶持措施。建立动态管理机制，保持职业农民这支队伍的生机和活力。

（5）制定高素质农民扶持政策。支持承包地向高素质农民流转，推动农业补贴和项目建设向高素质农民倾斜，帮助高素质农民解决贷款难、生产辅助设施用地难等问题，不断增强其综合实力与自主发展能力。将中央1号文件明确的扶持专业大户、家庭农场主、合作社带头人、社会化服务人员、农村实用人才的政策措施，细化落实到经过认定的高素质农民，使种粮务农不吃亏、得实惠。

2. 高素质农民培育体系及培养模式潜能 高素质农民的培育既要符合黑龙江省的省情，又要考虑到农民的实际需要。政府扶持，构建教育培训体制，规范培训过程。负责培训单位根据农民的不同需求分级授课，要让农民"想学""能学""学有所用"。目前，主要依据以下3条原则培养高素质农民，期待黑龙江新型农民为农业增添助力，成为农业发展的新型主力军团。

（1）创新体制机制。适应三农新形势的需求，探索建立适合省情实际的高素质农民培育制度体系。构建教育培训、认定管理和政策扶持"三位一体"的制度，运用教育培训提高综合素质和生产技能，通过认定管理引导农民接受教育培训，定向加大政策扶持力度，实施政策扶持提高其综合实力与自主发展能力。建立"三级贯通"资格证书制度，根据农民教育培训经历和生产经营规模，经县级农业主管部门牵头认定评价，对符合条件者颁发高素质农民资格证书。同时，明确中高级认定条件、标准和程序，形成上下贯通的高素质农民知识更新和晋级体系。

（2）创新培育体系。建立政府引导、社会力量参与的培育机制，以公益性培训机构为主体，引导和鼓励各种社会资源广泛参与。在自愿申报的基础上，遵循公开、公正和公平的原则，组织专家评审确定培育机构，及时向社会公示、公开。充分发挥农业广播电视学校（农民科技教育培训中心）培育高素质农民的主力军作用，将具备条件的农广校作为培育高素质农民的重点依托力量，同时统筹利用好农业职业院校、农技推广服务机构和农业机械化学校等培训资源。每县认定一个高素质农民培训中心，负责培训规划以及具体组织实施，依托农业科教单位的科技示范基地、农民合作社、农业龙头企业基地等认定一批实训基地，逐步健全完善培育体系。

（3）创新培育模式。实行"分段式、重实训、参与式"培养。根据农业生产周期和农时季节分段安排课程，注重实践技能操作，做到"一班一案"，大力推行农民田间学校培养模式，提高参与性、互动性和实践性。同时，鼓励地方因地制宜，根据产业特点和实际情况，创新适合当地特点的培训模式。突出需求导向，实行全产业链培养。围绕当地产业发展摸清需求，根据需求定产业、定任务，然后再确定培训对象。建档立案实行全过程跟踪培养，及时记录其接受教育培训的情况。加强认定后职业农民的管理和知识更新，出台相应的配套扶持政策。应用现代化手段开展培训。适应现代远程开放教育发展趋势，开发智慧农民云平台，利用现代化手段开展高素质农民在线教育培训、移动互联服务、在线信息技术咨询、全程跟踪管理等，开通高素质农民网络书屋。

3. 优先提高农民决策素质　农民的素质直接决定着农业新技术

传播与推广的效率，是实施工程农业重要的人力维度因素。现阶段我国农民的文化素质、科技素质、经营管理素质普遍较低，市场意识淡薄，这些都影响到农民对新技术的接受程度。但是，提高农民素质是一项长期、艰巨和需要全方位投入的工作，所投入的时间成本和资金成本也相当巨大，用于提高农民素质的投入边际效用递减显著，不能迅速、有效适应发展现代农业的需要。因此，黑龙江省在农民教育培训方面可以优先选择提高农民决策素质，农民素质的短期提升与长期教育相结合。

提高农民决策素质是指虽然未从根本上改变农业生产者的思想观念、知识基础和决策能力，但至少使他们的行为符合发展现代农业生产的要求。面对新的事物，农民很难作出理性决策，政府不能强行代替农民决策。提高农民决策素质就需要通过农民对带头人的信任，由带头人帮助其决策，以此来提高农民的决策水平；通过带头人对农民土地的规模经营效应来提高农业对科技的承载能力。以农业科技推广为例，提高农民决策素质就要求在当前情况下，以农业科技成果得到应用为主要目的，打破农业科技推广一定要"让农民理解并应用科技知识"这一思维定式。在实际操作层面上，可以依托农业合作组织或村级领导班子，视农业合作组织为农业科技推广单元，以合作组织领导人接受新科技并领导农民应用为主要手段，这样将极大地缩小科技推广起飞临界值。另外，还需在创新扩散过程中的不同阶段分离参与主体，由创新者参与知识接受阶段并决定采纳与否，普通农民跟随决策，使农业科技相对直接地在应用阶段显效。通过创新者的领导越过农业科技成果转化耗时最多也最艰难的传播普及阶段，有效加速新技术采纳进程；反过来，这种直接的应用又会促进农业科技的传播和普及。提高农民的决策素质，正是在有限资源下提升农业从业者的有效手段。

第四节　农业发展改革潜能

2013年4月，国务院总理李克强在国务院常务会议上，正式批准了黑龙江省先行开展现代农业综合配套改革试验工作。这一工作的开展，拉开了黑龙江省先行探索实现农业发展方式转变、发展现代化大农业的序幕。

　　黑龙江省的松嫩平原和三江平原（两大平原）是我国黑土资源分布的主要区域，位于黑龙江省腹地，包括 11 个市的 51 个县（市、区）和黑龙江农垦总局 9 个管理局的 114 个农场，面积 28.9 万千米^2，人口 2 367 万人。区域内农业资源富集，耕地面积 1 080 万公顷，占黑龙江省耕地面积的 89%，2012 年粮食产量 521.5 亿千克，占黑龙江省粮食产量的 90% 以上，占全国粮食产量的 8.8%，是我国重要的粮食主产区和商品粮生产基地，被国家誉为应对突发事件靠得住、调得动的"中华大粮仓"。在"两大平原"开展现代农业综合配套改革试验，可以进一步释放农业发展潜力，对巩固和完善农村基本经营制度，探索农业现代化与工业化、信息化、城镇化协调发展，保障国家粮食安全具有十分重大的意义。

一、农业生产经营体制改革潜能

　　1. 新型农业经营主体培育潜力　　搞活新型农业经营主体，是推动农业改革和发展的最大动力和最大潜能。在这方面，黑龙江省的思路十分清晰，就是积极扶持种养大户、龙头企业、科研机构等领办各类农民专业合作社。持续加大农机购置补贴资金的额度和范围，鼓励和支持组建大型农机专业合作社。鼓励农民以土地承包经营权量化为股份加入合作社。粮食直补资金增量部分向土地规模经营面积大、社员多的合作社倾斜。优先安排具备规模优势或技术条件的合作社承担农业、水利、畜牧、仓储、流通以及农产品加工等小型涉农项目。鼓励和支持发展农民用水合作组织、农作物病虫害专业化统防统治组织、农产品加工和营销服务合作社等与农业生产密切相关的合作组织，为现代农业发展提供技术、信息服务。

　　2. 合作经济组织市场竞争力提升潜力　　目前，黑龙江省合作经济组织的市场竞争能力有待大幅度提升，需要大力引导支持同类或同产业合作社开展生产、销售、服务等跨行业、跨地域联合，建立辐射范围广、市场化程度高的农民合作社联合社，提高生产经营和市场开拓能力。引导扶持具备条件的种养大户、农民专业合作社自办或参股龙头企业，延伸产业链条，合理分享销售、加工环节利润。对具备条件的农民合作社的仓储、加工、运输等设施建设给予必要的资金扶持或物质投入。引导金融机构与农民专业合作社建立更加紧密的利益联结机制，实行利益一体化发展。支持合作社参加农产品展示展销活动，积极推动合作社与批发市场、大型连锁超市、企事业单位等建立稳定的产销关系。

3. 促进合作经济组织规范发展潜力 黑龙江省现有农业合作经济组织如雨后春笋，数量较多，作用很大，但同时不够规范、不够完善的问题也相当突出，发展空间较大，潜能需进一步释放，应着力提高其经营发展的规范性以及相关政策支持和效益评定机制的制定等。认真贯彻落实《农民专业合作社法》，开展示范社建设，推动黑龙江省农民专业合作社由数量扩张向数量和质量并重转变。因势利导，科学管理，规范和促进联合社发展。打造合作社的综合配套服务平台，提供产品、农资需求、农技推广等服务。进一步明确国家投入在社员中的量化和盈余分配方式，使国家政策惠及更多农民。将入社土地面积（或养殖规模）和社员规模纳入合作社发展考评体系，对规范化管理和规模化发展的合作社给予重点扶持。

二、现代农业产业体系改革潜能

1. 农业结构和布局优化潜能 黑龙江省是我国重要的粮食主产区和商品粮生产基地，虽然粮食产量逐年递增，但未来通过调整农业结构和布局来实现增产目标的潜力仍旧很大。黑龙江省应稳步提高粮食综合生产能力，积极发展玉米，稳定发展大豆，合理发展粳稻；加强基地建设，提高单产水平，不断增强对国家粮食安全的保障能力；引导和扶持蔬菜、甜菜等高效经济作物生产，打造各具特色的优势产业带；支持发展外向型农业，促进黑龙江省沿边地区农业开发开放升级；大力发展肉牛、奶牛、生猪、水产等标准化规模养殖，提高养殖业质量和效益，积极拓展农业多种功能，发展观光休闲农业，发展农村第二、第三产业，多渠道促进农民增收。

2. 农业产业化经营体制改革潜力 黑龙江省农业产业化经营体制改革应在现有发展基础上，发展龙头企业兼并、重组、参股和收购等，组建大型企业集团，大力发展农产品精深加工。鼓励和支持龙头企业加大科技投入，承担相关科技创新和科技推广项目。引导和扶持种养大户、家庭农场、农民合作社自办或参股仓储、物流、销售、加工等龙头企业。引导和规范龙头企业与农民股份合作社建立紧密型利益联结机制，通过相互参股等方式将农产品加工、销售环节的部分利润转让给农户。

3. 产业集聚和改革发展潜力　创新支持绿色食品产业园区基础设施和公共服务平台建设方式，推动绿色食品产业规模扩张，集群发展。引导龙头企业向园区集中，推动企业集群聚集，培育壮大区域主导产业。将区域内重点绿色食品产业园纳入全国承接产业转移示范工程。支持高端农机装备制造业园区建设，加强大马力农机装备关键技术和共性技术的突破，提升国内新型农机装备制造产业的整体实力和竞争实力。

三、深化土地管理制度改革的潜能

从黑龙江省的实际出发，按照两大平原综合改革的要求，进一步深化土地管理制度改革，在一定意义上说，是继第二轮土地承包后的一次新的重大农村改革，其蕴藏的巨大效应，必将与实行家庭承包经营一样，带动农民生产积极性和农业发展产生又一次历史性飞跃。

1. 创新耕地保护机制　完善耕地分类分区保护、节约用地制度，实施耕地分类分级占用补偿，对承担耕地保护责任的农民或合作社给予补贴。探索两大平原区域内严格耕地保护与建设用地供求总量平衡新机制，实施区域内耕地占补平衡。对第二次土地调查中新增加的耕地，列入黑龙江省耕地储备库，用以实现非农业建设耕地占补平衡。建立以工程性措施为主的耕地和基本农田保护长效机制，土地占用费上缴中央部分全部返还地方。加强黑土保护、利用和修复，进一步提高两大平原区域内水土流失治理、中低产田改造和高标准农田项目建设补助标准。积极引导和推广科学轮作制度，全部实现测土配方施肥，支持发展保护性耕作，推广大机械深松整地。全面实施土壤有机质提升工程，加大商品有机肥补贴力度，建立施用有机肥和秸秆还田激励机制，提高耕地质量和生产能力。

2. 依法有序推进土地流转　完成两大平原区域内农村集体土地确权、登记、颁证、建档。建立省、市、县、乡4级土地承包经营权流转服务平台，鼓励有条件的地方发展各种土地流转中介服务组织，形成信息顺畅、运转高效、服务规范的土地经营权流转交易市场。按照依法、自愿、有偿的原则，鼓励和引导农民以转包、出租、互换、转让、股份合作等形式流转土地承包经营权。制定农民子女就学、社会保障、就业技能培训等方面的优惠政策，鼓励农民与家庭农场、合作社或龙头企业建立长期稳定的土地流转关系，对长期稳定规模经营866.7公顷以上的经营主体给予必要的扶持奖励。

3. 实行差别化的用地审批政策 探索推行用地审批制度改革，逐步完善项目用地保障新机制。创新土地规划和计划管理模式，支持对两大平原地区土地利用总体规划布局进行适度调整，并增加部分建设用地规划指标及周转调整指标。对发展现代农业的重点产业项目和重大民生工程等单体控制性工程，给予先行用地政策支持。在两大平原各选择一个地市作为试点，探索建立农村集体建设用地和宅基地流转平台，推动经营性项目农村土地征用市场化交易进程。对涉及粮食生产的基本建设项目及农用设施建设，征地有关税费上缴中央部分全部返还地方。晾晒场、农机具停放场等农业生产附属设施建设用地比照农业生产用地政策给予支持。对两大平原改革试验区建设涉及的交通、水利、能源、环保等重点基础设施项目，单独下达年度用地计划。

4. 改革节约集约用地管理制度 严格农村集体土地征用，强化政府对失地农民社会保障、职业技能培训和就业创业扶持的责任义务约束，实施先保后征，切实保障农民合法权益。拓展城乡建设用地增减挂钩试验范围，开展跨地区建设用地增减挂钩试验。支持农业地区扩大"迁村腾地"试点范围，优化城乡用地布局，提高土地节约集约利用水平。建立农村宅基地科学管理方式，逐步完善农村宅基地使用权流转机制，鼓励在城镇稳定就业的农民家庭自愿退出宅基地使用权，进入城镇安家落户，促进农村宅基地高效利用。在松嫩平原的哈尔滨、大庆、齐齐哈尔、绥化等开展低丘、缓坡、荒滩等未利用土地开发利用试点，集中利用未利用土地实施建设项目。积极创造条件，将黑龙江省列入全国工矿废弃地开发利用试点省，对废弃砖场、采沙场等工矿废弃地进行治理和二次开发利用。

四、农产品市场流通改革潜能

1. 完善农产品市场体系 进一步完善和提高哈尔滨国家粮食交

易中心等批发市场功能，加强区域性、大中城市农产品批发市场建设，确立在东北亚地区粮食交易和物流平台的核心地位。扶持现有重点农产品市场改造升级，加强配送中心、展示交易中心、网络信息中心、质量检验检测中心建设，更好地发挥农产品流通主渠道作用。整合现有信息资源，建立顺畅有序、运行高效、监督预警有力的主要农产品、重要生产资料市场监测和成本价格信息系统。

2. 建设现代农产品物流网络　支持和鼓励发展集装箱或集装袋运输，规划建设集装箱中转集散基地，并重点向稻米加工园区倾斜。提高中央投资补助比例，加快建设一批集收储、加工、发运、检验、信息等功能为一体的大型控制性综合粮食产业园区，在产粮大县整合、扩建、新建一批大型粮食物流集散中心或战略装车点。重点支持水稻和大豆主产区的骨干企业进驻主销区大型粮食集散地，建立黑龙江优质品牌粮油产品市场。加强商品化处理和冷藏储存设施建设，打造具有集中采购、跨区域配送能力的现代化物流配送中心。

3. 创新农产品交易方式　积极开展"粮食商行"试点，增强粮食集并、存储、融资、交易和运输等环节联动功能。支持黑龙江省粮食交易市场股份有限公司拓展服务功能，打造种粮大户、农民专业合作组织粮食交易平台。探索发展以粳稻为主的农产品期货贸易和短中远期现货合约交易业务，推进粳稻期货上市。建立大宗商品配套交割库和覆盖面广泛的现货交割系统。支持农产品龙头企业和抗风险能力强、资金充裕的合作组织参与到农产品期货市场，鼓励银行加大对农户和涉农企业参与期货市场套期保值的支持力度。扩大省粮食产业集团、北大荒集团等粮食企业的进出口配额和产地直接出口权。

4. 完善粮食价格保护制度　在争取国家提高粮食最低收购价的前提下，扩大实行最低收购价的粮食品种，将两大平原的玉米、大豆等主要粮食品种纳入国家最低收购价范围。拟建立黑龙江省寒地非转基因大豆保护区，实行非转基因大豆种植与加工的保护制度。对种植、加工非转基因大豆的农户、合作组织及加工企业给予专项补贴和扶持政策。探索建立能够准确反映粮食成本、收益、价格关系的政策性粮食收购价格定价机制，合理确定各品种粮食最低收购价，确保粮食生产成本收益率达到 25%～30%。完善粳稻入关运费补贴政策，稳步提高补贴标准，探索建立对两大平原玉米、大豆入关运费补贴政策。

　　黑龙江农业的形成与发展得益于自然,是自然给予了丰足的物质条件。然而,黑龙江农业的腾飞不仅仅依靠自然,更重要的是黑龙江农业工作者对农业工作所发挥的主观能动性,充分激活释放农业潜能,解决以往农业生产"靠天吃饭"的难题,真正将农业生产掌握在自己的手中。黑龙江农业的未来,还是要靠我们自己。

第八章　生态黑龙江

——粮安中国

"谁来养活中国？"1994 年，美国学者布朗提出这个命题，就像一个紧箍咒，时刻刺激着中国农业领域的从业者。

然而，在几代人的努力下，中国的粮食生产保持了快速增长。黑龙江，作为全国重要的商品粮基地，过去的十几年，粮食生产的弧线始终上扬，创造着丰年奇迹。

第一节　担负的重任

粮安天下。粮食安全问题，如今在我国正在得到前所未有的关注。

中央经济工作会议曾提出构建新形势下的国家粮食安全战略，习近平总书记明确提出，把保障国家粮食安全放在经济工作的首位。他强调，只要粮食不出大问题，中国的事就稳得住。李克强总理也指出，在我们这样一个人口大国，没有粮食安全就没有一切。

在过去的 30 年里，长江三角洲和珠江三角洲，这些曾经肥沃的鱼米之乡从传统的粮食主产区蜕变成了现代的工业城，然而经济相对落后的中西部地区以及东北部地区则承担起了粮食主产区的重任。到 2008 年，北方粮食生产已全面超越南方，面积和产量分别超越全国的半壁江山。南方工业化、城镇化速度的加快，导致耕地减少的速度也在加快，粮食保障已经靠不住。一些农业专家纷纷表示，最靠得住的还是黑龙江，中国 50％以上的增产来自黑龙江，黑龙江在中国粮食领域的地位已经举足轻重。

中国大粮仓，拜托黑龙江。黑龙江省担负着维系全国粮食安全的重任。从曾经的"南粮北运"到如今的"北粮南运",这一转变在进一步增强,黑龙江的产粮大省地位越显突出。

一、国家粮食安全战略的提出具有划时代意义

什么叫"粮食安全",至今尚无一个统一的概念。人们往往因为所处的时代不同、国家不同、经济发展水平不同,以及看问题的角度不同而给予粮食安全不同的内涵。应用最广泛的是联合国粮农组织(FAO)于1974年在世界粮食大会上提出关于粮食安全的概念,粮食安全从根本上指的是人类目前的一种基本生活权利,即"保证任何人在任何地方都能够得到未来生存和健康所需要的足够食品。"1983年4月,FAO又对粮食安全的概念进行了修改,提出粮食安全的目标为"确保所有的人在任何时候既能买得到又能买得起所需要的基本食品"。这个新概念与以往旧概念的主要区别在于,新概念提出了既买得到又买得起。也就是说,既要发展生产,提高粮食供给能力;又要增加收入,提高购买力。目前,FAO的概念已为联合国、世界银行等国际机构以及一些国家的政府和研究机构所普遍采用。

粮食安全是保障国家主权完整、经济发展和社会安定的重要条件之一。它的基本内涵是保证全世界所有人都有权利得到最起码的食物。我国始终把维护国家粮食安全作为国民经济平稳较快发展、社会和谐稳定的重要基础和治国理政的头等大事。2000年10月,中共十五届五中全会首次提出建立"粮食安全"体系概念后,维护国家粮食安全就成为三农工作的第一要务。中共十八大以来,以习近平同志为总书记的新一届中央领导集体着眼实现"两个一百年"奋斗目标和中华民族伟大复兴的"中国梦",提出了"以我为主、立足国内、确保产能、适度进口、科技支撑"的新形势下国家粮食安全战略,强调要坚守"确保谷物基本自给、口粮绝对安全"的战略底线。这表明党和国家在维护国家粮食安全方面有了一套新的战略目标、战略措施、战略体系,具有里程碑意义。

从20世纪90年代中期开始,我国就提出粮食自给率要达到95%以上的目标。新一轮强农、惠农、富农政策实施以来,我国粮食库存充裕,供给宽裕,但粮食自给率反而降到90%以下。与此同时,资源要素越绷越紧,生态环境代价越来越高。过去我们强调保全部、

保所有品种，是当时历史条件下的唯一选择。现在，国内粮食需求增长很快，粮食安全要靠自己保全，地不够，水不够，生态环境也承载不了。正如习近平总书记指出的那样，在这种情况下，就要进一步明确粮食安全的工作重点，合理配置资源，集中力量先把最基本、最重要的保住，确保谷物基本自给、口粮绝对安全。这就必须坚持"以我为主、立足国内"的基本方针。

习近平总书记强调，"中国人的饭碗任何时候都要牢牢地端在自己手上，我们的饭碗应该主要装中国粮食。"这是底线思维在实际工作部署上的应用。也就是说，只要我们保住了口粮的绝对安全，我们就能掌握粮食安全的主动权，不被别人牵着鼻子走。事实上，保谷物、保口粮这"两保"的任务非常繁重。2013年，我们国家谷物进口接近150亿千克，按照2014年3月中旬发布的《中国食物与营养发展纲要（2014—2020）》确定的目标，到2020年，我国的谷物产量要比现在高72.5亿千克左右。这就意味着要实现"两保"的目标，至少有222.5亿千克的缺口。所以，习近平总书记反复告诫我们：全党必须明确，保谷物、保口粮，绝不能以为可以放松粮食生产了，仍然要坚持一刻也不放松，因为实现有质量的"两保"并不是一件容易的事。这就要求我们必须做到"确保产能"。

目前，我国大豆、食用植物油、食糖和棉花的自给率分别为18％、40％、80％和75％，相当于利用了国际上0.47亿公顷耕地。与当年制定粮食自给率95％目标的国际背景不同，经过40多年改革开放，中国综合国力空前提高，与国际经济交融交汇日益紧密，越来越有能力利用国际农产品市场和国外农业资源解决粮食安全问题，也越来越有能力保护自己的合法权益。维护国家粮食安全，既要全国一盘棋，也要世界一盘棋，在更大范围内统筹解决问题。习近平总书记还提出更高期待：我们这么大的国内市场，要有打造我们自己的国际大粮商的信心。可以看出，积极稳妥地利用国际农产品市场和国外农业资源，将作为一项长期战略持续实施下去。这就是"适度进口"战略的蕴意。

新形势下国家粮食安全战略还体现了加快转变农业发展方式的紧迫感。一方面，强调政策和责任。既要调动农民种粮和主产区抓粮"两个积极性"，又要落实好中央和地方"两个责任"。目前，我们国家 1.21 亿公顷耕地，高产田面积约占 28％、中产田约占 39％、低产田约占 33％，提高耕地质量的潜力还非常大。2014 年，中央 1 号文件出台了一系列操作性极强的政策，对主产区的利益补偿机制将更加高效灵活，必将形成更强大合力夯实农业基础。另一方面，要实施"科技支撑"。黑龙江省的实践表明，我国农业通过科技增强产能的潜力非常大。以黑龙江垦区为例，2004 年，黑龙江垦区粮食单产平均水平比全国高 8.2％，在 31 个省（自治区、直辖市）中高于排在第 11 位的广东省；2009 年，超过了排在第 1 位的上海市；到 2013 年，这个指标比全国平均水平高出 40.7％。黑龙江垦区能够实现这种快速超越，根本原因就在于农业技术研发和推广体系健全，标准化程度高，科技成果能够顺畅地转化为农业生产力。习近平总书记强调，要舍得下气力、增投入，注重创新机制、激发活力，着重解决好科技和生产"两张皮"问题，真正让农业插上科技的翅膀。这是转变农业发展方式的重要途径。

随着经济社会的不断发展和人们日益增长的物质文化需要，粮食安全的内涵也应该发生深刻而积极的变化。一方面，粮食安全要保障人们基本食物的有效需求，也就是供给安全。既有足够的生产能力生产出国人赖以生存所需的口粮，还有一定的粮食储备。在发生自然灾害或意外突发事件的情况下，能够调得出、供得上，有能力进行自我调剂、自求平衡，不因粮而乱，不因粮饥饿。另一方面，就是质量安全，让国人不仅吃得饱，还要吃得好、吃得香、吃得营养、吃得健康、吃得快乐。这在某种意义上说，是更高层次的粮食安全，是与时俱进的粮食安全，是对国人高度负责的粮食安全。特别是在目前一些地方生态环境遭到破坏、生产过程标准失控、食品安全问题突出的情况下，坚持供给安全与质量安全并重，或者把质量安全放在更加突出的位置，更具有现实和深远的意义。

二、黑龙江是维护国家粮食安全的战略力量

黑龙江省是国家重要商品粮生产基地，承担着全国探索农业现代化实验区的重任。昔日"北大荒"经过近 70 年开发建设，亘古荒原变成了"中华大粮仓"，从现代农业的学习者、追赶者成长为领先者、排头兵。

打造世界一流的现代农业。截至 2013 年底，黑龙江省拥有大中型拖拉机 87.3 万台，居全国第一位。机耕、机播面积比重分别达到了 99.2%、95.3%，基本实现了主要粮食作物耕种、播种机械化的全覆盖。新中国成立以来，黑龙江省的粮食综合生产能力发生了翻天覆地的变化，从粮食播种面积的增加、田间管理的加强、投入力度的加大，到依靠先进技术推广、结构调整和规模经营等方面发展造就了黑龙江省粮食产量不断开创新高。从历史上的麦豆产区转变成稻米产区，从全国中游水平到产粮第一大省，到现在玉米产量全国第一、大豆产量全国第一、水稻产量全国第二。

"黑龙江是我们国家发展现代农业已经形成雏形、最有潜力的地方，也是最有可能突破的区域。发展现代化大农业，不仅对当前保障国家粮食安全，而且对长远国家实现现代化都有很重要的意义。"2013 年 11 月 4 日，中共中央政治局常委、国务院总理李克强在黑龙江省考察时指出。

"十一连增"佳绩的取得，得益于黑龙江省得天独厚的自然条件，以及具有发展现代化、规模化、机械化的粮食生产，建设成为全国最大粮仓的优势。

1. 全国最大的粮食生产基地　2013 年，黑龙江省粮食种植面积为 1 427.5 万公顷，比 2008 年增加 328.7 万公顷，年均增加近 66.7 万公顷。2010 年以来，黑龙江省粮食种植面积连年稳定在 1 330 万公顷以上。而且结构不断优化。2013 年，黑龙江省玉米、水稻种植面积分别达到 738.1 万公顷和 402.87 万公顷，分别比 2008 年增加 373.4 万公顷、157.7 万公顷，两大高产作物占粮食总面积的比重达到 79.9%，比 2008 年提高 24.4%。近年来，黑龙江省粮食产能大幅提升。黑龙江省粮食总产连续以 100 多亿斤的速度增长，相继跨越 6 个百亿斤台阶。2013 年达到 1 200.8 亿斤，商品粮 1 000 亿斤。

2. 全国最大的绿色食品基地　黑龙江省大部分地区还处于原生状态，天蓝水碧、四季分明。漫长的寒冬阻止了病虫越冬，减少了病虫害的发生概率和农药使用量。夏季昼热夜凉，干物质和微量元素积累多，产出的农产品口味纯正色香、质量安全可靠、营养全面丰富。

近年来，黑龙江省利用自身的各种资源优势，实施"打绿色牌，走特色路"的发展战略。其重点是抓好绿色食品总量扩张、优化质量、全程监管、品牌整合和市场开拓，促进了黑龙江省绿色食品产业迅速壮大，成为全国最大的绿色食品生产和加工基地。据统计，到2013年底，黑龙江省绿色（有机）食品认证面积达到466.9万公顷，全年完成绿色食品实物总量3413万吨，分别比2008年增长35.4%和28.8%，绿色食品认证数量、种植面积等主要指标连续多年位居全国首位。目前，黑龙江省已经成为全国最大的绿色食品生产加工基地和产品质量安全水平最高的省份。可以说，黑龙江省在维护粮食质量安全上有条件、有基础、有本事、有担当。

3. 全国最大的商品粮基地 随着黑龙江省粮食生产的持续增长，2004—2013年的10年间，黑龙江省粮食总产量从627亿斤增长到1 200.8亿斤，尤其是从2010年开始，黑龙江省粮食总产量实现历史性跨越，跃升为全国第一位。与此相应，人均粮食占有量逐年提高：2011年达到2 907.98斤，2012年再升为3 383.45斤，在全国名列前茅。同时，黑龙江省粮食商品率不断提高，由21世纪初的70%左右提高到目前的82%以上，向全国贡献的商品粮数量大幅增加。仅2006—2010年的5年间，黑龙江省贡献的商品粮累计达到3 229.5亿斤，粮食优质率依然保持在90%以上的高水平。目前，在我国现有的13个粮食主产省、区中，能够调出较大数量商品粮的省份已为数不多了，而黑龙江省始终是佼佼者。黑龙江省用占全国1/10的耕地生产出全国1/7的商品粮，可养活全国1/6的人口；粮食产量、粮食增量、粮食商品量和输出量均摘下中国"第一粮食大省"的桂冠。

4. 挖掘"两大平原"产能工程，筑牢粮食安全腹地 2013年，国务院批复《黑龙江省"两大平原"现代农业综合配套改革试验总体方案》。全省以高度的政治责任感和神圣使命感，按此方案把这次改革试验作为黑龙江省发展大战略，凝心聚力承担好、落实好各项任务。

在整个黑龙江省来看，粮食增产、农民增收的任务还很艰巨，特别是"两大平原"资源潜能没有充分释放，还没有转化为经济优势。在"两大平原"开展现代农业综合配套改革试验，为全国粮食主产区率先实现农业现代化积累经验、探索新路，有利于完善农业支撑体系，探索建立由传统农业向现代农业转变的新途径，强化现代农业发展的综合配套保障。

黑龙江省将此方案做了进一步修改和完善，加强与经济社会发展规划和重大政策的衔接，重点研究思考扩大规模经营、培育壮大新型生产经营主体、创新农村金融服务、破解体制机制制约、深化土地改革和流转等问题。整合涉农资金，主要向水利建设、大农机配套、农业产业化、绿色食品产业、粮食烘干、仓储销售等领域倾斜，最大限度地发挥资金规模效应。编制专项实施方案，与总体方案同步出台，形成上下衔接、相互配套、系统完备的实施体系。选择基础好的县（市、区）赋予先行先试政策，探索路径，积累经验，完善措施，为在黑龙江省全面推开打好基础。

三、勇担商品粮生产主力军重任，"五大体系"助力农业创新

今日之黑龙江，无愧于"中华大粮仓"的美誉。如何跃升为全国第一粮食大省？走访广袤的黑龙江大地，就会得到明确的答案。水利体系、农机体系、流通体系、科技体系、合作体系，这"五大体系"有力地挖掘出黑龙江粮食增产的潜力，不断探索现代化大农业的道路。

1. 水利体系 水利是农业的命脉。黑龙江省以大步伐发展"大水利"，建设灌溉大系统，绘制出建设"大水利"的宏伟蓝图。黑龙江省在"十二五"期间，规划投资 1 500 亿元，实施农田水利、水资源开发利用、滨水城市等"十大工程"，构建起"五大体系"，即粮食安全水利保障体系、水资源配置与供水安全保障体系、城乡水利防灾减灾体系、水资源和水生态环境保护体系、现代水利管理体系。迄今，黑龙江省完成国家"节水增粮"行动规划任务，旱涝保收田面积达到 333.3 万公顷；水库兴利库容达到 120 亿米^3，地表水调控能力由 13％增加到 18％；水田地表水灌溉水利用系数提高到 0.55，万元工业增加值用水量降低到 73 米^3，为"十二五"黑龙江省粮食总产冲击 750 亿千克目标夯实了水利基础。

2. 农机体系 机械化是现代农业的根本出路。黑龙江省近年来积极夯实"大农机"的装备基础，已经基本实现了农业机械化。黑龙江省在建立"大农机"格局中，一个显著特点是发展现代农机合作社。黑龙江省从 2008 年开始率先建设投资规模达到 1 000 万元的现代农机合作社，经过 5 年的发展，至今已建成 916 个现代农机专业合

作社，具有建设标准高、机具配备全、经营活力强的特点。目前，黑龙江省现代农机合作社的农机总动力达到 301 万千瓦，入社社员的数量发展到 11.2 万户，入社土地面积达到 39.5 万公顷，辐射土地扩大到 266.7 万公顷，占黑龙江省耕地总面积的 1/5 以上。

3. 流通体系 市场流通体系是配置粮食资源的基础手段。黑龙江省粮食部门以加快科学发展为主题，以全面转变发展方式为主线，以服务宏观大局和服务三农为主旨，围绕省政府规划的"八大经济区"和"十大工程"积极开展服务，采取了一系列攻坚措施，开拓粮食"大流通"的市场网络，实现了"十二五"粮食流通产业发展的良好开局。迄今，黑龙江省已与全国 15 个省份建立了长期稳定的粮食产销合作关系，打开了广阔的销售市场，谱写了产区与销区合作共赢的"大流通"新篇章。

4. 科技体系 科技是粮食持续增长的动力。黑龙江省着力以科技创新挖掘出粮食增产的内在潜力，把生产标准化、管理信息化、施肥科学化贯穿于粮食生产全过程，提高了土地产出率和产品优质率。目前，黑龙江省良种覆盖率达到 98% 以上，粮食标准化率达到 90% 以上。2011 年以来，黑龙江省创造了全国粮食总产和粮食商品量"双第一"的业绩，"大科技"的强力支撑功不可没。

5. 合作体系 黑龙江省勇于探索和突破，创新"大合作"的经营方式。近年来，黑龙江省勇于探索专业合作社、场县共建等多种方式，实现多部门的大合作。即把分散的农户组织起来，把分散的作业统一起来，把分散的经营联合起来，实现了小生产与大市场的有效对接，提高了规模经营水平。据统计，推广"龙头企业＋合作社＋基地"经营模式，黑龙江省规模以上龙头企业带动种植基地面积 670 万公顷，农户 320 万户，占农户总数的 62%。

中央提出国家粮食安全战略，就是向全国农业战线发出了转变发展方式的新号令。黑龙江省必须以两大平原现代农业综合配套改革先行先试为己任，稳中求进、改革创新、勇担使命，在国家战略和黑龙江省大局中更好地履职尽责。

"十二五"末，黑龙江省粮食总产量将向 750 亿千克发起冲击，广袤的黑土地将继续担当起保障国家粮食安全的重任。一靠调整结构来增产提质，到 2015 年年末要实现玉米种植 600 万公顷；二靠科技应用来增产提质，水稻、玉米两大高产作物平均每公顷产量要达到7 500千克以上，并进一步改善品质；三靠强化基础来增产提质，到2015年黑龙江省要实现主要粮食作物种、管、收，耕地全部实现平衡施肥；四靠规模经营来增产提质，到2015年，黑龙江省土地规模经营面积要达到670万公顷以上，真正把黑土地建成国家优质、可靠的大粮仓。

第二节　黑龙江人的决心

发展的航船风帆正劲——闯出一条具有黑龙江特色、黑龙江气派的新型农业化发展之路。

奋进的鼓点激烈铿锵——粮安中国，时不我待。黑龙江人显示出舍我其谁的担当与豪迈。

新时期里，勤劳勇敢的黑龙江人再次将"中华大粮仓"这五个大字郑重地写在广袤的黑土地上，更写进了每一个黑龙江人的心里。

决心从来没有像今天这样坚定。

行动从来没有像今天这样急迫。

决心源于何处？

一、源于对中国乃至世界粮食安全的科学分析与判断

放眼世界，粮食安全问题不容乐观。2008年以来，粮食危机席卷全球，"世界粮仓"的美国也未能幸免。有媒体报道，美国两大零售商沃尔玛旗下的山姆会员店和全美最大仓储式零售店"好事多"一度宣布采取特别措施，对顾客购买部分品种的大米数量加以限制。而早在2009年世界粮食安全峰会即将召开之际，联合国粮农组织总干事迪乌夫在该组织位于罗马的总部内展开了为期一天的绝食行动，以呼吁全世界能与10亿饥饿人口休戚与共，并立即采取行动消除饥饿。

长期困扰国际社会的粮食安全问题近年来越演越烈。据了解，目前世界处于粮食危机的国家已达36国。据预测，到2050年，世界人口将达到90亿，农业生产必须增加70%才能满足新增人口的需求。在人口增长、气候变化、温度升高等多重压力下，农业生产面临困境，世界粮食安全面临挑战。

中国作为世界人口第一的大国，在世界粮食安全舞台上扮演着极其重要的角色。粮安则国安。过去50年，中国在为不断增长的人口提供充足的粮食所做出的努力，受到了国际社会的广泛认可和赞誉。2013年，全国粮食总产量60 193.5万吨，约占世界总产量的24.28%，中国的粮食生产已经基本能够满足本国的粮食需要。

然而，作为粮食生产大国和人口大国，中国的粮食安全问题不容忽视。相关研究初步发现，温度升高、农业用水减少和耕地面积下降，将使中国2050年的粮食总生产水平比2005年下降14%～23%。研究也指出，如果夜间温度升高1℃，水稻将减产10%。再者，受气候变化影响，温度升高将加剧中国北方地区水资源短缺。特别是在北方干旱和半干旱地区，情况更为严重。干旱使得农作物的生长缓慢甚至停止，造成歉收或绝收。而且，气温升高对害虫的繁殖、越冬、迁飞等习性产生明显影响，加剧病虫害的流行和杂草蔓延。诸多因素叠加，导致中国的粮食安全面临着严峻挑战。

东北地区作为我国重要的商品粮生产、粮食调运和商品粮储备基地，对我国有"粮食市场稳压器"的重要作用。近年来，无论是粮食播种面积还是粮食产量，都不断再创历史新高。黑龙江、吉林、辽宁、内蒙古四省（区）粮食总产，占全国粮食总产的20%以上。不仅如此，在目前全国13个粮食主产省（自治区）中，只有黑龙江、吉林、内蒙古、河南、安徽、江西6个省（自治区）为净调出省区，而黑龙江省则是在商品量和调出量上首屈一指。近10年来，黑龙江省粮食调出量占全国省际净调出总量的30%以上。由此而见，黑龙江省有能力、有理由在保障全国粮食安全中担当重任。

二、源于得天独厚的自然资源禀赋

我国的东北地区总是给人蓝天、白云、黑土地的美好记忆。东北地区是我国农业资源禀赋最好、粮食增产潜力最大的地区，其粮食生产优势无可替代。东北地区地跨暖温带、中温带和寒温带3个气候地带；全年平均气温多在－5～11℃。水资源充沛，年降水量为400～1 100毫米；境内拥有黑龙江、松花江、辽河、牡丹江等多条江河。东北地区还拥有世界上最肥沃和广阔的耕地资源。在耕地质量上，东北黑土带同美国密西西比河流域黑土带、乌克兰大平原黑土带齐名，被誉为世界最肥沃的土地。优越的自然条件为"东北粮仓安中国"提供了可靠的物质保证。

黑龙江省无疑是东北地区最为耀眼的一颗明珠，其地位堪称重中之重。黑龙江省境内拥有中国最为肥沃的两大平原——三江平原和松嫩平原，其面积约占黑龙江省总面积的37%。千里沃野惹人醉，粮香四溢飘神州。

丰富的水资源宛若充满活力的血脉在黑土地上流动。黑龙江省境内河流众多，有黑龙江、松花江、嫩江、乌苏里江和绥芬河五大水系和兴凯湖、镜泊湖和五大连池三大湖泊。流域面积在50千米^{2}以上的中小河流1 918条，其中超过1万千米^{2}的河流22条；大小湖泊640个，水面面积约6 000千米^2。界江、界湖过境水量2 710亿米^3，黑龙江省水资源总量达810亿米^3，居东北、华北和西北各省（自治区、直辖市）之首，是全国北方地区水资源最富集的省份。黑龙江省有大、中、小水库1 148个，库容277.9亿米^3。此外，温带、寒温带大陆性季风气候四季分明，夏季高温多雨，有利于农作物生长。

三、源于科学的发展理念和务实的战略部署

得天独厚的自然资源赋予黑龙江中国大粮仓的神奇美誉，众志成城的拼搏奋斗促成黑土地不断展现新风采。作为全国最重要的商品粮基地，黑龙江省高瞻远瞩、科学决策，始终坚持把发展粮食生产摆在重中之重的战略地位。坚决贯彻落实中央各项决策部署，以"发展现代化大农业、打造国家可靠大粮仓"为目标，以实施千亿斤粮食产能巩固提高工程和松嫩、三江两大平原农业综合开发试验区建设为载体，大手笔部署，大气魄制作，将科学发展的理念渗透到田间地头，全力推进粮食生产创造一个又一个奇迹。

2011年，是黑龙江省粮食生产具有里程碑意义的一年。黑龙江省粮食总产量高达557.05亿千克，首次超过连续10年高居全国产粮榜首的河南省，成为全国唯一的粮食总产和商品量双第一的省份。

2012年，是黑龙江省粮食生产极其辉煌的一年。黑龙江省粮食总产、商品量、年调出量、人均产量4项指标全国第一，粮食产量实现"九连增"，农民增收实现"九连快"，农村民生有很大改善。

2013年，是黑龙江省粮食生产极不平凡的一年。黑龙江省备春

耕生产遇到的近年来少有的困难和压力，被飘香的稻海和金色的农田所驱散。秋后，经过省内农业专家深入田间实地测产，黑龙江省实际粮食总产量达到 650 亿千克以上，再创历史新高，粮食生产实现"十连增"。

更加令人振奋的是，2013 年 4 月，国务院把黑龙江省"两大平原"确定为现代农业综合配套改革试验区，这是国家首次开展的专门涉及农业生产关系的重大调整和变革，为黑龙江省发展现代化大农业和粮食生产提供了难得的机遇和强劲动力。

发展的春风再次劲吹黑土地，黑龙江儿女意气风发谋创新。"五大改革"正在成为黑龙江农业发展的新支点：围绕转变农业发展方式，不断加强农业经营主体创新；着眼激活农业生产要素，深入实施农村土地管理制度改革；立足强化农业发展支撑，加快推进农村金融保险服务创新；突出放大农业政策效应，逐步完善农业支持保护政策体系；依托现代市场流通体系，探索建立农产品价格形成机制。

四、源于黑龙江多年累积形成的坚实的农业基础

农业生产是一项系统工程。多年来，黑龙江人以脚踏实地、求真务实的工作作风，谋全局，抓重点，做实事，打了一场又一场漂亮的农业基础提升战役，为建设中国大粮仓筑牢根基。

1. 水利化建设　黑龙江省把加快水利建设作为事关黑龙江省经济社会发展全局的关键措施，举黑龙江省之力"打一场大兴水利的战役"。黑龙江累计投资 600 多亿元，重点建设了尼尔基引嫩扩建骨干一期工程和总面积 86.7 万公顷的三江平原 14 处灌区等一大批现代水利工程，有效增强了水源保障和调控能力，在很大程度上缓解了农业生产"西旱东涝"的局面。

2. 农机化建设　黑龙江省加快推进农业生产全程机械化，不断提高土地产出率、资源利用率和劳动生产率。黑龙江省农机总动力达到 4 848.7 万千瓦，特别是组建的 916 个现代农机合作社，重点装备农业生产急需的现代农业机械，推进大农机由旱田向水田拓展，机械化生产环节由整地、播种向种管收全程延伸。2013 年，黑龙江省田间综合作业机械化程度达到 92.97%，连续多年居全国之首。

3. 生态化建设　积极推进大小兴安岭生态功能区建设上升为国

家战略，率先在全国实施省级湿地保护补助项目，加大草原和黑土地保护力度，大力开展植树造林和封山育林。全面治理了农业面源污染，减少化肥施用量，大力推广有机肥料等生物措施，为绿色食品生产和农业可持续发展奠定了坚实的生态基础。

4. 培育应用良种 每年都安排专项资金深入实施良种化工程，自主培育了龙单 49、龙粳 25 等 340 个高产、优质、抗逆性强的优良品种，引进推广了郑单 958 等省外优良品种，良种覆盖率连续多年保持在 98% 以上。黑龙江省农业科技进步贡献率达到 62.5%。

5. 普及棚室育秧 "育秧是基础，好秧半年粮。"把水稻大棚育秧作为水稻生产的一项重大技术革命，在加快普及大棚化育秧的同时，努力推广智能化浸种、催芽、育秧等新技术，使大棚育秧科技含量逐年提高。黑龙江省采取补贴的方式支持农民新建水稻标准化大棚 84.8 万栋和 1 023 个智能催芽车间，水稻智能化催芽和大棚化育秧比例分别达到 86.4% 和 69.4%，为寒地水稻创高产提供了强有力的保障。

6. 推广模式栽培 整合技术力量，加快单项技术综合组装和配套集成，建立起适合黑龙江省不同地区、不同积温带的五大粮食作物十大高产栽培技术体系。黑龙江省模式栽培面积已达到 1 200 万公顷，占粮食种植面积的 85%，涌现出一大批玉米亩产吨粮、大豆 250 千克等高产典型，带动了粮食大面积增产。

五、源于黑龙江人的无私奉献精神

如果说丰厚的自然资源禀赋是大自然对黑龙江的厚爱，那么，在发展进程中凝聚而成的强大的精神力量则是黑龙江人对人类的巨大贡献。这种精神力量是黑龙江发展的动力之源，也是黑龙江建设中国大粮仓的强大精神动力。

以铁人王进喜为代表的老一辈石油工人，用汗水和生命为国家建成了头号大油田，同时也创造了中华民族宝贵的精神财富——铁人精神。黑龙江垦区的广大人民群众在 60 多年的开发建设中，用青春与汗水、鲜血和生命，在特定历史条件和极其艰苦的环境下培育和锤炼出来的北大荒精神，成为全国人民共同拥有的一笔宝贵的精神财富，成为推动我国经济发展和社会进步的强大动力。

时光流逝，精神永存。无论是铁人精神，还是北大荒精神，都已深深地融入黑龙江人的血液里，成为新的历史时期黑龙江人奋勇前行的精神力量。试看北大荒精神的内涵：不畏艰险、顽强拼搏的艰苦奋斗精神；解放思想、敢闯新路的勇于开拓精神；胸怀全局、富国强民的顾全大局精神；不计得失、勇于牺牲的无私奉献精神。这种精神力量，在当年使黑龙江实现了从北大荒到北大仓的历史性转变。今天，这种精神力量正鼓舞着新一代黑龙江人在实现"中国大粮仓"的时代梦想中阔步前行。

第三节　黑龙江农业美好明天

"发展现代化大农业、打造国家可靠大粮仓"——这是党和国家对黑龙江的重托，这是黑土地上黑龙江儿女的夙愿。

"力争在全国率先基本建成产业体系健全、物质装备先进、科技支撑有力、生态环境优良的现代化大农业，真正把黑土地建成国家优质可靠的大粮仓。"——这是粮食大省高度的政治责任感，这是黑龙江人敢于担当的大气魄。

"十二五"期间，黑龙江省坚持把提高粮食综合生产能力作为主攻重点。继续强化政策扶持，充分调动农民种粮和基层抓粮积极性，深入实施千亿斤粮食产能工程，集中生产要素投入，优化生产布局与品种结构，依靠科技主攻单产和改善品质，稳步提升粮食综合生产能力，打造国家优质、安全、可靠的"大粮仓"。继续加快推进"两大平原"现代农业综合配套改革试验，坚定不移地推进现代化大农业发展，"十二五"期末，黑龙江省粮食总产达到 750 亿千克，农村居民人均纯收入突破 1.2 万元。

古老的黑龙江再次发力，激情的黑龙江昂首出发。

一、"大科技"深挖粮食增产潜力

1. 实施重大农业科技攻关，为农业发展插上科技翅膀　积极开展农业应用基础和前沿高技术领域自主创新，重点建设国家现代农业示范区、国家现代农业科技示范园区、国际农业科技创新中心、农业科技展览馆和农机装备研发中心，构筑现代化大农业发展的技术高地。应用常规技术、转基因技术、分子定向育种等生物技术，挖掘动植物高产、优质、抗逆等重要遗传潜力。大力开展农业节水、耕地保护与节约利用、农业机械化与设施农业、农产品保鲜与精深加工、气候资源开发利用等技术攻关。加快研究开发不同生态区域主要农作物栽培技术体系，研究设施连作障碍治理技术，以及区域农业生产物质要素、技术优化组合和科学配置模式。

2. 大力发展现代种业，为黑龙江农业播下"希望的种子" 整合科技资源，培育一批具有自主知识产权的突破性优良品种。重点培育第一积温带每公顷产量 12 750 千克，第二积温带每公顷产量 11 250 千克，第三积温带每公顷产量 9 750 千克，第四、第五积温带每公顷产量 8 250 千克以上的玉米新品种；第三、第四积温带优质高产稳产水稻新品种。

3. 促进农业科技成果转化，使科技变成真正的生产力 大力推进科技特派员农村创新创业行动，深入开展以院县共建、校市联建、院村共建、专家大院为主要模式的农业科技合作共建，提高科技成果转化率和农民对科技的应用能力。组织下派科技副县（市、区）长，实现农业县（市、区）全覆盖。支持农业科研院所、大专院校承担农技推广项目，积极参与农技推广服务。2015 年，黑龙江省农业科技进步贡献率达到 64%，农业科技成果转化率达到 70% 以上。

4. 全面推行现代农业生产制度，使农业生产更加规范有序 推行深松整地制度，扩大大机械深松整地作业规模，活化土层，加深耕层，改善土壤理化性状，全面提高耕地蓄水、供水、抗旱涝能力。推行农作物轮作制度，加快建立起北部麦豆产区以"玉-玉-豆""麦-豆-玉""豆-玉-薯"为主导的科学合理轮作体系。推行现代栽培制度，完善和推广五大粮食作物十大高产栽培技术模式，努力提高技术到位率，不断提高主要粮食作物单产水平。推行水稻规范化生产制度，加快水稻育秧大棚和智能化催芽车间建设。2015 年，全面积实现水稻育苗大棚化和催芽智能化，提高水稻生产水平。

二、"重基础"支撑中国大粮仓

1. 加强农田水利建设，使农业的"血脉"活起来 全面推进中小河流治理和病险水库加固，组织实施一批重点江河水源控制、农田水利、高效节水灌溉工程；加快小型农田水利重点县项目、节水灌溉示范项目和牧区水利工程建设，提高水资源利用率；着力建设旱能浇、涝能排、旱涝保收的稳产高产田。2015年，黑龙江省农田灌溉面积达到670万公顷，旱涝保收高产稳产田面积达到400万公顷。

2. 加强农机化建设，为农业生产提供充足动力 突出发展现代大型农机专业合作社，加快装备先进配套的大型农机具，优化农机装备结构。加强区域农机服务和调度中心建设，提高现代化大农机维护、保养和作业水平。加快哈尔滨、齐齐哈尔、佳木斯、大庆、七台河、农垦六大农机产业园区建设，形成企业间关联密切、配套能力较强的国家级新型农机装备产业集中区，进入农机装备制造大省行列。2015年，黑龙江省千万元以上现代农机合作社达到1 500个，农机总动力达到5 000万千瓦，田间作业综合机械化程度达到92.5%；新型农机装备制造业实现主营业务收入110亿元以上。

3. 加强土壤肥力建设，为大农业提供肥沃的土壤 深入实施"沃土工程"，加强测土配肥站建设，鼓励大型龙头企业参与测土配方施肥工程建设，2015年，黑龙江省测土配方施肥面积发展到670万公顷。积极调整化肥使用结构，开展耕地地力培肥试点，探索建立施用有机肥和秸秆还田的激励机制，鼓励农民采用先进手段多积、多造、多施有机肥。大力开展保护性耕作，扩大秸秆还田面积，提高耕地质量。鼓励农民施用生物肥、生物农药或高效、低毒、低残留农药。加强耕地质量和土壤污染状况监测，有效防止化肥、农药、农膜、废水等造成的面源污染。

4. 加强防灾减灾体系建设，将灾害降至最低点 推进新一轮植保工程建设，进一步提升农作物有害生物监测预警及防控、农药监管、植保科技支撑等能力，重点在园艺作物标准园区、大中城市蔬菜基地示范推广病虫害绿色防控技术。建立和完善动植物疫情监控网络体系，严格执行疫情报告制度和重大疫情风险分析制度，提高疫病防控和扑灭能力，有效降低种养业生产风险。探索航化作业新路子，不断扩大航化作业范围和服务领域。完善气象灾害监测预警预报和信息发布系统，加快黑河国家人工影响天气综合基地和重点地区人工增雨抗旱防雹工程建设，构建布局合理、运行稳定、保障有力的综合服务气象观测系统，完善和优化气象观测能力。

三、"大合作"创新农业经营主体

1. 发展农民专业合作社，提高农民组织化程度 加快培育一批类型齐全、机制完备、运行规范的星级示范社。以现代农机等专业合作社为依托，引导扶持合作社拓展合作领域，实行专业化、标准化、规模化、品牌化经营，提高合作层次和水平。鼓励各类农民专业合作社兴办农产品加工业；支持同类或同产业合作社开展跨区域联合，组建一大批联合社，降低生产成本，增强服务功能，提高市场谈判地位和话语权。引导新建一批农资互助合作社，优化农村金融环境，调整农村金融结构和布局网络，大幅度提高农民的合作化程度。

2. 推进农村劳动力转移，让更多农民"走出去""走得好" 重点实施好阳光工程、农民就地就近转移工程、农民创业工程和农民转移就业服务工程，优化农民就业创业环境，提升农民就业创业服务水平，加快农村劳动力转移步伐，促进土地规模经营。

3. 加快农村土地流转，让更多土地"生金" 坚持"依法、自愿、有偿"的原则，引导和鼓励农民以转包、出租、互换、转让、入股等形式流转土地承包经营权。加快农村土地承包经营权流转有形市场建设，建立健全土地流转服务体系和奖励机制。培育专业种养大户、农民专业合作社、村集体经济组织等农业规模经营主体，促进多种形式适度规模经营健康有序发展。

四、现代农业试验示范"先行先试"

1. 加快推进松嫩、三江平原现代农业综合改革试验，使这一地区成为现代化大农业的先行示范区 围绕建立起传统农业向现代农业转变的新途径和以工促农、以城带乡的长效机制，重点在创新农业生产经营形式、建立现代农业产业体系、深化土地管理制度改革、创新农村金融服务、完善粮食主产区利益补偿机制等方面开展改革试验，在松嫩平原、三江平原地区形成物质装备先进、组织方式优化、产业体系完善、服务保障有力、城乡协调发展的新格局。2015年，松嫩平原、三江平原地区土地规模经营面积达到600万公顷，参与合作经营农户占农户总数的40%。

2. 发挥农垦示范引带作用，让农垦这面旗帜高高飘扬 采取"三代"作业、土地承租、共建农机合作社、提供优良品种和科学种养技术等方式，将农垦先进农业生产技术、组织管理经验移植和扩展到农村，提升农村现代农业发展水平。探索农垦和地方小城镇基础设施共建机制，推进教育文化、医疗卫生资源共享。

3. 加快现代农业示范区建设，使之成为农业发展的战略高地 坚持因地制宜、发挥优势、突出特色的原则，大力推广"旱涝保收高产稳产田＋现代特色农业园"等发展模式，支持国家、省级示范区在农业生产管理、资金整合、规模经营、生产组织、社会化服务和金融服务等方面开展先行先试，使之成为黑龙江省现代农业生产与新型农业产业培育的样板区、农业科技成果和现代农业装备应用的展示区、农业功能拓展的先行区。

五、生态保护筑起丰收基石

1. 加大农业资源保护力度，积攒农业发展的"家底儿"，为农业发展提供可靠保证 加快外来入侵生物调查和监测预警体系建设，严格控制外来物种的引进和推广。建立完善农业野生植物的监测预警体系和物种资源鉴定评价体系。加强农业野生植物资源保护区、畜禽和水生生物自然保护区、水产种质资源保护区和水生生态修复示范区建设。重视农田生态环境系统保护与建设，采取退耕还林、还草、还湿等工程措施，提高森林、草原、湿地等生态系统功能。加快水土保持生态建设，治理水土流失，控制土地退化、沙化和碱化。

2. 开展农业生态环境治理，使优良的生态成为黑龙江农业的一张王牌 启动实施农业清洁生产示范项目，建设一批农业面源污染综合防治示范区。加快农村清洁工程建设，培育和壮大秸秆、粪污综合利用产业，"十二五"期末，农作物秸秆综合利用率超过89％，规模畜禽养殖场粪便、污水基本达到无害化处理。加强农产品产地环境保护，强化农产品产地监测预警，实现农产品产地重金属污染全面监测。

3. 积极推进农业节能减排，资源大省也要精算节能账 进一步开发利用以秸秆、稻壳等生物质资源为主的秸秆固体成型燃料；在适宜地区积极开发利用太阳能、地热能、风能等清洁能源；稳步发展农村沼气工程和服务体系，着力提高沼气使用率、"三沼"利用率以及标准化率。鼓励生产和使用节油、节电农业机械和农产品加工设备，大幅降低农业生产、加工、运输等环节的能耗。

在黑龙江省这片神奇的土地上，沐浴着时代精神的新一代黑龙江人再次启航。他们正以时不我待、舍我其谁的豪迈和气概，用勤劳、智慧和创新，奏响"中国大粮仓"的华美乐章。

第九章　科技进步与三农

开放办院、开放办园，为全省农村经济发展提供科技支撑

近年来，黑龙江省农业科学院紧紧围绕全省农村经济发展，积极组织科技人员深入农业生产第一线，融入经济建设主战场，开展送百项技术下乡和集团承包活动，建立科技成果展示田、农业科技产品大市场，组织科技成果示范现场会、科技博览会和新成果发布会，帮助有关市、县建立科技示范带（园区），组织科技服务团深入农村、田间地头，面对面为农民提供技术咨询和服务，累计为农民送去科普书刊和资料 40 余万份，培训农民及技术骨干 100 万人次。特别是 2003 年以来，按照黑龙江省委、省政府"开放办院、开放办园"的要求，省农业科学院党组进一步解放思想，更新观念，带领广大科技人员以提高科技服务能力为目标，不断强化科技创新，加强科技成果研发、推广及转化，开展合作联合，推进农业结构调整、农业增效和农民增收，取得了显著成效。

一是加强园区建设，面向生产实践和农民开放办园。把加快国家级农业科技园区建设作为提高科技支撑能力的突破口，在短时间内，把园区建成了集高新技术创新、成果展示、技术培训、科技产品交易、综合服务和旅游观光六大功能为一体的现代化园区，成为哈尔滨市最大的生物园。2003 年 7 月 28 日通过了省政府验收，领导和专家给予了充分肯定和高度评价。为开放办园，展示园区建设成果，并以园区为媒，加强与各市（县）、农业龙头企业的交流与合作，于 9 月 8 日举办了农业科技园区开园仪式等系列活动，全面对外开放。黑龙

江省委、省人大、省政府、省政协领导，省直有关部门负责人，各省（自治区、直辖市）农业科学院领导，各市（县）党政主要领导和农业委员会主任、省内高校和科研单位领导，省内农业龙头企业和农民代表共 3 600 多人，出席了开园仪式。国内外 18 家新闻媒体全程报道了开园盛况。据不完全统计，先后有 3 万多人到园区参观考察，其中有很多农民。

二是举行农业科技博览，加速科研成果转化。省农业科学院面向全省各市县乡镇、农业龙头企业、种养大户和农民开展了系列田间科技博览活动，展示青贮玉米、大豆、水稻等新品种 160 多个，展示紫花苜蓿、无芒雀麦、小黑麦等牧草品种 300 多个，展示大豆窄行密植和超微粉种衣剂等新技术、新产品 10 余项，发放各种资料 10 万余册，叫响了黑龙江省农业科学院品牌。农民纷纷到省农业科学院购种、引技术，真正达到了"做给农民看，带领农民干，给农民做示范"的目的。同时，为满足全省畜牧业大发展需要，黑龙江省农业科学院派出专家到云南、海南等地南繁，为农民提供青贮玉米和紫花苜蓿良种。

三是开展合作共建，开放办院。积极与市（县）和农业龙头企业对接，先后与 22 个市（县）、龙头企业签订了合作共建协议，并立即启动落实。黑龙江省农业科学院与富裕县签订院县共建协议后，富裕县及时为黑龙江省农业科学院注入了 50 万元科研启动资金，黑龙江省农业科学院为给富裕县奶牛业可持续发展提供强力科技支撑，组织了 20 名牧草、青贮玉米、奶牛饲养等方面的博士后和专家，利用 4 天时间，深入富裕县农村，举办养牛种草培训班，向农民传授科学饲养、奶牛疫病防治、饲草和青贮种植、利用等知识，并到养牛户家中，帮助养牛户解决奶牛生产中的困难和问题，深受基层干部和广大农牧民的欢迎。同时，农业科学院针对富裕县奶牛生产中存在的一些瓶颈问题，形成了《富裕县高效可持续奶牛体系建设项目报告》，包括 8 个体系和 14 个子项目，已通过专家论证，正全力组织实施，2005 年，项目可完全在富裕县转化，使富裕县奶牛产业步入持续高效发展轨道。随后，各市（县）纷纷主动与省农科院对接，寻求合作和技术支撑。吉林、浙江、山东、辽宁等十几个省也来黑龙江省农业科学院探讨合作事宜。

黑龙江省委在研究省农业科学院建设发展问题现场办公会确定农业科学院帮扶十弱县后，省农业科学院主动与十弱县沟通情况，研究合作共建事宜，并制定了《黑龙江省农业科学院与十弱县合作共建实施方案》。在省政府召开的十弱县经济发展座谈会上，省农业科学院分别与10个弱县签订了合作共建协议，并召开了全院帮扶十弱县动员大会，部署任务，落实措施，明确责任，实行目标责任制，对帮扶好的表彰奖励，对没有完成任务的通报批评，在全院营造了主动帮扶、全力帮扶的良好氛围。目前，工作进展非常顺利，已由院领导带领300余名专家深入十弱县完成对接和调研工作，并针对各县具体情况制订了帮扶方案，针对农民所需确立了帮扶项目，为完成3年帮扶任务打下了坚实基础。各县对科技帮扶工作非常重视，纷纷要求专家常驻县里，及时为他们提供科技服务。同时，农业科学院以科技大集的形式送科技下乡。目前，已在双城等10个县举办了农业科技大集，通过现场咨询、发放资料、举办培训班、深入农户指导等形式，为农民送去新品种和新技术，受益群众达20余万人。

四是实施农业科技创新工程，提高科技服务水平。经多方论证，深入研讨，制订了黑龙江省农业科学院科技创新工程实施方案，并通过黑龙江省科技经济顾问委员会的可行性论证。同时，为推进农业科技创新工程实施，大力实施人才战略，已成功吸引31名博士后加盟黑龙江省农业科学院博士后工作站。预期通过实施科技创新这一系统工程，将全面提升全院科研体制、机制和农业科技创新水平，大幅度提高农业科技在农业生产中的贡献率，有力地促进全省农业结构调整和农民增收，加快农业现代化步伐，促进农村小康社会建设。

按照工作会议的部署，立足全省农业经济需求，以帮扶十弱县为重点，组织千名科技人员送科技下乡和开展科技帮扶工作，为全省有效解决三农问题提供全方位的科技支撑。

一是搞好与十弱县的合作共建。黑龙江省农业科学院与十弱县的合作共建是黑龙江省委书记宋法棠同志8月5日到黑龙江省农业科学院现场办公时首次提出来的，在前不久闭幕的全省县域经济工作会议上宋书记又作出了详细部署，这是黑龙江省委、省政府交给农业科学院光荣而艰巨的政治任务，我们要举全院之力，为十弱县提供全方位的科技支撑。围绕十弱县农业结构战略性调整、农业产业化发展、增加农民收入献计献策，搞好科技扶持规划，帮助十弱县有效解决三农问题，加快致富奔小康步伐。为十弱县提供科技和市场信息服务。通过定期举办新成果发布会、项目推介会和农业科技博览，发放《科技帮扶十弱县技术丛书》和提供农产品信息，设立农业科技专家热线、农业科技信息网站和农业专家网上答疑信箱等形式，建成面向十弱县的双向信息传播渠道，为十弱县农业结构调整和农民增收提供科技和市场信息服务。努力搞好人才培养和技术培训。成立黑龙江省农业科学院科技培训中心，为十弱县各级领导和广大农民提供技术培训服务，指导和培训种养大户、农民技术骨干；为农业技术推广部门培养技术人才和农民教育师资力量，进一步提高他们的业务素质和专业技术水平，促进农科教结合，加速农业科技推广。采取走下去、请上来等办法，每年为十弱县分别培训县、乡主管农业领导、农业技术人员、种养大户、农民技术骨干、科技致富带头人和农村经纪人等1 000人次。同时，组织博士后巡回科技服务团，深入十弱县，为基层干部和广大农民提供培训和咨询服务。办好农业科技示范园区，由各研究所提供技术支撑，在每个弱县分别建立1个科技示范园区，引进示范熟化新技术、新品种，方便农民学习参观。在黑龙江省各主要生态区建立10个农业科技"专家大院"，集技术咨询、信息服务、示范推广多功能为一体，为农民提供全方位服务，把新技术和良种送到千家万户、送到田间地头。以技术转让、技术入股等形式，在十弱县建立农业科技示范基地，促进农业科技产业化进程，加速科研成果转化和农民增收步伐，实现双赢目标。同时，要搞好与十强县和非强非弱县的合作共建，为他们提供科技支撑。

二是全面启动科技创新工程。重点抓好主要粮食作物、蔬菜和经济作物、畜牧业、生态与旱作农业、生物技术等12个创新体系建设，进一步提高全院的科技创新能力和科技服务水平，为黑龙江省农村发展、农业增效和农民增收提供源源不断的新技术和新成果，把农业科学院建成具有可持续发展能力的农牧业科技创新中心。

三是加快农业产业化进程。积极组建龙科种业集团、农化产品集团、草业集团和胚胎公司，构筑竞争新优势，服务农业主战场，促进科技成果转化。加快国家级农业科技园区建设步伐，进一步提档升级。在园区内续建1栋万米智能温室及农化产品孵化园、百草园、百药园、百菜园、百花园、植物脱毒苗木园、胚胎移植基地及相关基础设施，引进示范国内外花卉、水果、蔬菜等名、优、特、新品种，把农业科学院建成黑龙江省最具优势的农牧业科技成果开发转化基地。

按照黑龙江省委、省政府的要求，充分发挥黑龙江省农业科学院科研推广优势，在前段工作的基础上，本着基层盼望什么，我们就做什么；农民需要什么，我们就提供什么服务的原则，坚持常下乡，真下乡，真心实意为农民提供科技培训和技术服务，把组装、配套、集成的农业新成果、新技术、新方法，送到基层，送到农民手中，提高农民素质，增加农业生产的科技含量，为全省有效解决三农问题做新贡献，向省委、省政府和全省人民交一份满意的答卷。

（本文是 2003 年 12 月 15 日韩贵清在全省农业科技下乡工作会议上的经验交流）

论文写在大地上　成果留在农民家

——黑龙江省农业科学院科技引领现代农业发展的创新与实践

　　发展现代农业需要科学技术的有效支撑，科技支撑现代农业包括科技创新、成果转化和提高农民科技素质等诸多领域，这是一项十分复杂的系统工程。我国各地农业生产条件差距较大，农业人口多，农业生产形势又在不断发生变化。科技如何支撑现代农业，实现又好又快发展，是我国目前正在探讨的重大问题。

　　"论文写在大地上，成果留在农民家"由黑龙江省农业科学院首次提出，已经成为全国新时期科技引领现代农业发展的广泛共识，被写入第三届国际农业科学院院长高层研讨会《哈尔滨宣言》。"论文写在大地上"是提倡科研人员和科研单位要坚持科技创新与生产实践相结合，围绕生产和农民急需开展创新研究，创造具有实用价值的科研成果，多写具有理论创新水平和应用价值且能够转化为生产力的论文；"成果留在农民家"是要重视科研成果的转化应用，要使新成果、新技术和新理念真正被农民所接受，并及时转化应用于农业生产。"论文写在大地上，成果留在农民家"是从科研到生产、再从生产反馈到科研的互动共赢的科技创新与成果转化一体化系统工程。科研人员根据农业生产需要搞研发创新，又从生产实践中获取新的科研灵感，进一步修订选题，提高实用效果，更有效地将科技成果转化为现实生产力，实现农业科研与农业生产相互促进，共同发展。

　　黑龙江省农业科学院坚持"论文写在大地上，成果留在农民家"的创新理念，以农业科技创新工程、院县农业科技合作共建和科技创新与成果转化团队建设为支撑要素，经过几年的实践，走出了具有中国特色的农业科技创新和成果转化应用一体化的新路子，为黑龙江现代农业发展提供了强有力的科技支撑，为推动黑龙江粮食生产实现质的跨越作出了重要贡献。

一、首推农业科技创新工程，提高科技自主创新能力

党的十七届三中全会指出："农业发展的根本出路在科技进步。"黑龙江省农业科学院始终坚持把科技创新作为立院之本，结合黑龙江省农业生产的实际需求，紧紧抓住全省农业发展的基础性、关键性、前瞻性课题，率先在全国启动实施了农业科技创新工程，建立了大豆、玉米、水稻、畜牧等 12 个现代农业科技创新体系，建设了 11 万米^2 的国际农业科技创新中心大厦、1 万米^2 检验检测大楼、寒地植物基因银行、专家公寓和两座 1 万米^2 智能化温室等科研基础设施。近年来，新增各类仪器设备 1 100 多台件，仪器设备全部更新换代。在此基础上，争取到 40 个国家级和省部级中心（分中心）、重点实验室、11 个国家现代农业产业技术体系科学家岗位和 24 个综合试验站，全院的自主创新能力得到了显著提高。仅 2003 年以来，就获得国家和省部级科技成果奖 131 项，其中国家科技进步奖一、二等奖 5 项，省政府科技进步奖一、二等奖 42 项，省长特别奖 2 项；育成推广大豆、玉米、水稻、小麦、马铃薯等农作物新品种 260 个，应用面积占全省农作物种植面积的 70% 以上，引领推动了黑龙江省农作物品种的更新换代，为黑龙江省粮食产能由 150 亿千克登上 400 亿千克台阶作出重要贡献。

1. 农作物新品种的育成与推广对全省粮食增产和农民增收起到了核心作用　自黑龙江省农业科学院成立以来共育成推广农作物新品种 1 083 个，其中 80% 以上是近 30 年育成的，推动全省农作物新品种更新换代步伐加快，更新换代时间由初期的 5～7 年一次，缩短到 3～5 年一次。每次更新换代都使作物产量有 8%～10% 的大幅增长。

2. 农作物耕作栽培技术创新和应用对全省粮食增产和农民增收起到了关键作用　如水稻由直播到水育秧栽培、到旱育稀植、到大棚钵育摆栽，加之除草和施肥技术的改善，促进了全省水稻面积大幅度增加和单产、总产水平大幅度提高。另外，大豆的"垄三"栽培技术、窄行密植技术，玉米的覆膜栽培技术、通透栽培技术、高密度栽培技术，小麦的全程机械化栽培技术，马铃薯脱毒技术等，都使生产水平发生质的飞跃。每次耕作栽培技术的突破和广泛应用都使作物产量有 8%～15% 的提高。

3. 植物保护技术进步对全省粮食增产和农民增收起到了重要保障作用　植物保护技术的巨大进步，尤其是化学除草技术的发展，使全省原来每年占耕地面积 20％以上的草荒得到彻底解决，同时显著提高了劳动生产效率。过去 1 个主要劳动力只能管理 0.07～0.15 公顷水田，现在可以管理 20 公顷；造成谷类作物减产 10％～30％的黑穗（粉）病，通过研发种子包衣技术得到很好解决；稻瘟病和马铃薯晚疫病的预防技术都使作物产量有了稳定提高。

4. 施肥技术进步对全省粮食增产和农民增收起到了基础性作用　土壤改良，尤其是深松整地、测土配方施肥、平衡施肥等关键技术的综合应用，保证了粮食稳产、高产、优质和可持续发展。全省普遍开展的测土配方施肥技术，保证作物产量有 5％左右的提高，节约肥料10％以上，减少了环境污染。

因此，有效解决三农问题，实现农业与农村经济社会又好又快发展、粮食持续增产、农民持续增收，希望在科技，潜力在科技，出路在科技，最终也要靠科技创新与成果转化应用来解决问题。

二、首创院县农业科技合作共建模式，加速科技成果转化

为了加快农业科技成果的转化，使黑龙江省农业科学院的最新成果能够有效地应用于生产实践。从 2003 年开始全院充分整合自身科技资源，带着技术成果全面挺进农业、农村经济主战场，率先提出与全省经济十弱县开展科技帮扶和院县共建，建立了科技引领现代农业发展和新农村建设的新机制。2005 年 5 月，黑龙江省委常委会会议决定总结推广黑龙江省农业科学院科技帮扶十弱县的经验，组织全省农业科研院校和推广部门与 25 个县（市）开展院县共建活动。2006年 5 月起覆盖全部 67 个县（市、区），其中黑龙江省农业科学院承担34 个县（市、区）。农业科技合作共建构建起了科研成果直接、快速转化的新模式，是新形势下农业依靠科技进步，创造性搞好专家与农民、科研与农业紧密结合，实现农业发展方式转变的成功做法，是一项既符合当前实际需要，又具有长远历史意义的创新实践，走出了一条科技支撑现代农业发展的创新之路。这条道路的核心是引导鼓励科技人员进入经济建设主战场，科研与生产实践相结合，科研牢牢扎根于生产需求，扎根于农民群众，科技成果转化无缝对接，科技服务零

距离指导。这就是农业科技合作共建具有旺盛生命力、受到广泛好评和欢迎的根本原因。黑龙江省农业科学院的这一做法得到了贺国强、罗干、王兆国、回良玉等党和国家领导人的充分肯定。回良玉副总理批示要求农业部对黑龙江省农业科学院的做法予以总结。黑龙江的院县农业科技合作共建"四位一体"模式被农业部作为十大农业科技推广新模式向全国推广。具体做法如下。

1. 从创新体制机制入手，与市县签约共建，实现双方合作共赢

（1）创建农业科技示范园区。由科研单位出技术、出成果、出管理，县里出土地，采取公益性、市场化等多种方式建立不同层次科技示范园区（田），每个园区都涵盖品种、肥药、耕作方式和栽培技术对比与展示等功能，以田间博览会、新成果发布会、标准化技术现场会等形式，集中展示全省乃至全国最新农业科技成果。实施农业科技合作共建以来，已在县级建成了156个标准化核心农业科技示范区、在乡镇建设了820个农业科技示范园、在村屯建设了5 287个示范田，辐射面积达650万公顷，每年有组织或自发到园区参观学习的农民达150多万人次。

（2）兴办农业科技专家大院。专家大院一般都设在县农技推广中心，每个专家大院配备了必要的物质设施，有独立的专家值班室、咨询培训场所；有电脑、多媒体等现代演示系统，开通了农技"110"热线电话；有专家常年驻院服务，全省每年组织1 500多名省专家和县里的农技人员混合编队，轮流值班，全天候直接服务农民。目前，农业科技专家大院已在全省实现了全覆盖，累计入驻科研人员20多万人次，有160万人次的农民到专家大院咨询。

（3）谋划农业科技致富项目。为推动县域经济发展，黑龙江省集中组织各学科专家深入各县，与县里共同研究推进作物原良种基地、标准化饲养及品种改良、农副产品深加工等十大类高新技术和农业信息化工程建设，以科技牵动结构调整，帮助各县做大做强主导产业。2003年以来，共谋划实施科技致富项目363个，项目累计实施面积170万公顷，项目区年户均增收2 578元。

（4）实施科技培训工程。通过实施农技推广人员和农民普训工程、农村科技带头人和新型农民培训工程、乡村干部培训工程，对基层农技推广人员、农民、农业科技示范户、乡村干部进行有针对性的科技培训。为了便于农技推广人员和农民学习掌握科技知识，组织专家编写农业新技术系列图解丛书、口袋丛书、明白纸等通俗易懂的科普音像资料，免费发放。全省共举办各类科技培训班2万多场次，培训农技人员和农民500多万人次，发放技术资料1 500多万份，举办电视讲座4 574场次。

2. 发挥科技在现代农业发展中的引领作用，取得了显著成效

（1）畅通了科技人员进入经济主战场的渠道。农业科技合作共建，真正拉近了科研单位与基层的距离，打破了以往科技人员只在校园和实验室里研究的模式，科技工作者，走下讲台就奔向田间畜舍，走出实验室就奔向试验田，全身心服务农业生产。同时，科研人员也通过实践，在农业生产中不断发现新问题，为进一步创新提供了新的灵感。

（2）实现了农业大幅度增产。由于科技的注入，使黑龙江省农业科技贡献率由2003年的46％提高到2009年的59.5％；粮食综合生产能力由2003年的250亿千克提高到2009年的435.3亿千克，为保障国家粮食安全作出了重要贡献。

（3）提高了农民素质，增加了农民的收入。农业科技合作共建把大量的科技人员推向农业生产第一线，与农民进行面对面的交流，使农民的科技意识显著增强，涌现出大批有文化、懂技术、会经营的新型农民。同时，农民收入水平也随之持续增长。全省农民人均纯收入由2003年的2 525元提高到2009年的5 206.8元。

（4）转变了农业发展方式。由于实施农业科技合作共建，黑龙江省农业标准化生产的科技集成模式基本形成，农业标准化程度由2003年的35％提高到2009年的80％，农业生产基本走上了依靠科技的发展轨道。

三、打造高层次人才团队，为科技创新和成果转化提供人才保障

1. 培养现有骨干人才　黑龙江省农业科学院通过积极开展国际交流与合作，与美国、俄罗斯、加拿大、日本、韩国、以色列等20多个国家的科研院所和大学以及联合国粮农组织、国际农业研究磋商组织、国际农业教育科学院、国际马铃薯中心等国际组织建立广泛长

远的技术合作关系，先后承办了 2005 中国黑龙江国际农业生物技术峰会和第三届国际农业科学院院长高层研讨会，拓宽了科研人员视野，全面提升了素质和能力。同时，建立农业科学青年课题基金，成立中国农业科学院研究生院黑龙江分院和中国农民大学黑龙江学院，与东北农业大学、哈尔滨师范大学等院校联办博士和硕士点，资助科研人员进修学习，发放博士学位培养补贴和岗位津贴，先后有 13 人成长为省级重点学科带头人，35 人成为国家现代农业产业技术体系岗位科学家和综合试验站站长，47 人获得博士学位，打造了全院科技创新核心团队。

2. 引进国内外高端人才　借助国家实施"千人计划"的契机，广泛吸引人才。先后出台了《关于引进高层次人才待遇的暂行规定》等 11 项系列人才工作制度，每年投入 600 万元设立人才引进专项资金，建设了 1 万米^2 专家公寓，优惠吸引高端人才政策。先后从国外引进人才 1 022 人次（其中，俄罗斯院士 38 人次），派出访问交流学者近 500 人次；从上海交通大学、浙江大学等高校引进博士、博士后 5 名，变"雁南飞"为"雁北归"；为大庆分院成建制引进果蔬科技创新团队，短短 2 年就审定推广甜瓜、西瓜新品种 7 个；本着"不求所有，但求所用"的用人理念，在全国农科院系统率先启动博士后科研工作站，并设立 20 个分站，从全国吸引 187 名博士后加盟，促进了全院学科交流和创新能力的提升。2005 年 10 月获得"全国优秀博士后工作站"荣誉称号。聘请"美国青年专家总统奖"获得者潘忠礼等国际知名专家为研究员，共同打造国际食品加工与营养研究院。

3. 激励人才干事创业　为不拘一格选人才，先后在黑龙江省农业科学院公开选拔 58 名处级干部和 327 名各级课题主持人。特别是在黑龙江省委组织部的大力支持下，为拓宽干部成长渠道，推动院县共建工作，按照"竞争上岗、双向选择"的原则，公选了三批共 29 名科技副县长，在院县农业科技共建中较好地发挥了科技服务团团长作用。目前，前两批 21 名科技副县长已回到院里工作，全部安排了实职岗位。积极鼓励干事创业，确定了按劳动、资本、技术和管理等生产要素的贡献程度参与收入分配的原则，对引进的高层次人才提供 5 万～30 万元的安家费、60～150 米^2 的专家公寓和 1.2 万～12 万元的岗位津贴，并优先安排配偶工作；在分房、奖金上向高层次人才倾斜，并实行科研人员职称直接聘任，先后有 230 名科研人员被直接聘为高级职称。实行写在大地上的论文与写在纸上论文同等待遇，先后有 24 名在农业科技合作共建中表现突出的科研人员被破格晋升为研究员和推广研究员，推动全院每年近 600 名科研人员常年深入农业生产第一线，从而确立了黑龙江省农业科技合作共建的人才保障优势和长效机制，解决了"下不去、蹲不住"的问题。

四、结语

我国现代农业科技支撑体系建设，正在积极探索和不断完善建设过程中。国家和地方、种植和养殖业以及不同地区之间，需要相适应的农业技术推广模式。其中加快科技成果转化和提高科技成果的实用性，是构建现代农业科技推广体系的最重要组成部分。多年的应用推广实践证明，"论文写在大地上，成果留在农民家"的科技创新和成果转化理念，是农业科研与生产密切结合、加快提高农民科技素质和促进现代农业生产发展的有效途径。这对构建我国现代农业科技创新和成果转化新体系有重要理论指导意义和应用价值。

（作者：韩贵清，发表于 2020 年 10 月）

科技引领现代农业发展
推进新农村建设的理论和实践

2007 年中央 1 号文件描绘了发展现代农业、加快社会主义新农村建设的宏伟蓝图，党的十七大进一步提出了加快科技进步、建设中国特色农业现代化的战略任务。这是站在一个新的历史起点上，统筹城乡发展、建设和谐社会的新举措、新展望、新要求。发展现代农业，推进新农村建设，科技进步是决定性力量和根本途径，必须充分发挥科技引领作用，增强自主创新能力，加快科技成果的转化应用，提高科技对农业增长的贡献率。这次参加中组部、商务部和联合国开发计划署联合举办的赴澳大利亚"小康社会领导者培训项目"第二期现代农业发展与农村建设专题研究班，通过在悉尼大学和澳大利亚国立大学的学习，到澳大利亚国会、农林渔业部、贸易委员会、联邦科学院等的实地考察和与澳大利亚专家、学者、官员、农场主、农民接触调研，使我开阔了视野，增长了见识，学到了经验，深刻理解了现代农业和新农村建设的内涵，增强了进一步做好工作的责任感和紧迫感。现谨就科技引领现代农业发展、推进新农村建设的理论和实践与大家商榷。

一、发展现代农业、推进新农村建设必须发挥农业科技引领作用

现代农业是相对于传统农业而言，是工业化发展到一定阶段的必然产物，是以资本、物质和技术等先进要素为基础，对传统农业进行改造，以工业化的生产手段装备农业，以先进的科学技术提升农业，以社会化的服务体系支持农业，以科学的经营理念管理农业，最终实现农业发展方式转变。历史经验证明，发展现代农业，必须在农业发展领域引入先进的物质技术要素和现代人力资本，对现有的生产方式和组织方式进行变革，从根本上实现农业的科学化、集约化、市场化和产业化，实现农业的高产、优质、高效和可持续发展。

1. 从澳大利亚农业发展经验看，农业发展的历史实质上是农业科技进步与创新的历史　从 20 世纪 30 年代开始，发达国家对传统农业进行了全面改造，完成了从传统农业向现代农业的转变，澳大利亚是资源丰富型现代农业的代表。澳大利亚与我国现代农业尽管形式不同，所走的道路不同，但所采取的方式、依赖因素都是高度发达的农业科技。尤其是近年来，随着经济全球化进程的加快，农业国际竞争日趋激烈，科技竞争已成为国际竞争的核心和焦点。

近年来，农业在澳大利亚国内生产总值中的比重虽然大幅度下降，但农业本身仍然发展很快，农业的产量、产值、效益在不断提高，农产品的出口也在持续增长。农业科技进步在这里起到了重要的推动作用。特别是农业科技成果转化率都在 80％以上，无论是生产、加工、销售和农民培训处处都体现高科技含量。澳大利亚以加强农业科研和推广体系建设为突破口，全面推进科技进步。澳大利亚基本上每个州和大学都设有科研和推广示范机构，形成了以政府、大学、协会、企业共同投资的农业推广体系。在农业科技推广上实行项目制，每一项科技的推广，都有明确项目主体、项目资金。项目实行招标制，农业企业、政府部门、行业协会都可以平等竞标。基础研究项目资金一般由联邦政府、州政府拨专款进行资助。国家农业基础科研资金和项目由联邦农林渔业部主管的谷物研究和发展公司（GRDS）负责，政府从农民出售农产品的收入中提取一定的科研基金，如小麦按收购价的 1.5％提取，联邦政府再按 1∶1 配套拨付给 GRDS，然后由 GRDS 以项目经费的形式支持农业科研。每年 GRDS 这项资金约1.5 亿澳元。同时，各科研机构还从其他社会基金获得研究经费。这些措施使农业科研工作得以广泛而深入地开展，科技成果能够普遍得到转化应用。同时，澳政府十分重视以能力为基础的农业职业教育和农民培训，联邦政府及各州均设有就业、教育和培训部。农业职业教育和农民培训主要由政府出资。农业教育和培训由多种形式、多层次的学校和机构承担，有大学、农学院、技术学院、中等学校中的职业技术教育，还有学徒制和培训生制、农场培训等。他们还把农业教育和培训的评价指标纳入"全国能力标准"，以保证从事农业生产经营的劳动者都能达到行业的知识技能要求。澳大利亚目前农村和农产品加工行业中大专以上学历的人员占 13.9％，中等学历的占 73.2％。

澳大利亚的经验证明，发展现代农业，建设新农村，必须依靠科技进步，提高劳动者素质，走农科教相结合的道路，提高农业科技创新能力，加速农业科技成果转化。

2. 从我国农业发展过程看，依靠科技进步已成为提高农业综合生产能力和可持续发展能力的重要法宝 重视农业科技是我们党一贯战略思想。邓小平同志提出："农业的发展，一靠政策，二靠科技，三靠投入，但最终还是要靠科技"；胡锦涛同志明确指出："加快建设现代农业，提高农产品国际竞争力，必须把加快农业科技进步列入建设创新型国家规划，作为一项关键措施来落实，大力提高我国农业科技整体实力"。党中央、国务院历来高度重视农业科技事业发展，始终坚持把农业科技进步作为三农工作的重要任务，特别是近些年来出台了一系列促进农业科技发展的政策措施，推动我国农业科技工作不断取得新的成绩，为农业生产力的发展作出了巨大贡献。最为突出的是，水稻矮化品种的培育成功，使单产提高了50%，带来了水稻生产的第一次飞跃；杂交水稻优势利用技术的重大突破，使单产又提高20%以上，带来了世界水稻生产的新跨越；超级稻育种技术的新突破，实现了亩产800千克的跨越，正在引领水稻生产的"第三次革命"。此外，杂交玉米、矮败小麦、转基因抗虫棉等一大批突破性科技成果的成功研发和推广应用，使主要农作物良种覆盖率达到95%以上，有效地提高了大宗农作物的生产能力。到"十五"末，我国农业科技进步贡献率已经达到48%左右，农业机械化程度达到38%，一些重大技术领域已在国际上形成了竞争优势。事实证明，每一次农业科技的重大突破，都带来了农业发展新的飞跃。加强农业科技工作，依靠科技创新，是提高农业综合生产能力和可持续发展能力的根本出路。

3. 从现代农业发展战略需求看，必须坚定不移地加强农业科技工作，走依靠科技推进现代农业发展之路 广泛采用先进科学技术是现代农业的核心标志。当前，我国正处在由传统农业向现代农业转变的关键时期，与发达国家相比，农业科技总体水平仍有较大差距，农业和农村经济的科技水平还比较低，农业科技仍然不适应现代农业发展的需要。加快自主创新，推进科技进步，实现跨越发展，这是农业和农村经济发展的内在需要，是农村社会和谐发展的现实要求，是世界农业发展的一般规律。为此，发展中国特色的现代农业，必须依靠科技进步和创新，提升产业技术，缓解资源约束，开拓产业领域，不断提高农业资源的产出率、劳动生产率和农产品商品率，支撑和引领高产、优质、高效、生态、安全的现代农业发展；必须依靠科技推进农业结构调整，发展种植、畜牧、水产、园艺以及特色资源产业，振兴农产品加工业，延长农业产业链，拓宽农业发展领域，夯实农民增收的基础；必须加快农业生物技术、信息技术和资源环境等前沿领域的原始创新，用农业科技革命的成果推进农业增长方式转变，拓展农业发展领域，提升农业发展水平，增强农业竞争优势，大幅度提高农业科技进步贡献率，推动农业农村走上又好又快的科学发展轨道。

二、黑龙江省科技引领现代农业发展、推进新农村建设的创新与实践

在加快现代农业发展、推进新农村建设中，如何发挥科技的引领作用？黑龙江省进行了积极探索，大胆实践，走出了一条依靠科技进步有效破解三农问题的新路子。概括起来就是"把论文写在大地上，成果留在农民家"。具体做法是：

一是建立农业科技示范园区。为充分展示推广农业科技成果，使农民看得见、摸得着、学得会、用得上，黑龙江省在各县市建设了155处标准化核心农业科技示范园区，在乡村建设了1 085处科技示范园，免费向农民开放，把指导农民科学种田的"绿色课堂"办到了农民家门口。由科研单位、大专院校出专家、出方案、出资金、出技术、出成果，县乡村提供土地，共同建设园区，每个园区都有新品种新技术试验区、对比试验区和推广示范区，发挥了展示、辐射、带动功能。核心园区小的100亩，大的达1 000多亩，展示一大批适合当地生产条件的新品种、新技术。全省每年到园区参观的农民达350多万人次，起到了"做给农民看、引导农民干、给农民做示范"的作用，也使各县种植品种"多乱杂"的问题得到有效解决。玉米、水稻、大豆等主要作物的种植品种由二三十个调整到四五个，农业生产的标准化、规模化水平和经济效益明显提高。

二是组建农业科技专家大院。针对农民与农业专家接触少，专家下不去、蹲不住，农业生产中大量技术难题得不到及时解决等问题，

在各县市建立了35处农业科技专家大院，承担起技术咨询、现场演示、科技培训等职能，实现了农业专家与农民经常性面对面接触。专家大院达到了"四有"：有100米^{2}以上的专家值班、培训和生活场所；有咨询、培训的设施设备。配备了电脑、多媒体系统、图书、挂图、标本、农技光盘，设立了农技"110"热线电话；有专家常年驻院服务。牵头单位的专家与县里的农技推广人员混合编队，每处大院有专家30名以上，并将专家姓名、专业、电话上墙公布，通过媒体向全县公开，轮流值班，换人不空岗，进行"坐班"咨询和巡回指导，全天候直接服务农民；有咨询登记册、处理意见簿、跟踪反馈登记册，保证农民咨询的问题宗宗有记载，件件有着落。专家大院建立以来，入驻科研人员达5万多人次，解答电话咨询18万多次，有近50万人次的农民到专家大院观看多媒体演示、查阅资料和咨询技术。

三是开展农业科技致富项目。为了解决农民致富难、县域经济发展慢的问题，在各地普遍开展了农业科技致富项目。首先是组织科技人员深入各县，在全面调查、深入研究的基础上，共建双方针对各地不同的经济基础、资源条件和发展潜力，提出良种基地、出口基地、农业产业化专用农产品基地、超高产攻关、高新技术改造传统农业等各类科技致富项目建议。其次是用规范竞争的办法选定和对接项目。对所有项目采取公开招标，实行主持人负责制，由共建单位和主持人签订项目实施合同，搞好项目推进和落实。2003年以来，黑龙江省农业科学院仅在十弱县就实施科技致富项目98个，投入资金600多万元，参与项目运作的科研人员500多人，项目累计实施面积683万亩，项目区年户均增收1 206元，带动了县域经济的发展。

四是实施农民素质提高工程。针对广大农民科技文化素质较低，对先进农业科技成果吸纳能力较差的问题，重点实施了四项工程。农民普训工程。以农业科技示范园区、农业科技专家大院和科技致富项目为载体，开展对农民的普及性培训和有针对性的培训指导，并利用"三个一"（一本书、一张光盘、一幅挂图）工程对农民实施科普教育，借助广播电视、网络等现代化手段对农民进行远程教育。农村科技带头人和新型农民培训工程。以专家培养种养殖大户和农业科技示范户为重点，采取共性技术和个性化需求相结合、集中办班和入户指导相结合、课堂培训与田间示范指导相结合的方式，举办青年农民农业技术培训班，培训科技带头人和新型农民。村村大学生工程。依托省内农业大学、高职院校等教育资源，计划用 5 年时间，每年为乡村培养大学生 3 000 人。第一批毕业生已经返乡参加新农村建设。乡村干部培训工程。全省每年都集中时间、集中主题、集中人员，对乡镇党委书记、乡镇长、村党支部书记和村委会主任进行大规模培训。同时对基层农技推广干部进行最新科研成果、最新技术和最新品种培训，不断更新知识，提高指导水平。

五是推进机制创新。组织协调机制。黑龙江省委、省政府高度重视农业科技合作共建工作，把在全省开展农业科技合作共建列入重要议事日程。省委、省政府主要领导和主管领导亲自抓落实，多次研究部署和检查指导农业科技合作共建工作。各地、各部门各司其职，各负其责，各尽其力，形成了共同推进农业科技合作共建的强大力量。成立黑龙江省农业科技合作共建领导小组和办公室，办公室设在省农业委员会，对全省农业科技合作共建进行工作协调和指导。2003 年以来，全省通过"竞争上岗、双向选择"的办法共选派了 66 名科技副县长。他们是各单位派驻各县的"科技服务团团长"，带着科技项目、资金、专利、良种、科研成果以及组装配套集成技术（简称"六带"）下去，负责农业科技合作共建的联络协调和组织实施。资源整合机制。农业科研部门、农技推广部门、农业大专院校、农业职业院校的科研设备设施、科研成果、科技园区一律互相开放，实行科技资源共享、优势互补，大大提高了合作共建的整体科技支撑能力。各县市提供试验基地，解决了多年来由于场地不足、设施不足，造成科研效率不高、成果转化缓慢的问题。将参与共建的科研、教学单位及省、县农业科技推广队伍进行整合，人才统一编队使用，共同开展农业科研和科技推广工作，使当地的农业科技推广队伍有项目、有活干、能服务、服好务，基本扭转了"线断、网破、人散"的局面，恢复和发展了服务功能，激活了农村科技、人才资源，加快了科技成果转化为现实生产力的进程。投入保障机制。增加农业科技事业费。黑龙江省委、省政府进一步明确了农业科研单位的公益性质，将黑龙江省农业科学院由差额拨款单位变成全额拨款单位，使其从过去为弥补财政拨款不足忙于创收的困境中解脱出来，保证了科技人员全身心地开展科技创新和技术推广工作。建立农业科技创新专项资金。黑龙江

省于 2003 年决定由省财政投入 2.88 亿元，支持黑龙江省农业科学院
开展农业科技创新工程。建立农业科技合作共建专项资金。黑龙江省
财政每年安排 3 500 万元专项资金，用于推进农业科技合作共建，各
县市每年也分别拿出 30 万～80 万元资金支持合作共建工作。在各级
财政的大力支持下，改善了基层科技工作的物质条件和服务手段，确
保了合作共建的顺利开展。激励约束机制。建立领导负责制。参与合
作共建的省直单位，建立健全了主要领导挂帅、主管领导包县、一个
单位牵头、多个单位参与的科技合作共建体制。并对合作共建实行目
标管理，明确完成的目标、时限、标准和责任人，实施定期考核，奖
优罚劣。共建双方协调机制。在合作双方之间建立了相互衔接、相互
沟通、相互支持、资源共用、利益共享的工作机制，使合作共建中遇
到的问题都能基本得到及时解决。建立科研与推广并重的人才激励机
制。为了吸引和留住农业科技人才，解决"雁南飞"的问题，黑龙江
省出台了一系列政策措施，吸引全国各地的博士后加盟该省各博士后
科研工作站，仅黑龙江省农业科学院在站博士后就达 103 名。为了克
服过去重科研轻推广的倾向，实行技术推广人员与科研人员在晋升职
称、评选先进、分房等方面同等待遇，推动大批农业科研人员积极投
身农业科技合作共建活动，长期坚持在农业生产第一线，从而确立了
全省农业科技合作共建的人才保障优势和长效机制。黑龙江省农业科
学院 3 年来就有 12 名在农业科技合作共建中表现突出的科研人员被
破格晋升为研究员和推广研究员，调动了广大科技人员深入基层扎扎
实实服务三农的积极性，解决了"下不去、蹲不住"的问题，真正做
到了"把论文写在大地上、将成果留在农民家"。

黑龙江省通过实施农业科技合作共建，确实为新农村建设注入了
巨大的活力，充分发挥了引领作用。全省农业科技贡献率由 2003 年
的 46％提高到 2007 年的 52％，粮食综合生产能力由 500 亿斤提高到
795 亿斤；促进了农民持续增收，全省农民人均纯收入由 2003 年的
2 525 元提高到 2007 年的 3 907 元；转变了农业增长方式，全省农业
标准化生产的科技集成模式基本形成，农业标准化程度由 2003 年的
35％提高 2007 年的 85％，农业生产初步走上了依靠科技发展的轨
道；规范了市场经济秩序，有效遏制了假种子坑农害农的现象，保护
了农民利益，使全省农作物良种化率由 2003 年的 90％提高到 2007 年

的 98％；提高了农民科技素质，涌现出大批有文化、懂技术、会经营的新型农民；改善了生产生活环境，带动了农村文化建设。

三、进一步推进科技引领现代农业发展、新农村建设的几点建议

党的十七大明确提出："统筹城乡发展，推进新农村建设，促进农业科技进步，走中国特色农业现代化道路"。从我国的实际情况看，全国农户数量 2.4 亿户，户均耕地规模 3.5 亩，仅相当于日本、韩国的 1/3，欧盟的 1/40，美国的 1/400。农业生产规模小而高度分散，加之农业基础条件较差，农民文化素质较低，接受科技服务能力不强，决定了我国农业科技工作必须走符合我国国情的具有中国特色的发展道路，比任何国家都要注重农业科技成果转化应用。因此建议：

一要构建新型农业科技成果转化推广体系。我国的农业科技成果转化率仅有 20％～30％，而发达国家的高达 70％～80％。我国每年审定大量科技成果，有的达到了世界领先水平。但论文发表了，成果评完了，荣誉到手了，职称晋完了，专家的历史使命也完成了。据统计，我国每年有 6 000 项科技成果，其中仅有 1/3 实现转化，很多科研成果"锁在抽屉里"，不能转化为现实生产力。因此，我国应把农业科技成果转化应用作为农业科技的重中之重，加速构建新型农业科技成果转化和推广体系。建议尽快出台《科技成果转化法》，并采取一系列政策措施，引导促使科研人员和专家学者沉入农村，紧紧围绕新农村建设问题开展农业应用创新，并下功夫搞好"科普"工作，营造良好的农业科技推广应用氛围。

二要构建长效资金支持体系。农业科技服务的对象为弱势产业和弱势群体，农业科技产品流通又具有明显的市场机制失灵的特性。因此，对农业科技尤其是农业科技的转化应用应采取特殊的资金支持政策，中央和地方都应把农业科研和成果的转化应用作为扶持的重点之一，切实加大公共财政资金的扶持力度，建立逐年增长的投入机制，进一步加强农业科技源头建设。同时，设立农业科技合作共建专项资金，支持各省（自治区、直辖市）开展农业科技合作共建，以加速科技成果转化，发展现代农业，推动新农村建设。

三要构建新型农民培训教育体系。农民是农村改革发展的基本力

量，是发展现代农业、建设新农村的主体。加快农业科技进步，最终要靠提高农民的科技素质，提高他们接受、运用科技成果的能力。因此，一定要尽快构建政府项目引导、农民自主参与的新型农民培训机制，广泛开展农民科技培训，加强先进实用技术和农业科学知识普及，培养一大批有文化、懂技术、会经营的新型农民。为适应现代农业发展需要，需更新培训内容，增加并突出现代信息技术、农产品加工技术、生物技术、清洁生产技术、环保技术等方面的培训。要进一步健全农民培训体系，充分发挥政府的主导作用，切实加大投入力度，形成一批布局合理、设施良好、教学水平高、农民欢迎的农民科技培训基地。建设社会主义新农村，构建和谐社会，关键在于强化农业科技自主创新能力，建立健全农业技术与集成转化体系，构建新型农民素质教育培训体系，为农业、农村和农民的发展注入新的动力、活力和能力，全面实现农村社会和农村经济快速、健康、持续发展。

（本文是韩贵清在"小康社会领导者培训项目"第二期
现代农业发展与农村建设专题研究班的论文）

发挥农业科技龙头优势
为十弱县脱贫解困提供有力支撑

从 2003 年开始，由我们黑龙江省农业科学院（以下简称"我院"）对全省十弱县（延寿、桦川、抚远、孙吴、泰来、克东、兰西、青冈、明水、望奎 10 个经济实力较弱的县）进行科技帮扶。经过两年多来的实践，有力地促进了全院科技成果的达成和向现实生产力的转化，走出了一条农业科研与推广有效结合的路子，取得了地方经济与农业科研单位互动发展的双赢效果。据统计，到 2005 年，十弱县先进适用农业技术到位率和普及率均达到 95％以上，年增产粮食 2.4 亿千克，增加农民纯收入 2.89 亿元。由于科技的注入，加速了农业生产品种的优化和原料基地生产水平的提升，使十弱县以农牧产品加工为主导的县域经济呈现了新的发展势头。同时，通过科技帮扶，我院应有的作用和地位得到全省上下的普遍认可。省委、省政府把我院帮扶十弱县列入全省重点工作，投入 1 500 万元作为专项支持资金，分 8 年共投入 2.88 亿元支持我院实施农业科技创新工程，并决定在 2005 年增加 25 个科技帮扶县的基础上，将以科技支持为主的院县共建工作扩大到全省所有的县（市），受到了各市（县）和广大农民的普遍欢迎，先进农业技术的推广应用已普遍成为各地发展县域经济决策的基础性、关键性内容。

一、建立"农业科技专家大院"，实现农业专家与农民"零距离"接触

针对农民与农业专家接触少，在生产中遇到的大量技术难题不能及时得到解决，以及专家下不去、蹲不住等问题，在十弱县分别建立了 10 个农业科技专家大院，实现了农业专家与农民经常性面对面接触。

一是完善功能建好大院。在各专家大院都辟建了专家值班工作室和寝室，设置了专家咨询台，开通了农技"110"热线电话，配备了

电脑多媒体系统、图书、挂图、农业技术光盘和标本，免费向农民开放。每个大院我们都固定了 30 名以上农业专家，并将专家姓名、专业、电话上墙公布，通过电视等媒体向全县公开。从而做到了对农民有就近的服务场所、有面对面的服务专家、有当场演示的服务手段、有灵敏有效的咨询服务热线。

二是规范服务办好大院。安排 500 多名院所专家与县里的农技推广人员混合编队，常年驻院，轮流值班，换人不空岗，通过"坐台"咨询和巡回指导相结合的方式，全天候直接服务农民。各专家大院都设置了咨询登记册、处理意见簿、跟踪反馈登记册，保证农民咨询的问题有登记、有处理意见、有专家跟踪问效、有问题最终解决结果记载，以此督促专家认真规范地为农民提供优质服务。专家大院自建立以来，全院科研人员入驻大院达 2 万多人次，解答电话咨询 5 万多个，有 8 万多人次的农民到专家大院观看多媒体演示、查阅资料和技术咨询。据延寿县统计，通过专家大院的技术指导，仅农业防灾一项全县每年就减少损失 2 000 多万元。

三是培训指导走出大院。为实现良种良法直接到田、技术要领直接到人，我们组织专家走出大院，深入农村第一线狠抓科技培训和技术指导。重点实施了以"三主一化"（主导品种、主推技术、主体培训、农业标准化）为主要内容的农业科技培训和科技入户工程。由 500 多名专家携带我院编辑的 30 种先进农业科技图书深入十弱县的乡镇、村屯进行有针对性的农业技术培训，受训农民和农技人员达 58 万人次。同时，在作物生长关键期深入农户、田间地头指导达 2 万次以上。兰西县康荣乡荣显村村民张民是蔬菜生产专业户，2005 年他种的番茄、南瓜发生病害，面临绝产危险，通过专家现场指导很快解决了问题，避免了 2 万多元的损失。望奎县先锋镇丰收村农民胡长青，在水稻育秧时，由入户的专家面对面讲解，解决了他疑惑多年的稻苗早死、盐碱地稻田增产难的问题，获得了好收成。

二、建设农业科技示范园区，在农村第一线搭建科技成果展示平台

为充分展示农业科技尤其是高新技术成果，使农民看得见、摸得着、学得会、用得上，我们在十弱县建设了 10 个标准化核心农业科技示范园区和 50 处乡、村科技园，免费向农民开放，把"绿色课堂"办到了农民家门口。

一是高标准建设园区。由我院相关研究所牵头，院里出专家、出方案、出资金、出技术、出成果，县里提供土地和房屋，在各县选择便于农民参观的地点建设农业科技示范园区。

每个核心园区都具有适度规模，土地少的 100 亩，多的达 1 000 亩。在核心园区内，设有新品种试验区、对比示范区和推广试验区，示范展示八大类（新品种、新肥药、新技术等）100 项以上农业新技术成果，最多的达 300 多项，试验示范推广功能齐备。

二是充分发挥园区的辐射带动作用。在农业生产整地、播种、田间管理、收获时节和各种作物生长发育关键时期，都以田间博览会、标准化技术现场会、新成果田间发布会等多种形式，由我院专家和县里的农技人员现场手把手向农民传授技术，使园区真正成了农民学习技术的有效课堂、农业科技成果进入农户的强有力阵地。据不完全统计，以乡镇和村屯为单位有组织和自发到园区参观学习的农民达 100 多万人次，广大农民学科技、用科技的热情空前高涨，"我要用科技"已成为十弱县广大农民的主导意识和要求。通过示范园区的展示引导，使十弱县种植品种"散乱杂"的问题得到了有效解决，每个县玉米、大豆、水稻等主要作物的种植品种由二三十个调整到四五个，农业化学品的使用更加规范，标准化、规模化和效益水平明显提高。明水县繁荣乡古城村有 36 户农民共种大豆 500 亩，采用了核心园区展示的绥农 20 新品种和配套的栽培技术，使亩产平均由 150 千克增加到 210 千克，增产幅度高达 40%。

三是大力提升园区运行水平。我们在园区运行上采取了对县农技推广部门让利的政策。科技园区的水利、电力、道路、标牌等基础设施建设由院里负责，管理由县农技推广中心按市场化机制运作，地租和管理费从园区产出效益中支付，剩余全部归县农技推广中心。从而充分调动了地方尤其是农技推广部门的积极性，他们管理精心，操作科学，既注意提高展示的效果又注意节约和效益的提高，保证了园区的旺盛活力和较高的运作水平，探索出了一条园区自我发展壮大的路子。现在十弱县的农技推广队伍通过专家大院和园区建设已被全部激活，都能正常开展工作，经济条件明显改善。如延寿县农技推广中心从园区获得的纯收入近两年都在 27 万元左右，使其水稻稻壳基质育秧试验得以顺利完成，并获得专利，为黑龙江省解决水稻育秧取土难、大量损害林地和耕地的难题提供了可靠的新技术支撑。

三、实施科技致富项目，促进农民增收和县域主导产业发展

针对十弱县经济特点、农业资源条件和发展潜力，积极实施了科技致富项目，为农民确定了寻找科技增收门路，有力地促进了县域主导产业发展壮大。

一是充分调研选择项目。组织我院科技人员深入十弱县，与各县分管农业的党政领导及农业技术推广人员一起，逐乡逐村调查研究，摸清不同生态区域的气候、土壤、水源、种养业现状等具体情况。在此基础上，对农民、基层干部和农业科技人员提出的建议，逐项进行研究和论证，共整理出良种基地、出口基地、农业产业化专用农产品基地、超高产攻关、高新技术改造传统农业等十大类 103 个科技致富项目建议书。

二是公开竞争落实项目。对所有科技致富建议项目都采取面向全院各研究所和科技人员公开招标、省县专家现场打分、县里一票否决的办法进行科学立项。具体是由我院 15 名各学科首席专家、十弱县政府主管领导及农委主任、农技推广中心主任共同组成项目招标评审委员会，由项目申请人答辩，评审委员会专家票决，2/3 以上通过并经县里同意，最终落实了 98 个科技致富项目和主持人。

三是集中力量实施项目。对确立的科技致富项目实行主持人负责制，由院里与牵头研究所和主持人签订项目实施合同，全院共有 500 余名各学科专家参与项目实施。他们将全院最新的技术、品种、肥药等无偿提供给项目区，确保了科技致富项目的顺利实施。据统计，2003 年以来，项目累计实施面积达 683 万亩，项目区年户均增收 1 200元，也有力地促进了县域主导产业的发展壮大。如我们在青冈县实施了高淀粉玉米基地建设项目，大大提高了专用玉米生产水平，在不到两年的时间内，使该县玉米加工规模由 25 万吨猛增到 50 万吨。在延寿县实施的万寿菊套种洋葱试验项目获得了成功，亩效益由原来单种万寿菊的 300 多元提高到 1 000 多元，为稳定万寿菊种植面积、保障该县万寿菊加工这一立县项目的稳定发展打下了良好的技术

基础。

　　为了使科技帮扶十弱县工作顺利进行，切实取得实效，我院与十弱县的县委、县政府共同强化了组织领导，建立了上下联动工作机制，院县成立了由主管领导组成的联合工作组。在省委组织部的支持下，由我院向十弱县以"公开竞岗、双向选择"的办法选派了10名科技副县长，具体负责科技帮扶工作。我们还制定实施了院领导包县负责制、帮扶科技人员目标责任制、成果考评和奖优罚劣制度，激励全院干部和科技人员在帮扶工作中争先创优、建功树业。

　　（本文为2006年7月6日在全国农业科技创新工作会议上的典型经验交流内容）

打造农业科技自主创新和
成果转化的核心团队

近年来，我们结合全省农业生产实际需求，发挥科技引领作用，创新发展理念，搭建有效载体，建立健全各项机制，着力打造核心团队，有力地提高了农业科技自主创新和成果转化能力，为实施千亿斤粮食产能工程、加快现代化大农业发展提供了强有力的科技支撑。

一、创新发展理念，推动科研与农业生产紧密结合

为解决科研与生产结合不紧密、科技成果向现实生产力转化不快问题，我们大力实施开放办院战略，首次提出了"论文写在大地，成果留在农民家"的创新理念，已经成为全国新时期科技引领现代农业发展的广泛共识，被写入第三届国际农业科学院院长高层研讨会《哈尔滨宣言》。我们以院县科技合作共建为载体，进一步畅通了科技人员进入经济主战场的渠道，推进了农业科技成果转化。"论文写在大地上"，就是提倡围绕生产和农民急需开展科技创新，创造具有实用价值的科研成果，多写具有理论创新水平和应用价值、能够转化为生产力的论文。"成果留在农民家"，就是重视成果转化应用，使科研单位的新成果、新技术真正被农民所接受，并及时转化应用于农业生产。这一核心理念实现了从科研到生产、再从生产反馈到科研的互动共赢，构建起科研成果直接、快速转化的新模式。

二、构建有效载体，为科研人员提供干事创业舞台

一是推进科研基础建设。成立了畜牧研究所、大庆分院和中国科学院北方粳稻分子育种联合研究中心等7个研究机构，为科研人员提供了广阔舞台。新建了检验检测大楼、寒地植物基因银行和四座万平方米智能化温室等科研基础设施，综合分析检测能力达到国内领先水平。2003年以来，全院科研人员共获得国家和省部级科技成果奖131项，其中国家科技进步奖一、二等奖6项。

二是实施科技创新工程。把科技创新作为立院之本，率先在全国启动实施农业科技创新工程，建立了大豆、玉米、水稻、畜牧等12个现代农业科技创新和支撑体系。争取到国家马铃薯种质改良中心等40个国家级、省部级中心和重点实验室、24个国家现代农业产业技术体系综合试验站，位居全国前列。全力推进黑龙江（兴十四）现代农业示范园区、国际农业科技创新中心和黑龙江（三亚）农作物种质创新园区的建设，搭建更加完善的创新平台。2003年以来，共育成推广多项农作物新品种，推动全省农作物品种更新换代2次，每次更新换代都使作物产量提高10%左右。

三是开展院县科技共建。从科技帮扶全省经济十弱县开始，先后与34个县（市、区）开展院县科技共建，在全省广泛创立"四位一体"院县农业科技合作共建模式，被农业农村部作为农技推广十大新模式之一在全国推广。在县（市）建了34处标准化农业科技示范园区，在乡村建了469处科技示范园，把绿色课堂办到农民家门口，每年吸引参观学习的农民达100多万人次。建立了34处农业科技专家大院，每处大院安排30名以上专家，累计服务农民100多万人次，实施农业科技致富项目333项。普遍开展农民科技培训，采取"农民点菜，专家下厨"方式培训农民400多万人次。

三、建立健全机制，激发各类人才创造活力

一是培养现有骨干人才。通过积极开展国际交流合作，与美国、俄罗斯等20多个国家的科研院所和大学，以及联合国粮农组织、国际农业教育科学院等国际组织建立了稳定的技术合作关系，先后承办了2005中国黑龙江国际农业生物技术峰会和第三届国际农科院院长高层研讨会，拓宽了科研人员视野，提升了素质和能力。建立院青年课题基金，成立中国农科院研究生院黑龙江分院和中国农民大学黑龙江学院，与东北农大、哈师大等院校联办博士和硕士点，资助科研人员进修学习，先后有13人成长为省级重点学科带头人，35人成为国家现代农业产业技术体系岗位专家和综合试验站站长，47人获得博士学位，打造了全院科技创新核心团队。

二是引进国内外高端人才。出台了《关于引进高层次人才待遇的暂行规定》等11项制度，每年投入600万元设立人才引进专项资金，

建设 1 万米^2 专家公寓，不断优化吸引高端人才政策。先后从国外引进了一批人才，派出了一批访问交流学者，从上海交大、浙江大学等高校引进博士、博士后 5 名；为大庆分院成建制引进果蔬科技创新团队，2 年就培育推广甜瓜、西瓜新品种 7 个；在全国农科院系统率先启动博士后科研工作站，设立 20 个分站，从全国吸引 187 名博士后加盟，促进了全院学科交流和创新能力的提升，获得"全国优秀博士后工作站"称号。聘请"美国青年专家总统奖"获得者潘忠礼等 30 多名国际知名专家为研究员，共同打造国际食品加工与营养研究院和国际农业经济研究中心。

三是激励人才干事创业。不拘一格选人才，先后在全院公开选拔 58 名处级干部和 327 名各级课题主持人；按照"竞争上岗、双向选择"的原则，选拔了三批共 29 名科技副县长，较好地发挥了科技服务作用。积极鼓励干事创业，对引进的高层次人才提供 5 万～30 万元的安家费、60～150 米^2 的专家公寓和 1.2 万～12 万元的岗位津贴，并优先安排配偶工作；在住房、奖金上向高层次人才倾斜，先后有 230 名科研人员被直接聘为高级职称，24 名在农业科技合作共建中表现突出的科研人员被破格晋升为研究员和推广研究员，推动全院有近 600 名科研人员常年坚持在农业生产第一线。

（本文是 2010 年 8 月韩贵清在黑龙江省委人才工作会议上的发言）

第十章　粮食安全与科技

加强农业科研和科技成果转化
为全省粮食增产提供科技支撑

一、农业科技进步在全省三农问题解决中发挥了最为关键的支撑作用

农业科技进步是推进粮食增产、农民增收的主导因素和力量。从全省粮食生产情况看，改革开放以前，黑龙江省用 16 年时间粮食总产才由 200 亿斤提高到 300 亿斤，粮食总产突破 400 亿斤（1990 年）用了 7 年，突破 500 亿斤（1994 年）用了 4 年，突破 600 亿斤（1996 年）用了 2 年，突破 700 亿斤（2005 年）虽然用了 9 年时间，但是 2006 年就突破了 750 亿斤，2007 年达到 793.1 亿斤，2008 年可突破 800 亿斤，科技贡献率预计达到 58.5%。为什么耕地面积没有大的增加，而粮食总产每增加 100 亿斤，用的年份却越来越少。主要得益于：

一是农作物新品种的育成与推广起到了核心作用。中华人民共和国成立以来黑龙江省育成推广农作物新品种 1 480 多个，其中 80% 以上是近 30 年育成的。改革开放以来，黑龙江省农作物新品种更新换代步伐加快，更新换代时间由初期的 5～7 年一次，缩短到 3～5 年一次。每次更新换代都使作物产量有 8%～10% 的大幅增长。

二是农作物耕作栽培技术不断创新和应用起到了关键作用。如水稻由直播到水育秧栽培、到旱育稀植、到大棚钵育摆栽，加之除草和施肥技术的改善，促进了黑龙江省水稻面积大幅度增加和单产、总产

水平大幅度提高。另外，大豆的"垄三"栽培技术、窄行密植技术，玉米的覆膜栽培技术、通透栽培技术、高密度栽培技术，小麦的全程机械化栽培技术，马铃薯脱毒技术等，都使生产水平发生质的飞跃。每次耕作栽培技术的突破和广泛应用都使作物产量有 8%～15% 的提高。

三是植物保护技术进步起到了重要保障作用。植物保护技术的巨大进步，尤其是除草技术的发展，使黑龙江省原来每年占耕地面积20% 以上的草荒得到彻底解决，同时显著提高了劳动生产效率。过去1 个主要劳动力只能管理 1～2 亩水田，现在可以管理 300 亩；造成谷类作物减产 10%～30% 的黑穗（粉）病，通过研发种子包衣技术得到很好解决；稻瘟病、马铃薯晚疫病的预防技术都使作物产量有了稳定提高。

四是土壤肥料技术进步起到了基础性作用。土壤改良，尤其是深松整地、测土配方施肥、平衡施肥等关键技术的综合应用，保证了粮食稳产、高产、优质和可持续发展。黑龙江省普遍开展的测土配方施肥技术，保证作物产量有 5% 左右的提高，节约肥料 10% 以上，减少了环境污染。

五是农业科技合作共建起到了支撑作用。在黑龙江省开展的农业科技合作共建工作将科研院（所）、大专院校和县、乡、村农技推广部门相结合，整合科技资源，全面挺进农业、农村经济主战场，构建了科研成果直接、快速普及推广的新模式，使技术普及率和到位率大幅提高。科技示范区产量较一般农田高 20% 以上，黑龙江省农业科学院的新成果转化率达 75% 以上，合作共建的 34 个县优良品种普及率达 98%。因此，有效解决三农问题，实现千亿斤粮食产能希望在科技、潜力在科技、出路在科技，最终要靠科技创新来解决问题。

二、继续推进农业科技进步的几点想法

近年来，黑龙江省委、省政府不断强化对农业科技事业发展的支持力度，尤其是省委书记吉炳轩提出"要把科技资源优势发挥好，建立健全规划、研究、试验、转化、生产为一体的机制，为成果转化搭建平台，加快科研成果向现实生产力转化"，为全省农业科技事业发展指明了方向，必将进一步加速全省科学解决三农问题的进程。

黑龙江省农业科学院重点抓了两方面工作，取得了较好成效。一是在全国农业科研系统率先实施了农业科技创新工程，取得了丰厚的科研成果。强力推进了农业科技创新平台建设，构建了 12 个创新体系，争取到 19 个国家级、省部级中心（分中心）和全国农业产业技术体系中的 23 个试验站、11 个科学家岗位，全面更新了试验检测设备和关键科研设施，为全院快出成果、出好成果提供了可靠保障。2003 年以来，全院共获得国家及省部级科技成果奖 124 项，其中国家科技进步奖一等奖、二等奖 5 项；育成推广农作物新品种 260 个。绥农 14 大豆成为全国推广面积最大品种，龙单 13 玉米和龙麦 26 小麦成为全省推广面积最大品种，松粳 9、龙粳 14、龙稻 5 等超级稻新品种示范区亩产突破 800 千克，达到寒地水稻世界领先水平；佳木斯分院试种的 1.14 亩矮秆大豆 1667 应用窄行密植栽培技术，使亩产实收首次突破 300 千克大关，高达 307.27 千克。

二是积极探索建立科技成果转化新机制，大力开展院县共建活动。2003 年，黑龙江省农业科学院率先提出了"论文写在大地上，成果留在农民家"的理念，从科技帮扶十弱县开始，先后与 34 个县开展院县共建活动，通过建立农业科技园区、农业专家大院，实施科技入户培训、科技致富项目，选派科技副县长等措施，保证全院科技人员经常深入农业生产第一线，使各共建县普遍取得了农业标准化水平、农业产出水平、农民收入、农民科技素质"四个提高"的显著成效。我们利用三段式心土混层犁对抚远、桦川等白浆土地区进行土壤改良，使低产田变成高产稳产田，被当地老百姓形象地称为"第二次土地革命"。

今后，我们要按照十七届三中全会精神和黑龙江省委、省政府的部署，深入学习实践科学发展观，努力推进农业科技创新与进步。突出抓好以下四项工作。

1. 推动农业科技创新实现新突破 搞好实施农业科技创新工程的机制创新，不断加强原始创新和集成创新，着力增强粮食生产科技自主创新能力。重点围绕全省千亿斤粮食产能工程，搞好科技攻关，尽快建立玉米、水稻、小麦、大豆、马铃薯五大作物高产、稳产、优质的集成配套技术模式。同时抓好主要农作物和果、蔬品种与栽培技术的更新，做到研究一批、储备一批、示范一批。进一步强化航天育种、基因改良、新型生物能源、无害有机农药、安全高能量食品等方面的技术研究，为粮食增产和农业发展提供强大技术支撑。

2. 完善科技成果转化应用的体制机制　通过几年来的科技帮扶十弱县、院县农业科技共建活动，建立了成果转化的新机制，为三农提供了强有力的科技支撑。要进一步深化农业科技成果转化体制机制创新，探索多元化的农业科技成果转化、服务模式，形成科技成果从科技人员手上有效转移到农民手中、从实验室转移到田间地头的"快速通道"。要通过项目带动，形成研究、转化、应用、培训、服务等相互紧密衔接的工作机制。

3. 继续深入推进大开放大联合　大力实施开放办院，在农业科技领域主动与国内外农业研究机构和院校搞好合作，努力在对俄农业科技合作和中国科学院的合作上实现新突破，并积极开展与其他科研领域的合作，整合科技资源，为进一步提高全院的科技创新能力和服务三农能力提供广阔的空间。

4. 打造一流的农业科学家队伍　结合科技创新工程的实施和院县共建活动，加强全院科技人才的培养，既发挥学科带头人的作用，又重视创新团队的建设，特别是优秀年轻科研人员的培养；既注重科技人员科研与技术创新能力的提高，又注重科技人员实施科技成果转化应用能力的提高，使全院科技人员成为农业科研战线的闯将，成为农业、农村、农民的贴心人。

三、几点建议和请求

一是恳请将全院科技创新工程财政支持期限延长 5 年。自 2003 年起，黑龙江省农业科学院在黑龙江省委、省政府的大力支持下，实施了农业科技创新工程，到 2010 年结束。从现在的运行情况看，我们能够较好地完成预期任务，有效地提高了自主创新能力。因为农业科技成果达成的周期较长，该工程应继续深入下去，尤其是从全省千亿斤粮食产能工程的现实需要出发，该工程实施尚需有力的资金支持。所以恳请对农业科技创新工程的财政资金支持再延长 5 年，每年为 3 600 万元。

二是建议建立院县共建的长效机制。为加速成果转化，黑龙江省农业科学院从 2003 年开始，先后分三批与 34 个县开展院县共建活动，到 2009 年底全部结束。通过院县共建，有效提高了合作共建县的农业科技贡献率，促进了粮食增产，深受共建县基层干部和广大农民欢迎。农业科技成果转化具有公益性质，农民应用科技成果见效的周期较长，各共建县也强烈要求把院县共建工作作为经常性的工作，各市管辖区也纷纷要求开展院县科技合作共建。因此，恳请省委、省政府将院县共建工作常态化，并提供共建县（市、区）一定的资金支持。

三是建议在对俄农业科技合作上实现重点突破。俄罗斯农业科技发达，对黑龙江省具有重要借鉴意义。近几年，黑龙江省农业科学院先后从俄罗斯引进人才 925 人次（其中院士 28 人次）、种质资源 3 500 余份、新技术 29 项，超微粉体种衣剂等已实现了产业化。最近省农业科学院又与俄罗斯农业科学院的大豆所和植保所签订了共建中俄国际植物保护科学研究中心和中俄国际大豆科学研究中心的协议，开展进一步的深入合作。建议黑龙江省委、省政府把对俄农业科技合作列为全省科技工作的重点，给予引进高层次俄罗斯专家长期在省农业科学院工作的经费支持。

四是恳请对中国科学院北方粳稻分子育种联合研究中心给予支持。黑龙江省农业科学院承担的黑龙江省与中国科学院共建的中国科学院北方粳稻分子育种联合研究中心已经挂牌并开始工作，为尽快实现生物技术在黑龙江省水稻新品种选育上的突破，请省委、省政府给予政策和经费支持。

（本文是 2008 年 10 月 21 日韩贵清在黑龙江省三农工作座谈会上的发言）

当好维护国家粮食安全"压舱石"
争当农业现代化建设排头兵

编者按：党的十八大以来，习近平总书记先后两次到黑龙江省考察调研，为新形势下黑龙江省振兴发展指明了方向。在党的二十大即将召开、实施"十四五"规划承上启下、乡村振兴全面展开之年，面对世纪疫情和百年变局，黑龙江省牢牢把握当好维护国家粮食安全"压舱石"、争当农业现代化建设排头兵的战略定位，在粮食生产、黑土地保护、种业科技等方面取得重大成就。近日，黑龙江省人民政府与大北农集团签订全面战略合作协议，未来 10 年，大北农集团开展"龙江十年千亿投资计划"，助推黑龙江打造生物硅谷，由此本报记者采访了国际农业教育科学院院士、联合国粮农组织全球土壤伙伴关系国际黑土研究院主席、黑龙江省农业科学院原院长韩贵清研究员，围绕黑龙江农业重要地位、现代农业发展成就和当前面临的机遇挑战以及未来在发展科技农业、绿色农业、质量农业、品牌农业等方面内容，全面解读黑龙江在维护好国家粮食安全"压舱石"、保障农产品供给安全"主力军"、国家粮食统筹调剂可靠"供应地"等方面发挥的重要作用，全景展示黑龙江加速推进农业高质量发展的振兴之路。

引了

这里是中华大粮仓。党的十八大以来，习近平总书记分别十2016 年和 2018 年到黑龙江省考察调研，为新形势下黑龙江省振兴发展指明方向。

习近平总书记走进农田，登上插秧机，看苗情、问收成。总书记强调"给农业现代化插上科技的翅膀""确保黑土地不减少、不退化""中国粮食！中国饭碗！"……总书记一系列重要指示，为黑龙江省当好维护国家粮食安全"压舱石"指明方向。

"总书记的嘱托让龙江儿女备受鼓舞，深感责任重大，国之大者的使命感我们始终铭记于心。"国际农业教育科学院院士、联合国粮农组织全球土壤伙伴关系国际黑土研究院主席、黑龙江省农业科学院原院长韩贵清坚定地说，经过多年的发展，龙江粮已经装进了更多中国人的饭碗，中华大粮仓黑龙江正奋力书写现代农业新篇章，夯实大国根基。

优势

"作为农业大省，黑龙江是我国最重要的商品粮基地和粮食战略后备基地，农业特别是粮食生产在全国占有重要的战略地位，肩负着保障国家粮食安全、生态安全的重任。"韩贵清自豪地说，习近平总书记给予黑龙江省"中华大粮仓"、维护国家粮食安全"压舱石"的高度评价。全省粮食综合产能、农机化建设、规模化生产、绿色食品产业等领域全国领先，农业优势特点鲜明。

——农业资源富集。黑龙江省现有耕地 2.579 亿亩，占全国 1/9 强，位居全国之首。地处世界三大黑土带之一，典型黑土耕地面积占全国典型黑土区耕地面积 56.1%，耕地平坦，集中连片，耕层深厚，土质肥沃，土壤有机质平均含量 36.2 克/千克，适于大机械作业和规模化生产。境内河流众多，水系发达，水质优良，水资源总量达 810 亿米^3，居东北、华北和西北各省份之首，是我国北方地区水资源最富集的省份。属中温带、寒温带大陆性季风气候，常年有效积温 1 600～2 800℃，无霜期 100～150 天，年降水量 370～670 毫米，光、热、水同季，适于农作物生长，一年一熟。

——生态环境优良。黑龙江的大草原、大湿地、大森林造就了山青、水秀、土肥、田洁的优良生态环境，是全国生态建设示范省。地处高寒高纬度地区，冬季冻结休耕时间长，病虫害发生少，化肥农药投入水平低，耕地化肥施用量是全国平均水平的 1/3，农药使用量是全国平均水平的 1/2。特别是开垦时间较短，土壤、水体和大气等污染程度较轻，发展绿色食品、有机食品具有得天独厚的条件，也是全国最早发展绿色食品的省份、最大的绿色食品生产基地，绿色、有机食品认证面积达 8 816.8 万亩。

——生产方式先进。作为全国实施农机化生产较早的省份，耕种收综合机械化率水平达 98%，农业科技进步贡献率达 69%。农业组织化程度领跑全国，全省土地规模经营总面积达到 1.47 亿亩以上，位居全国之首。培育出以优质粮食、畜产品、山特产品为主导的农产品产业集群，打造出数量众多、种类齐全的规模化生产基地，可按市场对品种、品质需求，提供数万吨至数十万吨的优质粮食及其他农产品。

——粮食贡献突出。黑龙江是全国粮食生产第一大省，也是特色蔬菜、食用菌、中药材、杂粮杂豆等农产品重要产区和调运区。中华人民共和国成立以来，全省累计为国家提供商品粮1万多亿斤。2021年，全省粮食生产"十八连丰"，种植面积21 826.9万亩，总产1 573.5亿斤，连续12年居全国首位。玉米面积9 786.4万亩，占全国15.1%，产量829.8亿斤，占全国15.2%，均居全国第一。大豆面积5 831.6万亩，占全国46.2%，产量143.8亿斤，占全国43.8%，均居全国第一。水稻面积5 801.1万亩，占全国12.9%，居全国第二，产量582.7亿斤，占全国13.7%，居全国第一。中药材种植面积、产量、产值、效益增速连续三年全国领先。杂粮杂豆品种全，质量好，畅销国内外市场。

——畜禽产品丰富。黑龙江地处世界公认的黑土带、黄金玉米种植带和黄金奶牛养殖带，发展畜牧产业有基础、有优势、有潜力。2021年，全省奶牛存栏109.7万头，生鲜乳产量500.3万吨，生鲜乳质量指标达到欧美等发达国家水平。肉牛出栏299.7万头，生猪出栏2 228.1万头，肉羊出栏880.3万只，家禽出栏2.9亿只，全省肉产量299万吨，蛋产量109.8万吨。

——农垦自成体系。北大荒集团拥有全国耕地规模最大、现代化程度最高、综合生产能力最强的国有农场群。现有农牧场113个、耕地4 458.1万亩。垦区农业基础设施完备，现已建设生态高产标准农田2 857万亩；农业科技进步贡献率达76.28%，主要农作物耕种收综合机械化率达99.7%，农机装备水平世界一流。农业劳动生产率超过发达国家水平，是名副其实的中国农业现代化示范窗口。

成就

习近平总书记指出："要牢牢把住粮食安全主动权"。粮食生产年年要抓紧，面积、产量不能掉下来，供给、市场不能出问题。近年来，黑龙江是全国农业发展最快的省份之一，粮食生产显著提升，农民收入显著提高，农村面貌明显改善。韩贵清告诉记者，由北大荒真正变成了北大仓，这是黑龙江为保障国家粮食安全交出的新答卷，粮食安全"压舱石"的地位作用更加稳固。

——粮食综合产能全国第一。2021 年，黑龙江省粮食产量实现 1 573.54 亿斤，连续 4 年稳定在 1 500 亿斤以上，占全国的 1/9，相当于中国人每 9 碗饭中就有 1 碗来自黑龙江。2021 年北大荒集团粮食总产量超过 460 亿斤，比 2020 年增加 30 亿斤，种植面积和粮食产量均为历年来最高水平。

——农村常住居民收入稳步增长。2021 年，全省农村居民人均可支配收入达 17 888 元，同比增长 10.6%，比 2015 年增长 61.2%。全省农民收入始终保持高于全省 GDP 和城镇居民收入增速。

——农业支撑要素不断改善。2021 年，全省累计建成高标准农田 9 141.05 万亩。农机总动力达 6 888.35 万千瓦，耕种收综合机械化水平达 98%，比 2015 年提高 2.95 个百分点。2021 年，农业科技进步贡献率达 69%，比 2015 年提高 4.5 个百分点。

——农业生态建设成效明显。全省耕地土壤有机质平均含量 36.2 克/千克，是全国的 1.83 倍。秸秆综合利用率达 95.02%，畜禽粪污综合利用率达 82%。

——农业农村改革深入推进。2018 年底，全省完成农村土地确权登记颁证试点工作任务；2019 年底，全面完成农村集体产权制度改革整省试点任务，较国家规定时限提前 2 年。新型农业经营主体加快发展，2021 年，全省土地规模经营面积 1.47 亿亩，农业生产托管服务面积达 1.48 亿亩次，其中全程托管面积 2 042 万亩。

——农村公共基础设施不断加强。农村集中式供水达到 95% 以上，农村供电可靠率提高到 99.8%。行政村全部通硬化路，全部通客车。光纤网络和 4G 信号基本全覆盖。4 类重点对象存量危房静态清零。生活垃圾收转运体系行政村全覆盖。农村卫生厕所普及率 31.4%。农村生活污水治理率为 18%。村庄绿化覆盖率达到 18.8%。

——农村公共服务体系不断完善。全省农村义务教育阶段巩固率已达 99.3%，高于全国平均水平 4.5 个百分点。共有 993 个乡镇卫生院、10 836 个村卫生室，配备 19 640 名乡村医生，实现了"一村一室""每千人口一名村医"。农民参保城乡居民养老保险人数达到 861 万人，占比 58.7%。农村敬老院 223 个，农村社区居家养老服务站点 1 137 个，占农村社区总数的 21.6%。乡镇文化站 900 个，达到乡镇全覆盖。村级综合性文化服务中心 6 608 个，行政村覆盖率 75%。

当前，黑龙江省坚持以习近平新时代中国特色社会主义思想为指引，深入贯彻习近平总书记重要讲话和重要指示批示精神，准确把握新发展阶段，深入贯彻新发展理念，积极融入新发展格局，把握"稳字当头、稳中求进"总基调，以实施乡村振兴战略为总抓手，全面推进产业、人才、文化、生态、组织"五大振兴"，持续深化农业供给侧结构性改革，大力发展科技农业、绿色农业、质量农业、品牌农业，加快推进美丽乡村建设，促进农民农村共同富裕，确保农业稳产保供、农民稳步增收、农村稳固安宁，当好维护国家粮食安全"压舱石"、保障农产品供给安全"主力军"、国家粮食统筹调剂可靠"供应地"，争当农业现代化建设排头兵。

做法

习近平总书记指出："保障好初级产品供给是一个重大战略性问题""决不能在吃饭这一基本生存问题上让别人卡住我们的脖子"。在世纪疫情冲击下，百年变局加速演进，我国发展面临的外部环境更趋复杂严峻和不确定。确保国家粮食安全，决不能仅仅看口袋里有多少钱，而要看饭碗里有多少中国粮。"要不断总结成功经验，找准抓落实的方法和路径，始终立足自身牢牢抓好粮食生产，补齐粮食安全中存在的短板和不足，确保中国人的饭碗主要装中国粮。"韩贵清说。

——固安全，坚决当好维护国家粮食安全"压舱石"。"维护好国家粮食安全，是习近平总书记对黑龙江的殷切嘱托，是我们必须扛起的重大政治责任。"韩贵清说，要树立大粮食安全观，保数量、保多样、保质量，着力提升粮食等重要农产品供给保障水平。

一是全力以赴抓好粮食生产。"粮食多一点少一点是战术问题，粮食安全是战略问题。"2021 年，全省粮食播种面积达 21 826.9 万亩，较前一年增加 169.4 万亩。精准落实耕地地力保护补贴、粮食生产者补贴、产粮大县奖励资金、一次性补贴 462.4 亿元，投入水稻智能集中催芽补贴、高标准农田配套、病虫害防治监测点建设资金 19.2 亿元，基层政府和农民种粮积极性被充分调动起来。印发《2021 年秋收生产工作指导意见》等政策意见 30 多个，推广应用重点粮食作物栽培技术模式 2.01 亿亩次，强化了粮食生产政策供给和技术支撑。2022 年，黑龙江重点继续在稳面积、调结构、增单产、提品质、转方式、抓防灾上下功夫，巩固提升粮食综合产能，确保粮食播种面积只增不减，稳定在 2.18 亿亩以上，产量稳定在 1 540 亿斤以上，切实当好维护国家粮食安全的"压舱石"。

二是加力实施种业振兴行动。种优则粮丰，种子是粮食之基，良种在促进粮食增产方面具有十分关键的作用。2022 年以来，黑龙江省抓好种质资源保护利用，扩建省农科院寒地作物种质资源库，建成后种质资源保存和鉴定能力将达到 20 万份。启动全省畜禽种质资源普查和水产养殖种质资源普查，征集种质资源 3 048 份。建立专家育种示范基地 10 个。制定农作物优质高效品种区划布局，确定 285 个高产优质品种，指导全省种植户科学选种用种。布局建设国家级良种繁育基地 16 个，审定推广农作物新品种 334 个，全省主要农作物自主选育品种种植占比 87%，主要畜禽核心种源自给率超过 75%，良种对粮食增产、畜牧业发展的贡献率分别达到 45% 和 40%。加强生物育种平台建设，开展良种创新攻关。研究制定品种研发和推广后补助政策。加快国家级大豆种子基地等良种繁育基地建设。扶优现代种业企业，支持"育繁推"一体化发展。农作物良种覆盖率达到 98.5% 以上。大北农集团与黑龙江省建立战略合作，将紧密围绕玉米、水稻、大豆、蔬菜等产业发展的最新需求，全面布局研发、繁育与测试基地，构建完整的育种、测试、展示、推广农业创新链。加速收集、挖掘、利用优异种质资源，建立全球主要农业种质资源库，聚焦关键核心育种技术攻关，与国内科研院所紧密合作，构建大豆、玉米生物育种创新联合体，全力突破基因编辑、全基因组选择、大数据育种及人工智能育种技术，构建新型高效的商业化育种体系，助力重大新品种的持续产出。

三是全力保护好黑土地这个"耕地中的大熊猫"。习近平总书记指出："保障国家粮食安全的根本在耕地，耕地是粮食生产的命根子""东北是世界三大黑土区之一。一定要采取有效措施，保护好黑土地这一'耕地中的大熊猫'"。

东北典型黑土区耕地面积约 2.78 亿亩，其中约 1.56 亿亩在黑龙江。开垦以来一直处于高强度利用状态，部分土壤有机质含量下降，生态功能退化。习近平总书记十分关心黑土地的保护，2018 年 9 月在黑龙江省考察时再次强调，要加快绿色农业发展，坚持用养结合、综合施策，确保黑土地不减少、不退化。

近年来，黑龙江省多措并举保护黑土地这个"耕地中的大熊猫"，实施了为黑土保护立法、加强黑土监测、秸秆还田、建设高标准农田、增施有机肥农家肥等政策措施，探索形成了以秸秆翻埋还田—黑土层保育模式、秸秆碎混还田—黑土层培育模式、"四免一松"—保护性耕作模式、坡耕控蚀增肥模式 4 个种子模式为主的黑土地保护的"龙江模式"和以水稻秸秆还田为核心的水肥优化培肥"三江模式"。还在全国创新实施"田长制"，七级 338 万余名"田长"共护黑土。"十三五"时期，黑龙江省累计落实黑土地保护示范区面积 1 000 万亩，土壤有机质平均含量比 2015 年提高 3.6%，耕地质量平均提高 0.54 个等级。截至 2021 年底，全省绿色、有机食品认证面积已达 8 816.8 万亩，占全省耕地面积的 1/3 以上。2022 年 3 月 1 日，《黑龙江省黑土地保护利用条例》正式实施，进一步为黑土地保护利用工作提供法制保障。2022 年，黑龙江省将在保护黑土地上继续落实好工程、农艺、生物等措施，探索开展黑土地保护整建制创建，力争黑土耕地保护示范面积 5 600 万亩以上。突出抓好高标准农田建设，将建设完成高标准农田 1 100 万亩。将建设 2 400 个长期定位监测点，加强耕地质量监测体系建设。全面实施"5+2"田长制，将建立黑土保护长效机制。

值得一提的是，2022 年初，韩贵清被联合国粮农组织任命为全球土壤伙伴关系国际黑土研究院主席。这个机构包括全球 30 个黑土国家，将面向世界搭建一个现代农业大平台，吸纳世界土壤和种业方面的科学家，围绕黑土地保护利用和维护全球粮食安全。2022 年组建的国际黑土地保护利用专家智库，为世界黑土保护贡献力量。

四是持续推进农业科技创新。粮食生产出路在科技。黑龙江省坚持用现代物质装备武装农业，用现代科学技术提升农业，让越来越多的乡亲们挑起"金扁担"。目前，黑龙江省农业科技进步贡献率、主要粮食作物耕种收综合机械化率分别提至 69% 和 98%。龙江县、海伦市、富锦市、庆安县 4 个县（市）入选全国首批农业现代化示范区创建名单。2022 年，黑龙江将大力推广应用新技术，支持 70 个县开展基层农技推广体系建设。采取院县共建模式，推动国家农业科技现代化先行县建设，打造协同创新引领、示范基地支撑的千公里高标准科技示范带，确保农业主推技术到位率稳定在 95％以上。积极推动国家农业科技现代先行县建设。2022 年 5 月，省农业科学院与富锦市共建全国农业科技现代化先行县（创建）启动，为全面推进乡村振兴提供有力的科技支撑和源源不断的新动能。

——强产业，加快发展高质高效现代农业。立足农业大省实际，发挥北大荒集团"农业航母"和现代农业"标兵"作用。全面深化垦地合作，共建大产业、大企业、大基地，示范带动现代农业高质量发展，提升农业质量效益和竞争力。一是加快发展现代畜牧业。加大金融扶持力度，鼓励养殖场户有序及时补栏，重点防止生猪生产大起大落。推进畜牧业全产业链发展，抓好非洲猪瘟等重大动物疫病防控，促进畜牧业持续健康发展。2022 年，力争全省肉蛋奶产量达到 880 万吨。积极发展渔业和蚕蜂业，水产养殖面积将稳定在 630 万亩以上，蚕蜂产品总产量将超过 10 万吨。二是持续做强优势特色产业。抓好"粮头食尾""农头工尾"，延伸产业链，提升价值链，推动农业全产业链发展，力争全省规模上农产品加工业营业收入增速达到8％，农产品加工转化率达到 65％。实施产业链链长制。抓好玉米、水稻、大豆等千亿级优势产业，积极培育中药材、食用菌、杂粮杂豆等百亿级特色产业，力争中药材种植面积达到 400 万亩，增幅 14％。鼓励各地依托资源、区位优势，大力发展食用菌、东北黑蜂、森林鸡、浆果坚果等特色种养业。作为我国最大的优质大豆生产和供给基地，黑龙江省大力实施大豆产能提升工程，坚持扩面积、提单产双轮驱动。2022 年，预计全省大豆种植面积将达到 6 850 万亩，比 2021年增加 1 000 万亩以上；力争总产量达到 170 亿斤，比 2021 年增加26 亿斤以上。继续实施玉米、大豆差异化补贴政策，原则上大豆生产者补贴每亩高于玉米生产者补贴 200 元左右，充分调动农民种植大豆积极性。三是积极推进农业绿色生产。科学合理使用农药化肥，推进以还田为主的秸秆综合利用，加强畜禽粪污无害化处理和资源利用，全面开展农药包装废弃物的全链条科学回收治理。2022 年，力争畜禽粪污资源化利用率达到 83％，农药包装废弃物回收率达到85％。推进农牧有机结合，深入实施种养循环试点，建设高质高效设施农业。积极推进"质量兴农、绿色兴农、质量强农"，力争绿色有机食品认证面积达到 9 100 万亩。加强农产品质量安全监管，力争食用农产品质量安全例行监测合格率稳定在 98% 以上。"十四五"期间，黑龙江省将以粮油、蔬菜、山特、水产品、食用菌等领域为重点，大力提升绿色、有机食品基地生产、管理和科技水平，增强产能，提升品质，不断满足加工企业多方面、多层次的原料需求。

——抓治理，扎实有序推进乡村建设。以实施乡村建设行动为抓手，坚持数量服从质量、进度服从实效、求好不求快，建设生态宜居、乡风文明、和谐善治、城乡融合的现代美丽乡村。一是科学推进村庄规划。结合新一轮国土空间规划，进一步优化县、乡、村布局。坚持尽力而为、量力而行，立足村庄现有基础，不盲目拆旧村、建新村，不超越发展阶段搞大融资、大开发、大建设，避免无效投入造成浪费。二是提升农村人居环境。坚持循序渐进、久久为功，实施农村人居环境整治提升五年行动，继续打好"明查＋暗访＋整改"组合拳，推动乡村环境持续提升，力争 95% 以上村庄实现干净整洁有序。坚持因地制宜，宜水则水、宜旱则旱，以管网式、净化槽模式为重点，稳步推进厕所革命，统筹推进垃圾污水治理、清洁能源利用工作。三是完善乡村基础功能。坚持突出重点，分类施策，以乡镇政府所在地和中心村建设为重点，着力补齐农村道路、饮水、通信、电力等公共基础设施建设短板。畅通城乡要素流通渠道，推动基本公共服务由注重机构行政区域覆盖向注重常住人口服务覆盖转变，加强基本公共服务县域统筹，推进基础性、普惠性、兜底性民生建设，促进乡村宜居宜业。四是加强乡村治理。健全党组织领导的自治、法治、德治相结合的乡村治理体系，推进乡村治理体系建设试点示范。推进移风易俗，培育文明乡风、淳朴民风。推广"积分制""清单制"，创建一批乡村治理示范村镇，加快乡村治理体系和治理能力现代化。

——促共富，全面推动农民农村共同富裕。促进共同富裕，最艰巨、最繁重的任务仍然在农村。巩固拓展脱贫攻坚成果，发展县域经济，壮大乡村产业，拓展农民就业增收空间。一是巩固提升脱贫攻坚成果。坚决守住不发生规模性返贫底线，落实"四个不摘"要求，保持现有帮扶政策、资金支持、帮扶力量总体稳定。扎实巩固拓展脱贫攻坚成果，实行清单台账管理，落实销号制度。深化"一键申报"、部门数据比对、基层入户排查等有效手段，持续落实防返贫动态监测和帮扶机制，做到确保应纳尽纳、应帮尽帮，不落一户、不漏一人。

二是加快县域经济发展。立足资源禀赋、区位优势和产业基础，走符合自身实际、特色鲜明的县域经济发展之路。加快项目建设，以资源换产业、换项目、换市场，提升二产比重，摆脱"原字号"产品依赖，让县域成为现代农业和农副产品精深加工的主阵地。注重引进培育高技术、高成长、高附加值企业，带动一条产业链，形成一个产业集群。加力推进园区整合，切实发挥园区招商引资、产业集聚的载体平台作用。2022 年，力争地区生产总值超 100 亿元的县（市）达到 28 个左右。三是分享产业发展收益。加快完善县域商业体系，增强县域商业的综合服务和辐射带动能力，把乡镇建成服务周边的重要商业中心，积极推进村级商业规范化建设，加强县域商业市场主体培育，促进镇村联动发展。推进农村创业创新，支持返乡入乡在乡创业，推进城市各类人才投身乡村产业发展，2022 年，预计全省农村创业创新人数突破 135 万人。四是深化农业农村改革。启动二轮土地承包到期后再延长三十年试点。制定《农村集体经济组织发展五年规划》，开展优化农村集体经济发展环境试点，抓好"清化收"和农村集体"三资"专项清理整治，多渠道发展壮大集体经济。稳慎推进宅基地改革。实施农业生产托管服务整省推进，2022 年，力争全省全程托管服务面积达到 3 000 万亩以上。

　　——做示范，开展现代农机装备应用示范。一是推动高端智能农机装备产业发展政策意见出台，积极争取农业农村部支持，创建国家高端智能农机装备推广应用先导区，依托国有农场、大型农机合作社，打造一批高端智能农机装备应用示范区。重点支持粮食烘干、履带式作业、鲜食玉米机收、玉米籽粒收获等农业机械，推广大型复合智能农机，积极开展自主知识产权农机装备推广应用。二是建设数字农业。抢抓数字经济发展新机遇，把握农业未来发展方向，推动物联网、大数据、人工智能、区块链等新一代信息技术与农业生产经营深度融合，提高农业发展数字化水平。完善省级数字农业综合服务平台，建设数字农业示范县 10 个，推进 4 个农业农村信息化示范基地和 4 个数字乡村试点县建设。三是发展品牌农业。用好寒地黑土、绿色有机等金字招牌，制定《黑龙江省农业品牌建设实施意见》，实施"1＋4＋3"农业品牌培育计划，推出省级区域公用品牌总体形象标志，叫响 4 个省级区域公用单品品牌，培育 3 类优势品牌，力争全省具有影响力的农产品区域公用品牌达到 40 个。四是深化农业招商。围绕建链、补链、延链、强链，完善农业招商图谱，开展精准招商，农业和农产品加工项目投资额将达到 1 250 亿元以上。狠抓项目对接落地，重点推动投产达产达效，力争合同履约率、项目开工率和资金到位率分别达到 70%、60% 和 50%。2022 年 5 月 27 日，黑龙江省人民政府与大北农集团的落地项目包括"二中心、一园区、一集群、一基金"，即生物工程育种技术协同创新中心和中国农科院-大北农（黑河）国际大豆研究中心；黑龙江现代农业食品产业园；大北农现代农业科技园区集群；黑龙江现代农业发展基金，推动黑龙江打造生物硅谷。五是发展外向型农业。推进农业对外交流与合作，利用国内国际两个市场，推动各类生产要素的自由流动，加强优势农产品出口基地建设，巩固对俄农业全产业链合作成果，力争全省对俄农业合作开发面积保持在 850 万亩以上。

挑战

习近平总书记指出："国家粮食安全这根弦什么时候都要绷紧，一刻也不能放松""应对各种风险挑战，必须着眼国家战略需要，稳住农业基本盘、做好三农工作，措施要硬，执行力要强，确保稳产保供，确保农业农村稳定发展"。

黑龙江省正处在爬坡过坎、转型升级的关键时期，全省上下要深入、完整、准确、全面贯彻新发展理念，服务和融入构建新发展格局，站位全国发展大背景、大格局、大战略谋划推动工作，积极应对在现代农业发展、乡村基础建设、促进农民增收和防范三农风险等方面的短板和挑战，以发展促振兴、以发展破难题、以发展增福祉，提高保障国家粮食安全的政治判断力、政治领悟力、政治执行力，以高度的政治责任感、历史使命感和现实紧迫感，扎实做好确保国家粮食安全各项工作，把国家粮食安全战略精准落实到具体工作中。

——在发展高质量现代农业上要奋力突围。一是农业种养加销全产业链延伸不足。农产品加工业多数聚集在产业链前端，研发投入不足，缺少高、精、尖产品。二是黑土耕地保护压力较大。黑土耕地面积大，投入不足，特别是黑龙江省还有水土流失面积 7.49 万千米^2，占东北黑土区水土流失面积的 34%，综合治理任务重。三是种子种业创新能力不强。种质资源鉴定评价滞后，基因挖掘、育种新材料创制不足，大型育繁推一体化种业龙头企业群体小，缺少突破性品种。"目前，黑龙江只有省农科院建设 1 个寒地作物种质资源保存库，保存能力仅 8 万份，库存容量不足。"韩贵清介绍，寒地作物种质资源库和甜菜种质资源库尚在建设中，农业微生物、经济作物、蔬菜、食用菌等特殊种质还没有得到有效保存。现有种质资源整体水平，并不能完全满足当前农业生产对优良农作物新品种的需求。农作物育种利用国内种质资源居多，缺少多样性，育种群体遗传基础狭窄，选择空间有限。四是农产品品牌影响力弱。黑龙江省品牌多而弱、小而杂，缺少知名区域公用品牌，在国内外具有较强知名度和影响力的农业龙头企业不多，市场竞争力较差。

——在乡村基础建设上要迎头赶上。农田基础设施薄弱，农田排水系统落后，江河控制性水利工程不足，抗灾减灾能力较差，农业靠天吃饭的局面尚未根本扭转。农村公益设施建设不足，相对经济发达地区，黑龙江省农村路、水、电、讯等公共基础设施建设滞后，教育、医疗、文化、养老等公共资源不足，低保、社保等政策城乡二元化问题比较突出。农村人居环境短板明显，地方财政投入不足，长效管护机制还不健全，有的村庄存在脏乱差情况。

——在促进农民增收上要多头并进。黑龙江省农民总体收入水平不高，收入结构比较单一。

——在抵御风险挑战上要提升能力。一是自然灾害和病虫害发生概率增大。近年来，极端天气多发，2020 年 8 月末 9 月初，3 场台风接踵而至，前所未有。从病虫害监测情况看，黏虫、草地螟、稻瘟病等重大病虫害暴发流行风险呈上升态势。二是农业生产成本增加。农资价格呈逐年上涨趋势，土地流转价格逐年升高，农业生产成本大幅增加，促进农民持续稳定增收的压力增大。三是非洲猪瘟等重大动物疫情形势严峻复杂。生猪调运监管难度大，部分中小养殖户生物安全条件不到位，存在疫情发生和外疫传入风险。

机遇

"十四五"期间，黑龙江省全面开启农业农村现代化建设新征程，全面推动农业大省向农业强省迈进，坚持用农业科技化引领农业农村现代化，为现代农业发展插上科技翅膀。

——乡村振兴战略机遇。实施乡村振兴战略的总目标是实现农业农村现代化，农业农村现代化的关键在科技进步，创新驱动是实现乡村振兴的战略支撑。围绕乡村振兴科技需求，必将在资源要素配置上优先满足，在科研资金投入上优先保障，在科技服务上优先安排，在人才培养上优先支持，着力提升农业农村科技水平。黑龙江农业科技工作必须抢抓乡村振兴战略机遇，坚持服务争当现代农业建设排头兵和维护国家粮食安全"压舱石"的方向定位，积极适应农业高质量发展、规模化经营、一二三产业融合、建设绿色大粮仓等重点任务，在促进农业节本、高效、智能、绿色等方面求突破，依靠科技打造发展新引擎，培育县域经济新动能，实现创新驱动、内生增长，促进农业质量效益和竞争力不断提升。

——新兴科技革命机遇。创新是引领发展的第一动力，农业要实现现代化，要更加注重科技创新，依靠科技创新打造新引擎，加速农业发展方式由传统农业向现代农业转变，提高现代农业创新力和竞争力。我国积极开展"互联网＋"现代农业行动，加快推动数字乡村建设，以精准农业、精确农业、智慧农业、农业大数据、物联网为代表的数字农业模式，将根本变革农业生产、生活和产业组织形式，全球卫星导航系统、移动设备、机器人技术、灌溉技术、物联网、传感器、变量播种等精准农业技术将被大规模使用，未来无人飞机普及程度将达到30％。

近日，在黑龙江省政府与大北农集团签约仪式上，大北农集团董事局副主席、大北农食品公司董事长张立忠表示，黑龙江是大北农集团在全国最重要的产业发展高地，自2005年以来，在黑龙江已累计投资超60亿元，年产值近百亿元，基于黑龙江良好的资源和政策环境，大北农集团发挥农业龙头企业科技及产业优势，计划在龙江新增投资1 000亿元，实施"龙江十年千亿投资计划"，针对黑龙江重点打造的优质畜牧、水稻、玉米等农业特色优势产业集群，以做大做强生物产业、数字农业为主线，与黑龙江在现代农业领域开展全方位合作，扩大龙江农业产业规模，特别是以数字赋能实现数字化、品牌化双轮驱动发展，助力黑龙江省乡村振兴战略实施，推动共同富裕。

——国内国际环境机遇。置身国际国内发展大背景、大环境、大格局，龙江振兴发展有挑战、更有机遇。要深刻认识百年变局和世纪疫情相互交织、新一轮科技革命和产业变革带来的新的课题和不确定性，深刻认识党中央构建新发展格局、推进东北振兴等重大决策为黑龙江发展创造的难得机遇，深刻认识黑龙江独特区位条件、丰厚资源禀赋、强大科教实力、坚实产业基础、优良生态环境蕴含的巨大发展潜力。要准确把握"危"与"机"的辩证关系，抢抓机遇、积极作为，扬长避短、扬长避短、扬长补短，切实把比较优势转化为竞争优势，在发展中赢得先机、赢得主动、赢得未来。

未来

面向未来，新一轮科技革命和产业变革正处于重要的交汇期，生物技术、信息技术等广泛渗透到农业农村各个领域，多学科高度交叉、多领域深度融合，正引领农业农村技术变革升级、发展方式加快转型和产业格局深度调整。传统农业逐步退出舞台，现代农业快速兴起。

在4月召开的黑龙江省第十三次党代会上，黑龙江省委书记许勤指出，要坚定不移推进农业现代化，不断提高农业产业整体素质和竞争力。坚持把发展现代农业作为振兴发展的重要内容，实施现代农业振兴计划，大力发展科技农业、绿色农业、质量农业、品牌农业，推进规模化、数字化、现代化大农业发展。坚决当好维护国家粮食安全"压舱石"。全面落实粮食安全党政同责，巩固提升粮食综合产能。多措并举保护好黑土地这个"耕地中的大熊猫"，深入推进现代种业提升工程，大力实施大豆产能提升工程，建设国家粳稻口粮战略保障基地、玉米和大豆优质粮源生产基地。培育壮大新型农业经营主体，开展多种形式托管服务，积极探索科学种植模式，加强田间科学管理，推进生产经营由粗放式向精细化、从分散式向集约化转变，切实提高粮食单产水平。新建改造一批大中型灌区，加强中小河流综合治理，强化江河岸堤建设维护，加快实施松花江连通工程，计划累计建成高标准农田1.1亿亩以上，力争全省粮食综合生产能力达到1 600亿斤以上，保持全国第一，坚决当好保障农产品供给安全的"主力军"、国家粮食统筹调剂最可靠的"供应地"。争当全国农业现代化建设排头兵。构建现代农业产业体系、生产体系、经营体系，用现代物质装备武装农业，用现代科学技术提升农业，完善农业社会化服务体系，提高农业机械化、科技化、信息化、标准化水平，打造全国数字农业示范区、国家食品安全示范区。大力发展高品质、高附加值农产品，做优叫响绿色有机农产品品牌，建设全国最大的绿色粮仓、绿色厨房。实施北大荒集团"三大一航母"建设工程，创建中国特色新型农业现代化示范区。提高"粮头食尾""农头工尾"产业链层级，加快建设黑龙江佳木斯国家农业高新技术产业示范区，高标准建设现代农业产业园区，打造农业和农产品精深加工万亿级产业集群，全产业链发展现代畜牧业，推动粮经饲统筹、农林牧渔结合、种养加一体、一二三产业融合发展。打造践行大食物观先行地。深化农业供给侧结构性改革，发挥黄金奶牛养殖带、林业资源丰富等优势，全方位多途径开发食物资源和食物品种，大力发展林下特色种养业、生物农业、冷水鱼产业，建设全国重要的北菜南销生产基地和食用菌生产加工基地，向森林、江河湖泊、设施农业要食物，向植物动物微生物要热量、要蛋白，强化肉蛋奶、果蔬、水产品、山特产品等各类食物有效供给，加快构建食物安全保障体系，让更多人吃上优质、可口、放心、丰富的龙江农产品，为更有底气、更为安全的"中国粮食"作出更大贡献！

"从第三次国土调查结果来看，全国耕地在2009—2019年的10年间减少了1.13亿亩，耕地面积减少趋势明显。"韩贵清说，未来随着人口的增长，特别是人们食品消费升级，我国粮食需求还会呈刚性增长，必须坚持问题导向，为黑龙江省农业现代化建设开出新"药方"，稳固粮食安全"压舱石"地位，当好农业现代化建设排头兵。

——建立调出商品粮利益补偿机制。建议国家依据商品粮基地省粮食调出量，按照每调出1斤补助1元钱的标准，给予地方财政转移支付奖励，增强粮食主产区地方财力，统筹用于农业基础设施建设和耕地保护。要对黑土区的粮食生产大省给予特殊政策，提高高标准农田建设补贴标准，并减少地方投入比例。

——建立东北黑土粮仓保护特区。保护黑土地需要多方协调综合施策。建立保护特区，给予特殊的政策，一方面能够提高人们保护利用黑土地的意识，另一方面也能够以更加开放包容的态度引进国内外先进的保护理念和技术，以积极稳定的政策支持吸引更多的社会资本投入，以更加完善的机制保障扩大黑土保护利用的通道，最终以保护黑土地面积不减少、保障黑土质量不退化为目标，实现黑土资源永续利用。通过建立中央财政资金纵向政策性补偿机制加大黑土地保护资金投入力度。建议中央建立黑土资源保护补偿基金，按照粮食调出量从养分平衡和可持续发展的观点对东北黑土区商品粮调拨给予补偿。补偿方式可以通过直接给予肥料补偿，也可以折算成货币给予补偿。加大保护性投入，推动建立用地养地机制。

——加大农产品精深加工。把农产品精深加工作为助推乡村振兴的战略路径来抓，在顶层设计、要素保障、经营模式上出实招、强举措。强化科技创新，提高农产品精深加工效益。要充分发挥大北农集团的种养加循环一体化产业链条等的示范带动作用，提高农产品的精深加工能力，有效带动产业发展和农民致富，最终实现共同富裕。

——树立大食物观。世界粮农组织 2021 年度报告，向全世界发出"系统濒临极限"的警告，压力与日俱增，到 2050 年将难以满足近 100 亿全球人口的粮食需求。习近平总书记指出："发展生物科技、生物产业，向植物动物微生物要热量、要蛋白"。要抓住机遇树立大食物观，胸怀大局，推动食物供由单一模式向多元供给转变，将黑龙江省全面打造成践行大食物观先行地，利用大森林、大草原大力发展山特产品和畜禽养殖业，利用大江大河大湖泊大力发展水产品产业，利用设施农业发展果蔬产业……全方位、多途径开发食物资源，为粮食安全保驾护航。

（发表于 2022 年 6 月，农民日报·中国农网记者：焦宏、刘菁）

立草为业，树立全球大食物观，
为国家粮食安全保驾护航

一、立草为业战略的重要性

草业是现代农业的重要组成部分，具有碳达峰和碳中和生态修复的多重功能。我国草原资源丰富，得天独厚，全国有草原 60 亿亩，面积居世界第二，是林地的 2 倍，耕地的 3 倍。实施立草为业，树立全球大食物观，为国家粮食安全保驾护航意义重大而深远，具有重大的经济效益、社会效益和生态效益。绿水青山就是金山银山！

1. 优质饲草是草食畜牧业高质量发展的物质基础 草业是联通种植业和畜牧业的桥梁和纽带，是纵贯农区和牧区的核心要素，是融合生产和生态的关键。优质饲草是畜牧业尤其是以奶牛为主体的草食畜牧业高质量发展的物质基础。国外经验表明，奶牛、肉牛、肉羊等产业的发展是以挖掘优质饲草的潜力为前提的。研究表明，影响奶牛产奶量和乳品质的主要因素中，饲草饲料（日粮）贡献率超过 50%。按照"种好草、养好牛、产好奶"全产业链发展要求，解决种植业和畜牧业的痛点、难点和堵点都离不开草业，因此，实施立草为业，树立全球大食物观，要从现在做起，像重视粮食一样重视草业，像抓粮食一样抓草业，把世界牧草之王苜蓿作为粮食作物一样对待，向苜蓿要肉蛋奶，向苜蓿要营养，向苜蓿要蛋白，向苜蓿要粮食安全。为国家粮食安全、社会稳定和人类健康保驾护航，论文写在中国的大草原上，成果留在全国的农牧民家。

2. 草业是优化种植结构，提升耕地质量的有效措施 目前，我国居民的膳食结构总体上是热量有余，蛋白质不足。近年来，国家已经逐渐引导地方从过去单纯的"粮仓"向"粮仓＋奶罐＋肉库"转型。因此，在传统的粮食、经济作物的二元结构中加入饲草作物，形成"粮经饲"三元结构体系协调发展，推动传统耕地农业系统转向粮草兼顾的立体农业系统，减轻饲料安全对口粮安全的压力。树立全球大食物观，除了粮食之外，我国还有其他多种多样的农业自然资源，要发挥好这些农业自然资源的潜力，生产出更多样化的食品，特别要大力发展饲草产业，从总体上保障整个国家食物供给安全。豆科牧草根系发达，根瘤菌可固氮，能够明显增加土壤有机质，改善耕地质量，提高土壤肥力。据测算，产量 500 千克的苜蓿田，每亩每年可固氮 16.7 千克，相当于施 76.6 千克优质硫酸铵化肥。草业不仅有利于培肥地力、提高土地资源使用效率、维护农田生态安全，增加粮食综合生产能力，促进农业增效、农民增收，而且有利于农业资源与生态环境的改善。

3. 天然草原是国家生态安全的重要屏障　我国是一个草原大国，有天然草原 3.928 亿公顷，约占全球草原面积 12%，世界第一。天然草原在我国农田、森林和草原等绿色植被生态环境中占 63.7%，是我国面积最大的陆地生态系统和绿色屏障。草原与被称为"地球之肾"的湿地、"地球之肺"的森林相比，占据着地球上森林与荒漠、冰原之间的广阔中间地带，覆盖着地球上许多不能生长森林或不宜开垦为农田的生态环境较严酷的地区，是全球生态环境稳定的保障，被称为"地球之肤"当之无愧。草原的生态功能一是防沙作用明显，当植被覆盖度为 30%～50% 时，近地面风速可降低 50%，地面输沙量仅相当于流沙地段的 1%。二是涵养水源功能强大，使之成为许多大江大河的发源地，是中华民族的水源和"水塔"，于是就有了"吃粮靠耕地、吃水靠草原"的说法。三是重要的生物基因库，草原丰富的物种和生物多样性为动植物的农业改良提供基因支撑，是人类可持续发展的"基因银行"。

二、草业发展建议

1. 引草入田，藏粮于草，为国家粮食安全保驾护航　国家粮食安全问题，主要有两个方面。一方面是粮食的足量供应，即量的安全；另一方面是食品质量有保证，即质的安全。但无论是量的安全供应，还是质的安全无忧，都与优质饲草密不可分。随着人民生活水平的提高，饮食结构发生显著变化。据统计，我国人均口粮消费量已由 1978 年的 225 千克下降到 2019 年的 116 千克；玉米消费从 2001 年 1.1 亿吨增长为 2020 年 2.6 亿吨，增长 2.36 倍。但是，我国粮食安全的压力并没有因此减轻，在国内粮食产量连年增加的情况下，粮食进口不断增长。2020年我国进口粮食1.4亿吨，其中大豆进口1亿多吨，榨出2 000多万吨豆油，余下7 000多万吨豆粕绝大部分被做成饲料，因此，中国粮食安全问题本质上是饲料粮的安全问题，是畜产品充足供应和质量安全问题。

2022年3月6日，在政协联组会上，习近平总书记强调，从更好满足人民美好生活需要出发，在确保粮食供给的同时，保障肉类、蔬菜、水果、水产品等各类食物有效供给，缺了哪样也不行。这就要求我们直面解决优质饲草的安全、稳定供应问题，这不仅关系着农牧民的经济利益，而且关系着全体国人的健康。据研究测算，同样的水土资源，如果生产优质饲草，可收获能量比谷物多3～5倍，蛋白质比谷物多4～8倍。1亩优质高产苜蓿提供的蛋白相当于2亩大豆，一次投入，多次产出。发达国家把饲草视作农作物，把种草和种粮看作同等重要。苜蓿是美国的第四大作物，在欧洲部分国家青贮玉米面积占到全部玉米种植面积的一半以上。因此，必须高度重视，大力实施立草为业战略，像重视粮食一样重视草业，像管粮食一样管理草业，树立"种草就是种粮，种草就是种肉、种奶"的理念，在确保18亿亩耕地红线基础上，大力发展草业，引草入田，藏粮于草，不仅可以改善我国牲畜饲料的搭配，提高其营养价值；而且通过喂食饲草大幅降低牲畜饲料对于粮食的消耗，实现"饲草换蛋白、饲草换粮食"，同时，"增草"既能提升优质饲草供给，又能提升草原生态功能，达到生态、生产、生活有机统一；也符合国家规划中，扩大内需、完善国内大循环的大方针，为保障国家粮食安全保驾护航。

2. 种养结合，草畜配套，实现生态良性循环　当前，我国饲草产业和草食畜牧业均进入快速发展的新阶段，应加快建立草畜一体化技术体系。发达国家大多采用农牧结合养殖方式，美国、新西兰和欧盟规定养殖1头奶牛须配备5亩以上土地用于种植饲草，解决粪污消纳和粗饲料保障问题。澳大利亚和新西兰已形成草畜平衡的生态畜牧业发展模式。因此，各级政府要真正树立"立草为业，草当粮种"的发展理念，应该像抓粮食一样抓草业，像管粮食一样管草业，像重视生态保护一样重视草业。应坚持以养定种、以种促养的思路与理念，合理的流转土地，引导草畜一体化，通过粪污还田减少环境污染，构建粮草耦合、林草复合、种养结合的生态种养循环模式，实行科学种草，推行草畜结合、草商结合，尽快开拓草产业市场，促进饲草产业与草食畜牧业协调绿色健康发展，实现种养双赢。

3. 加强草原碳汇研究，为国家双碳战略贡献力量　近年来，作为碳汇减排的全球性重大行动，世界主要经济体先后公布了"双碳"（碳达峰、碳中和）自主减排目标。中国是"双碳"行动的积极推进者，2015 年我国政府向全世界承诺，于 2030 年或这之前达到"碳达峰"。草原碳汇大有可为，人工种草、草原改良等可带来巨大碳汇。一是种草可改变土地类型并增加固碳能力。有报道指出，若将荒漠化土地全部恢复成草地，每年可新增碳汇 5 亿～10 亿吨。二是我国中度和重度退化草原面积仍占 1/3 以上，通过实施禁牧休牧、草畜平衡等方式恢复草原固碳能力，可新增碳汇 40 亿～60 亿吨，约为植树造林新增碳汇量的 1.4 倍。三是在单位时间、单位面积内，草可以多年利用，反复收割，其吸碳固碳能力比树木强。例如，在同等条件下，5 年时间内"速生碳汇草"固碳量是榕树的 100 倍。"十四五"时期，我国将实施退化草原修复 2.3 亿亩，草原固碳潜力巨大。因此，建议将草原碳汇纳入地方性资产，开展调查，摸清价值，纳入 GEP（生态系统生产总值）核算，同时建立草原碳汇教育培训和检测机构，让牧民了解草场的碳汇价值，进行碳交易，享受草原碳汇收益，不断强化草原生态保护，发挥好草原在保障国家食物安全和生态安全中的重要作用，实现草原可持续发展。

4. 发展多功能草产业，提升草产业附加值　草产业范畴涵盖广泛，与农业、畜牧业、林业、食品业、医药业、生态治理等行业均有交集，涉及自然科学和社会科学，生产力和生产关系，经济基础和上层建筑，涉及政策、投入、民族、宗教等诸多方面。因此，应充分挖掘草在饲用、食用、生态环境、医药保健、休闲旅游等方面的功能，将草"吃干榨尽"，开发最大价值。例如，60 亿亩草原改良、18 亿亩耕地培肥地力和草田轮作、3.7 亿亩冬闲田利用、17 亿亩盐碱地改良、25.3 亿亩沙漠和沙漠化土地治理、3 256 万亩滩涂利用、10 亿亩疏林地和 2 亿多亩果园开展林（果）草复合利用对草有潜在巨大需求。因此，应充分发挥草的"先锋植物"优势，以耐盐碱草种为抓手，依托草畜配套、种养结合的全产业链运作和产业化，实现好草产好肉、产好奶，满足消费者对更绿色、更丰富、更优质、更安全的草畜产品的需求，增强畜产品竞争力，结合农业工程、栽培、农机等措施，大力开展盐碱地改良，特别是黑土地碱化、沙化和退化治理，增加国家后备耕地资源储备，实现"草多-畜多-粮多-钱多"的健康可持续生态之路，为国家粮食安全和中华民族永续发展奠定坚实基础。

5. 强化资金投入，提升草业发展保障　我国草业科技基础较差，与农业其他行业相比科技投入远远不足，因此，要抓住国家推进现代农业建设的机遇，面向产业发展需求，各级政府要牢固树立"立草为业""小草大产业"的全球大食物观理念，要像重视粮食安全一样重视草原生态安全，像保护基本农田一样保护基本草原，将草业置于国民经济社会发展和生态建设的全局统筹规划、大力支持。不要停留在口头上，要落实到行动上。一是要实施草业科技创新工程，大幅度提升科技投入，持续攻克草业发展的瓶颈问题，提升科技集成创新水平。以"藏粮于地、藏粮于技"为着力点，充分发挥科研院所、大专院校、企业等各方主体积极性，整合产学研体系，健全草业科技创新、推广的激励机制，力争在草业领域取得重大突破，实现"藏粮于草"。二是要高度重视，切实把促进草业发展纳入公共财政预算，加大财政投入力度，像投资粮食一样投资草业，确保国家重点工程及草原监理、监测、科研、推广、灾害防治等的投入长期稳定，建立以公共财政为主渠道的多元投资机制，鼓励国内外企业、农牧民个人等社会资金投资草原保护建设和草业发展，对优质高产人工草地建植、退化草原生态恢复、饲草良种繁育、生产基地、物流仓储基地、电商平台等建设均应加大扶持力度。三是要不断完善支持草业发展的政策体系。建立生态补偿制度，积极制定超载减畜补贴、种草补贴、牧草良种补贴、牧草机械补贴等政策。四是要加强政府各职能部门间的协调配合，搞好资源整合，形成支持和发展合力，借鉴草业发达国家的保险经验，参考国内农作物保险的具体做法，建立饲草产业保险制度。

6. 强化对外合作，提升草业国际合作　在草牧业发达的美、英、法、新西兰等国早已把草业作为大农业生产的基本方式，并且积累了包括草种培育、良种扩繁、草地建植、饲草加工、观赏草地建植等先进的生产技术和管理经验。为此，应该加强贯彻落实国家"一带一路"倡议，主导和参与全球草业科技合作交流，积极牵头建立全球性的草业科技国际组织，积极参与现有国际组织，成为国际重大草业科技议题和规则的倡导者、推动者和制定者。鼓励科研单位与企业组团走出去，共建国际联合实验室或研发中心，统筹利用全球科技资源，解决草产业发展关键技术问题和重大科学问题，加强国际科技合作与产业推动，充分发挥 FAO 全球土壤伙伴关系国际黑土研究院的作用，走出去，请进来，学习发达国家的先进经验，在国外布局草产业，扬长避短，取长补短，最终建立独具特色的中国草业。

（作者：韩贵清，发表于 2023 年 2 月）

转变农业发展方式　保障国家粮食安全

——关于黑龙江省加快发展现代化
大农业问题研究

粮食安全是世界问题，全世界仍有 10 亿人口饱受饥饿困扰。粮食安全是中国现代化建设中永恒的主题，中国的粮食安全问题只能靠自己来解决。中国作为世界最大的发展中国家和人口大国，党和政府始终把解决粮食安全问题作为重中之重。党的十七届五中全会和中央经济工作会议，以科学发展为主题，以加快转变经济发展方式为主线，把推进农业现代化作为"十二五"时期的一项重大任务。胡锦涛总书记在黑龙江省视察时指示："黑龙江省要发展现代化大农业，在全国率先实现农业现代化"。温家宝总理曾强调："全国大粮仓，拜托黑龙江"。黑龙江省是国家重要的商品粮基地，在保障国家粮食安全上具有特殊的战略地位。为此，我们对黑龙江省发展现代化大农业、保障国家粮食安全问题进行了专题研究。

一、中国粮食安全的根本出路在发展现代化大农业

现代化大农业的主要特征是科技化农业、高优化农业、机械化农业、市场化农业、集约化农业、工程化农业、富民化农业。发展现代化大农业能够有效解决中国乃至世界粮食安全问题，还能解决农民增收问题。黑龙江省的创新实践充分证明了这一点。

一是粮食总产首破千亿斤。近年来，黑龙江省把发展粮食生产作为建设现代化大农业的首要任务，把保障国家粮食安全作为重大责任，不断提高粮食综合生产能力。2010 年全省粮食总产 1 002.6 亿斤，再创历史新高，实现连续 7 年大幅度持续增产，2010 年新增粮食132 亿斤，占全国增产粮食总量的 42%，成为国家名副其实的大粮仓。粮食商品率达到 70% 以上，粮食调出量占全国商品粮总量的35% 左右，均列全国第一。

二是农业科技贡献率明显提高。倡导"论文写在大地上，成果留在农民家"创新理念，坚持科研跟着生产需求走，在全国率先组织实施了农业科技创新工程，建立大豆、玉米、水稻、畜牧等12个农业科技创新体系，创建国家级和省级中心41个，选育推广粮食作物新品种665个，良种覆盖率达98%以上。组织农业科研院校与各县（市、区）开展农业科技合作共建，推动大批科技人员进村入户解决关键技术难题，集成组装配套使用先进技术，为抗灾夺丰收发挥了至关重要作用。全省农业科技进步贡献率达59.5%，高于全国平均水平7.5个百分点，农业科技成果转化率达70%以上。同时，将农业科技共建由县延伸到村，促进农业结构调整，增加农民收入。黑龙江省农业科学院与甘南县兴十四村共建4 000亩的黑龙江（兴十四）现代农业示范园区，起到了做给农民看、引导农民干、给农民做示范的作用，使当地各类农作物产量较以前翻了一至二番，马铃薯亩产突破万斤，该村农民人均新增收入2 000多元；与双城区三邻村共建，调整种植结构，发展瓜菜等设施农业，亩均纯收益1.5万元以上，相当于30亩大田收入。

三是优势产业不断发育壮大。2010年，黑龙江省绿色食品认证面积5 760万亩，生产总量达到2 920万吨，均列全国首位。规模以上农产品加工龙头企业实现销售收入1 200亿元，牵动基地面积8 000万亩。黑龙江省农产品出口贸易额在全国排名第7位，在俄罗斯农业开发面积增长迅速，达到520万亩，比2005年增长225%。

四是农业机械化水平大幅度提高。2010年，黑龙江省农机总动力达到3 401万千瓦，比2005年增加1 167万千瓦。新建投资1 000万元以上的现代农机作业合作社338个，全省农机作业合作社总数达到1 656个。大田作物田间作业综合机械化程度达到88.6%，居全国首位。

五是农业生产经营方式发生变化。2010年，黑龙江省注册登记的农民专业合作社发展到12 935个，土地规模经营面积发展到6 997万亩，农村土地流转面积达到3 263万亩。全省共有67个县（市、区）与16个农业科研院校和农技推广部门开展农业科技合作共建，推广主导品种、主推技术1 206项，辐射带动8 000多万亩，农业生产走上科技化、标准化和工程化道路。

六是农民人均纯收入稳步增长。2009 年，黑龙江省农民人均纯收入达到 5 207 元，首次突破 5 000 元大关。2010 年达到 6 210.72 元。全省农民人均纯收入连续两年超过全国平均值，是历史上农民收入增长较快时期。

二、发展现代化大农业的制约因素

黑龙江省农业取得了重大成就，为保障国家粮食安全作出了重大贡献。但与率先实现农业现代化的要求相比还面临许多新挑战，主要表现在：

一是农业基础设施薄弱。农田水利设施薄弱，农田有效灌溉面积只占 25％，大大低于全国 40％的平均水平。全省农机总量不足且结构不合理，2 000 多个村没有大型农机具，3.2 万台大型拖拉机中服役 15 年以上的占 47.8％。自然灾害频发，农业"靠天吃饭"局面还没有根本改变。

二是科技支撑不够有力。农业科技原创力不强，科技成果转化率不高，科技创新和农技推广体系还需进一步完善。农民科技素质较低，全省农村劳动力平均受教育 7.3 年，多数农民对标准化种养技术吸纳能力较低。

三是农业组织化程度不高。农村合作经济组织经营规模小，自身经济实力弱，社员与合作社之间利益联结不够紧密，没有形成利益共同体。农业产业化龙头企业数量少、规模小、牵动能力弱，特别是利益连接机制不够完善，没有形成基地农户与龙头企业的有效对接。农产品市场波动较大，价格不稳，农业稳定发展、农民持续增收难度增大。

三、发展现代化大农业的对策建议

按照中共中央、国务院建设现代化大农业的要求，黑龙江省要夯实农业发展基础，优化农业产业结构，强化农业科技支撑，改造中低产田，推进农业可持续发展，在全国率先实现农业现代化。到 2015 年，全省粮食综合生产能力达到全国第一，稳定在 1 000 亿斤以上；农民人均纯收入达到 1 万元，较"十一五"期末翻一番。

1. 强化现代农业科技支撑 黑龙江农业近几年实现了跨越式发

展，主要是政策好、靠科技、人努力、天帮忙，但根本还要靠科技。一是实施农业科技创新工程。围绕生产需求，强化科技原始创新，推进农业技术集成组装，尽快取得一批具有自主知识产权的重大农业科研成果，赶上世界发达国家先进水平。"十二五"期间培育农作物新品种600个，研发、集成组装配套新技术100项。建立现代种业集团，保障国家用种安全。二是强化先进实用农业科技成果转化推广。强化科技成果转化推广公益性职能，完善农业科技合作共建长效机制，加速农业科技成果转化步伐，建立农业科技成果转化推广新体系。开展大规模高产创建示范活动。到2015年，黑龙江省农业科技成果转化率达到80%。三是提高农民科技素质。广泛开展对农民的普及性科技培训，采取"农民点菜，专家下厨"方式对农民进行需求培训，重点培训科技示范户、农机大户、从事种养业的农民和村干部。到2015年，全省懂技术、善经营、会管理的新型农民达到400万人，实现村村有科技致富能手、家家有科技明白人，农业科技贡献率达到65%以上。

2. 夯实农业发展物质基础 一是加强农田水利基础设施建设。加强水源工程和灌区工程建设，进一步扩大有效灌溉面积，提高防洪排涝能力，全力推进节水灌溉，稳步提升粮食综合生产能力，保证种粮农民有稳定收入。二是装备大型农业机械。全面落实农机购置补贴政策，扶持农民购买大马力拖拉机5万台套，推进农业生产全过程、多领域机械化。扶持壮大农机专业合作社，集中建设大型现代农机专业合作社1 000个，推进农业生产全过程标准化作业，提高农业生产的组织化程度和机械化水平。三是建设高标准农田。加大基本农田的土地整治、土壤改良、机耕道路和农田林网建设力度，把基本农田加快建成高标准农田。四是建设高标准水稻育秧大棚。到2015年，全省新建标准化水稻育秧大棚53万栋，建成标准化、规模化育秧大棚小区1.77万个，实现工厂化育秧。

3. 构建完备的现代农业产业体系 一是叫响绿色食品品牌。大力推行绿色食品和有机食品标准化生产，开展地理标志登记保护，绿色食品种植面积达到1亿亩，培育一批具有较高知名度的绿色食品和有机食品品牌，做大做强绿色食品产业。二是做强农产品加工业。为把"大粮仓"变成"大厨房"，重点扶持辐射面积大、带动农民增收能力强的 100 户农业产业化龙头企业，打造一批有竞争力的龙头企业集团。大力实施品牌战略，提升农产品精深加工水平，创出一批知名品牌。到 2015 年，农产品加工率达到 80％以上，农产品加工业收入达到 4 500 亿元。三是做大畜禽和水产养殖业。大力发展以奶牛为主的畜禽养殖和名优特、好少新水产养殖业，到 2015 年，全省奶牛存栏达到 370 万头，水产品养殖面积达到 400 万亩，单产达到国内领先水平。四是加快发展经济作物和牧草产业。在粮食产量、质量、调出量持续增长确保国家粮食安全的基础上，调整农业结构，加快发展寒地果蔬、杂粮杂豆、亚麻、甜菜、向日葵等高效经济作物，大力发展以紫花苜蓿为主的牧草产业。种植牧草，发展畜牧，改造山河，治穷致富。到 2015 年，全省经济作物种植面积增加到 3 000 万亩，饲草饲料作物播种面积达到 2 000 万亩，建立较为合理的粮经饲三元结构。五是建立现代农业经营、流通体系。大力推进土地规模经营，积极培育发展种粮大户、家庭农场等土地规模经营主体，提高农业规模化程度。加强农民专业合作社建设，创立自主品牌，提高经营管理水平。到 2015 年，土地规模化经营面积达到 1.2 亿亩，农民专业合作组织达到 2 万个。要加强农产品市场流通体系建设，推进农超对接，减少中间环节，使农民成为市场主体，促进农民收入快速增长。六是做大国际化农业。坚持走出去请进来相结合，扩大农业对外开放，引进国外先进技术和高端人才，提高农业国际综合竞争力。

4. 建设绿色农业大省 一是保护耕地资源。加强寒地黑土资源保护开发利用，强化水土流失治理，实行土壤肥力培肥补偿，扩大测土配方施肥和秸秆根茬粉碎还田面积，增加耕地土壤肥力。二是发展低碳农业。实行保护性耕作，发展旱作节水农业，推广缓释肥与生物肥，科学合理使用化肥，切实提高农业投入品利用效率。推广秸秆气化、碳化成型等技术，积极发展太阳能、风能等清洁能源。大力发展低碳农业、都市农业、观光农业和体验农业，走农业节能减排和可持续发展道路。三是加强农产品安全监管。开展主要农产品产地安全监测，定期评估产地安全质量状况，向社会公布。

发展现代化大农业，科技是动力，投入是保障，制度是关键。为此，提出如下建议：

（1）建议国家加大对科技的投入力度。一是依托农业科研部门和大专院校实施农业科技创新工程，开展农业科技合作共建。全面提高农业科技自主创新能力，建立科研部门为主的科技成果转化新机制，形成科研围绕生产需求走的新体系，不断提高科技对农业生产的贡献率，真正做到"论文写在大地上，成果留在农民家"。二是建设黑龙江省国家级农业高新技术产业示范区，引领推动现代化大农业发展。三是扶持发展民族种业。抵御国外种业入侵，保障国家用种安全。

（2）建议国家加大农业基础设施建设投入力度。国家应将农业政策资金重点投向商品粮基地。一是设立农田水利建设专项资金。扶持扩大农田有效灌溉面积和节水灌溉面积，建设高产稳产基本农田。二是加大农机具购置补贴力度。积极扶持农民购买大马力、节能环保和复式作业机械，推进农业生产全过程机械化。三是设立水稻育秧大棚建设专项补贴。扶持稻农建设标准化、规模化育秧大棚，实现工厂化育秧，走农业工程化道路。

（3）建议在黑龙江省设立国家现代农业试验区。给予体制机制优先试验权，建立科技研发推广机制、产业化发展机制、新型产权流转机制、投入补偿机制和农业风险防范机制。重点提供两方面的政策支持：一是建立农产品期货交易市场和农村土地产权交易中心。减少农产品市场和价格波动风险，推进土地承包权和集体建设用地依法有序流转。二是建立商品粮补偿机制。稳步提高粮食收购价格，建立商品粮基地的利益补偿机制，提高对农民直补的力度，改革补贴办法，每调出 1 斤商品粮国家直补 0.5 元，保障粮食主产区农民利益，稳定粮食生产。

（作者：韩贵清，发表于 2011 年 1 月）

第十一章　黑土保护与利用

保护黑土藏粮于地　向中低产田要效益

习近平总书记指出，粮食安全是"国之大者"。悠悠万事，吃饭为大。今年两会期间，习近平总书记强调，必须把确保重要农产品特别是粮食供给作为首要任务，把提高农业综合生产能力放在更加突出的位置，把"藏粮于地、藏粮于技"真正落实到位。

民以食为天，人民群众的吃饭问题始终是治国理政的头等大事，是经济发展和政治稳定的重要物质保证。我国以占世界9％的耕地、6％的淡水资源，养育了世界近1/5的人口，从当年4亿人吃不饱到今天14亿多人吃得好，有力回答了"谁来养活中国"的问题。我国粮食每年总消费量已超过7亿吨，而全球谷物年贸易量仅4亿吨左右，粮食消费量远超过世界粮食贸易量。尤其是在当前，俄乌冲突不仅给正在从新冠病毒感染中艰难复苏的世界经济投下巨大阴影，也为全球粮食安全拉响了警报。

如何保证中国人的饭碗任何时候都要牢牢端在自己的手上，已经成为继"谁来养活中国"的另一个新时代之问。

今年两会期间总书记强调，实施乡村振兴战略，必须把确保重要农产品特别是粮食供给作为首要任务，把提高农业综合生产能力放在更加突出的位置，把"藏粮于地、藏粮于技"真正落实到位。这为我们解决新时代14亿人口吃饭问题指明了方向。

2021年，黑龙江省粮食总产创历史新高，达到1 573.54亿斤，占全国总产量的11.5％，连续十一年位居全国首位，并且保持"十八连丰",其中最重要的原因就是黑龙江省以典型黑土为主的耕地生产潜力最大、产能最稳。今年,按照国家稳口粮、稳玉米、扩大豆、扩油料部署,黑龙江省要调增大豆种植面积 1 000 万亩,大豆面积达到 6 850 万亩。大豆面积增加势必会减少高产作物玉米或水稻种植面积。按照 2020 年黑龙江省水稻、玉米和大豆亩产分别为 997 斤、887 斤和 254 斤计算,以玉米为对照,理论上黑龙江省粮食总产会减少 60 亿斤左右。因此,如何继续保持黑龙江省粮食总产稳定在高位就成为政府部门、农业生产者和科研工作者必须深入研究和解决的一个重大课题。

习近平总书记在 2022 年全国两会中指出"农田就是农田,农田必须是良田"。这也直接指出了黑土地保护工作关键所在。截至 2021 年,黑龙江省建成高产稳产标准农田占耕地总面积的 33.9%,仍有近七成的耕地处于中低产水平。中低产田改良是黑土保护工作的难点、痛点和堵点,也是未来黑龙江省保证粮食产量稳定在高位的潜力所在和最有效途径。按照改良 1 亿亩中低产田、亩增产粮食 150 斤保守估算,每年可增加 150 亿斤粮食产量,相当于在现有粮食产能基础上再提高 10% 的产量。

中低产田形成有两方面原因:一是人为因素。即人们开发利用土地过程中采取的农业措施和环境因素不协调造成的,如水土流失、土壤肥力退化、连作障碍、土壤次生盐渍化和沙化等,这类土壤由于种养失衡或管理不当造成土壤产能降低,可以通过合理轮作、培肥、保育、合理施肥等措施使低产问题得到改善。二是自然因素。如白浆土、低湿地、盐碱土和瘠薄土壤等障碍土壤的形成。障碍土壤就是有限制作物生长因子的土壤。障碍因子包括障碍土层、高盐碱成分、滞黏潜育化等。这类土壤的改良单纯依靠保育培肥是不能达到改良效果的,必须消除障碍因子,需要工程、机械改土、农艺等综合措施改良才能达到标本兼治的目标。改良难度大,但改良后粮食增产潜力更大。

白浆土是黑龙江省面积最大的障碍土壤,面积 4 971 万亩,其中耕地面积近 3 000 万亩,70% 分布在三江平原。白浆土耕层浅薄、养分含量低,含有坚硬的白浆层,耐旱耐涝能力差,作物产量低而不稳,遇到旱涝灾害,容易绝产。低湿地主要分布在全省低平原草甸土和沼泽土区，面积 2 000 万亩左右。该类土壤黏滞、排水不畅，旱作易涝；开垦为水田，由于黑土层薄，肥力低，养分含量少，水稻产量与临近的黑土比低 20％ 以上。除此之外，还有分布于松嫩平原西部的盐碱土，面积 1 500 万亩，由于盐分表聚，造成作物减产、绝产现象也十分严重。

黑龙江省在中低产田改良方面积累了较为丰富的经验，并总结了较为成熟的技术模式。如针对白浆土，省农业科学院从"七五"到现在，历经三代人近 50 年的刻苦攻关，成功研发了白浆土心土改良培肥综合技术模式及配套机械，实现增产 21％。"十三五"科研成果——白浆土水田秸秆还田循环调氮技术模式，秸秆还田 4 年后土壤有机碳增加 4％，有效孔隙增加 15％，10 年平均水稻产量增加 14％。秸秆还田技术 2021 年被列为"农业农村部"十大固碳减排技术模式。

针对低湿地问题，黑龙江省农业科学院经过 7 年研究，提出稻壳机械深埋深松技术的新模式，使三江地区的沼泽化草甸土水稻由原来亩产 500 斤增加到千斤产量，改良效果持续 8 年以上。此外，省农业科学院历经了 20 多年的深入研究，针对盐碱地问题提出的有机物料机械深埋改良盐碱土的技术模式和技术路线图，通过在土体中构建稳定大孔隙、改变水盐运行方向，达到降盐降碱的目标，改土 2 年后，牧草产量平均增加 35％ 以上，5 年后使只能种植牧草的盐碱地变成了农田，pH 也由 9 降低到 8 以下，可以种植玉米和其他农作物，10 年后就变为良田。发展潜力巨大，应引起各级领导高度重视。

尽管中低产田改良对土壤产能提升效果显著，但在实际生产中却难以推广。究其原因：一是投入问题。中低产田改良属于农田基本建设范畴，工程量大、成本高、投资回收期长，加之农业自身风险的不可预期性，没有国家政策和资金支持，农户或新型农业主体难以承担。二是作为技术实施载体的专用机械缺乏。因地施策的改土方法要有与之配套的专用机械才能发挥效果，而改土机械与常用耕种、收获机械不同，属于农业生产中非必要机械，增加了额外的生产成本。三是认识问题。中低产田改良虽然效果突出，但是由于政策导向、农户认识方面问题，实际上这项工作仍然处于叫好不叫座的局面，缺乏强有力的政府支持、宣传引导和典型带动。习近平总书记强调指出："土地是粮食的命根子，是中华民族永续发展的根基"。

鉴于黑土地是"耕地中的大熊猫",国家应该保护。为保护黑土,藏粮于地,向中低产田障碍性土壤要效益,提出如下建议:

一是强化政策引领。在黑土地保护整体投入资金不变的前提下,统筹考虑保护重点,将中低产田改良纳入优先支持项,纳入中央"十四五"规划和省重大专项,要把黑土地保护利用项目和资金向中低产田倾斜。强化政策扶持作用,将与改土技术配套的土壤改良机械纳入农机补贴目录,解决装备不足问题,鼓励广大农户和新型农业主体主动投身到中低产田改造中来,发挥其主力军作用。

二是强化科技支撑。加强土壤改良创新团队建设,成立省级中低产田改良产业技术创新体系,建立由属地科研教育和技术推广单位组成的专家服务团队,加快改良技术创新推广。通过"揭榜挂帅"等方式加大省级中低产田方面科研立项支持,同时结合黑龙江省的实际需求推动部省联动项目向中低产田改造方向倾斜。充分发挥全球伙伴关系国际黑土研究院的作用,把世界发达国家黑土保护利用和科学研究的成果,在东北黑土地上开花结果,真正把论文写在大地上,成果留在农民家,为保障国家粮食安全、社会稳定和人类健康作出更大的贡献!

三是强化投入保障。要坚持黑土保护的公益性、基础性、长期性,发挥政府投入引领作用,以市场化方式带动社会资本投入,引导农村集体经济组织、农户、企业积极参与,形成黑土地保护建设长效机制。通过财税政策创新,鼓励引导金融资源和社会资本向中低产田改良领域集聚,形成多元化、市场化投入态势。

四是强化示范带动。通过地方政府、科研单位和农业主体多方共建的方式,在中低产田典型区域开展技术集成示范,打造样板田,通过召开改良作业、秋季测产现场经验交流会等形式,加快成熟技术装备示范推广,营造氛围,形成可复制、可推广、可见效的中低产田改造的"龙江模式",共同助力黑龙江省黑土保护工作的提档升级。

(作者:韩贵清,发表于 2022 年 4 月)

黑龙江省第三次国土调查主要数据公报

2018 年 9 月，按照国务院统一部署，黑龙江省开展第三次国土调查（以下简称"三调"），以 2019 年 12 月 31 日为标准时点汇总数据。"三调"全面采用优于 1 米分辨率的卫星遥感影像制作调查底图，广泛应用移动互联网、云计算、无人机等新技术，创新运用"互联网＋调查"机制，全流程严格实行质量管控，历时 3 年，1.1 万调查人员先后参与，汇集了 1 174 万个调查图斑数据，全面查清了全省国土利用状况。现将全省主要地类数据公布如下：

1. 黑龙江省耕地面积 1 719.54 万公顷（25 793.14 万亩） 其中，水田 480.88 万公顷（7 213.17 万亩），占黑龙江省耕地面积的 27.97％；水浇地 7.24 万公顷（108.69 万亩），占黑龙江省耕地面积的 0.42％；旱地 1 231.42 万公顷（18 471.28 万亩），占黑龙江省耕地面积的 71.61％。

位于 2°以下坡度（含 2°）的耕地 1 302.16 万公顷（19 532.40 万亩），占黑龙江省耕地面积的 75.73％；位于 2°～6°坡度（含 6°）的耕地 335.22 万公顷（5 028.35 万亩），占黑龙江省耕地面积的 19.49％；位于 6°～15°坡度（含 15°）的耕地 78.00 万公顷（1 170.06 万亩），占黑龙江省耕地面积的 4.54％；位于 15°～25°坡度（含 25°）的耕地 4.09 万公顷（61.31 万亩），占黑龙江省耕地面积的 0.24％；位于 25°以上坡度的耕地 0.07 万公顷（1.02 万亩），占黑龙江省耕地面积的 0.004％。

2. 黑龙江省园地面积 6.24 万公顷（93.54 万亩） 其中，果园 2.76 万公顷（41.35 万亩），占黑龙江省园地面积的 44.21％；其他园地 3.48 万公顷（52.19 万亩），占黑龙江省园地面积的 55.79％。

3. 黑龙江省林地面积 2 162.32 万公顷（32 434.86 万亩） 其中，乔木林地 2 100.44 万公顷（31 506.63 万亩），占黑龙江省林地面积的 97.14％；灌木林地 17.73 万公顷（265.93 万亩），占黑龙江省林地面积的 0.82％；其他林地 44.15 万公顷（662.30 万亩），占黑龙江省林地面积的 2.04%。

4. 草地 118.57 万公顷（1 778.61 万亩） 其中，天然牧草地 56.88 万公顷（853.28 万亩），占黑龙江省草地面积的 47.97%；人工牧草地 1.73 万公顷（25.90 万亩），占黑龙江省草地面积的 1.46%；其他草地 59.96 万公顷（899.43 万亩），占黑龙江省草地面积的 50.57%。

5. 湿地 350.10 万公顷（5 251.48 万亩） 湿地是"三调"新增的一级地类，包括 7 个二级地类（黑龙江省不含红树林地、沿海滩涂）。其中，森林沼泽 140.81 万公顷（2 112.10 万亩），占黑龙江省湿地面积的 40.22%；灌丛沼泽 19.55 万公顷（293.31 万亩），占黑龙江省湿地面积的 5.59%；沼泽草地 142.34 万公顷（2135.12 万亩），占黑龙江省湿地面积的 40.66%；内陆滩涂 18.49 万公顷（277.37 万亩），占黑龙江省湿地面积的 5.27%；沼泽地 28.91 万公顷（433.58 万亩），占黑龙江省湿地面积的 8.26%。

6. 城镇村及工矿用地 116.44 万公顷（1 746.62 万亩） 其中，城市用地 16.17 万公顷（242.59 万亩），占黑龙江省城镇村及工矿用地面积的 13.89%；建制镇用地 12.46 万公顷（186.88 万亩），占黑龙江省城镇村及工矿用地面积的 10.70%；村庄用地 79.83 万公顷（1 197.52 万亩），占黑龙江省城镇村及工矿用地面积的 68.56%；采矿用地 6.60 万公顷（98.94 万亩），占黑龙江省城镇村及工矿用地面积的 5.67%；风景名胜及特殊用地 1.38 万公顷（20.69 万亩），占黑龙江省城镇村及工矿用地面积的 1.18%。

7. 交通运输用地 54.43 万公顷（816.41 万亩） 其中，铁路用地 3.66 万公顷（54.90 万亩），占黑龙江省交通运输用地面积的 6.72%；轨道交通用地 53.25 公顷（798.75 亩），占黑龙江省交通运输用地面积的 0.01%；公路用地 16.28 万公顷（244.18 万亩），占黑龙江省交通运输用地面积的 29.91%；农村道路 34.14 万公顷（512.09 万亩），占黑龙江省交通运输用地面积的 62.72%；机场用地 2 770.02 公顷（41 550.3 亩），占黑龙江省交通运输用地面积的 0.51%；港口码头用地 217.16 公顷（3 257.40 亩），占黑龙江省交通运输用地面积的 0.04%；管道运输用地 447.86 公顷（6 717.90 亩），占 0.08%。

8. 水域及水利设施用地 168.64 万公顷（2 529.56 万亩） 其中，河流水面 52.81 万公顷（792.12 万亩），占黑龙江省水域及水利设施用地面积的 31.31%；湖泊水面 27.63 万公顷（414.49 万亩），占黑龙江省水域及水利设施用地面积的 16.39%；水库水面 19.37 万公顷（290.57 万亩），占黑龙江省水域及水利设施用地面积的 11.49%；坑塘水面 26.30 万公顷（394.43 万亩），占黑龙江省水域及水利设施用地面积的 15.59%；沟渠 38.11 万公顷（571.64 万亩），占黑龙江省水域及水利设施用地面积的 22.60%；水工建筑用地 4.42 万公顷（66.31 万亩），占黑龙江省水域及水利设施用地面积的 2.62%。

第三次全国国土调查是党和国家机构改革后统一开展的一次重大国情国力调查。根据"三调"数据反映的黑龙江省国土利用状况，要继续坚持最严格的耕地保护制度，压实地方各级党委和政府耕地保护责任，实行党政同责；要从严查处各类违法违规占用耕地或改变耕地用途行为，加强后备资源管理，规范完善耕地占补平衡，确保完成国家规划确定的耕地保有量和永久基本农田保护目标任务，切实保护好黑土地这一"耕地中的大熊猫"；要持续坚持生态优先、绿色发展战略，维护国家生态安全，深入推进生态文明建设；践行山水林田湖草沙是生命共同体的系统思想；要加强顶层规划，做好生态建设空间布局和用途管制，统筹生态强省建设；要继续优化用地布局，加强节约集约和用途管控，提高资源利用效率；要科学合理确定生态、农业、城镇空间布局，进一步优化城市功能布局和空间结构，优化农村建设用地布局，合理确定新增建设用地规模和国土开发强度；要继续推动城乡存量建设用地开发利用，完善城镇低效用地再开发政策体系，控好增量、用好存量、管好流量，不断提高黑龙江省资源节约集约利用水平。

（黑龙江省第三次国土调查领导小组办公室

黑龙江省自然资源厅

黑龙江省统计局

2021 年 11 月 11 日）

参加世界土壤有机碳大会的考察报告

应联合国粮食及农业组织邀请，黑龙江省人民政府参事韩贵清、黑龙江省农业科学院土壤肥料与环境资源研究所所长魏丹研究员以及黑龙江省农业科学院土壤肥料与环境资源研究所副研究员佟玉欣、金梁、马星竹一行5人，于2017年3月21日至3月24日参加了世界土壤有机碳大会。现报告如下：

一、考察行程和事项

3月21日至3月24日，参加了由联合国粮食及农业组织、全球土壤协作网、政府间气候变化专家组、国际防治荒漠化公约——科学政策部以及世界气象组织共同承办的世界土壤有机碳大会，韩贵清研究员在黑土国际联网研究论坛做大会报告，同时担任高有机碳含量土壤分会场会议主持。考察团成员与联合国粮食及农业组织土地与水资源司司长 Eduardo Mansur 先生和全球土壤协作网负责人 Ronald 先生进行了会谈，主要内容是关于建立世界黑土联盟和开展人员互访与培训等。

二、会议基本概况

联合国粮食及农业组织1946年12月14日成为联合国专门机构，总部设在意大利罗马，共有157个成员国。其宗旨是提高人民营养水平和生活标准，改进农产品生产和分配，改善农村和农民经济状况，促进世界经济发展并保证人类免于饥饿。中国是该组织创始成员国之一，1973年恢复在该组织的合法席位，此后一直为其理事国。

联合国粮食及农业组织全球土壤协作网作为一种机制建立于2012年12月。它致力于建立一个强有力的伙伴关系，通过加强土地使用者、政策制定者和各个利益相关方的合作来加强土壤治理并推动可持续的土壤管理。自从其建立后，这个项目已经成为各利益相关方讨论并解决全球土壤问题的重要平台。全球土壤协作网的关键成果在土壤可持续发展的研究中有重要意义。

本次会议由联合国粮食及农业组织、全球土壤协作网、政府间气候变化专家组、联合国防治荒漠化公约—科学政策部以及世界气象组织共同承办，会议地点为联合国粮食及农业组织大厦，会期3天，邀请了斐济共和国总统 H. E. Jioji Konrote、粮农组织总干事 José Graziano Da Silva 先生、联合国防治荒漠化公约执行秘书 Monique Barbut 女士、欧盟环境署专员 Kamerun Vella 先生、政府间气候变化专家组秘书 Abdalah Mokssit 先生、世界气象组织总秘书 Petteri Taalas 先生以及中国驻联合国粮食及农业组织大使牛盾先生等，来自世界111个国家的488名官员和学者参加了此次大会，共进行了103个学术报告。世界土壤有机碳大会的目的是在气候变化和可持续发展框架下回顾与总结土壤和土壤有机碳作用，收集相关科学资料完成政府间气候变化专家组评估报告。通过此次会议突出土壤和土壤有机碳管理的重要作用。

三、收获和体会

（一）重视土壤有机碳研究

通过此次会议深入了解了世界土壤有机碳研究热点与焦点，与会专家开展了精彩的土壤有机碳研究进展报告与讨论，土壤有机碳是当前全球碳循环和全球变化研究的重点内容。土壤有机碳库占到土壤碳库的一半以上，与大气成分进行活性交换的土壤有机碳大约占到陆地生态系统碳的2/3，所以土壤有机碳的微小变化将会极大地缓和或加速大气 CO_2 浓度的提高，进而改变全球碳循环。另外，土壤有机碳对土壤的物理、化学、热学特征及土壤生物活性都有重大影响，增加土壤有机碳含量能改善土壤微团聚体结构，增加土壤结构稳定性和抗蚀性，提高土壤保水、保肥能力，对维持土壤质量和保持稳定的产量起着关键的作用。土壤碳固存是一种自然、成本节约和环境友好的过程，也是提高土壤质量，实现粮食安全这一全球化问题的重要策略。近年来，由于土壤及土壤有机碳在缓和"温室效应"方面和保障粮食安全方面的潜在作用，越来越多的研究开始关注土壤及土壤有机碳。《联合国气候变化公约》《京都议定书》《联合国防治荒漠化公约》《联合国生物多样性公约》都承认土壤有机碳的重要性，并指出需要量化土壤有机碳的储量与变化。重视土壤有机碳研究就是重视农业生态环境和国家粮食安全。

(二)加强黑土联网研究

此次世界土壤有机碳大会尤其重视黑土有机碳研究,单独设立黑土国际联网研究论坛,组织来自中国、美国、俄罗斯以及阿根廷等国的黑土研究专家参与论坛报告与讨论,联合国粮食及农业组织土地与水资源司司长 Eduardo Mansur 先生主持会议。我国东北黑土区是世界三大黑土带之一,主要分布在松嫩平原东部地区,包括黑龙江、吉林、辽宁省和内蒙古自治区的 90 个市(县、区),总面积约为 600 万公顷。东北黑土以有机质含量高、土质肥沃而闻名,是我国重要的粮食生产基地,对保障整个国家的粮食安全发挥着重要的作用。近年来,东北黑土有机质含量呈显著下降的趋势,这不仅导致土壤肥力降低,土地生产力下降,对国家粮食安全产生了负面影响;同时,东北黑土区是我国重要的土壤有机碳储库,黑土区土壤有机碳库变化将对全球气候变化产生影响。因此,开展世界黑土联网研究,借鉴先进的管理技术与理念,总结提升相关措施与模式,有助于合理制定东北黑土区农田土壤管理措施,提高黑土碳固定能力,达到改善与提高土壤肥力水平、保障国家粮食安全的目的。

1. 国际黑土联盟建立 2017 年 3 月 21 日在联合国粮食及农业组织总部举办了国际黑土联盟的启动仪式。启动仪式由联合国粮食及农业组织土地与水资源司司长 Eduardo Mansur 先生主持,农业部种植业司副司长杨礼胜,中国农业科学院、中国科学院和黑龙江省农业科学院及世界黑土国家有关专家参加了启动仪式。韩贵清研究员第一个在启动会上做有关中国黑土现状与技术研究的报告,报告深入探讨了我国黑土的重要性和现状,并给出科学的建议,得到了与会领导和专家的高度认可和重视。启动会中巴西驻联合国粮食及农业组织常驻代表 Roberta Lima 女士、美国农业部 Skye Wills 女士、阿根廷农业技术研究所 Miguel Taboada 所长、俄罗斯农业科学院 Ivan Vasenev 院长分别发表了有关巴西、美国、阿根廷和俄罗斯黑土的报告。与会领导和专家一致同意在联合国粮食及农业组织的框架下建立国际黑土联盟。加强国际黑土国家的交流与技术合作。建立人才培养机制。共同努力保护世界黑土,实现黑土区的农业可持续发展,保障世界的粮食安全。

2. 国际黑土联盟的目标

（1）建立国家间的黑土讨论平台，主要协助黑土区国家的专家讨论黑土保护和黑土管理的问题。

（2）在全球层面发布黑土报告，主要内容涉及黑土区产量情况和面临挑战，建立黑土可持续利用和国家间合作。

（3）知识共享服务平台和黑土保护技术合作平台。

3. 组织形式 　全球黑土联盟建立在全球土壤联盟的框架之下（Global Soil Partnership）。要求黑土区国家（奥地利、阿根廷、巴西、玻利维亚、加拿大、中国、匈牙利、印度、墨西哥、蒙古、巴拉圭、俄罗斯、乌克兰、乌拉圭和美国等）参加到黑土联盟中来。国际土壤协会中的政府技术组将提供科学的建议。国际土壤协会秘书处将提供黑土协会工作人员。计划第一届轮值主席由中国黑龙江省农业科学院专家担任。

（三）创新研究理念与手段

本次会议不但介绍了世界土壤有机碳研究进展，同时，也集中展示了土壤合理利用的相关先进技术措施，学习了联合国粮食及农业组织的集约可持续发展农业理念和机械化可持续农业、保护性农业概念等。很多农业措施都与实际生产紧密联系，更加适应现代农业生产环境。如何根据黑龙江省的农业状况，进行农业生产发展思路和模式的调整，值得我们去创新和探索，这也是现代农业发展的必由之路。中国驻联合国粮食及农业组织大使牛盾先生在土地退化和科学框架合作研究论坛中指出合理的农业管理措施是我们保障蓝天白云、青山绿水的良好生态环境的重要途径之一。如何合理的保护环境，利用现有资源发展农业，创新科学研究的思路和理念，借鉴先进研究方法与技术，开展合作研究，共同进行黑土地保护，为生态安全、环境安全以及粮食安全等提供理论依据和技术支撑。

（四）下一步工作思考

以黑龙江省农业科学院土壤肥料与环境资源研究所为黑土研究主体，促进与联合国粮食及农业组织国际黑土联盟的合作关系，主持国际黑土联盟，引进黑土保护技术，促进学术交流和人才培养，共同申请黑土保护课题。

1. 邀请联合国官员来访　　拟于 2017 年 10 月邀请联合国粮食及农业组织土地与水资源司司长 Eduardo Mansur 先生和国际黑土联盟负责人 Ronald Vargas 来黑龙江考察。增进联合国粮食及农业组织对中国黑土区土壤保护和农业生产的了解。深化和联合国粮食及农业组织土壤与水资源司的伙伴关系。

2. 举办国际黑土联盟大会　　拟在哈尔滨举办第一届国际黑土联盟大会，邀请国际黑土国家的领导和专家来访，洽谈国际黑土联盟的合作机制和组织形式。与世界黑土专家一同讨论黑土保护技术和农业可持续发展方式。

3. 申请轮值主席国　　申请成为联合国粮食及农业组织国际黑土联盟的第一届轮值主席国，并申请第一届主席。

4. 驻工作人员　　向联合国粮食及农业组织派驻一名工作人员，联系国际黑土国家，引进国际黑土保护的先进经验。

（作者：韩贵清、魏丹、佟玉欣、金梁、马星竹，发表于 2017 年 3 月）

基于"双碳"目标愿景下的
土壤碳汇发展与黑土保护利用

我国碳达峰、碳中和目标愿景的提出将对农业领域应对气候变化与低碳发展带来深远影响。黑土土壤作为重要资源，其肥力退化直接影响农田生态系统和土地生产力，进而威胁我国粮食安全。本文结合我国东北地区黑土农田特点，分析探讨了耕作管理措施、秸秆还田、肥料施用等技术应用对黑土土壤固碳减排能力的影响，分析了黑土保护利用的重要性与固碳减排发展路径，以期为农业领域节能减排与低碳发展提供理论支撑。

近年来，应对气候变化已成为国际社会普遍关注的重大全球性问题。2014 年 9 月，国务院批复了《国家应对气候变化规划（2014—2020 年）》，要求有效控制温室气体排放，将绿色发展、低碳发展，积极应对气候变化上升为国家战略；2020 年 9 月，习近平总书记代表中国宣布了"二氧化碳排放力争于 2030 年前达到峰值，努力争取 2060 年前实现碳中和"的明确目标与承诺；中央经济工作会议中，习总书记将"做好碳达峰、碳中和工作"列入 2021 年八项重点任务。我国提出碳达峰、碳中和愿景目标，既是对世界经济社会与生态环境可持续发展的贡献与承诺，同时也充分体现了我国走低碳发展道路的决心与信心。

当前，农业生产造成的温室气体排放量已占全球排放总量的 19%～29%，甲烷、氧化亚氮等非二氧化碳温室气体排放贡献率达 56% 左右，成为全球第二大温室气体来源。中国作为世界上重要的农业大国之一，农业生产对全球气候变化的影响不可忽视。土壤作为人类赖以生存的重要资源和农业生产的重要物质基础，土壤碳库与温室效应及气候变化有着密切的联系，是全球碳库与碳循环的重要组成部分。土壤碳库在农业耕种、施肥、灌溉等活动影响下，农业土壤中碳库的质和量发生了极大变化，这种变化不仅影响了土壤肥力及作物产量，且对区域及全球环境带来影响。面对人口增长与粮食安全的双重压力，我国农业碳排放份额将进一步提高，农业投入品的碳成本将持续提升。因此，农业发展急需增效减量、节能减排、节本增收，提升减排固碳的贡献，大力发展土壤碳汇将成为一种最具潜力、见效最快的减排措施，这也是我国建设低碳经济、控制气候变暖的必然选择。

本文将依托我国东北地区农业土壤特点，分析并定位黑土土壤固碳减排潜力与发展前景，结合土壤固碳技术，探索"双碳"目标愿景下，保持黑土土壤碳汇功能、提高土壤有机碳水平与保障粮食安全协同发展新路径，以期为农业领域节能减排与低碳发展提供理论支撑。

一、提升东北黑土碳汇能力的重要性

黑土土壤具有有机质含量高、土壤肥力好、物理结构优良等特点，全球有 19% 的农田由黑土构成，是自然条件下最肥沃、最稀缺、产量最高的土壤资源，被认为是"世界的粮仓"或"耕地中的大熊猫"，是保障粮食安全的压舱石。黑土良好的土壤物理特性和充足的养分，使黑土在调节田间水供应、缓解洪涝和干旱以及确保水质方面具有显著优势，同时有助于丰富土壤生物多样性，有效储存糖、氨基酸和羧酸等成分。而作为富碳土壤，黑土的高有机碳（SOC）含量使其成为温室气体汇和源的潜在来源，黑土表层 30 厘米的平均有机碳含量高达 66.4 吨/公顷，但随着黑土从自然系统转换为集约化耕作系统后，土壤质量和土壤结构不断退化，土壤侵蚀不断加剧，近 100 年内土壤中有机碳损失了 20%～50%，大量碳被排放到大气中。

中国黑土地面积 109 万千米^2，约占全球黑土面积的 1/5，典型黑土耕地面积为 1 853.33 万公顷，主要分布在黑龙江、吉林、辽宁和内蒙古，该区域是我国最重要的商品粮基地，素有"黄金玉米带"和"大豆之乡"的美誉，玉米、大豆、水稻商品粮占国家商品粮总量的 1/3、粮食总产的 1/5。20 世纪 60 年代，东北黑土农田表层土壤有机碳含量约为 51 克/千克，是全国其他地区耕地土壤有机碳平均含量的 2.3 倍左右，受长期过度开发利用、气候变化、水土流失、作物类型与耕作制度等多种因素的影响，东北黑土地出现了不同程度的退化，对土壤碳汇功能造成了影响。研究表明，长期施用化肥措施，仅在东北地区呈现有机碳降低的趋势，减少量为每年 0.16 吨/公顷；在作物类型方面，黑土土壤长期采用玉米、大豆或小麦的单一种植系统下，0～90厘米土层有机碳平均下降率分别为0.91％、0.97％和0.48％；草地、森林或湿地生态系统开垦为耕地后，形成高土壤碳密度转向低碳密度，土壤碳储量下降约59％，而长期旱田耕作，有机碳储量一般为3.1千克/米²，明显低于水田土壤有机碳储量4.1千克/米²。

目前，东北黑土土壤碳汇密度约为181.9t/公顷，是全国其他地区土壤平均碳汇密度的2倍，土壤碳汇约为4吉吨，占全国土壤碳汇的5％。但与此同时，与20世纪60年代相比较，东北黑土土壤有机碳损失达56％左右，有机碳含量仅约22克/千克，若土地利用方式、耕作措施、施肥水平和气候条件不变的情况下，东北黑土碳储量每年减少量预计约6.48千克/公顷，呈现明显的碳源特征。因此，注重黑土资源，重新认识黑土碳汇机制，采取有效措施对黑土土壤加以保护，将对全球粮食安全、农业可持续性和生产力及气候变化起到重要作用。

二、土壤固碳技术研究与影响

1. 耕作管理对土壤固碳的影响 合理、可持续的土地利用和耕作管理具有良好的土壤碳汇效应。退耕还林、退耕还草、退耕还湿、荒漠化逆转等形式都能增加土壤有机碳。当前，东北黑土固碳潜力约为6.49千克/米²，土壤有机碳潜在固碳能力为1.07千克/米²，如果将旱田耕作方式转换成水田耕作，则可有效减少土壤碳损失，有机碳密度预计可增加0.91千克/米²左右。同时，增加免耕、少耕、覆盖等保护性耕作措施，也可使土壤不稳定碳输入增加，提高农田土壤固碳容量和效率，尤其是对0～20厘米耕层土壤，可有效减少土壤侵蚀与有机质流失，提升土壤固碳量达20％～50％。而保护性耕作是一项长期工作，通常农田土壤转为少耕、免耕保护性耕作，2～5年土壤有机碳含量变化相对较小，但5～10年将开始显著提升，增长趋势可持续25～50年，平均年固碳潜力可达到0.5吨/公顷。孙宝龙等针对东北玉米农田研究发现，长期少耕、免耕措施可以显著提高农田耕作层土壤（0～20厘米）碳氮含量，通过土壤呼吸消耗的碳量仅占土壤积累碳量的26％，明显低于其他旋耕等方式处理的40％～155％；王碧胜等采用连续多年田间定位实验，进行传统耕作、少耕、免耕3种措施对土壤有机碳和玉米产量等指标的实验分析，结果表明，采用少耕及免耕措施可提升玉米产量、增加土壤水分、减少作物耗水量，0～20厘米土壤有机碳含量平均每年较传统耕作可提高11.2%和3.4%，20～40厘米土层有机碳含量分别增加了5.53克/千克和3.29克/千克，年有机碳储量净增加速率分别为0.365吨/公顷和0.754吨/公顷。

多年来，东北地区单一作物长期连作，是降低耕层土壤及各组分有机质含量的重要因素之一。采用作物轮作、间作将促进土壤有机碳的累积，降低黏粒复合体减少的趋势，有利于有机碳分布向粉粒级和细粒级复合体中聚集，从而改善土壤物理性状，提高土壤肥力。在西北及西南地区，范倩玉和夏梓泰等采用不同作物轮作模式进行实验，结果表明，与单一作物连作相比，轮作模式可有效提高土壤大团聚集数量和稳定性，其中土壤有机碳主要被富集于土壤表层，且20～40厘米土层各粒级团聚体的有机碳含量随粒径级数递减其增幅最高可达72%；王琦琪针对东北黑土区作物轮作模式，提出了辽宁（第一、第二积温带）采用2～3年玉米＋1年大豆，吉林（第三积温带）玉米大豆1年1轮，黑龙江部分地区（第四、第五积温带）采用2～3年大豆＋1年其他作物的方式，从而实现降成本、提产量、增收益、减少温室气体排放、提高土壤有机碳含量的目的；赵伟等在黑土区采用玉米＋草木樨的间作模式，实验表明，粮草间作可有效提高土壤有机碳含量，增加土壤碳库，相比于单一玉米作物种植，有机碳、水溶性碳、微生物量碳及颗粒态有机碳含量增加了1.03～1.23倍。

2. 秸秆还田对土壤固碳的影响　近年来，东北地区秸秆还田利用率已达到60%左右，秸秆还田杜绝了秸秆焚烧所造成的大气污染问题，同时起到增肥增产作用，从时间尺度上影响土壤二氧化碳的释放特征，促进农田土壤总有机碳含量、颗粒有机碳、水溶性有机碳、胡敏酸碳和胡敏素碳含量的增加，更将具有可观的固碳潜力。其中采用覆盖免耕还田方式，土壤有机碳增幅预计可达1.4～1.6克/千克，采用深翻还田或旋耕还田方式，除提升表层（0～20厘米）土壤有机碳含量，亚表层（20～40厘米）土壤有机碳密度也将得到有效提升，有机碳含量增幅可达70%左右。

此外，适当的秸秆还田量与还田方式，也是稳定土壤性状和固碳等生态功能的关键之一。路文涛等研究发现，秸秆还田量过高，如果导致土壤 C/N 失衡，会一定程度上影响还田秸秆腐解与土壤有机碳提高效果，玉米秸秆还田量处理为 9 000 千克/公顷左右时，土壤总有机碳及活性有机碳含量显著提高，分别可提升 40.76％和 45.45％，当还田量超过 13 500 千克/公顷时，总有机碳及活性有机碳含量提升仅为 12.41％ 和 30.57％；李双和朱雪峰等研究了玉米秸秆还田对不同地力黑土耕层土壤培肥效应与病害防治的影响，结果表明，秸秆中量（67％）还田提高了深层土壤碳化学稳定性，秸秆全量还田可在提高 0～40 厘米土层微生物可利用碳底物的基础上，维持土壤碳的化学稳定性，有利于土壤有机碳和腐殖质组分的积累和酶活性的提升，玉米茎腐病发病率及危害程度显著降低，高地力区和低地力区有机碳含量分别提高了 9.87％ 和 19.29％；中国科学院南京土壤所专家提出了秸秆"旱重水轻"还田技术，即在农田中的旱季-稻季轮作区域，在种植旱季作物时，进行秸秆还田，在种植稻季作物时，尽量减少秸秆还田或不还田，该技术能够增加土壤对光合吸收碳的留存，又能减少土壤甲烷的排放，实现固碳减排和保障粮食安全的双赢，综合土壤固碳和稻田甲烷减排，预计每年可减少二氧化碳排放量约 2.1 亿吨。

3. 施肥措施对土壤固碳的影响　不同施肥措施对土壤有机碳含量变化的影响不同。总体来看，我国大部分地区农田土壤施用化肥、有机肥或配肥等方式均可以提升土壤有机碳含量，但由于黑土土壤养分含量相对较高，吸收有机碳的空间有限，施用化肥，或施单一氮、磷、钾肥有降低土壤有机碳含量的风险。近年来，随着东北黑土土壤有机质含量的下降，其碳汇潜力也相对较大，预计施有机肥和配肥每年可增加土壤有机碳含量潜力约 0.60 吨/公顷。林赤辉等发现，相比单施化肥土壤有机碳储量为 91.3 吨/公顷，采用化肥有机肥配施处理或单施有机肥，可以有效增加土壤有机碳储量分别达 100.6 吨/公顷和 104.2 吨/公顷，土壤碳汇每年盈余分别为 655.4 千克/公顷和 100.3 千克/公顷，而单施化肥处理，每年碳亏损量高达 2 244.8 千克/公顷；齐中凯等研究发现，与不施肥处理相比较，长期堆肥还田，可以显著提高土壤有机碳含量 33％～63％。

此外，增加外源性有机物输入的方式和降低农田土壤有机碳分解速率的方式可以影响土壤固碳量。近年来，添加生物质炭还田施肥模式应用逐渐增多，生物炭施用将有效提升黑土壤空隙度、电导率以及持水量，同时降低土壤容重，提高土壤有机碳、碱解氮、有效磷、速效钾的含量。高尚志等研究了不同施量生物炭对土壤团聚体及其密度组分中有机碳含量的影响，结果表明，与常规空白对照处理相比，施用生物炭可提高土壤有机碳含量 16.5%～32.4%，大型大团聚体及闭蓄态微团聚体质量比例分别增加 29.43%～53.3% 和 24.00%～35.86%，游离微团聚体和未团聚的粉/黏粒等组分中的矿物结合态一氧化碳也显著提高，根据实验结果确定了施用 6 吨/公顷生物炭效果最好，可实现土壤质量提升与固碳减排效果；史登林等用等氮量生物炭替代化肥，通过设置不同替代比例，研究了生物炭对稻田土壤有机碳活性组分和矿化的影响，结果表明，有机碳含量增加与生物炭施用量呈正比，氮肥减施 20% 条件下，可有效提高土壤中有机碳、矿化量、易氧化有机碳含量和水稻产量，增强了土壤固碳能力；董林林等研究了生物炭配施粪污对土壤有机碳和水稻作物产量的作用影响，结果表明，外源性炭投入量与土壤有机碳含量之间显著相关，提高了氮素的收获指数，其中 6 克/千克生物质炭配施 5% 粪污或 30 克/千克生物质炭配施不同用量粪污效果最好。

三、讨论与建议

随着全球气候变暖问题的加剧，如何减少二氧化碳的排放是实现"双碳"目标的关键。东北黑土是宝贵的资源，土壤碳汇密度较高，发展潜力巨大，关系国家粮食安全与农业领域节能减排重要任务。因此，保护黑土，发展碳汇技术，进而实现碳捕获和碳储存，助力黑土资源可持续利用，是实施"藏粮于地、藏粮于技"战略的迫切需要，是巩固提升粮食产能、端稳中国饭碗的重要基础。

首先，以低碳发展为目标导向，统筹划定永久基本农田，严守耕地保护红线，减少盲目开垦与耕地过度利用，从而减少碳源增加。努力调整生产结构，优化生产模式，转变传统生产方式，应用土壤固碳技术，加强保护性耕作、秸秆还田、有机肥和生物炭利用等固碳措施，增强生态系统和土壤固碳容量和效率。

此外，注重化肥、农药减量施用技术、节水灌溉技术、生态沟渠、减排新材料应用等减排技术，配合作物品种更换、作物播期调整、农田基础设施改善、智能化装备与生态种养模式等智慧农业适应技术，从而构建高产、高效、弹性、可持续农业生产系统，实现生产能力提升、减少环境污染与农民增收的协同发展。

最后，开展不同条件下的土壤碳汇机制研究和监测、评估等技术攻关，包括土壤增汇的理论基础，土壤碳汇转化的影响因素、作用机理、过程机制及固碳效应，重点加强土地利用生命周期过程的土壤碳排放和碳汇核算及其效率变化的机制研究，培育土壤碳汇评估、认证、监测体系与机构建立，进而为土壤碳汇市场交易、碳税征收、生态补偿机制的构建实施提供支撑。

（作者：韩贵清，本文发表于《产业转型研究》专刊 2021 年第 9 期）

保护黑土投资未来　为国家粮食安全保驾护航

土壤是地球的"皮肤"，是一种近乎不可再生的自然资源。黑土是最为稀缺的土壤资源，是大自然给予人类最为珍贵的宝藏，是保障粮食安全的压舱石。黑土自开垦以来，由于肥力透支，加上风蚀水蚀，黑土层每年减少 3 毫米左右。如不采取有效措施加以保护，再过几十年黑土层就要消失殆尽，严重影响人类的粮食安全。据统计，全球每年因土壤侵蚀造成的谷物损失达 700 多万吨。当今世界，解决饥饿问题依旧是一个世界性难题。把黑土地保护好、利用好，使其能够保持健康持续稳定的粮食生产能力，是有效缓解全球饥饿压力的重要保障。保护黑土，就是投资未来，就是保障粮食安全。

一、黑土发展现状

全世界有三大黑土带，一是位于美国的密西西比河流域，面积约 120 万平方公里；二是位于乌克兰和俄罗斯境内，面积约 190 万平方公里；三是位于中国东北地区，面积约 109 万千米^2。中国东北黑土约占全球黑土面积的五分之一，其范围北起中国的黑龙江，南至辽宁省南部，西到内蒙古东部的大兴安岭山地边缘，东达乌苏里江和图们江，主要分布在黑龙江、吉林、辽宁和内蒙古，是中国著名的"黄金玉米带"和"大豆之乡"。

世界三大黑土带气候条件基本一致，都位于寒温带，植被茂盛，冬季寒冷，土壤有机质形成大于分解，历经千百年形成了富含腐殖质的黑土层，肥力较高，最适宜农耕，是世界重要的粮食生产基地。美国的玉米占全世界玉米总量的 40%，大豆占世界总产的 32%；乌克兰和哈萨克斯坦大平原盛产小麦，被称为欧洲大粮仓，每年出口粮食 1 000 万吨；中国东北玉米、大豆、水稻商品粮占国家商品粮总量的 1/3，粮食总产的 1/5。尤其是黑龙江省，黑土耕地面积 1 590 万公顷，占中国黑土耕地面积的 50% 以上，每年粮食产量达到 1 500 亿斤以上，是中国的产粮大省和重要的绿色食品生产基地，连续多年粮食总产量和商品量居全国第一，在我国素有"全国粮仓看东北，东北粮仓看黑龙江"之说。习近平总书记 2016 年 5 月在黑龙江考察工作时指出，"黑龙江是农业大省和粮食主产区，长期以来为国家粮食安全作出了重要贡献。近 5 年来，粮食总产量、商品量、调出量保持全国第一，成为维护国家粮食安全的一块压舱石。黑龙江对国家粮食安全的贡献突出，功不可没"。

世界三大黑土区为保障人类粮食安全作出了重大贡献，作用不可替代。但由于过度开垦利用、破坏地表植被、水土流失严重等问题也都曾给过我们惨痛的教训。美国 1934 年的"黑风暴"卷走 3 亿立方米黑土，当年小麦减产 51 亿千克；1928 年的"黑风暴"几乎席卷了整个乌克兰地区，一些地方的土层被毁坏了 5~12 厘米，最严重的达 20 多厘米。为了保护黑土，美国、乌克兰等国都投入了大量人力、物力和财力，历经 40 余年的综合治理，已收到明显成效。目前，美国黑土区农业发展现代化水平很高，已经实现了规模化、机械化、标准化、集约化和信息化作业，为全世界其他黑土国家开展黑土保护、开发、利用和研究提供了宝贵经验。

二、中国黑土保护与利用研究主要成就

中国黑土大规模开发始于 20 世纪 50 年代中期，经过近 60 年大规模、高强度、超负荷的利用，部分黑土层逐渐变薄，沙化、碱化、退化日趋严重，有机质含量降低，土壤物理属性变差，旱时板结僵硬，涝时黏朽，蓄水保墒能力显著下降，对生态安全、农业可持续发展构成一定威胁，加强黑土保护、开发、利用和研究工作已刻不容缓。为此，我国采取了一系列行之有效的措施保护黑土，并取得了显著成效。

1. 各级党委、政府高度重视黑土资源的保护和利用工作
习近平总书记始终强调要"藏粮于地""藏粮于技"，2016 年 5 月在黑龙江省考察时强调，"采取工程、农艺、生物等多种措施，调动农民积极性，把黑土地保护好、利用好"。2018 年 9 月在深入推进东北振兴座谈会上，习近平总书记强调，"要加快推进东北亿亩高标准农田建设，扩大轮作休耕制度试点范围，对黑土地实行战略性保护"。今年 7 月，习近平总书记在吉林考察时强调，"把黑土地这个'耕地中的大熊猫'

保护好、利用好"。农业农村部部长韩长赋在人民日报发表署名文章
《加强东北黑土地保护，推进农业绿色发展》。黑龙江省委书记张庆伟
召开专题会议研究部署黑土保护工作。2017 年国家六部委联合印发
了《东北黑土地保护规划纲要（2017—2030 年）》，指导黑土保护、
开发、利用和研究工作。近年来，东北黑土所在省份也相继出台了多
部黑土保护相关的地方性法规，对黑土实施刚性保护，取得了明显成
效。各市地党委政府也积极采取措施保护黑土地。如佳木斯市大力推
广循环生态农业模式、科学实施农业"三减"、开展免耕模式试验示
范、推进黑土保护试点等，积极保护黑土资源。

2. 扎实推进五大治理修复措施保护东北黑土　从 2015 年开始，
农业部、财政部每年安排 5 亿元资金，在东北黑土区的 17 个县（市、
区、旗）开展黑土保护利用试点；从 2018 年开始实施第二期黑土保
护试点项目，国家每年安排 8 亿元，在东北 32 个市县（场）开展黑
土保护利用试点。一是推进秸秆还田和有机肥积造利用。充分发挥东
北地区秸秆资源丰富的优势，大力推进秸秆粉碎深翻还田、覆盖免耕
还田、过腹转化还田，有效利用畜禽养殖废弃物等，积造施用有机
肥，增加土壤有机质含量，改善土壤理化性状，持续提升耕地基础地
力。二是推进保护性耕作。鼓励农民购置大马力拖拉机和深松深耕机
具，开展保护性耕作技术集成示范，因地制宜推广少免耕、深松深耕
等技术。三是推进轮作试点和粮改饲。推广玉米与大豆、杂粮、薯
类、油料作物等轮作，建立合理的轮作种植制度，实现固氮肥田、用
养结合。积极发展粮改饲，减少籽粒玉米面积，大力发展青贮玉米、
苜蓿、黑麦草、燕麦等优质饲草料，支持发展奶牛、肉牛、肉羊等草
食畜牧业。四是推进化肥农药减量增效。深入开展化肥农药使用量零
增长行动，推行机械化精准施肥喷药，推广高效新型肥料和水肥一体
化技术。同时，大力发展统防统治社会化服务组织，推广高效低毒生
物农药和病虫害绿色防控技术，改善农田生态环境。五是推进水土流
失治理。在东北黑土区大规模建设一批高标准农田，加大土地平整力
度，加强坡耕地综合治理，改顺坡种植为机械起垄、横向种植，控制
水土和养分流失。

　　通过实施五大治理修复措施，统筹土、肥、水、种及栽培等生产
要素，综合运用工程、农艺、农机、生物等技术，初步集成黑土保护

技术模式，取得了较好的效果，正在东北黑土区推广。力争到 2030 年，黑土保护面积达到 2.5 亿亩，基本覆盖主要黑土区耕地。

3. 构建黑土保护科技支撑体系　搞好黑土保护，离不开强有力的科技支撑。黑龙江省农业科学院等多家科研单位在东北黑土区建立了黑土长期定位试验，对黑土肥力演变等进行系统研究，积累了大量科学数据。近年来我国又统筹科研院校和农技推广部门资源力量，组建了黑土保护科技创新联盟，开展了合作研究，取得了一系列研究成果，为中国东北黑土保护提供了有力科技支撑。

三、黑土保护与可持续利用建议

黑土是大自然的馈赠，更是"耕地中的大熊猫"，也是全人类的共同财富。全世界有黑土的国家要联合起来，本着对历史负责的态度，切实把黑土保护好、利用好，为子孙后代留下良田沃土和生存发展空间，共同守护好人类的"大粮仓"。

1. 建立世界黑土保护区，形成世界黑土保护共同体　世界有黑土的国家要联合起来，共同呼吁将黑土保护、开发、利用与研究工作上升到本国国家战略，推动建立世界黑土永久保护区，将其纳入各国国民经济和社会发展规划，划定黑土保护红线，确保现有黑土不被随意占用，以保障世界粮食安全和生态安全的战略高度推进黑土资源保护进程。各国要结合本国实际采取切实有效措施，全面提升黑土质量，实施藏粮于地、藏粮于技、藏粮于草战略，全面提高粮食增产潜力，确保世界粮食安全。

2. 充分发挥国际黑土联盟作用，搭建黑土保护合作新平台　在联合国粮农组织框架下，充分发挥好联合国粮食及农业组织国际黑土联盟作用，确定黑土的定义和范围，摸清世界黑土底数，提出世界不同区域黑土资源保护及可持续利用的对策建议，建立可持续的黑土保护机制。开展联盟成员间广泛交流与教育培训，互派科研人员、农业管理人才和种植大户进行访问学习，提高黑土保护能力，建立黑土保护广泛共识；建立联合实验室和试验站，研究黑土质量演变规律，建立世界黑土质量评价体系和黑土退化的预警系统；明确黑土退化成因、障碍因素，建立黑土综合治理和保护利用技术模式体系，为黑土资源保护利用提供全球科技支撑。

3. 建设全球黑土大数据中心，划定世界黑土"一张图" 建立全球黑土大数据中心，通过黑土数据资源挖掘和平台构建，系统整合、规范黑土数据资源，提高黑土保护相关数据的使用效率和服务水平，并从中获取正确的研究内容和重要方向，为全球及相关黑土国家黑土保护和可持续利用研究以及宏观决策提供精准的科学依据。瞄准世界黑土保护科技创新前沿，跨界融合，颠覆性创新，打造世界粮食安全的战略升级版。同时以此为平台，对全球黑土区进行土壤性状、作物、环境的系统监测，实时监测黑土资源动态变化，实施监测数据共享，以有效发挥决策参考、指导生产等作用。

4. 建立合作研究创新机制 建议联合国粮农组织和各黑土带所在国家设立黑土保护研究基金，以国际黑土联盟相关成员国家科研机构为主体，组成国际研究团队，建立世界黑土科学家联网研究合作交流机制，围绕世界三大黑土区资源保护和可持续开发利用中的共性关键问题，确立相同研究目标，整合各国优势资源，开展联合攻关，共享研究成果，把科学家们的论文写在全球的黑土地上，成果留在全世界的农民家。

（作者：韩贵清，发表于 2020 年 7 月）

实施"黑土地保护利用"国家战略
加快实现东北乡村振兴

    黑土地是地球上极其珍贵稀有的重要土壤资源,我国东北黑土区耕地面积 2.78 亿亩,是我国最重要的商品粮战略基地,多年来为保障国家粮食安全、社会稳定和人民健康作出了巨大的贡献。粮食产量和粮食调出量分别占全国总量的 1/4 和 1/3,已成为我国粮食生产的"稳压器"和"压舱石"。党的十八大以来,国家实施了一系列黑土地保护规划和行动计划项目,东北黑土区的粮食安全保障能力稳步提升。然而,"黑土危机"并未解除,保护好利用好黑土地仍然面临巨大压力。

一、存在问题

    1. 东北黑土地数量减少尚未有效遏制   东北黑土的侵蚀包括风蚀、水蚀和冻融侵蚀,其中面积最大的是水蚀。据中国水土保持公报 2019 年数据,东北黑土地水土流失面积 21.87 万平方公里,占黑土地总面积的 20.11%。水土流失主要发生在 3°～15°的坡耕地,占黑土地水土流失总面积的 46.39%;其中 60%以上的旱作农田发生了水土流失问题,黑土层正以年均 0.1～0.5 厘米的速度剥蚀流失。城镇化、工业化的发展加剧了黑土资源面积缩减。根据 2018 年土地利用变更调查数据,东北三省黑土区耕地面积净减少 100.65 万亩,其中黑龙江省净减少 29.25 万亩。主要原因是城市建设用地扩张导致黑土资源过度开发,占补不平衡,以及风蚀、水蚀、冻融和荒漠化蔓延等自然因素导致了严重的土壤侵蚀。

    2. 东北黑土地质量下降依然不断加剧   随着作物产量水平的提高,农田生态系统输出不断增加,导致土壤质量持续下降。据调查,黑土开垦 20 年后,土壤有机质含量水平下降 30%～40%;开垦 40 年后有机质下降 50%～60%。随着黑土腐殖质层的逐渐变薄和腐殖质含量的不断降低,土壤一系列物理性状也渐趋恶化,主要表现在:土壤容重增大，孔隙减少，通透性变差，持水量降低。自然黑土表层容重在 1.0～1.2 克/厘米^3，而目前黑土耕层容重在 1.10～1.47 克/厘米^3，平均为 1.29 克/厘米^3，比垦前容重平均增大 0.29 克/厘米^3 左右，土壤变得紧实、不疏松。土壤供肥、供水能力减弱，土壤酸化、土壤生物活性降低，严重影响了粮食产量的稳定提高。

3. 黑土地保护利用有效机制尚未形成 保护和提升黑土耕地的数量、质量，是守住"谷物基本自给、口粮绝对安全"战略底线的重要保障。目前，黑土地保护仍然依靠国家东北黑土地保护利用试点等政策支持，缺乏自发的市场化行为驱动，内生动力、主体意识仍显不足。基层政府保护黑土地所失去的发展机会成本得不到有效补偿，农民保育黑土投入的人力物力得不到经济回报，客观上形成了"谁保护耕地谁发展滞后、越保护越吃亏"的现象，导致重用地、轻养地，重化肥、轻有机肥，重产出、轻投入等行为，严重影响和制约黑土地保护战略实施。

4. 黑土地保护利用科研工作合力不足 自 2020 年 7 月 22 日习近平总书记作出保护好黑土地这一"耕地中的大熊猫"重要指示，将黑土地保护上升为国家战略以来，国家相关机构、地方科研院所加强黑土地保护研究，出现了所谓的"百家争鸣"的乱象。尤其是一些所谓科研大家垄断着黑土科研项目指南编写、立项和评审，导致多年从事黑土保护利用研究的地方科研队伍得不到国家项目的大力支持，从而沦为"科研打工者"。农业科研尤其是土壤研究有很强的地域性、基础性、公益性和实践性，更需要地方的、本土的科研团队长期的经验积累、坚守和实践。科技资源分配不均，科研力量不能整合，既造成了国家科技资源的浪费，又降低了黑土地保护利用研究效率。当前黑土保护存在的表象问题是数量的减少、质量的下降和投入不足，深层次的原因是在黑土保护可持续市场化机制建设、科技支撑和立法规范等方面存在欠缺。

保护黑土地是贯彻国家粮食安全战略的迫切需要，是我国战胜疫情及其他自然灾害、应对国内外复杂发展环境的重要保障；是实施"藏粮于地、藏粮于技"战略的现实选择，是我国巩固提升粮食产能、端稳中国饭碗的重要基础；是促进农业绿色发展的有效途径，是我国保护生态环境、提升农产品竞争力的重要保障。鉴于目前存在的主要问题，亟待采取强有力的政策措施。

二、几点建议

1. 通过建立基于省份和区域间横向市场化补偿机制，拓宽黑土地保护利用资金渠道 当前正处于上一轮 15 年规划期耕地保护成效整体考核评估和下一轮 15 年耕地和永久农田保护任务目标确定的关键节点。建议国家层面结合新一轮耕地和永久农田保护任务目标确定，建立耕地保护市场化的生态补偿机制，拓宽资金渠道。对于不能按时完成保护任务的省份，可通过政府购买服务方式异地代保。对于能够超额完成耕地保护任务的省份给予生态保护政策补偿，建立可持续生态补偿政策，通过经济杠杆的激励作用，激发黑土保护内生动力。对作出突出贡献的人员给予重奖。

2. 通过建立黑土地中央财政资金纵向政策性补偿机制，加大资金投入力度 东北黑土区连续多年大规模的粮食调出导致地方追求粮食高产而出现土壤有效养分减少，区域农田生态系统功能下降，粮食生产潜力存在危机。以黑龙江为例，粮食总产量、商品量、调出量始终保持全国第一，对保障国家粮食安全贡献突出，功不可没。长期大量调拨商品粮对土壤养分的消耗日趋加重。研究表明，每调拨 1 吨水稻，要给予补偿氮素 22.5 千克、磷素 11.0 千克、钾素 27.0 千克；每调拨 1 吨大豆要补偿氮素 48.0 千克、磷素 18.0 千克、钾素 40.0 千克；每调拨 1 吨玉米要补偿氮素 25.7 千克、磷素 8.6 千克、钾素 21.4 千克；每调拨 1 吨小麦要补偿氮素 30.0 千克、磷素 10.0 千克、钾素 25.0 千克。补偿方式可通过直接给予肥料补偿，或折算成货币给予补偿。因此，建议中央按照粮食调出量从种植调出平衡和可持续发展高度，建立黑土地保护区中央财政支持资金，对东北黑土区商品粮调拨给予经济补偿和政策支持。

3. 建立东北黑土地保护特区，保证黑土资源可持续利用 东北黑土地是我国水稻、玉米、大豆等重要粮食主产区，将黑土地划为永久基本农田，实行最严格的保护和永续利用，建立东北黑土地保护区，是立足当前、着眼长远的治本之策。坚持用养结合，在保护中利用，在利用中保护，以保护黑土地面积不减少、提升黑土耕地质量为重点，科学划定区域范围，与粮食生产功能区、重要农产品保护区和特色农产品优势区深度融合，统筹规划，协调发展。加强政策支持，在黑土地保护区大力发展生态农业、循环农业、数字农业、有机农业、功能农业、富硒农业、高效农业等，实现黑土资源有效保护利用，造福子孙后代。

4. 建立黑土耕地储备资源保护机制，有效贯彻落实国家藏粮于地战略　东北黑土耕地资源数量有限，大量的可垦耕地后备资源已经开垦，可利用的后备资源明显不足，大面积开垦难度较大。同时，这些后备资源，如草地、湿地等在生态系统中起着举足轻重的调节作用。放慢耕地开垦速度，就是对尚未利用可垦后备资源的有效保护。在调查规划基础上，暂时将其储备起来，待到粮食生产出现需求时再按计划开发。各级政府应对所在地区的耕地后备资源全面调查，制定开发规划，开展后备资源评估，建立耕地后备资源开发信息库，为今后开发做好完善的前期准备，以此调节粮食市场供求，促进自然生态保护。

5. 优化国家科技资源配置，强化地方科研力量在黑土保护利用中的支撑作用　黑土保护离不开创新平台和创新人才的支撑。依托地方农业科研院校，联合国家级科研团队，整合国内相关领域技术力量，吸收发达国家黑土保护利用的成功经验，跨界融合，协同创新，在黑土核心区（黑龙江省）成立东北黑土保护利用科技创新中心（或国家黑土保护利用工程技术中心），共同建设黑土保护利用的国家科技创新平台。同时，建议在国家重点研发计划设立黑土保护利用研究地方专项，明确申报范围为属地科研和农技推广机构，充分发挥地方科研人员在黑土保护中的主导作用，进一步释放科技创新潜能，打造能留得住、能干成事，能够真正把论文写在大地上，成果留在农民家的地方黑土保护人才队伍。

6. 强化黑土保护利用领导效能，切实保障黑土地保护利用实际效果　建议国家成立黑土地保护联席会议制度，成员由国务院领导任组长，国家相关部委及东北三省一区党委政府主要领导为成员，定期召开联席会议，协调解决黑土地保护问题。三省一区分别成立由属地省（区）党委主要领导为组长、市（地）委书记为成员的黑土保护利用推进小组，坚持省、市、县、乡、村五级书记抓黑土保护利用、开发和研究，将黑土保护利用纳入各级党委政府政绩考核的重要内容，实行目标管理，坚持能者上，庸者下，一票否决，真正打造黑土地保护的一把手工程。让国宝大熊猫为黑土粮仓，绿水青山谱写最美华章。

7. 制定国家级专项法律，构建黑土地保护利用长效机制　目前，我国尚未从国家层面制定黑土地保护专项法律，一些涉及黑土地保护的核心问题，比如黑土地的定义等，由于缺少立法规范，一定程度上影响了黑土地保护工作的深入开展。其次，我国黑土地资源分布在辽宁、吉林、黑龙江及内蒙古东部部分地区，受区域行政管辖、缺乏统一立法规范等影响，区域省级政府之间、行业部门之间没有形成黑土地保护联动机制，解决涉及跨区域黑土地保护问题，难以形成有效的保护合力。为此，建议从国家层面制定《中华人民共和国黑土地保护利用法》，明确黑土地保护利用概念、范围、权利义务、执法程序、损害补偿等规范，形成黑土地保护法律体系，使黑土地保护利用走上科学化、规范化和法治化的轨道，让黑土地保护成为全社会的共同使命、共同责任和共同行动，从而构建黑土地保护利用的长效机制。

黑土地保护是关系国家粮食安全、政治稳定和人民健康的千秋伟业，是新时期党中央作出的重大战略部署，是新时代贯彻习近平生态文明思想和构建人类命运共同体理念的伟大实践，对于实现东北乡村全面振兴和中华民族可持续发展具有重大战略意义。

（发表于 2021 年 11 月）

黑土地保护与国家粮食安全保障的思考与建议

《世界粮食安全和营养状况》报告显示：2021年全球受饥饿影响的人数增加到8.28亿人。未来人类在解决"粮食危机"方面将越来越困难。特别是新冠肺炎疫情全球肆虐的当下，粮食短缺与大范围饥饿随时都有可能发生，新一轮的全球粮食危机正在悄然逼近！在这样的世界环境下，中国自身的粮食安全问题就显得迫在眉睫，一旦发生粮食危机，中国的粮食够用吗？什么是中国粮食安全的保障和关键？

一、"新冠"＋"俄乌"导致世界粮食安全危机加剧，我国粮食安全亟须未雨绸缪

2021年，全球约有23亿人（占比29.3%）面临中度或重度粮食不安全状况，较新冠病毒感染暴发以来增加了3.5亿人。全球近9.24亿人（占比11.7%）面临严重粮食不安全状况，2年间增加了2.07亿人。2021年，粮食不安全性差距持续拉大。特别值得注意的是，全球粮食作物增产潜力已接近极限。种种迹象表明，未来人类在解决"粮食危机"方面将越来越困难。人类在2030年消除饥饿的目标已经越来越远。

2022年，自俄乌冲突发生以来，国际主粮和植物油市场受到严重冲击，导致3月世界粮食商品价格大幅跃升至历史最高水平。从2月攀升至1990年以来最高水平之后再度环比上涨12.6%。3月指数水平较2021年同期高33.6%。粮价一路走高，主要是因为冲突所在国俄罗斯和乌克兰在全球粮食生产上的重要地位。2021年，两国小麦出口约占全球市场的30%。近50个国家依赖从俄罗斯和乌克兰进口小麦，其中，26个国家超过50%的小麦供应依赖这两个国家。

我国作为拥有14亿人的世界第一人口大国，粮食安全是超过能源安全、芯片安全的国家第一安全，尤其在新冠病毒感染持续蔓延、俄乌冲突日趋激烈、中美发展竞争日趋激烈的关键时期，保障国家粮食安全亟须"双轮驱动"，既要加强域外农业合作开发，从源头上稳

定增加域外粮食进口和增加国家粮食战略储备；又要未雨绸缪，强化藏粮于技、藏粮于地和藏粮于黑土地。

二、中国粮食安全对外依存度仍然高居不下，保护开发黑土地是保证中国粮食安全之本

我国人多地少，资源禀赋差，历史上曾经发生过多次粮食危机。粮食安全始终是关系到国计民生的头等大事。1949—2020年，在品种更替、技术革新等科技支撑下，我国粮食产量稳步增长，单产不断取得新突破。2021年，全国粮食产量6 828.5亿千克，再创历史新高。自2006年开始，我国已不再接受联合国粮食计划署的援助并逐步成为重要的粮食援助捐赠国。我国用世界7％的耕地、6％的淡水资源、28％肥料，生产出了世界22％的粮食、30％的水果、50％的蔬菜和26％的其他农产品，养活了世界22％的人口，把饭碗牢牢地端在了自己手上，为世界粮食安全与和平发展作出了重大贡献。

但由于国内粮食消费需求日益扩大，我国每年还在大量进口粮食。从2002年开始我国粮食进口出现大幅增长势头，自2014年以来，已经连续9年进口总量保持在亿吨以上。2021年，中国进口粮食16 453.9万吨，同比增长18.1％。每年的粮食进口量将近总产量的1/4，在国际粮食市场上占有重要地位。从粮食进口结构来看，我国主要进口玉米、水稻、小麦、大豆等，其中大豆进口占比58.6％远高于其他品种，且进口量世界第一，进口依存度超过80％。

习近平总书记始终高度关注国家粮食安全。强调"中国人的饭碗任何时候都要牢牢端在自己手上，我们的饭碗应该主要装中国粮"。历史经验告诉我们，一旦发生大饥荒，"有钱"也没用。换言之，中国的粮食安全只能依靠自己。我国在粮食安全方面取得的巨大成就，但是就我国自身而言，耕地的生产潜力也已消耗殆尽。国家严格划定并守住18亿亩的耕地保护红线，这只是保障中国粮食生产的底线面积，这种安全只是暂时性的。中国粮食如果出问题，在世界层面上将会出现"买不起""运不来"的境地。而中国粮食安全的根本保障，就在于深度挖掘黑土地这一耕地中的"大熊猫"蕴含的巨大潜力。

黑土地是地球上极其珍贵稀有的重要土壤资源，我国东北黑土区

耕地面积 2.78 亿亩，是我国最重要的商品粮战略基地，多年来为保障国家粮食安全、社会稳定和人类健康作出了巨大的贡献。粮食产量和粮食调出量分别占全国总量的 1/4 和 1/3，已成为我国粮食生产的"稳压器"和"压舱石"。黑土地蕴藏着巨大增产潜力，如多措并举将占近 60% 的黑土地中低产田改造为高产田，就有新增 500 亿~1 000 亿斤粮食产能的提升空间。加大力度保护开发黑土地是贯彻国家粮食安全战略的迫切需要，是我国战胜疫情及其他自然灾害、应对国内外复杂发展环境的重要保障；是实施"藏粮于地、藏粮于技"战略的关键所在，是我国巩固提升粮食产能、端稳中国饭碗的重要基础；是促进农业绿色发展的有效途径，是我国保护生态环境、提升农产品竞争力的重要保障。

党中央、国务院和黑龙江省委、省政府高度重视黑土保护工作，习近平总书记多次在黑土粮仓地区视察，将黑土地比作"国宝"，将黑土保护工作的定位上升到国家战略。2020 年 12 月，习近平总书记在中央农村工作会议上强调"要把黑土地保护作为一件大事来抓，把黑土地用好养好"。2021 年中央 1 号文件指出，要实施国家黑土地保护工程，推广保护性耕作模式。2022 年 8 月 1 日，《中华人民共和国黑土地保护法》正式施行，这是世界上唯一一部国家层面立法保护黑土地的法律。

三、黑土地区保护开发面临主要问题与对策建议

黑土地区在粮食生产连年丰收的背后也潜伏着减产风险。水土流失、过度施肥等透支黑土地问题如不能有效遏制，也有出现产能下降千亿斤的危险。尤其是多年来人为高强度不合理的开发利用，严重影响了黑土地的可持续发展。党和国家持续提高东北黑土地区的粮食安全保障和稳步提升生产能力，高度重视黑土地保护问题，实施了一系列黑土地保护规划和行动计划项目，虽在科技项目立项、科研资金投入、政策法规制定等方面空前且持续发力，但仍有诸多方面需要加强甚至纠正，亟须出台重大举措破解。

1. 针对黑土地保护开发政策尚未形成"真落地""显成效"的问题，建议出台自上而下的政策，有效保护开发黑土地 目前实施的黑土地保护措施，多是国家和省里补贴的项目。现行制度行政措施多、

市场调节少，未形成有效利益驱动，特别是对黑土耕地保护缺乏差别化的特殊政策倾斜和约束力。"谁保护、谁吃亏"是影响和制约基层耕地保护的核心问题，导致重用地、轻养地，重化肥、轻有机肥，重产出、轻投入，甚至出现了盗采泥炭黑土等违法行为。

黑土地保护的资金往往是由中央到地方，自上而下执行，执行者是地方政府、科研单位、大型企业等。作为土地的经营者和使用者、黑土地保护利用的主力军的农民，却很难享受到黑土保护方面的红利。农民的参与度低原因有几方面：一是认识问题，黑土地保护利用作用效果不能像使用化肥农药那样立竿见影。二是积极性没有调动起来。一方面，受传统思想和教育程度所限，老百姓小农意识仍然较强，当前的政策多是给了合作社、企业等新型农业主体。老百姓没有捞到甜头，自然不愿意参与。另一方面，黑龙江耕地面积大单靠一些企业和合作社保护利用，实际上是很难完成的任务。因此，怎样走群众路线，打一场由全体农民参与的黑土地保护之战，势在必行，也势在必得。

建议围绕贯彻落实《黑土地保护法》，国家牵头成立"黑土保护委员会"，由国务院总理牵头，东北三省和内蒙古自治区主要领导参加，形成自上而下的共同责任主体，建立"黑土巡视"制度。在黑土保护上要让农民得实惠。将黑土地保护和提升黑土等级与地方行政业绩相挂钩，与科研项目实施的成果相结合。从国家层面对超额完成耕地保护任务的省份或区域给予生态保护补偿，比如对黑土地区每调出0.5千克商品粮国家补贴1元钱，每年新增1 000亿元以上的黑土地保护开发基金。通过建立经济补偿和市场化驱动机制，激发黑土保护内生动力。

2. 针对科技资源配置"重国家、轻地方"现象明显问题，建议设立"黑土粮仓特区科技集团军"加大对本土科技支撑投入 土壤研究工作具有很强的地域性、基础性、公益性和经验性。国家多年来持续并不断加大对黑土地保护的资金支持，从地方政府到科研院所、从市场调节到政策倾斜。但是由于科研资金的使用指向性不明，造成了大规模科研机构参与黑土保护利用研究，各自为战，以及研究方向重叠现象较为普遍，不但科研力量无法形成合力和优势互补，也造成了科研经费在同一方向上不断重复使用和浪费。

目前，国家在保护利用黑土方面的科技支撑、顶层设计力度越来越大。"十四五"重点研发计划设置了"黑土专项"，持续加大对保护黑土和提高黑土产能方面的支持，以目前启动的黑土专项一期项目为例，两个常规项目主持和参加单位多数为中国科学院、中国农业科学院下属的科研院所，忽视了黑土区当地科研团队的研究成果。

符合黑土区地域性的科研方向较难得到项目指南和规划部门的采纳，很少得到专项资金支持，难以开展有效工作。而一旦国家在黑土保护利用方面创新支持减弱，保护黑土的任务又会落到地方科技人员的身上，因为长时间无法得到大型项目的支持，很多研究了数十年、耗费了几代人心血的研究项目不得不停止运行，可能造成科研进程断档、科研人才流失、科研传承终结，给黑土长期系统研究造成损失，严重降低了黑土地保护利用研究效率。

针对上述问题，建议国家支持依靠黑土区（黑吉辽蒙）本土科研团队打造黑土区自己的"科技集团军"。在黑土核心区成立国家黑土保护利用科技创新中心，打造黑土保护利用科技创新联合平台，在黑土核心区设立院士工作站。同时，建议在国家重点研发计划中设立黑土保护利用研究地方专项，并明确申报范围为属地科研机构，充分发挥黑土区（黑吉辽蒙）科研院所、大专院校及地方农技推广部门科研人员在黑土保护中的作用，提高科研人员的待遇和研发条件，避免"层次高、经验多、关系强"的科技人才再流失。在东北黑土的核心区域设立"黑土粮仓特区"，为国家粮食安全保障提供持续的本土化的有力科技支撑。

3. 针对黑土地良田产能已顶天花板、亟须寻找新发力点问题，建议国家抓住黑土地产能提升关键，向"中低产田"要效益 黑土区产能必须向中低产田要效益，尽管中低产田改良对土壤产能提升效果显著，但在实际生产中却难以推广。主要原因：一是人为因素，即人们开发利用土地过程中采取的农业措施和环境因素不协调，如水土流失、土壤肥力退化、连作障碍、土壤次生盐渍化和沙化等，这类土壤由于种养失衡或管理不当造成土壤产能降低。二是自然因素，如白浆土、低湿地、盐碱土和瘠薄土壤等障碍土壤的形成。障碍土壤即含有限制作物生长的障碍因子的土壤。障碍因子包括障碍土层、高盐碱成分、滞黏潜育化等。这类土壤的改良单纯依靠保育培肥是不能达到改良效果的，必须消除障碍因子，是需要工程、机械改土、农艺等综合措施改良才能达到标本兼治的目标。

中低产田改良难度大，究其原因：一是投入问题。中低产田改良属于农田基本建设范畴，工程量大、成本高、投资回收期长，加之农业自身风险的不可预期性，没有国家政策和资金支持，农户或新型农业主体难以承担。二是缺乏专用机械。因地施策的改土方法要有与之配套的专用机械才能发挥效果，而改土机械与常用耕种、收获机械不同，属于农业生产中非必要机械，增加了额外的生产成本。三是认识问题。中低产田改良虽然效果突出，但是由于政策导向、农户认识方面问题，实际上这项工作仍然处于"叫好不叫座"的局面，缺乏强有力的宣传引导和典型带动。中低产田改良难度虽大，但改良后粮食增产潜力更大。

建议针对我国东北地区中低产田面临潜在的减产风险，强化三大支撑：一是强化政策支撑。政策制定上，要把黑土地保护利用项目和资金向中低产田倾斜。尽管中低产田单位面积改良成本高，但是其改良后产生的效益更加突出。二是强化科技支撑。加强土壤改良创新团队建设，通过"揭榜挂帅"等方式加大省级中低产田立项支持，同时结合黑龙江实际需求，推动部省联动项目向中低产田改造方向倾斜。三是强化财税支撑。中低产田投入巨大，需要多元化投入。因此，迫切需要通过财税政策创新，引导金融资源和社会资本向中低产田改良领域集聚，形成多元化投入态势。

4. 针对保护黑土提升黑土"碳汇能力"未获应有重视问题，建议实施黑土地保护与增加"碳汇"相结合综合推进 提高黑土的碳汇能力，提升黑土的固碳能力与国际气候和全球固碳减排相结合综合治理本身应是一体两翼，共同推进。面对当今的世界"碳"环境，如何减少二氧化碳的排放是实现"双碳"目标的关键。东北黑土土壤碳汇密度较高，发展潜力巨大，关系国家粮食安全与农业领域节能减排重要任务。因此，保护黑土发展碳汇经济，进而实现碳达峰、碳中和与碳交易，成为碳汇主力军，助力黑土资源可持续利用是一条必经之路。

近年来，农业农村部会同有关部门，把秸秆综合利用置于农业农村发展大局之中，作为北方农村地区清洁取暖的务实举措，作为推动农业农村减排固碳的重要抓手，坚持农用为主，"五化"并举，不断加大工作力度，创新实用技术，探索有效模式。但并没有将"双碳"与黑土地保护相结合，与全球气候相结合，单一片面的推进，导致在抑制碳排放和实现碳中和方面效果不尽人意。

建议开展不同条件下的土壤碳汇机制研究和监测、评估等技术攻关，培育土壤碳汇评估、认证、监测体系与机构建立，进而为土壤碳汇市场交易、碳税征收、生态补偿机制的构建实施提供支撑，在黑土地固碳的同时，与农业环境以及社会碳排放生产等多因素、多部门协同发展，在固碳的同时达到农民粮食交易和土壤碳汇市场交易的双重增收，走出龙江农业现代化的新路子。

黑土保护利用关系国家粮食安全、社会稳定和人类健康千秋伟业。把黑土视为"国宝"进行保护和利用是新时期党中央作出的重大战略部署，是学习贯彻习近平新时代生态文明思想和构建人类命运共同体理念的伟大实践。希望通过各方的积极努力，建立一个寒地黑土农业现代化的大粮仓；拥有以黑土保护为唯一利益的本土科研创新团队集群；拥有稳定粮食产出和巨大"碳汇"能力的黑土农业经济特区。这对于推动东北全面振兴、实现龙江农业现代化和实现中华民族伟大复兴的中国梦具有重大的战略意义。

（作者：韩贵清，发表于 2022 年 10 月）

加快推进黑土富硒产业发展

近年来，黑龙江省政府多次强调要大力发展富硒产业，全省富硒农业发展正在提速。

2021年11月23日，胡昌升省长对黑龙江省农业科学院原党组书记兼院长韩贵清和黑龙江富硒农业发展中心主任程远方联名提出的《关于加快推进黑土富硒产业发展的建议》作出批示，强调："建议好。我省应加力推动富硒产业和品牌建设。"省委副书记陈海波、副省长李玉刚分别批示：认为"两份建议具有很强的针对性"，指示有关政府部门认真研究吸纳，认真研究落实。

突出黑龙江富硒优势，实现黑土富硒产业升级，对全省现代农业高质量发展具有十分重要的现实意义。

一、富硒农产品的内涵

硒是人体必需的微量元素，具有抗癌、抗衰老、解除重金属毒害、增强免疫力等重要作用，被科学家誉为"生命之火""抗癌之王""长寿元素"等美誉。

我国是缺硒大国，72%的土壤缺硒，95%的主食缺硒，由此导致全国22个省份，9亿余人生活在低硒地区，需要补硒。目前，中国国民人均硒的摄入量严重不足，据统计，人均每天只摄入了26～32微克，不到国家推荐标准下限的一半。著名营养学家于若木曾呼吁："要像抓补碘一样抓好全民补硒工作"。

富硒农产品是指在天然富硒土壤环境中或施用富硒肥料生产出的农产品，被公认为最安全、最有效、最科学的补硒方法。在我国居民对食品营养及健康日益关注的背景下，开发利用硒资源、发展富硒农产品的热潮在国内方兴未艾。发展富硒农产品，是一二三产业融合发展的必然方向，是促进黑龙江黑土富硒产业发展的核心要务，是乡村振兴发展的重要抓手，对于农业绿色发展、提质增效、供给侧改革，对于乡村振兴、农民增收、促进全面小康和全民健康都具有重要作用。

二、国内外富硒产业发展现状

从国外看，富硒产业发展方兴未艾。硒被世界卫生组织确定为继碘、锌之后的第三大营养元素。2003 年，美国食品药品管理局（FDA）就批准了硒为抑癌剂，并允许硒营养品标识硒的抗癌功效。早在 20 世纪 70 年代，欧洲发达国家及新加坡、日本等国已经开始提倡全民补硒，旨在提高国民健康素质。美国补硒预防肿瘤的干预试验证明，通过补硒使肺癌发病率降低 40%、直肠癌降低 58%、前列腺癌降低 63%。硒的重要性越来越被人们所熟知，补硒行动在全球范围内相继展开，美国、芬兰、日本等国掀起全民补硒热潮，国内富硒产品热销且价位不断走高，反映出补硒效果为人们认同。

从国内看，富硒产业发展备受关注。习近平总书记在 2016 年全国卫生与健康大会中作出强调"把人民健康放在优先发展战略地位"。2017 年以来，习近平总书记先后在广西、山西、江西、陕西等地调研，以及在北京参加全国两会期间，就发展富硒产业发表了一系列重要讲话。2019 年 5 月，习近平总书记深入赣南老区调研时，考察了于都县梓山富硒蔬菜产业园，指出"这里有丰富的富硒土壤资源，一定要打好这个品牌，让富硒农产品在市场上更加畅销"。2020 年，习近平总书记参加十三届全国人大三次会议听取了湖北省人大代表宋庆礼提到当地富硒产业发展情况时指出："上个月我刚去过陕西，安康那一带也是富硒地带，你们这里也是富硒地带，要利用好这一宝贵资源，把它转化为富硒产业。"近年来，湖北、广西、江西、陕西、重庆等省（市）纷纷出台了富硒产业发展规划或指导意见，建立富硒产业示范基地，已将传统农业向功能农业快速转变。2020 年，全国富硒产值达到 1 800 多亿元。中国农业大学专家预测：到 2030 年我国农业富硒产值将达到 1 万亿元，2050 年将突破 5 万亿元，富硒产业发展空间巨大。

三、黑龙江省富硒产业发展潜力巨大

黑龙江省黑土资源丰富，是世界三大黑土区之一，同时，松嫩平原和三江平原为富硒土壤带，被国家批复为"黑龙江省两大平原示范区综合改革试验区"，在《寒地富硒土地环境调查评价》报告中已查明面积为 12 000 万平方公里，涉及 10 个县（市）、61 个乡镇、12 个国有农场，适合种植富硒土地面积为 508 万亩（黑龙江省耕地面积 2.39 亿亩）。这两条富硒带土壤中硒含量在 0.33～0.89 毫克/千克，2016 年 9 月海伦市、宝清县被中国营养协会分别授为"中国黑土富硒之都""中国北大荒硒都"，为黑龙江省富硒农业发展夯实资源基础。尽管全省已有两条富硒带，但其他大部分地区土壤严重缺硒，天然硒带仅占全省耕地面积的 2.12%，97.88% 的耕地急需外源补硒。因此，不仅要加强资源富硒农产品的开发，还应大力发展外源富硒农产品的开发利用，这是促进黑龙江黑土富硒产业发展的核心，是乡村振兴发展的重要抓手，是全民健康的重要保障，是实现龙江农业高质量发展的有力支撑。

黑龙江省农业科学院对外源富硒进行了多年研究，经多家权威部门及专家鉴定，"提质增效营养富硒技术"不仅仅为缺硒地区生产的农产品补硒，更重要的是能够使农作物增加产量、增强抗逆抗病性、促进早熟、提高品质、增加效益，而且，已经多年在黑龙江省内多地对多种农作物开展了富硒示范推广，效果显著，深受农户、企业和农技推广部门的好评。开辟了农业提质增效、农民持续增收、企业持续增效和产业链不断延伸的良好局面。

一是增产增收，效益高。"提质增效营养富硒技术"具有抗病、抗倒伏、拮抗重金属和降解农残的优势，减少农药化肥施用量，保护了生态环境，促进了产量和品质的大大提升，使富硒农产品口感好、市场好、附加值高，实现了农户从"种得好"向"卖得好"的转变。

二是提质增效，促增收。"提质增效营养富硒技术"推动了农业企业的大力发展，优质的富硒农产品备受消费者青睐，提升了企业市场竞争力，经济效益显著，为当地政府增加税收。

三是绿色健康，保安全。通过"提质增效营养富硒技术"为广大消费者提供了绿色安全放心的农产品，解决了市场上富硒农产品紧缺的问题。

四是示范引领，可推广。未来，黑龙江省农业科学院将持续推进"树典型、推模式、可复制"的成果转化新模式，引导更多的种植基地转型升级，助力乡村振兴，进一步促进农民增收、企业增效、人民增寿、政府增税。2021 年 8 月 24 日，黑龙江省食品与营养咨询指导委员会和黑龙江绿色富硒农业发展中心在哈尔滨联合召开了黑龙江省第一届"黑土富硒产业升级"的研讨会，旨在为黑龙江富硒产业发展献计献策。

四、影响黑土富硒产业发展的主要问题

1. 缺乏政策引导与支持，引导推动力度有待增强　黑龙江省富硒产业发展缓慢，缺乏国家和省级层面的政策引导和支持，缺乏顶层设计。在发展战略、规划、技术、机制等重大共性方面的问题缺乏科学的指引，亟待对富硒产业发展进行顶层设计。

2. 富硒产品加工业薄弱，产业竞争力有待提升　黑龙江省富硒产品加工业产业基础薄弱，仅有少数几家企业且停留在初级加工上，精加工、高附加值的富硒产品少。有规模、有实力、有影响力的富硒龙头企业更是缺乏。

3. 科技支撑体系薄弱，科技引领作用有待强化　黑龙江省缺少富硒产业科技创新平台，受到科技人才缺乏、研究经费不足等因素的制约，富硒产品精深加工不足的问题亟待突破。

4. 缺乏行业标准和质量认定，监管与保障体系有待完善　首先行业标准不健全。除富硒水稻有国家标准和富硒茶有行业标准外，其他富硒农产品尚无国家或行业标准，富硒产品品质参差不齐，需要填补这方面的空白。其次，目前富硒产品没有权威部门的质量认定和统一标识，市场规范和监管难度较大。

5. 消费者对硒的认知不足，科普宣传力度有待加强　当前我国关于硒的科普不够全面，普通消费者对硒的科学认知不到位，甚至未接触过相关知识和产品，而一些不负责任商家肆意夸大宣传硒产品的功能，又对消费者产生较大的误导作用。

五、加快黑土富硒产业发展的对策

1. 强化组织领导　在省级层面组织成立富硒产业领导小组，争取国家层面支持的同时，各市地以乡村振兴为主线，形成垂直领导架构，横向建立管理网络。

2. 做好顶层设计　加快制订黑龙江省富硒产业发展规划，出台

富硒产业发展扶持与引导政策，包括财政、金融、土地、税收、乡村振兴等方面的支持政策，把已有的现代农业、绿色农业、特色农业、乡村振兴等支持政策与富硒产业挂钩，大力推动全省富硒产业发展。

3. 建立标准体系　依托黑龙江省农业科学院的人才和技术优势，搭建科技创新平台，完善富硒产业的标准化体系，建立富硒产业行业标准及市场准入标准，加强市场规范和质量监管，促进产学研融合发展。

4. 推动产业升级　引导和扶持农产品加工企业向农产品深加工转型，培育发展一批农产品加工企业向富硒产业转型，以科技为支撑，帮助企业建立富硒农产品原料基地，打造富硒农产品品牌，提高市场竞争力。推进富硒资源与文化、大健康、旅游资源和乡村振兴的全面融合。树立"硒＋X"发展理念，挖掘富硒地区农业休闲、大健康、旅游、文化等功能，促进富硒一二三产业融合发展。真正做到把论文写在大地上，把成果留在农民家。

5. 实施品牌战略　坚持统筹策划、包装，多部门多单位联动，开发高端路线，实施地域品牌、企业品牌、商品品牌"三位一体"的品牌发展战略，大动作、高密度地提高品牌影响力，真正实现"以硒为贵"、大有"硒"望，更大范围内提高地域品牌识别度，在富硒开发上形成整体效应。

6. 加强宣传推广　加大对消费者富硒知识科普宣传，科学补硒，造福人民；建立富硒产业示范县，实现黑土富硒，产业升级，打造乡村振兴产业发展的新高地，助力黑龙江省经济大发展、快发展，为乡村振兴和共同富裕作出更大的贡献！

（发表于 2021 年 11 月）

黑土地为什么是黑色的？

"捏把黑土冒油花，插根筷子能发芽"，相信只要我们坚持保护优先、用养结合、绿色发展，一定可以让黑土地重焕生机。

2022 年 5 月 23 日至 29 日，黑龙江省开展首个黑土地保护周活动。为什么要保护黑土地？黑土地为什么是黑色的？

色黑如珍宝，土好肥力高。黑土是地球上十分珍贵且稀有的土壤资源，是一种性状好、肥力高、适宜农耕的优质土地。

"黑土地"名字的由来，首先来自其颜色特征，而这也

耕作层
腐殖质层
过渡层
淀积层
过渡层
母质层

黑土结构示意图

正是其优势所在。土壤的有机质是黑色的，有机质含量越高，土壤颜色越深。黑土的土质松软，腐殖质层深厚，表层土壤有机质含量比黄土高数倍。腐殖质含有丰富的氮、磷、硫等营养元素，还能像胶水一样，把土壤结成几毫米的团聚体，利于形成植物根系的"小水库"和"小肥料库"，这是黏土、沙土等望尘莫及的。

黑土的珍贵，更在于其得之不易、意义重大。黑土地拥有的自然属性要经历上万年才能形成，300 年左右才能有 1 厘米的厚度。已经形成了 46 亿年的地球，至今也只有三大黑土带，其中之一就位于我国的东北平原。我们吃的米饭，三碗中就有一碗来自东北黑土地，黏玉米、大豆油等农产品俏销网络，也离不开东北黑土地的功劳。

作为世界主要黑土带之一，东北典型黑土区耕地面积约 2.78 亿亩，土壤类型主要有黑土、黑钙土、白浆土、草甸土、暗棕壤、棕

壤、水稻土等。其中，黑土是黑土区的典型代表，暗棕壤是黑土区面积最大的土壤类型，草甸土是黑土区最富养分的土壤，它们都是生产粮食的"小能手"。

不可忽视的是，受不合理耕作方式等因素影响，东北黑土地正在"变薄、变瘦、变硬"，局部地区面临水土流失、土壤板结，有机质含量下降，pH 降低，土壤养分流失等问题。保护黑土地，刻不容缓。

想让黑土地焕发活力，精准把脉、对症下药是关键。东北黑土区土壤类型多，对肥力高、质量好的土壤，采取保育措施，培育土壤使其不退化；由于利用不当、用养失衡引起质量下降的土壤，采用地力提升技术和合理耕作制度提高土壤质量水平；自身存在障碍因素的土壤需靶向治疗、综合施策，等等——总之，要根据地形地貌、水热条件、种植制度、土壤问题等因素，抓住重点分区治理。

如今，各地已经行动起来。"捏把黑土冒油花，插根筷子能发芽"，相信只要我们坚持保护优先、用养结合、绿色发展，一定可以让黑土地重焕生机。

（作者：韩贵清，发表于 2022 年 5 月）

关于贯彻黑土地保护法加强黑土保护利用
保障国家粮食安全的调查与建议

党的二十大报告指出：要坚持绿水青山的理念，坚持山水林田湖草沙一体化保护和系统治理，全方位、全地域、全过程加强生态环境保护。作为重要耕地资源的东北黑土不仅仅是我国粮食的稳压器和压舱石，也是世界的大粮仓。全世界三大黑土带面积 7.25 亿公顷，约占全球耕地的 17%，供养了世界 1/3 的人口。2010 年，全球 66% 的葵花籽、51% 的小米、42% 的甜菜、30% 的小麦和 26% 的土豆以及大量大豆、玉米、水稻都产自黑土带。黑土保护利用是关系国家粮食安全、社会稳定和人类健康的千秋伟业。全国人大为黑土地保护进行立法，把黑土视为"国宝"进行保护和利用，是新时期党中央作出的重大战略部署。

为保护和发挥黑龙江独特黑土优势，黑龙江省政府参事联合省科顾委专家组成黑土保护利用联合调研组，采取实地踏查、听取汇报、召开座谈会等方式，对黑龙江省黑土耕地保护情况进行专题调研。现将有关情况报告如下：

一、黑龙江省黑土地保护主要成效

（一）黑土地保护政策资金大力支持。近年来，省委、省政府深入贯彻习近平总书记对黑龙江省的重要指示批示精神，全面落实党中央、国务院决策部署，坚决扛起政治责任，深入实施"藏粮于地、藏粮于技"战略，采取有效措施，不断加大投入力度，加强黑龙江省现有 2.579 亿亩黑土地保护利用工作，切实维护起国家粮食安全、生态安全、资源安全，采取工程、农艺、生物等综合措施，坚持用地与养地相结合，着力提升黑土耕地质量，取得较好成效。2020 年以来，各级财政累计投入黑土地保护相关资金 628.6 亿元，年均增加 11.2%。全省黑土耕地质量等级平均为 3.46 等，比东北黑土区高

0.13 个等级；土壤有机质平均含量 36.2 克/千克；秸秆翻埋还田或深松地块耕层厚度达 30 厘米以上。2022 年，黑龙江省粮食总产 776.3 亿千克，占全国 11.3%，实现"十九连丰"，连续 13 年位居全国之首，进一步筑牢了国家粮食安全"压舱石"。

（二）保护和利用黑土地资源有法可依。为贯彻落实十三届人大三十五次会议通过的《中华人民共和国黑土地保护法》，省委、省政府成立了耕地保护推进落实工作小组，同时把黑土地保护纳入粮食安全责任制和市级目标考核。2022 年，省人大常委会通过《关于切实加强黑土地保护利用的决定》《黑龙江省黑土地保护利用条例》，进一步明确黑土地保护工作责任，加强监督管理。此外，采取"长牙齿"的措施，探索实行"田长制"，开展严厉打击盗采泥炭黑土行为百日专项整治行动，对违规占用耕地搞绿化行为开展专项整治，对"大棚房"问题开展专项清理整治行动"回头看"，坚决遏制耕地"非农化"，防止耕地"非粮化"。

（三）黑土地保护利用综合技术措施见成效。在水土流失综合治理上，"十三五"期间综合治理面积 2.1 万平方公里，其中坡耕地水土流失治理面积 620 平方公里，治理侵蚀沟 1 388 条。农田有效灌溉面积达 9 357 万亩。因地制宜地建立了以秸秆翻埋还田、秸秆粉碎还田和秸秆覆盖免耕还田为主的黑土保护"龙江模式"。全省测土配方施肥技术覆盖率 90.4%，化肥利用率 42%，畜禽粪污资源化利用率 80.1%。

二、黑土地保护利用存在的主要问题

黑龙江省在推进黑土地保护利用上，虽然取得了一定成效，但总体上还处在探索实践阶段。因长期高强度的开发和不合理的耕作方式，黑土地退化问题仍很严重。黑龙江省黑土地质量呈渐进下降趋势，个别地区趋于稳定或回升，但总体仍处于退化发生、发展和危机阶段共存状态。

（一）水土流失问题突出，耕地质量有待提升。近年来，国家虽然加大了投入力度，但从总量来看还很有限，与黑土保护利用实际需求差距较大。根据 2021 年全国水土流失动态监测看，黑龙江省现有水土流失面积 7.31 万平方公里，耕地水土流失面积 6.54 万平方公里，主要分布在 6°以下的缓坡耕地。耕地质量下降表现在：一是黑土层变薄。平均厚度已由开垦前的 60～70 厘米，下降到目前的 30 厘米左右，且有 10% 的坡耕地黑土层已流失殆尽。全省坡耕地每年平均流失土壤厚度为 1～3 毫米。二是黑土肥力变瘦。全省耕地土壤有机质平均含量由 1982 年第二次全国土壤普查时的 47.4 克/千克下降到 2019 年的 36.2 克/千克，近几年仍以年均 0.1%～0.3% 的速度在下降。三是黑土质地变硬。不少黑土区土壤物理化学性质在变差，旱时板结僵硬，涝时黏朽，蓄水保墒供水供肥能力明显下降。

（二）黑土地保护开发政策尚未真落地显成效。保护和提升黑土耕地的数量、质量，是守住"谷物基本自给、口粮绝对安全"战略底线的重要保障。但对基层政府来说，保护黑土地所失去的发展机会成本得不到有效补偿；对农民来说，保育黑土投入的人力物力得不到经济回报，客观上形成了"谁保护耕地谁发展滞后、越保护越吃亏"的现象。目前，黑土地保护仍然依靠国家东北黑土地保护利用试点等政策支持，缺乏自发的市场化行为驱动，内生动力、主体意识仍显不足。目前实施的一些黑土地保护措施，多是国家和省里补贴的项目。现行制度行政措施多、市场调节少，未形成有效利益驱动，特别是对黑土耕地保护缺乏差别化的政策倾斜和约束力。"谁保护、谁吃亏"是影响和制约基层耕地保护的核心问题，导致重用地、轻养地，重化肥、轻有机肥，重产出、轻投入，甚至出现了盗采泥炭黑土等违法行为。

（三）科技资源配置"重国家、轻地方"现象明显。土壤研究工作具有很强的地域性、基础性、公益性和经验性。国家多年来持续不断加大对黑土地保护的资金支持，从地方政府到科研院所、从市场调节到政策倾斜。但是由于科研资金的使用指向性不明，造成了很多科研机构在黑土保护利用研究方面各自为战，研究方向重叠现象较为普遍，造成了科研经费在同一方向上不断重复使用和浪费。东北黑土区地域的黑土保护科研人员很难争取到国家层面黑土保护项目，更无法得到专项资金支持，致使本土科研团队只能沦为"打工者"。因为长时间无法得到大项目和资金的支持，很多研究了数十年耗费了几代人心血的研究项目不得不停止运行，造成了科研进程断档，科研人才流失、科研传承终结，给黑土长期系统研究造成了难以估量和无法挽回的损失，严重降低了黑土地保护利用研究效率。

（四）中低产田粮食潜能没有充分发挥。黑龙江省中低产田分布面积大、范围广、类型多、潜力大。截至 2021 年，黑龙江省建成高产稳产农田占耕地总面积的 33.9%，但仍有近 7 成的耕地处于中低产田水平。中低产田形成主要有两方面原因：一是人为因素。即人们开发利用土地过程中采取的农业措施和环境因素不协调，造成水土流失、土壤肥力退化、连作障碍、土壤次生盐渍化和沙化等，这类土壤由于种养失衡或管理不当造成土壤产能降低，可以通过合理轮作、培肥、保育、合理施肥等措施使低产问题得到改善。二是自然因素。如白浆土、低湿地、盐碱土和瘠薄土壤等障碍土壤的形成。障碍土壤就是有限制作物生长因子的土壤，障碍因子包括障碍土层、高盐碱成分、滞黏潜育化等。这类土壤改良难度大，但改良后粮食增产潜力也大。其改良不能单纯依靠保育培肥，必须通过工程、机械改土、农艺等综合措施消除障碍因子，才能达到标本兼治的目标。

三、对策建议

（一）组织多学科、多部门合作，针对黑土区域重大问题开展国际联合科技攻关。《黑土地保护法》第三条明确指出，国家实行科学、有效的黑土地保护政策，保障黑土地保护财政投入，综合采取工程、农艺、农机、生物等措施，保护黑土地的优良生产能力，确保黑土地总量不减少、功能不退化、质量有提升、产能可持续。目前，国家层面相关部门实施的高标准农田、保护性耕作、侵蚀沟治理、农田防护林、山水林田湖草沙等项目实施布局统筹不够，部门协同推进机制欠缺，难形成有效合力。

1. 建议积极争取国家多部门联合发力，包括因地制宜实行轮作等用地养地相结合的种植制度；因地制宜推广免（少）休耕、深松等保护性耕作技术，推广适宜的农业机械；因地制宜推广秸秆覆盖、粉碎深（翻）埋、过腹转化等还田方式等（《黑土地保护法》第十三条）。采取综合性措施，预防和治理水土流失，防止黑土地土壤侵蚀、土地沙化和盐渍化，改善和修复农田生态环境（《黑土地保护法》第十四条）。

2. 建议设立"黑土粮仓特区科技集团军"。联合辽宁、吉林和内蒙古，依靠黑土粮仓特区（黑吉辽蒙）本土科研团队打造黑土区自己的"科技集团军"，建立协同创新机制，吸引国内外优秀的知名专家和团队参与到集团军中，动员所有科研院校，分区负责，开展黑土保护科技大比武。在黑土核心区成立国家黑土保护实验室和国家黑土保护利用科技创新中心，在黑土核心区设立院士工作站，打造黑土保护利用国际科技创新平台。

3. 建议加强黑土带国家国际合作交流。联合国粮食及农业组织国际黑土研究院是迄今为止全球唯一的国际政府间黑土研究机构，也是联合国粮食及农业组织唯一的国际黑土研究机构。这标志着黑土进入国际化研究的新阶段，充分体现了联合国粮食及农业组织对世界黑土保护利用和科学研究的高度重视。通过国际黑土研究机构合作、国际合作交流项目和人才引进，将世界黑土保护利用的成功经验，在中国大地转化。

（二）建立粮食生产的特区政策，建立经济补偿和市场化驱动机制，激发黑土保护内生动力。《黑土地保护法》第二十四条明确指出，国家鼓励粮食主销区通过资金支持、与四省（自治区）建立稳定粮食购销关系等经济合作方式参与黑土地保护，建立健全黑土地跨区域投入保护机制。东北黑土区粮食产量和粮食调出量分别占全国总量的四分之一和三分之一。连续多年大规模的粮食调出导致区域农田生态系统负担持续加重，土壤有效养分减少，农田生态系统功能下降，粮食生产潜力存在危机。研究表明，每调拨 1 吨水稻要给予补偿氮素 22.5千克、磷素 11.0 千克、钾素 27.0 千克；每调拨 1 吨大豆要给予补偿氮素 48.0 千克、磷素 18.0 千克、钾素 40.0 千克；每调拨 1 吨玉米要给予补偿氮素 25.7 千克、磷素 8.6 千克、钾素 21.4 千克；每调拨 1 吨小麦要给予补偿氮素 30.0 千克、磷素 10.0 千克、钾素 25.0 千克。

1. 建议积极争取从国家层面对超额完成耕地保护任务的省份或区域给予生态保护补偿。这种补偿可以通过直接给予肥料补偿，也可以通过按当年相应的肥料价格折算成货币的形式给予补偿。如对黑土地区每调出 1 斤商品粮国家补贴 1 元钱，用以作为黑土地保护开发基金（每年约 1 000 亿元以上）。或在黑土区域农产品可以增加 0.5% 的税收，作为地方税收回补黑土资源的生态保护补偿。通过建立经济补偿和市场化驱动机制，激发黑土保护内生动力。

2. 建议坚持用工业化的思维抓农业，依托"粮头、农头"优质资源，抢抓粮食政策调整等机遇，大力发展农副产品精深加工，推广全谷物农产品精深加工，吃出营养、安全和健康，不断壮大"食尾、工尾"发展链条。围绕加快"两头两尾"建设，推动农业领域创新，大力发展农业新业态、新模式，促进一二三产业融合发展。发展电子商务、数字农业，搭建市场对接平台。

（三）加大中低产田改造投入力度，保障国家粮食高产稳产。中低产田改良是黑土地保护工作的难点、重点和堵点，也是未来保证粮食产量稳定在高位的潜力所在和最有效途径。按照改良 1 亩中低产田、亩增产粮食 75 千克保守估算，改良全省 1 亿亩中低产田，每年可增加 75 亿千克粮食产量，相当于在现有粮食产能基础上再提高 10％以上的产量。尽管中低产田改良对土壤产能提升效果显著，但在实际生产中却不易推广。究其原因：一是投入不足。中低产田改良属于农田基本建设范畴，工程量大、成本高、投资回收期长，加之农业自身风险的不可预期性，缺少政策和资金支持，农户或新型农业主体很难独自承担。二是机械缺乏。因地施策的改土方法要有与之配套的专用机械才能发挥效果，而改土机械与常用的耕种、收获机械不同，属于农业生产中非必要机械，是增加的额外生产成本。三是认识问题。中低产田改良虽然效果突出，但是由于政策导向、农户认识等方面问题，实际上这项工作仍然处于叫好不叫座的局面，缺乏强有力的政策支持、宣传引导和典型带动。向中低产田和障碍性土壤要效益，建议从四个方面全面发力。

一是强化政策引领。在黑土地保护整体投入资金不变的前提下，统筹考虑保护重点，将中低产田改良纳入优先支持重点项目。强化政策扶持作用，将与改土技术配套的土壤改良机械纳入农机补贴目录，解决装备不足问题，鼓励广大农户和新型经营主体主动投身到中低产田改造中来，发挥其主力军作用。

二是强化科技支撑。加强黑土改良创新团队建设，成立中低产田改良产业技术创新体系，建立由属地科研教育和技术推广单位组成的专家服务团队，加快改良技术创新推广。通过"揭榜挂帅"等方式加大中低产田科研立项支持，同时结合实际需求推动部省联动项目向中低产田改造方向重点倾斜。加强国际合作交流，让更多国家黑土保护利用和科学研究的成果，在东北黑土地上开花结果。

三是强化投入保障。坚持黑土保护的公益性、基础性、长期性，发挥政府投入引导作用，以市场化方式带动社会资本投入，引导农村集体经济组织、农户、企业积极参与，形成黑土地保护建设长效机制。通过财税政策创新，鼓励引导金融资源和社会资本向中低产田改良领域集聚，形成多元化、市场化投入态势。

四是强化示范带动。通过地方政府、科研单位和农业主体多方共建的方式，在中低产田典型区域开展技术集成示范，打造样板田。通过召开改良作业、秋季测产现场经验交流会等形式，加快成熟技术装备示范推广，形成可复制、可推广、可见效的中低产田改造的技术新模式，共同助力黑土地保护工作提档升级。

（四）通过强化领导效能，切实保障黑土地保护利用实际效果。《黑土地保护法》强调，黑土地保护应当坚持统筹规划、因地制宜、用养结合、近期目标与远期目标结合、突出重点、综合施策的原则，建立健全政府主导、农业生产经营者实施、社会参与的保护机制。国务院和四省区人民政府加强对黑土地保护工作的领导、组织、协调、监督管理，统筹制定黑土地保护政策。四省区人民政府对本行政区域内的黑土地数量、质量、生态环境负责。

1. 建议积极向国家争取成立"东北黑土地保护委员会"，由国务院总理牵头，东北三省和内蒙古自治区主要领导参加，形成自上而下的共同责任主体。成立东北黑土资源督查总队，建立"黑土巡视"制度。在黑土保护上要让农民得实惠。将黑土地保护和提升黑土等级与地方行政业绩相挂钩，与科研项目实施成果相结合。

2. 建议强化《黑龙江省黑土地保护利用条例》宣传力度。借助每年"黑龙江省黑土地保护周"，加大《黑龙江省黑土地保护利用条例》的宣传贯彻落实力度，通过印发图册、张贴标语，乡村流动宣传车、专家电视讲座等方式，积极开展黑土地保护宣传，引导全社会提升依法保护黑土的意识。

东北黑土地资源利用与可持续发展已经走到了关键节点。贯彻《黑土地保护法》，严格实施国家东北黑土地保护利用政策，是守住"谷物基本自给、口粮绝对安全"战略底线的重要保障。通过贯彻《黑土地保护法》，藏粮于地，藏粮于技，真正把论文写在大地上，成果留在农民家，踏上新征程，谱写新篇章，为农业强国建设作出新的更大的贡献！

（调研组组长：韩贵清

调研组成员：荣利彬、顾百文、李广志、曲　伟、

马守义、刘　杰）

第十二章 食物营养与健康

开展膳食革命、健康生活行动,
引领农业和食品工业调整发展

2012 年 3 月至 12 月,黑龙江省食物与营养咨询指导委员会组织多部门参与了全省首次居民膳食营养与健康状况的综合性调查:省卫生厅负责 1 县 1 区,2010 年和 2012 年两次共 1 821 户、3 851 人的抽样调查;省教育厅负责 5 个地市 30 所中小学 6 000 名学生的抽样调查和 5 市 9 校 4 284 名学生的油盐摄入量称量调查;国家统计局驻省调查总队进行了 41 个县(市、区)、4 490 户的入户调查;省盐务局负责居民食盐消费调查;省粮食局负责 1 203 户稻麦加工企业全谷物米面加工比重调查。

黑龙江省食物与营养咨询指导委员会办公室、省疾控中心、哈尔滨医科大学公共卫生学院和有关单位的专业人员对上述调查进行了大量的数据录入、整理分析和研究工作。共完成了 6 份专题调查报告和 1 份总的调研报告,根据这些调查结果,撰写了本报告。

一、调查的基本情况

此次大型调查的结果表明,黑龙江省城乡居民的食物与营养状况总体上趋于改善。从 2002 年到 2011 年的 10 年间,城乡居民食品消费支出分别增长 174% 和 169%,扣除物价因素后仍有较大幅度增长。食物消费结构逐渐变化,动物性食物摄入量上升,居民营养状况得到改善。2010 年调查人群营养不良率(2.5%)和贫血患病率

（7.0％）好于 2009 年全国调查水平。

但黑龙江省城乡居民的食物与营养状况也存在着严重的问题：

1. 食物结构不合理、膳食不平衡　综合体现在食物的供能比例失衡，碳水化合物的供能比例低于《中国居民膳食指南》（以下简称《指南》）推荐标准下限 6 个百分点，脂肪供能比例高于《指南》推荐标准上限 7.6 个百分点。具体到食物摄入，主要问题为"六低两高"。

（1）蔬菜水果摄入量低。蔬菜每人每天 269.6 克，比《指南》推荐标准下限 300 克低 10.1％；水果每人每天 24.8 克，比《指南》推荐标准下限 200 克低 87.6％。

（2）乳及乳制品摄入量仅达推荐标准的 5％。每人每天 14.8 克，比《指南》推荐标准 300 克低 95％。

（3）豆类及豆制品、坚果摄入量仅达推荐标准下限的 39％。每人每天干豆、坚果 4 克，豆制品 7.7 克，低于《指南》30～50 克干豆的推荐标准。

（4）全谷物食品极少，粗粮摄入比重不到推荐标准下限的 50％。2011 年全省年产面粉 67.5 万吨，全麦面粉为零；年产大米 1 350 万吨，糙米仅占 1.8％，主要用于外销。每人每天粗粮摄入量仅占谷物摄入量的 9％，而《指南》推荐标准的比重为 20％～25％。

（5）鱼虾摄入量每人每天 31.5 克，比推荐标准下限 50 克低 37％。

（6）大部分维生素、矿物质摄入量只达推荐标准的 50％ 左右。维生素 A、钙的摄入量远未达到推荐标准的 50％，B 族维生素、维生素 C、钾、锌的摄入量也只稍高于推荐标准的 50％。

（7）食盐摄入量为推荐标准的 2～3 倍。黑龙江省居民食盐消费量为人均每天 13.3 克，为《指南》推荐限量 6 克的 2.2 倍。如果加上其他渠道的进盐量和来自外省食品（占黑龙江省食品市场的大部分）的含盐量，食盐消费量就更高。2012 年农村冬春蔬菜淡季调查，人均每天摄入量达 18.6 克，为《指南》推荐限量的 3.1 倍。

（8）油脂摄入量过高。每人每天 34.2 克，超过《指南》推荐限量 30 克的 14％。

2. 生活方式不健康　主要表现为"两低一高"。

（1）只有 12.2％ 的人经常锻炼身体。

（2）15 岁及以上人群年体检率只有 30.3％。

（3）15 岁及以上男性居民的吸烟率高达 48.4％。

3. 因膳食结构和生活方式不合理导致的健康问题突出　主要表现为大部分人存在着超重或肥胖和血压、血脂、血糖异常。

（1）1/2 以上的人超重或肥胖。18 岁及以上调查居民超重肥胖率为 58.7％，其中超重率 39.0％、肥胖率 19.7％，高于同年全国 42.6％（超重率 30.6％、肥胖率 12.0％）的监测结果。

（2）1/3 的人高血压。18 岁及以上调查居民高血压患病率为 29.2％，其中城市 33.5％。另据 2008 年对哈尔滨市城区 20～74 岁的常住居民进行高血压流行病学的调查，高血压患病率达 41.17％，高于全国 2010 年 33.5％ 的监测结果。

（3）1/3 的人血脂异常。18 岁及以上调查居民的高甘油三酯血症患病率为 22.6％、高胆固醇血症患病率为 5.1％，分别高于同年全国 11.3％ 和 3.3％ 的监测结果。低高密度脂蛋白胆固醇血症和高低密度脂蛋白胆固醇血症患病率分别为 17.0％ 和 2.0％。

（4）糖尿病患病率和血糖调节受损人群数量较高。18 岁及以上调查居民糖尿病患病率为 7.6％，其中城市为 10.4％。糖耐量受损率为 5.5％，其中城市 44 岁以上人群占 23.7％；空腹血糖受损率为 4.1％，其中城市 18～59 岁男性人群占 13.3％。

4. 特殊群体的突出问题更应引起高度关注

（1）低收入人群的营养不足。

——最低收入户人均食品消费支出仅为平均水平的 50％ 左右。国家调查总队入户调查，2011 年占人口总数 10％ 的城镇最低收入户的年人均食品消费支出为 2 339.7 元，比全省人均水平低 46％，占其可支配收入的比例高达 45％（全省平均为 28％）。由于其近半收入用于购买食品，而支出额又只有平均水平的 50％ 左右，食品价格又大幅增长，生活相当艰难，食物摄入严重不足。全省年人均消费水平已达标或超标的粮食、食用植物油、畜禽肉类，最低收入户却分别低于《指南》推荐标准下限 20.8％、3.3％、17.8％。鲜菜、瓜果、鱼虾、奶类则分别低于《指南》推荐标准下限 26.6％、51.4％、79.9％、94.6％。农村最低收入户食品消费支出更低，仅为 1 616.8 元，鲜菜、瓜果、肉禽、鱼虾、奶类消费量较《指南》推荐标准下限低得更多，分别低 30.6%、59.7%、26.0%、86.5%、96.3%。

——城乡低收入居民营养不良发病率分别为平均水平的 2.1 倍和 1.3 倍。与《指南》推荐标准相比，城镇低收入居民能量摄入低37%，蛋白质摄入低 32%，主要维生素和矿物质摄入均严重缺乏，如钙低 67%，钠则高出 89%。营养不良发病率为 5.8%，为城镇调查人群平均值 2.8% 的 2.1 倍。农村低收入居民的营养不良发病率为 2.7%，为农村调查人群平均值 2.1% 的 1.3 倍。

（2）青少年学生多种营养素摄入不足，食物结构和生活习惯不合理。

——营养素缺乏。如维生素 C 缺 68.5%、钙缺 62.1%。低收入家庭的学生营养缺乏的问题更为严重。

——九成学生蔬菜、水果、鱼虾、乳品摄入不足（占学生总数的比重分别为 92.7%、99.8%、85.5%、98.4%），六成以上学生大豆类及坚果摄入不足，五成以上学生（53.4%）畜禽肉类摄入过多，盐和油脂摄入严重超标（人均摄入量分别超标 68.2% 和 113%）。

——营养知识不足和生活习惯不合理。初高中学生对营养缺乏或过剩危害问卷调查，回答较好的每百人中只有 1~2 人。部分学生存在着不吃早餐、不喝牛奶、好吃零食和街边小吃的不良饮食习惯。2010 年 15~17 岁调查人群中农村男性吸烟率达 50%；6~12 岁调查人群有 84.5% 不锻炼身体，13~17 岁调查人群有 74.2% 不锻炼身体。

——青少年的贫血率偏高。2010 年 13~17 岁调查人群贫血率为12.9%，高于 7.0% 的平均值，其中农村为 20.4%。

——两成学生超重肥胖。调查的 5 949 名中小学生，超重肥胖率为 19.5%，高于 2002 年全国调查青少年 12% 的超重肥胖率。

（3）老年人群超重肥胖和血压、血脂、血糖异常。

——约六成老年人超重、肥胖。超重、肥胖率为 61.3%，比 18岁以上调查对象的平均值 58.7% 高出 2.6 个百分点。

——约四成老年人高血压。高血压患病率为 44.8%，比 18 岁以上调查对象的平均值 29.2% 高出 15.6 个百分点。

——约三成的老年人血脂异常。老年人的高胆固醇血症、高甘油三酯血症、低高密度脂蛋白胆固醇血症、高低密度脂蛋白胆固醇血症患病率分别为 6.0％、19.2％、15.1％、3.0％。

——超过一成的老年人患糖尿病。患病率为 10.2％，是平均值 7.6％ 的 1.3 倍。

（4）高收入人群营养过剩。

——城镇高收入户食品消费支出高出平均水平 75.2％。肉类和油脂摄入量超过《指南》推荐标准上限 32.8％ 和 51.8％，在外用餐支出比平均水平多 141％。

——中年（45～59 岁）高收入人群超重肥胖率高达 69.6％。

综上所述，黑龙江省居民高油、高盐、多肉、多精米白面、少果蔬、少奶豆、少鱼虾、少粗粮、少维生素和矿物质的饮食结构，以及高吸烟率、少运动的生活方式，导致超重肥胖和血脂异常的人群比重高于全国平均水平，居全国居民死亡因素前三位的脑血管病、恶性肿瘤、心脏病高发，形成了沉重的经济社会负担（仅黑龙江省约有947.4 万高血压患者、约有 246.6 万糖尿病患者，按年人均医药费1 000元和4 000元计算，即年需医疗费 193.3 亿元，相当于全省城镇居民医保和新农合财政补助总额的 2.1 倍），严重危害了国民健康，影响了经济社会发展，更伤及了民族素质。

二、几点建议

目前，这种不合理的膳食结构和不健康的生活方式根植于黑龙江省独特的地理气候条件（如半年无地产果蔬）和传统的膳食生活习惯（如高油、高盐、喝酒、吸烟），在竞争带来的升学、就业、工作压力和电脑、电视普及，收入提高，社交增加等新的社会因素叠加作用下，不仅问题越来越突出，对群众健康的危害越来越严重，而且愈加根深蒂固，积习难改。如果不来一场革命性的行动，从思想观念、饮食传统、生活习惯、消费和供应结构、养生文化等方面彻底变革，是很难得到调整和改变的。为此建议：在全社会开展膳食革命、健康生活行动。

（一）落实膳食革命、健康生活行动的任务和措施，营造舆论氛围和社会环境

膳食革命、健康生活行动的主要任务是在保证食品安全的基础上实行"四增四减"和"三个普及"。

"四增四减"，即在饮食结构调整上实现"四个增加"：一是增加富含维生素、矿物质、膳食纤维，低能量的蔬菜、水果的摄入；二是增加营养成分齐全、含钙高的奶类和富含优质蛋白等多种营养素的大豆及其制品的摄入；三是增加脂肪含量较低、优质蛋白含量较高的鱼虾的摄入；四是增加膳食纤维、B族维生素和矿物质含量较高的全谷物食品和粗粮的摄入。实现"四个减少"：一是减少过多油脂的摄入；二是减少过多食盐的摄入；三是减少维生素、膳食纤维、矿物质流失的精米白面的摄入比重；四是减少过量动物性食物的摄入比重。

"三个普及"：一是普及科学平衡膳食的常识，使人人清楚不良饮食习惯、生活方式的弊病及其严重后果，人人掌控"中国居民平衡膳食宝塔"的食物结构、推荐数量和科学的运动量；二是普及戒烟限酒活动，普及戒烟限酒对于预防心脑血管疾病、糖尿病和某些恶性肿瘤的重要性的认识和基本知识；三是普及全民健身活动，保证青少年每天1小时体育活动，组织青少年走出课堂，走向操场，动员中年人走出室内，走向室外，推行工间操制度；动员老年人少看电视，少玩麻将，多走向运动场，把全民健身条例落到实处。

为落实上述任务，建议由卫生厅牵头，制定有相关部门、媒体、学校、社区和卫生机构参加的综合宣传和教育培训计划。组织编写营养健康的科普知识材料，限制高脂、高盐、高糖食品广告的片面宣传。针对不同群体，加大宣传报道力度，有计划地举办报告会、座谈会、知识讲座、文艺表演、体育比赛等多种活动，在全社会营造平衡膳食、全民科学健身、健康生活的舆论氛围和社会环境。在幼儿园及中小学校增加普及"健康知识"或"生活常识"的力度，使青少年掌握健康的生活方式，养成良好的生活习惯。

（二）按照公平的原则和扶贫济困、保障民生的要求，解决特定人群的基本营养和保健问题

1. 实施中小学"学生奶"计划　作为已启动的"全省农村义务教育学生营养改善计划"的补充，在全省中小学实施"学生奶"计划，确保学生每天在校喝牛奶、豆奶或豆浆200克。贫困地区由政府解决所需资金；其他地方由政府适当补助，解决低收入家庭学生的困难。同时开展"学生奶"计划监测与跟踪评价。

2. 实施老年人群体检和健康培训计划　对享受最低生活保障和

孤寡的老人、没有正常收入的老人，实行政府付费，免费体检。对老年人采取办讲座的形式，进行免费营养健康培训。建立健康档案，跟踪随访，及时进行健康评估，修正健康计划。

3. 实施"控油减盐限糖"计划　　建议由政府出资，通过社区给全省每个家庭配发控油壶、控盐勺，或黑龙江省生产企业在食盐包装中放带有刻度的盐勺、装置带有计量的食油瓶盖。省内销售的食盐包装上应标注"过量摄入食盐有害健康，每人每日食盐摄入量不应超过6克"的字样。黑龙江省生产含高盐、高脂、高糖的食品应在包装上标明"内含高脂""内含高盐""内含高糖"字样，以供选择。

4. 实施贫困人群营养补助计划　　对于年人均纯收入未达到国家或省贫困线标准的农村贫困人口和城镇享受最低生活保障的贫困人口，实行专项营养补助，由政府以实物方式发放。

5. 实行营养师制度，实施营养师培训上岗计划　　先在部分机关、大中小学食堂、为学生配餐的公司和饭店培训配备专、兼职营养师，取得经验后逐步推广。

（三）以膳食革命、健康生活行动引领农业和食品工业调整发展

从调整优化居民膳食结构切入，可以引导消费，创造和扩大新的需求，引领产业结构调整升级，开辟新的更为广阔的市场，加快黑龙江省由农业大省转变为食品加工大省的步伐。如果把黑龙江省居民摄入蔬、果、奶、豆、鱼、虾和杂粮的水平由2010年抽样调查水平增加到《指南》建议标准的下限，则全省每年新增内需：蔬菜42.2万吨、水果243.0万吨、乳制品395.6万吨、大豆38.1万吨、鱼虾25.7万吨、杂粮61.6万吨。其中水果、乳品、鱼虾、杂粮的最低新增量都将超过原来的全部生产量和消费量。这些新增的内需可增加销售收入600亿元以上。适应居民营养改善的消费需求，大规模扩大低盐、低脂、低糖食品，全谷物加工食品，纤维素、维生素、矿物质等营养强化食品，豆、奶、果、蔬深加工食品的生产。这些新增食品工业的附加值，按照农产品原值增一倍估算，则可以再新增600亿元销售收入。科学膳食、健康生活行动拉动的餐饮业供餐结构调整和烹饪方式革命、绿色种养、保健品及健身器材生产，体育、文娱、养生旅游等健康产业的发展，不仅能使老产业群焕发新的生机，还能形成一个范围广、链条长、附加值高的新生产业群。为此建议：

1. 推进绿色种植，调整种植结构　杜绝使用禁用农药，扩大绿色、有机种植面积。适当增加豆、薯、蔬菜、水果、杂粮的种植面积，满足居民平衡膳食的需求。推广使用富含黑龙江省居民严重缺乏的钙、钾、锌、硒等常量、微量元素的肥料和优良品种。

2. 推进绿色养殖，调整养殖结构　杜绝滥用抗生素、激素的现象。适当扩大有市场需求的水产养殖业和畜禽业生产。适应居民大幅度增加奶、鱼虾摄入的需求，扩大鱼虾和奶牛养殖规模，规范饲养，保证质量，控制价格。

3. 推进食品加工业发展，调整产品结构　推进主食食品工业化，提倡适度加工。改变市场上缺少全谷物米、面的现状，大幅度增加全谷物加工食品的生产。针对黑龙江省居民油、盐、糖摄入过多的问题，扩大低脂、低盐、低糖食品的生产。针对黑龙江省居民维生素、纤维素和钙、钾、锌、镁、硒等矿物质摄入不足的问题，扩大营养强化食品的生产。针对黑龙江省居民奶、豆、果、蔬摄入过少的问题，扩大奶、豆、果、蔬深加工产品的生产。

4. 推进餐饮业发展，调整供应结构　改变高油脂、高盐、高糖的传统习俗，供应低油、低盐、低糖食品和膳食平衡的营养套餐；改变多用、滥用食品添加剂和腌酱熏煎烤烹炸的烹饪方式，控制露天烧烤及具有烟雾的街头小吃，采用营养素损失少、有害致癌物生成少的烹饪方式。

（四）从事关民生大计、发展大局和民族复兴大业的高度，将膳食革命、健康生活行动纳入政府的重要议程

制订切合省情、科学合理的食物与营养发展纲要和工作规划，制订膳食革命、健康生活行动计划，制订黑龙江省农业和食品工业结构调整方案，制订具有黑龙江省地域特色的膳食、体育活动指导原则和适合不同地区及人群的具体指南。把营养和健康水平作为评价脱贫和全面建设小康社会的一项指标。及时研究解决膳食革命、健康生活行动和食物生产、食品安全的重大问题。制定相关政策措施，加大政府对弱势群体营养改善与慢性病预防的投入。

支持黑龙江省食物与营养咨询指导委员会在膳食革命、健康生活行动中发挥咨询指导作用。实现食物与营养监测、调查制度化、规范化。建立有代表性的长期动态监测点。每3年组织进行一次食物与营养大型综合性调查。建立居民营养健康数据库，可先在国家贫困学生营养餐监测点的基础上，增加监测项目，建立学生营养监测数据库。

膳食革命、健康生活行动涉及社会的各个方面，涉及千家万户中的每一个人，涉及党委、政府多个部门，涉及生产、流通、消费等各个领域，需要齐抓共管。因此，建议成立由常务副省长任组长，主管秘书长和卫生部门领导任副组长，食安办、财政、发改、宣传、教育、人社、农业、工信、商务、粮食、药监、体育、统计、盐业、科协、食物与营养咨询指导委员会等相关部门参加的领导小组，建立有效的工作机制和协调机制，统一指导和协调各方面力量。各有关部门按其职能分工负责，制订部门的具体工作方案，共同抓好落实。

（作者：黑龙江省食物与营养咨询指导委员会，发表于 2013 年 6 月）

顺应"绿色、安全、营养、方便"的国民消费需求，把食品工业建设成为黑龙江省工业的一大支柱产业

——关于加快全黑龙江省食品工业发展的建议

为了落实"十二五"发展规划，使黑龙江省产粮大省和畜牧业大省的资源优势转化为经济优势，黑龙江省食物与营养咨询指导委员会2011年对全省食品加工业进行了调研，并对今后发展提出几点建议，供政府决策参考。

"十一五"期间，黑龙江省食品工业长足发展。2009年，全省食品工业实现销售收入1 364.96亿元、利税109.41亿元、从业人员17.32万人，分别比2005年增长152%、112%、111%。2011年上半年，食品工业实现主营业务收入1 037亿元，同比增长41.7%，占全省工业的20.15%，食品工业已成为黑龙江省工业的第二大产业。

但是，黑龙江省作为耕地资源、商品粮总量、绿色食品产量、大豆产量位居全国第一，粮食和乳品产量位居全国第二的农业大省，却仍然是食品加工业小省。2009年，黑龙江省食品工业主营业务收入位居全国第15位，在中东部17个省份中位居倒数第四位，东北四省份中位居末位；实现利润居全国第18位。食品工业总产值与农牧渔业总产值之比（加工度）为0.6，而辽宁、吉林、内蒙古分别为1.03、0.98、0.97，加工度比全国平均水平低22个百分点。黑龙江省耕地面积和粮食产量都接近辽宁省的3倍，食品工业总产值却不到辽宁的1/2。

目前，需要更加关注的是，随着经济的发展、生活水平和文明程度的提高，以及人们对健康追求的与日俱增，"绿色、安全、营养、方便"已成为国内外食品消费的主流趋势、市场选择和淘汰的基本标准、政府必须提供的民生保障，因而也必然是食品工业发展的方向。而黑龙江省食品工业发展与此不相适应的问题还相当突出。

——按"绿色"的要求衡量，过量使用农药、化肥致使水源和土

壤污染问题仍然存在；品牌鱼龙混杂，绿色食品没有实现优质优价，绿色资源优势尚未成为绿色经济优势。

——按"安全"的要求衡量，食品加工中"四滥"的问题突出，滥用化学制剂、滥用添加剂、滥用劣质原料、滥打伪劣产品广告。

——按"营养"的要求衡量，"三高"（高盐、高糖、高脂）"一流失"（营养流失）的问题突出：餐饮加工和罐头制品普遍高盐、高脂，糕点和饮料普遍高糖、高脂，谷物加工中胚芽与麸皮中的营养几乎全部流失，大豆加工中的多种珍贵营养物质被白白废弃，高温加工和油炸导致维生素破坏和有害物质生成的问题也相当普遍。

——按"方便"的要求衡量，加工食品在便于运输、便于储存、便于携带、便于食用等方面也有很大差距。

从某种程度上说，食品工业面临着消费者的信任危机。如不改进，大量技术设备落后的小企业、小作坊势将停产倒闭，退出市场。

按照"绿色、安全、营养、方便"的要求，实现食品工业跨越式发展。黑龙江省有着巨大的潜力和优势：一是全国之最的农业优势，特别是绿色种植、养殖优势；二是老工业基地的装备制造优势；三是劳动力优势，黑龙江省城镇总人口与就业人口之比为 3∶1，全国为 2∶1；四是国家大力支持农产品加工向产区布局的政策优势。如果 2015 年黑龙江省的农产品加工度达到辽宁 2010 年 1.2 的水平，全省食品加工业总产值将达到"十二五"规划的 4 500 亿元左右，比 2010 年增长约 2.5 倍。这是可能也是完全应该做到的。届时食品工业产值将会远远超过能源产业（目前仅为能源产业的 1/2）。

综合以上情况，建议把黑龙江省"十二五"时期食品工业发展的基本思路和目标定为：以人的健康为本，以"八大经济区"和"十大产业"建设为统领，以"绿色、安全、营养、方便"为基本要求，狠抓技术、体制与机制创新，认真搞好结构调整，把食品工业打造成全省工业经济的第一大支柱产业。

围绕上述基本思路和发展目标，建议重点抓好以下几方面工作：

一、按照"绿色、安全、营养、方便"的要求，解决食品生产加工企业无标准、低标准的问题

重新修订、完善食品加工的企业标准。针对原料质量不合格的

问题，修订、完善种植、饲养标准，实行农产品的标准化生产；针对"四滥"的问题，修订和提高安全标准，特别要严格控制食品添加剂的使用品种和剂量；针对"三高一流失"的问题，明确加工品的营养标准，特别要通过标准的修订和执行，预防食源性疾病的发生；适应方便与卫生的要求，制定食品形态、包装、保鲜、保质等方面的标准。今后，对加工企业产品都应严格检验，不合标准的不准出厂。

二、按照"绿色、安全、营养、方便"的要求，建立完善农企对接的原料质量保障机制

加工企业要建立原料生产基地，严格按订单约定的农产品质量标准来收购。同时，要建立完善的农产品准入制度和质量追溯体系，进入加工环节的农产品都要提供原产地证明和质量安全检验检测报告单，并实行入厂抽检。对无法提供合格证明文件的原料，企业要依照标准进行检验；对不合格的农产品进入加工环节的，要进行收购责任追究与产地追溯。

三、按照"绿色、安全、营养、方便"的要求，抓紧食品加工技术、工艺、设备研发

跟踪国内外食品加工最新趋势，主攻五类精深加工技术、工艺、设备研发：粮食类——全谷物食品加工、高水分组织化大豆蛋白加工、马铃薯无废料专用化深加工；果蔬类——变温压差膨化干燥（又称爆炸膨化干燥、气流膨化或微膨化干燥）等非油炸、环保节能型加工；肉类——低盐、低脂和食用方便型加工；方便食品——安全营养的非热加工；农产品生物加工。黑龙江省应把以上各类攻关列为全省科技创新的重点项目，尽早规划，尽早立项，尽快实施。省里应整合现有专项资金，加大研发投资；搞好项目论证，面向社会公开招标；同时鼓励食品加工企业、食品设备制造企业自主攻关研发；对获得重大突破性成果的集体和个人予以重奖。坚持自主研发与引进消化再创新相结合。通过技术、设备、工艺的研发引进与升级换代，使全省精深加工食品占加工品总量的1/3以上，利税占2/3以上。

四、按照"绿色、安全、营养、方便"的要求，加速高标准加工园区建设

近几年，黑龙江省食品工业高速发展，关键在于引进了中粮、益海、雀巢、双汇、雨润、大成、汇源、蒙牛、伊利等中外 500 强企业。双城入园企业年产值超亿元的多达 25 户，2010 年园区食品加工总产值达 69 亿元。这些资金、技术、人才优势突出的企业落户，是改变黑龙江省食品加工企业小、散、弱，安全、营养和质量问题严重局面，实现跨越式发展的最有效途径。吸引这些"凤凰"的"梧桐树"，就是软硬环境俱佳的食品加工园区。黑龙江省应加强政策引导和资金支持，加速建设 5～10 个国家级、省级大型食品工业园区和 5～10 个食品行业循环经济产业集中区，吸引更多的跨国公司和国内龙头企业投资兴业。到 2015 年，培育 10 个主营业务收入超 100 亿元、20 个主营业务收入超 50 亿元的大企业、大集团。园区食品加工量争取达到全省食品加工总量的 50％ 以上。要以这些大企业为龙头，对杂、小、弱品牌进行整合。必要时由省政府搭台，采取市场和行政的多种手段打破条块分割、行政壁垒，打造 25 个全国乃至全球具有影响力的知名品牌。

五、国有大中型加工企业要进行改制改组，进一步引领全省食品工业朝着"绿色、安全、营养、方便"的方向发展

黑龙江省地方食品加工企业中，国有或国有控股的北大荒米业、九三油脂、完达山乳业、北大荒薯业、北大荒肉业、丰缘麦业等大中型企业在各自领域中占有全省的较大份额，且具有较强的技术设备、资金与品牌优势。但企业经营仍听命于行政指令，企业管理仍实行计划经济模式，这种体制机制在食品加工这个充分竞争的领域中并不具有优势。建议采取果断措施，进一步推进这些企业的改革，在所有制上打破国有国营模式，引进外资和民间资本，实行更为彻底的股份制改造；在管理体制上打破条块分割，实行政企分开、政资分开，更好地与原料基地、地方企业融合，按市场原则配置生产要素；在融资方式上实现招股、上市、发债、贷款多管齐下，加速资本扩张。经过改制重组，大大提高对全省食品企业的整合、辐射和带动能力，同时也

要促进家族式小型加工企业改革，普遍建立符合市场规则的现代企业制度，发展更多的"小巨人"型加工企业。

六、按照"绿色、安全、营养、方便"的要求，进一步加强政府的监管与服务

在监管方面，当务之急是解决部门扯皮问题，消除对数十万家现场制售、前店后厂和小作坊的监管盲区，尽快落实监管责任，强化监管监测。要优先落实食品安全监测经费，在资源共享、设备共用的前提下补足政府部门免费监测所需的仪器设备购置费用。省、市、县三级要将食品安全监测机构履行公共服务职能的经费足额纳入财政预算。同时要加强对监管部门和监管人员的监督，建立严格的监管检查制度和责任追究制度，对弄虚作假、玩忽职守以及寻租行为要及时查办。

在服务方面，最紧迫的是千方百计解决加工企业资金普遍短缺的问题。此次我们调查的 15 户企业，户户资金短缺。建议各级财政增拨资金，进一步扩大政府担保公司的担保能力，放大银行贷款规模。办好、多办小额贷款公司和城乡合作银行，发展私募基金，采取创新措施逐步实现民间借贷合法化。支持企业上市和发债，拓宽融资渠道。

（作者：黑龙江省食物与营养咨询指导委员会，发表于 2011 年 9 月）

全国最大通用航空公司——北大荒航空进行农业航化作业

机器收割牧草（邹志强 摄）

大面积马铃薯盛花时节（邹志强 摄）

现代农业示范区农作物展示田（邹志强 摄）

黑龙江玉米大面积展示田（邹志强 摄）

矮高粱新品种示范田（邹志强 摄）

希望的田野（刘玉峰 摄）

保护性耕作（邹志强 摄）

金色收获（邵国良 摄）

金色大粮仓（周洪霞 摄）

中国黑土核心区黑龙江典型黑土样板田（邹志强 摄）

耕作在广袤的田野上（张伟 摄）

时任中央农村工作领导小组办公室主任陈锡文参观黑龙江省农业科学院

时任黑龙江省委书记王宪魁到黑龙江省农业科学院检查指导工作

时任黑龙江省委书记宋法棠到黑龙江省农业科学院检查指导工作

时任黑龙江省委副书记、省长陆昊到黑龙江省农业科学院检查指导工作

时任黑龙江省政协主席王巨禄到黑龙江省农业科学院检查指导工作

时任农业部部长韩长赋到黑龙江省农业科学院检查指导工作

时任黑龙江省政协主席杜宇新到黑龙江省农业科学院检查指导工作

时任农业部副部长、中国农学会会长张桃林到黑龙江省农业科学院检查指导工作

时任黑龙江省省委常委、省政府常务副省长张成义、时任黑龙江省副省长申立国到
黑龙江省农业科学院检查指导工作

时任黑龙江省委常委、黑龙江省委宣传部部长李延芝，黑龙江省副省长马淑洁到
黑龙江省农业科学院检查指导工作

中国工程院院士、时任中国工程院院长周济接见韩贵清同志

中国工程院院士、时任中国工程院院长徐匡迪接见韩贵清同志

中国工程院院士陈清泉与韩贵清同志共同参加中国工程管理论坛

韩贵清同志陪同中国工程院院士陈温福参观黑龙江省农业科学院农业科技园区

中国工程院院士戴景瑞和夏咸柱与韩贵清同志探讨东北地区可持续增粮问题

中国工程院院士樊代明与韩贵清同志共同参加中国工程管理论坛

中国工程院院士何继善与韩贵清同志共同参加中国工程管理论坛

中国工程院院士卢良恕与韩贵清同志共同参加中国工程管理论坛

韩贵清同志陪同中国工程院院士任继周参观黑龙江省农业科学院农业科技园区

中国工程院院士孙铁珩与韩贵清同志合影

中国工程院院士王基铭与韩贵清同志共同参加中国工程管理论坛

时任中国农业科学院院长翟虎渠向韩贵清同志颁发中国农业科学院博士研究生导师聘书

中国工程院院士殷瑞钰与韩贵清同志共同参加中国工程管理论坛

中国工程院院士袁晴棠与韩贵清同志共同参加中国工程管理论坛

韩贵清同志陪同中国工程院院士朱英国参观黑龙江省农业科学院农业科技园区

中国科学院院士、时任中国科学院副院长李家洋接见韩贵清同志

中国科学院院士李振声与韩贵清同志合影

韩贵清同志在莫斯科接受国际农业教育科学院院长特丽法诺娃院士授予国际农业教育科学院院士证书

韩贵清同志在访俄期间向俄罗斯农业科学院副院长茹琴科院士赠送书画作品

韩贵清同志与俄罗斯农业科学院全俄植保所所长巴弗柳申院士签署共建中俄国际植物保护科学研究中心的协议

韩贵清同志会见俄罗斯农业科学院副院长萨弗琴科和国际农业教育科学院院长特丽法诺娃

韩贵清同志与俄罗斯农业科学院全俄大豆所所长吉里巴院士签署合作协议

韩贵清同志与俄罗斯农业科学院远东科学中心主席恰伊卡院士签署合作协议

韩贵清同志会见国际马铃薯中心主任帕米拉安德森

韩贵清同志会见联合国粮农组织安东马格斯司长